国家社科基金
后期资助项目
GUOJIA SHEKE JIJIN HOUQI ZIZHU XIANGMU

Gaochanghong
Nianpu

高长虹年谱

廖久明 著

人民出版社

国家社科基金后期资助项目
出版说明

后期资助项目是国家社科基金设立的一类重要项目,旨在鼓励广大社科研究者潜心治学,扶持基础研究的优秀成果。它是经过严格评审,从接近完成的科研成果中遴选立项的。为扩大后期资助项目的影响,更好地推动学术发展,促进成果转化,全国哲学社会科学规划办公室按照"统一标识、统一版式、符合主题、封面各异"的总体要求,组织出版国家社科基金后期资助项目成果。

全国哲学社会科学规划办公室

序:一个赤诚爱国而又特立独行的人

人们对高长虹的评价存在很大分歧,一些人认为他几乎是一个完人:"他不卑不亢,不弃不馁,完成了他一生完美的人格的塑造"①,"超越中国农村文化意识之后,高长虹逐步形成的是人类文化意识"②;一些人认为他几乎是一个一无是处的人物:"一个自我膨胀的自命的尼采式的英雄"③,"一个思想上带有虚无主义、无政府主义色彩的文学青年"④。在笔者看来,人们的评价都能从高长虹身上找到根据,不过笔者更愿意把他看做一个赤诚爱国而又特立独行的人。

一、青少年时期:大学梦破灭

高长虹 1898 年 2 月 12 日出生于山西省盂县清城镇西沟村一个以耕读为本的小康之家,父亲高鸿猷是副榜举人,曾先后在天津杨柳青和河北昌黎县任承审员和代理知事。正是尝到了学习法律的甜头,所以在高长虹 15 岁那年,父亲便叫他到天津报考法律学校,高长虹却以将来要读大学而拒绝

---

① 言行:《高长虹创作走向略述》,《历史的沉重》,百花文艺出版社,1996 年,第 34 页。
② 李文儒:《高长虹现象与高长虹之谜》,山西盂县政协编:《高长虹研究文选》,北岳文艺出版社,1991 年,第 206—207 页。
③ 彭定安:《论鲁迅与高长虹》,《晋阳学刊》,1986 年第 6 期。
④ 汾阳:《高长虹杂感集重印有感》,山西盂县政协编:《高长虹研究文选》,北岳文艺出版社,1991 年,第 23 页。

了。高长虹是这样叙述他三年高小生活的:"他初来时才只十四岁,穿着很好的衣服,先进的学生们都好奇而玩笑地在远处指点着看毕业生,他觉着害羞而又讨厌,他那时是怎样一个小孩子呵!他庄重,但是又好游戏,他自负,但是又很和气。但这些,以后便都改变了。他简直不能够说出详细的理由,何以他这样纯乎地骄傲,严厉,厌恶所有的人们。教员们都称赞他,说他不但功课是第一,而且品性也是一个最好的。他时常看书,不告假,星期日不出门,不看戏赶会,不同同学和差人们吵闹。他虽然也得意有这样的批评,然而毕竟觉着他的生活上实在太少趣味了。"①

1914 年暑假,高长虹以全班第一名成绩考上山西省立第一中学,第二年便遇到袁世凯图谋帝制这一决定中国前途命运的重大事件。阎锡山当时操纵山西省学政界开提灯会劝进,高长虹不但没去参加,还写了一首《提灯行》(已佚)进行辛辣讽刺,表达了一个普通中国人对这一重大事件的鲜明立场。高长虹在这一重大事件中的表现值得钦佩,却对他整个一生造成重大影响:"次年我终于从那里逃出来了。那里的一个国文教员,本来很'恭维'我的,那时也以为我不可救药了。那里的校长,本来很'恭维'我的,那时也说我是被人们'恭维'坏了。"②

逃出来的高长虹,只好前往北京到大学旁听,后因家庭无力供他费用于次年回家继续苦学练笔。1918 年,高长虹与人创办了全县第一所女子学堂"清城镇女子小学校"。1921 年 5 月 20 日,高长虹在《晨报》发表《译惠特曼小诗五首》。1922 年 3 月 8 日,高长虹在家乡给时任《小说月报》主编的沈雁冰写信,谈了对自然主义的看法,该信连同他创作的诗歌《永久的青年》发表在 5 月 10 日出版《小说月报》13 卷 5 期上。这年,高长虹还在 6 期《妇女杂志》上发表诗歌 15 首,其中 10 首译自惠特曼,4 首译自雪莱,1 首为创作。这年春末夏初,高长虹离开家乡来到太原,开始了以卖稿为生的生活。

由于经常到晋华书社买书,高长虹认识了书社创办人之一的张稼夫。高长虹给张稼夫留下的印象是:"个头不高,身体瘦弱,生活非常俭朴。他

---

① 《实生活·结婚以后》,《高长虹全集》第 2 卷,中央编译出版社,2010 年,第 115—116 页。
② 《走到出版界·答周作人》,《高长虹全集》第 2 卷,中央编译出版社,2010 年,第 311 页。

是太原一中的高材生,语文和英文的基础均比较好。他为人文质彬彬,稳重憨厚,很爱学习。他接受新东西快,思想敏捷,见解也比较深刻尖锐。比如,对爱因斯坦的'相对论',在当时一般人是看不懂的,可他都能有较深刻的认识和理解。高长虹性格孤僻,愤世嫉俗,反帝、反封建的思想很坚决,敢于直言不讳地表白自己的观点,所以,我们很能谈得来。他的诗写得好,不同于当时流行的所谓'白话诗',他的诗讲究音韵和节奏,类似离骚体诗,所以我很喜欢。他也写小说,但不如诗歌写得好。"①

二、狂飙运动前期:"与现实的黑暗势力作战"

1923 年暑假,为了"把文艺界团结起来与现实的黑暗势力作战"②,高长虹发起成立狂飙社。1924 年 9 月 1 日,高长虹在太原创刊了《狂飙》月刊,该月刊才出版一期,高长虹便前往北京。在得知太原《狂飙》月刊停刊消息后,高长虹在给留守太原的狂飙社成员籍雨农信中如此写道:"雨农,以现在的社会,以我们的性格,要想找一块能给我们以片刻快乐的地方,绝对是不可能的事情。让我们漂流去吧!我们的快乐,只有在漂流中才能够找得,只有不断的漂流,随时随地的顽强的反抗,才能够使我们的精神得到一些安慰。社会同我们,已处在势不两立的境地,社会不容我们的存在,我们也在一息不忘地要把它置之于死地。我们便把人类的幸福搁在一边,只为了我们自己的生趣的维持,我们都不能够不舍命地苦斗去,'苦斗呵,苦斗便是幸福!'我们应该这样叫了,我们相信在这个呼声之下,胜利终要归于我们的!"③

1924 年 10 月,直奉战争时冯玉祥前线倒戈,回师北京发动政变,该政变对当时北京出版界造成很大影响:"这一次的政变与北京的出版界是很有关系的,政变以后,定期刊物很出了几种,除五四时期外,怕没有再那样热

---

① 张稼夫:《我和"狂飙社"》,山西盂县政协编:《高长虹研究文选》,北岳文艺出版社,1991年,第 30 页。
② 《一点回忆——关于鲁迅和我》,《高长虹全集》第 4 卷,中央编译出版社,2010 年,第 356 页。
③ 《致籍雨农》,《高长虹全集》第 3 卷,中央编译出版社,2010 年,第 25 页。

闹过吧？我们居然在那种热闹中也凑了一个份子,却是我们想不到的事情。"《狂飙》周刊因此在北京创刊:"于是,便到了双十节。北京政局起了剧变,即冯玉祥班师是也。应运而来的,一个老朋友所办的被曹政府封闭的日报(按:景梅九办的《国风日报》)复活了。我们在那里便又办起两个周刊:一,《世界语周刊》;一,即《狂飙》周刊也。《狂飙》因此也便再生,我同北京出版界的关系也便正式开始了。"①

1924 年底,随着《语丝》、《现代评论》等刊物的创刊,中国知识界开始了"五四后思想革命"②。1925 年 3 月 1 日,高长虹在《狂飙》周刊第 14 期发表《本刊宣言》(该文在同日出版的《京报副刊》发表时题为《〈狂飙〉周刊宣言》),宣布狂飙社加入到"五四后思想革命"的行列:"软弱是不行的,睡着希望是不行的。我们要作强者,打倒障碍或者被障碍打倒。我们并不惧怯,也不躲避。"③高长虹在同期周刊上发表的《攻城钦? 攻心钦?》告诉我们,狂飙社攻击的对象是"人类的心"而不是"人类的城"——即思想革命而非政治革命:"我们的计划很凶,我们不攻人类的城,却去攻人类的心。/我们并不是对于攻城,有所轻视,我们觉着心是更为基础,更为坚固的城,心一攻破,城立刻便没有了,因为城本来是建筑在心上面的。然而我们并没有对于攻城,有所轻视,所以我们一面也常在筹备如何开始我们攻城的计划。"④遗憾的是,《狂飙》周刊出至第 17 期突然停刊。在这种情况下,高长虹和其他狂飙社成员只好"借用《京报副刊》进行思想革命"⑤。

"退稿事件"发生后,高长虹曾如此谈到这次"思想革命":"大家想来知道当时引人注意的周刊可以说有四个,即:《莽原》,《语丝》,《猛进》,《现代评论》。《莽原》是最后出版的,暂且不说。最先,那三个周刊并没有明显的界限,如《语丝》第二期有胡适的文字,第三期有徐志摩的文字,《现代评论》

---

① 《走到出版界·1925,北京出版界形势指掌图》,《高长虹全集》第 2 卷,中央编译出版社,2010 年,第 194 页。
② 廖久明:《"五卅运动"与"五四后思想革命"的夭折》,《重庆社会科学》,2007 年第 12 期。
③ 《〈狂飙〉周刊宣言》,《高长虹全集》第 3 卷,中央编译出版社,2010 年,第 41 页。
④ 《攻城钦? 攻心钦?》,《高长虹全集》第 3 卷,中央编译出版社,2010 年,第 42 页。
⑤ 廖久明:《一群被惊醒的人——狂飙社研究》,武汉出版社,2011 年,第 68—75 页。

有张定璜的《鲁迅先生》一文，孙伏园又在《京副》说这三种刊物是姊妹刊物，都是例证。徐旭生给鲁迅的信说，思想革命也以《语丝》，《现代评论》，《猛进》三种列举，而办文学思想的月刊又商之于胡适之。虽然内部的同异是有的，然大体上却仍然是虚与委蛇。最先对于当时的刊物提出抗议的人却仍然是狂飙社的人物，我们攻击胡适，攻击周作人，而漠视《现代评论》与《猛进》。我们同鲁迅谈话时也时常说《语丝》不好，周作人无聊，钱玄同没有思想，非攻击不可。鲁迅是赞成我们的意见的。而鲁迅也在那时才提出思想革命的问题。"①对此，笔者的看法是："因不是论功行赏，所以五四后这次'思想革命'到底是谁最先提出的并不重要，但有一点可以肯定，尽管语丝派、现代评论派、猛进社成员、狂飙社成员等都先后提出了再次进行'思想革命'的主张，但它们是能指相同，所指却异：语丝派是'想冲破一点中国的生活和思想界的混浊停滞的空气'，现代评论派是'趋重实际问题'，猛进社成员主要关注政治问题，狂飙社成员则把现代评论派作为革命对象。如果'思想革命'仅指批判现代评论派的话，那么狂飙社成员即使不是最先提出的，也是最先付诸行动的：对《玉君》的批判便是明显例证。"②

三、莽原时期："奔走最力者为高长虹"

为了开展"'文明批评'和'社会批评'"③，鲁迅于 1925 年 4 月 24 日创刊了《莽原》周刊。高长虹不但自己加入莽原社，还将其他狂飙社成员介绍进来："担任《莽原》稿件的人，当时是大家'举尔所知'。尚钺，燕生是我举出的，沐鸿（即高成均，亦即劣者）的稿子也都是我带去的。"④1925 年的鲁

---

① 《走到出版界·1925，北京出版界形势指掌图》，《高长虹全集》第 2 卷，中央编译出版社，2010 年，第 199 页。
② 廖久明：《一群被惊醒的人——狂飙社研究》，武汉出版社，2011 年，第 79 页。
③ 《250428 致许广平》，《鲁迅全集》第 11 卷，人民文学出版社，2005 年，第 486 页。
④ 《走到出版界·1925，北京出版界形势指掌图》，《高长虹全集》第 2 卷，中央编译出版社，2010 年，第 198 页。

迅刚刚"翻身":团结青年朋友再次进行"思想革命",却运交"华盖":"今年开手作杂感时,就碰了两个大钉子:一是为了《咬文嚼字》,一是为了《青年必读书》。署名和匿名的豪杰之士的骂信,收了一大捆,至今还塞在书架下",接下来便是女师大事件和五卅惨案。但也"失之东隅,收之桑榆":该年底,鲁迅在整理一年所写的杂感时,惊讶地发现"竟比收在《热风》里的整四年中所写的还要多"。① 除《莽原》外,《华盖集》收录的大量文章来自《京报副刊》、《语丝》、《猛进》、《民众文艺周刊》、《豫报副刊》等。在"黑云压城城欲摧"的当时,作为"中国思想界之权威者"之一的鲁迅任重道远,他不可能只顾及"自己的园地"——《莽原》,还得四处出击。在身兼《莽原》主将职务的鲁迅四处出击时,自己的大本营没演空城戏,并且还能不时得到有力增援,多亏有高长虹等人帮忙:"我做关于实际的文字,是从《莽原》第八期(按:当为第九期)《弦上》才开始的,正是当时的实际运动很急遽的时候。这文字的动机:一是因为《莽原》内部的问题,一是为想与少数真正的反抗者以一些感兴。"②正因为如此,鲁迅晚年曾客观地评价高长虹为莽原社中"奔走最力者"③。

在高长虹看来,"五四后思想革命""非得由几个青年来做这件工作不可":"如想再来一次思想革命,我以为非得由几个青年来做这件工作不可:他们的思想是新的,他们是没有什么顾忌的,他们是不妥协的,他们的小环境是单纯而没有什么纠葛的。已经成名的人,我想能够得到他们的帮助便是最好的了。鲁迅当初提议办《莽原》的时候,我以为他便是这样态度。但以后的事实却不能证明他是这样态度。这事实只证明他想得到一个'思想界的权威者'的空名便够了!同他反对的话都不要说,我想找一些人来替他说话,说他自己所想说的话,而他还不以为他是受了人的帮助,有时还反疑惑是别人在利用他呢!然而他却是得到了'思想界的权威者','青年叛

---

① 《华盖集·题记》,《鲁迅全集》第3卷,人民文学出版社,2005年,第3—4页。
② 《走到出版界·1925,北京出版界形势指掌图》,《高长虹全集》第2卷,中央编译出版社,2010年,第199页。
③ 《且介亭杂文二集·〈中国新文学大系〉小说二集序》,《鲁迅全集》第6卷,人民文学出版社,2005年,第258页。

徒的领袖'的荣誉!"①

基于这样的看法,高长虹 1925 年暑假曾打算将《莽原》、《语丝》、《猛进》"合组而成为一个月刊","再有人多做点宣传的所谓系统的文字,则人们的耳目一定会更为清爽一些"②。由于《莽原》主编鲁迅和《猛进》主编徐旭生答应的稿件都没有写,高长虹只好"想停止了这个工作,退出北京的出版界,到上海游逛一次"。于是高长虹开始写《生的跃动》,"预备写六七万字来上海卖稿"。这时,"又有朋友提议先出一期不定期刊,于是我把《生的跃动》写了五分之一的样子便收缩住留给不定期刊用了"。③

1925 年 10 月,《京报》要停止副刊以外的小幅,鲁迅决定将《莽原》周刊改为半月刊。莽原改组时,鲁迅打算叫高长虹任编辑而叫未名社印行,高长虹没有答应:"虽经你解释,然我终于不敢担任,盖不特无以应付外界,亦无以应付自己;不特无以应付素园诸君,亦无以应付日夕过从之好友钟吾。"④1925 年 11 月初,高长虹偕阎宗临回到太原,为阎到法国勤工俭学筹集旅费。1926 年 2 月 8 日,回到北京的高长虹与人"闲谈"⑤时决定将自己写作的系列杂文《弦上》"放大"⑥成为刊物——《弦上》周刊 2 月 24 日创刊。该刊虽然为 64 开袖珍刊物,仅出 24 期,却是射向"北洋军阀"、"现代评论派"、"国民劣根性"的响箭。⑦

四、狂飙运动中期:错把周氏兄弟当做批判对象

三一八惨案发生后,中国知识界重心出现南移现象:"邵被杀后,北京

---

① 《走到出版界·1925,北京出版界形势指掌图》,《高长虹全集》第 2 卷,中央编译出版社,2010 年,第 200 页。

② 《走到出版界·今昔》,《高长虹全集》第 2 卷,中央编译出版社,2010 年,第 129 页。

③ 《走到出版界·1925,北京出版界形势指掌图》,《高长虹全集》第 2 卷,中央编译出版社,2010 年,第 208 页。

④ 《走到出版界·给鲁迅先生》,《高长虹全集》第 2 卷,中央编译出版社,2010 年,第 160 页。

⑤ 《寄到西城》,《高长虹全集》第 3 卷,中央编译出版社,2010 年,第 77 页。

⑥ 《寄到巴黎》,《高长虹全集》第 3 卷,中央编译出版社,2010 年,第 78 页。

⑦ 廖久明:《一群被惊醒的人——狂飙社研究》,武汉出版社,2011 年,第 126—130 页。

空气极为紧张,很多报刊都纷纷自动停刊,以免遭殃。原来民国初年军阀时代,新闻却是相当有自由的,军阀们虽然蛮不讲理,可是对新闻批评大体还能容忍。直到奉军入京后,形势才为之一变,邵飘萍被枪毙后,人人为之自危。"①高长虹也于这年4月16日偕郑效洵赴上海开展狂飙运动,并于同年10月10日创刊了《狂飙》周刊。

高长虹在发表在上海《狂飙》周刊第1期第1篇的《〈狂飙〉周刊的开始》中宣告了狂飙运动的宗旨:"我们尊崇科学,尊崇艺术。我们以为艺术表现人类的行为,科学指导人类的行为。我们以为文化只是科学与艺术。我们以为中国只有两条路可走:有科学与艺术便生存,没有科学艺术便灭亡。我们以为人类只有两条路可走:有新的科学艺术便和平,没有新的科学艺术便战争。我们倾向和平,然而我们也尊崇战争,我们要为科学艺术而作战!"②在这之前的9月18日,高长虹在发表在《北新周刊》第5期的《狂飙社出版物预告》宣告了狂飙运动的具体内容:"狂飙社是一些从事科学与艺术工作的现在与未来的穷青年的集合。脚踏现实,目望远方,要从艰苦中追求快乐,冒险中追求新奇,黑暗中追求光明,死灭中追求生存,失败中追求胜利。狂飙社认为人类真正的文化只是科学与艺术,所以要创造科学与艺术出来。科学是从心理学,经济学做起渐伸至物理学,化学,地质学各方面去,不注重研究与述说,而注重发明。艺术是从文艺,戏剧做起渐伸至音乐,绘画,跳舞各方面去,创作之外兼注重批评。狂飙社对于中国新旧文化都取否定的态度,对于外国文化,除旧有的科学艺术各与以相当的评价外,也都取否定的态度。狂飙社要毁灭一切消闲的,特殊的,局部的,妥协的旧文化而代之以劳动的,平民的,普通的,战争的新文化。这种在工作开始至终结期间便是狂飙运动的期间。"③

从高长虹对"新青年时期"的界定可以知道,先为《新青年》同人、后为《语丝》同人的鲁迅、周作人等是他们计划中的批判对象:"我这里所用的

①　丁中江:《北洋军阀史话》第4集,中国友谊出版社,1992年,第385页。
②　《〈狂飙〉周刊的开始》,《高长虹全集》第3卷,中央编译出版社,2010年,第149页。
③　《狂飙社出版物预告》,《高长虹全集》第3卷,中央编译出版社,2010年,第148页。

'新青年时期'是包含从《新青年》到《语丝》的这一个时期的。这不但《语丝》的主要做文字的人是曾在《新青年》做过文字的,而且《语丝》的思想也仍然同《新青年》的思想大致一样。《少年中国》正是同《新青年》是同时的刊物,思想上的色彩也差不多。《创造周报》似乎是另具色彩的,然而在思想上看,仍然是属于这一个时期的。而且,连标榜无政府主义的,以至极端相反的依傍政府的《现代评论》,也都不是例外。"① 也就是说,哪怕"退稿事件"没有发生,以高长虹为首的狂飙社成员也会将鲁迅当做"消闲的,特殊的,局部的,妥协的旧文化"的代表人物之一而加以批判,只不过批判的内容与语气有所不同罢了。也正因为如此,高长虹在将战火烧向周作人时甚至"请大家认清界限":"今日思想上的冲突是科学和玄学的冲突,新旧艺术的冲突,是幽默与批评的冲突,并无其他意义。/人本来没有好坏,只因环境不同,时代不同,所以思想也便不同了。如诉之自由批评,则是。如党同伐异,则必闹到不可开交。自由批评是思想上的德谟克拉西的精神的表现。/大抵旧的思想遇到新的思想时,旧的思想常变为'知其故而不能言其理',其实已不成其为思想了。到'知其故而不能言其理'时,用了别的方法来排斥新的思想,那便是所谓开倒车,如林琴南,章士钊之所为是也。我们希望《新青年》时代的思想家不要再学他们去。"②

狂飙运动早期,以高长虹为首的狂飙社成员已将现代评论派当做批判对象,现在他们更将其灵魂人物胡适当做攻击的靶子:向培良认为胡适的《终身大事》"总是个很幼稚的作品,跟同人所有的其他作品一样",《尝试集》、《胡适文存》"只有研究文学史的人或者可以买一本看",胡适则"始终是一个时代的幸运儿":"他的戏剧,他的诗,他的翻译,以至于他对于文学的见地(像他极力推崇恨海九命奇冤之类),都不很高明"。③ 高长虹分 10

---

① 《走到出版界·思想上的〈新青年〉时期》,《高长虹全集》第 2 卷,中央编译出版社,2010年,第 233 页。

② 《走到出版界·请大家认清界限》,《高长虹全集》第 2 卷,中央编译出版社,2010 年,第 252页。

③ 培良:《从修身大事说到胡适之,从胡适之说到现在的戏剧》,《狂飙》周刊第 1 期(1926 年10 月 10 日)

部分评价了胡适的《中国哲学史大纲》：一、"哲学史难做"，二、"胡适何人"，三、"哲学史不是哲学"，四、"开头便错"，五、"什么是史料"，六、"不是辟空从天上掉下来的学说从何处来"，七、"什么是时势"，八、"诗人时代"，九、"中国哲学史大纲不是哲学史"，十、"泛论的泛论"。不但将《中国哲学史大纲》说得一无是处，甚至在结尾如此写道："我想胡适只有两条路可走：第一，是他自己说而自己却没有做的，'救出自己'；第二，则是我替他说的，'否则，滚吧！'"①

　　由于此时正是北伐战争时期，在无数青年"投笔从戎"、"杀身成仁"的时候，狂飙社还试图以"建设新的科学，新的艺术，新的思想"为宗旨在中国掀起一场轰轰烈烈的"狂飙运动"，最多只能说是一种美好愿望，所以"受挫"是"'狂飙运动'的必然结局"②——上海《狂飙》周刊出版至第17期（1927年1月30日）停刊。

五、狂飙运动后期："要干，只干我个人的"

　　1927年大革命失败后，上海成了中国文化中心："随着文化中心的南移，新文艺书店中的老大哥北新书局迁移到了上海。而上海本身，新文艺书店像雨后春笋一样充满生机和不断涌现，新书店的涌现成为1928年上海一个引人注目的现象。"③在这一背景下，狂飙社于1928年8月在上海、北京分别成立狂飙出版部，并于11月初在上海宝山路天通庵附近成立了狂飙演剧部，意图在中国再次开展轰轰烈烈的狂飙运动。

　　1928年9月11日，张申府在给高长虹的信中如此写道："我以为今日中国已失了中心信仰，一切思想界领袖人物都已自倒。今日思想界实在混沌已极。如果大家好好地干干，一定可以收些效果的。现在最好是大家先

---

①　《时代的先驱·评胡适的〈中国哲学史大纲〉》，中央编译出版社，2010年，第483—490页。
②　廖久明：《一群被惊醒的人——狂飙社研究》，武汉出版社，2011年，第175页。
③　旷新年：《1928：革命文学》，山东教育出版社，1998年，第35—36页。

集合在一起,拟定一个纲领以为标准。但集合恐不可能,那就也可通信商量。实际政治虽不管,但中国事不能不问。中国今日糟到这个局面,我们既感觉到这个,便不能不问。只是我们的问法,是在思想上下手。我以为在纲领中,有两条必须标明。一是对中国负责任,拿旧话说就是要以天下为己任。次则是不利用现成势力,绝不妥协,绝不迁就。外则可标明对于劳动的重视,同时说明劳心劳力并无二致,劳心劳力旧日之敌视,一部分根于错谬的心物二元论,纯是谬见。再外当然要说对于科学艺术的态度,如何根据科学法的精神以评衡一切从事一切,如何建设'人的艺术'或由实生活而来的艺术,非个人的,是大众的;但是由个人反映出来的。此外我觉还须规定狂飙只是一个过渡,狂飙乃以达到光明。纲领拟定,我觉可以作一个宣言一类的东西登在月刊第一期。这样子明明白白地把旗帜打出去,必可立时发生影响。我觉着最好你两年内来干这件事,两年以内再不想出国,更不必写什么情书。老老实实地大家共同把责任担起来。不作科学家,不作艺术家,不作文人诗人政客,但要作一个志士。科学家艺术家,是要作的,但要作志士的科学家艺术家。这是中国今日情形之所许,这也是中国今日情形之所最需。我们感觉到国家局面太不成事体,我们不负责任更何待。但是我们的方法是指导青年人的思想,我们的努力是供给大众以知识,我们的期图是融合所有人的生活为一体。我们要不急功不速就,我们应坚信:但令道路不错,持之以毅力,须之以时日,没有不成功的。"①

9月30日,高长虹在回信中如此写道:"来信所说各节,都极精到。我此后只望你实做。狂飙运动的实做的'哲学',我目前几以为可以以'立刻'二字尽之。什么是狂飙式的做事?没有别的,只是,'立刻去做,立刻,立刻!'这是一种新的精神,新的做事的方法,新的日常习惯。与急功速就,完全不一样。舍却此'立刻'二字,中国与世界都没有办法。做得此'立刻'两字,则不须一月,只在半个月内《狂飙运动》月刊便创刊了!/《狂飙运动》,你正式担任的数学,物理一部分的工作,望你立刻做起。此外,你对于思想,时事,有何批评,也请立刻写出,立刻便可编入刊物发表。如必谓,必有如何

---

① 《通讯二则》,《长虹周刊》第1期(1928年10月13日)。

成绩然后才做,则十人如此,成绩终不会从天飞来。我说得透亮:大家干,我干,大家不干,我不干。我干,只干我个人的。我干,也只有待时而干。或者,我干,又将以如何如何的方式去干。"①

高长虹不但如此说,实际行动更胜一筹:在大家都干的情况下,《狂飙运动》月刊第1、2期都没有盟主高长虹的文章——此时他正在勉力经营自己的个人刊物《长虹周刊》。与狂飙社具有"一损俱损,一荣俱荣"关系的盟主高长虹,由于创办"发表我所有的文字,与关于我的文字"②的《长虹周刊》,致使"狂飙运动的机关报"《狂飙运动》月刊一再延期:"十一月出版"(《长虹周刊》第1—4期)、"十二月内出版"(《长虹周刊》第7期,笔者手头缺第5、6期)、"十八年一月初出版"(《长虹周刊》第9—11期,笔者手头缺第8、12期)。狂飙出版部一方面声称"决计要为出版界树立一点新的精神,信托两字,无论如何要做得到"③,另一方面却用事实告诉人们实际情况并非如此,人们对狂飙出版部(进而对狂飙社)怎信得过?1929年2月底3月初,狂飙演剧部到南京公演,这在狂飙社历史上是一件非常重要的事情,结果却是"长虹留上海,培良去湖南,仲平高歌在南京撑台"④。加上此时的狂飙运动"远离社会"、"生不逢时"、"思想分歧"等原因⑤,狂飙社最终于1930年2月因高长虹离开中国而"正式停止了活动"⑥。

六、国外游学时期:心系祖国

高长虹离开中国后前往日本,直到九一八事变爆发后才离开日本。据当时媒体报道和人们后来回忆可以知道,高长虹在日本的情况为:"最近长

---

① 《复信二则》,《高长虹全集》第3卷,中央编译出版社,2010年,第234页。
② 《我来为世界辟一条生路,你在苦难中的人类呵,我来援救你们》,《高长虹全集》第3卷,中央编译出版社,2010年,第214页。
③ 《两个月以来的狂飙出版部》,《高长虹全集》第3卷,中央编译出版社,2010年,第298页。
④ 韩起:《狂飙社论》,《流露月刊》2卷1期(1931年5月15日)。
⑤ 廖久明:《一群被惊醒的人——狂飙社研究》,武汉出版社,2011年,第299—309页。
⑥ 《狂飙的再来》,《高长虹全集》第4卷,中央编译出版社,2010年,第234页。

虹的工作是:一、建立行动学,二、由比较语言学进而草创新国际语。一位住在武汉八年的意大利人,在意报上称长虹为东方唯一诗人;东京某日国际作家举行谈话会,一俄人朗诵《草书纪年》一篇,某老哲学家跳起狂呼道:'Genius!Genius!'《草书纪年》已译有日、俄、国际语三种文字云"①;"狂飙社高长虹自从去国以后,消息久绝。近闻他在日本东京努力创作,起草一长至二百万字的长篇小说,现已写成七十多万字了"②;"一时不预备回,行日食五元主义已十日,成绩尚好,但常有绝食之虞"③;"最初,我发现书案上有已经编出的一部分字典,字迹很工整,也有从上野图书馆辞典字典中摘录的零星卡片。还见他桌上有郭任远著的介绍行为主义的书(书名记不得了)。他告我:他经常早饭后即到上野图书馆阅读列宁关于唯物辩证法的著作和苏联文学、苏联革命建设的书,晚上才回寓,女服务员说他有时回来的很晚,有时误了吃饭。我住在大岗山,我们相距甚远,但约有半年时间我们过从甚密,他有时要请我去看苏联电影和讲一些日本左翼文坛的情况,给他译述一些瓦尔加编的'世界经济年报'(当时正是世界经济危机)、苏联五年计划进行情况等"。④

高长虹于 1932 年春到达德国,直到 1938 年 6 月才回到香港。在欧洲的 5 年多时间里,高长虹还到过法国、荷兰、瑞士、英国等国家,此时已将关注重点转向了多灾多难的现实中国。1933 年初日军进袭热河时,高长虹在柏林给张申府写信呼吁"民自为战":"现日本进袭热河正急,第二幕当在平津!中国出路,只有民自为战一法,事实也使民众必出此路!反战,即反帝国主义相互间的战事!因此种战争牺牲者总是各国民众!与瓜分中国的战争。而此种战争又必然发生。——且已经发生。阻止战争,是不可能的。使一般民众知道战争的真象,而反对它,而缩短它的期间,而削弱它的力量,

① 《狂飙的国际进出——长虹在地球上行动,火力场的火力》,《文艺新闻》第 3 号(1931 年 3 月 30 日)。

② 《中外出版消息及其他》,《书报评论》1 卷 4 期(1931 年 4 月 15 日)。

③ 《五元日金一日长虹在困窘中之苦斗》,《文艺新闻》第 9 号(1931 年 5 月 11 日)。

④ 张磐石:《我与高长虹》,山西盂县政协编:《高长虹研究文选》,北岳文艺出版社,1991 年,第 39—40 页。

而减少它的毒害,而使它不再发生,则不特可能,而且将是必然的事。民自为战,即是最有效的反战。……你之无宁□赞成二次大战与有条件的赞成反战,我想也是如此。二次大战,是人类最后的战争。此战争发生愈早,则战原消除愈快,而人类的和平时代,也愈早实现。"①"一九三四年在荷兰创办救国会,编印《救国周报》,于对日作战,略有陈述"②,并作《变戏法歌》,说自己的戏法"能使中国变强国"③;"一九三五年负责旅法救国会工作,一二八纪念日在巴黎创刊《中国人民报》,对民族总动员,有较具体的意见发表。同年夏秋旅行瑞士德国间,草《行动,科学与艺术》一书,分上下两部。上部论中国的民族意识形态,下部为国防政策。后译入德文,西友见者,不无重视"④;1935 年 2 月 12 日,在自己年满 37 岁这一天,高长虹作《途中之歌》,念念不忘自己正在遭难的祖国:"鲜血画成了猩红地图。/儿时劳作过的田园,/问已来敌人游纵几度?/过去和未来的光荣,/在现在惨澹如焦土",并发誓自己以后要"努力,努力,和努力"⑤;1935 年春,高长虹在巴黎作《集中野营》、《中国》,第一首诗认为"对于我们,/战争已经来到"⑥,第二首诗吁正义和牺牲一起"在中国人居住的地方,/巡行了去吧"⑦;1936 年 9 月 20 日,高长虹加入"全欧华侨抗日救国联合会":"我认识高长虹先生,是 1936 年在巴黎,是年 9 月 20 日,全欧华侨和留欧学生共同发起一个'全欧华侨抗日救国联合会'。该会设立宣传部,其成员为胡秋原、朱伯奇、高长虹、熊式一、王礼锡等,我本人亦叨陪末座。就这样,我同他有一度共事之缘"⑧;1936 年,高长虹作《和平阵线》,呼吁大家在战争来临之际立即联合起来"建立和平阵线"⑨;1937 年 2 月 1 日,高长虹在巴黎作《实验的国防科

① 《民自为战——给编者的信》,《高长虹全集》第 3 卷,中央编译出版社,2010 年,第 563 页。
② 《政治的新生·自序》,《高长虹全集》第 4 卷,中央编译出版社,2010 年,第 5 页。
③ 《变戏法歌》,《高长虹全集》第 4 卷,中央编译出版社,2010 年,第 300 页。
④ 《政治的新生·自序》,《高长虹全集》第 4 卷,中央编译出版社,2010 年,第 5 页。
⑤ 《政治的新生·途中之歌》,《高长虹全集》第 4 卷,中央编译出版社,2010 年,第 44 页。
⑥ 《政治的新生·集中野营》,《高长虹全集》第 4 卷,中央编译出版社,2010 年,第 45 页。
⑦ 《政治的新生·中国》,《高长虹全集》第 4 卷,中央编译出版社,2010 年,第 46 页。
⑧ 程思远:《怀念高长虹先生——贺〈高长虹文集〉出版》,山西盂县政协编:《高长虹研究文选》,北岳文艺出版社,1991 年,第 1—2 页。
⑨ 《政治的新生·和平阵线》,《高长虹全集》第 4 卷,中央编译出版社,2010 年,第 49 页。

学》,认为只有国防科学"才可以,也将要助成中国人民之 Ideology 上的统一",批评中国国防科学落后:"可惜直到现在,中国还没有国防科学界。研究国防科学的人当然也不少,但始终还没有团结起来,还没有很多表现。国防科学的出版物也非常稀罕",并在文章末尾表达了自己的愿望和打算:"时代在这样要求,但是,一九三七年,会不会是中国的国防科学年呢,这就决之于国防科学的讨论者们自身的努力了。如我今年能够回到中国,我将为这个展览会尽一点筹备的责任"①;1938 年 1 月 4 日,,高长虹作诗歌《时代的全面》,号召大家团结起来,一致对付日本帝国主义:"你们的敌人,/是日本帝国主义,/艺术家和科学家,/都是行伍兄弟"②……从上面的有限资料可以看出,高长虹在欧洲的 5 年多时间一直不忘救国,并且对国防科学给予了特别关注。正因为如此,高长虹才有可能在回国后便立即写出了一部战略学专著——《政治的新生》。

高长虹在欧洲期间的情况,我们还可以通过发表在 1936 年《北平新报》的《高长虹在瑞士》了解其大概:"从巴黎友人通讯中,才知道现在瑞士的中国作家高长虹,最近得到了每年一千元的官费。据说他到德国住了几个月后,便跑到巴黎去。他在欧洲每日的生活真可够得上'普罗'的味儿,来到了巴黎,便住在拉丁区,一个'没有火'的小旅馆里。有时花几十生丁买一个面包,就在街上大吃特吃,那样竟也能够过得一天。他还给洋山芋取一个新颖得很漂亮非常的名字,叫做灰色蛋,真是穷开心。他正从事写一部名字叫做《中国》的长篇小说。当他每一章写完之后,就有人替他译成英、意、德、西班牙文。/他对于政治也很热心的干,从巴黎一度特地跑到荷兰去,大约为了想做一点救中国人的运动,而触犯了当地的行政当局,被荷兰政府把他驱逐出境。于是乎重返巴黎,住了没多久,便到瑞士去,靠着每年千元的官费在瑞士总可以马马虎虎的生活,而继续写他的作品了。"③

---

① 《实验的国防科学》,《高长虹全集》第 4 卷,中央编译出版社,2010 年,第 63—64 页。
② 《时代的全面》,《高长虹全集》第 4 卷,中央编译出版社,2010 年,第 98 页。
③ 马蹄疾:《高长虹旅欧轶事》,山西盂县政协编:《高长虹研究文选》,北岳文艺出版社,1991 年,第 104 页。

七、回国初期:积极投身抗战

　　高长虹回到香港后,曾找同为山西人的孔令嘉(孔祥熙儿子),希望到西北开矿,以解决抗战中出现的经济困难问题,该计划最终未能变成现实。在这种情况下,高长虹只好拿起笔来,以笔为武器投入到轰轰烈烈的抗日战争中。1938 年 7 月,经潘汉年介绍,高长虹经广州、长沙前往武汉,并参加了"中华全国文艺界抗敌协会"。8 月初,高长虹将发表在香港、广州、长沙、武汉等地报纸的文章结集出版,"为纪念七月,名之为《政治的新生》"①。10 月中旬,高长虹随"文协"迁往重庆。在重庆的两年半时间里,高长虹共计发表文章 187 篇:1938 年 12 月 3 篇②、1939 年 22 篇③、1940 年 137 篇、1941 年 1—4 月 25 篇。在这些文章中,既有摇旗呐喊的诗歌,又有为出谋划策的论文。可以这样说,高长虹的这些文章涉及到当时抗战建国的方方面面:有关于国防问题的《迎击敌人的新攻势》、《现代战争的特点》等,有关于经济问题的《论平抑物价》、《建立西北国防经济》等,有关于外交问题的《欧局紧张中的中国国际义务》、《欧战扩大对亚洲的影响》等,有关于民主政治问题的《老百姓需要政权》、《国民大会,民主运动中最重要的关节》等,有关于文艺问题的《抗战文艺和它的发展条件》、《民间语言,民族形式的真正的中心源泉》等。

　　胡风曾如此评价高长虹倡议捐钱购买飞机以对抗日军空袭:"他还不失过去狂飙时期的狂妄,忽然异想天开,要文协作家签名发起募款,捐献三十架或更多的飞机。他居然以为作家有这大的号召力,这只能是最后说了一次狂飙式的梦话。更重要的是,他这等于说,敌人能够轰炸重庆,是因为中国没有飞机,客观上也就是为消极抗战、积极反共和压制人民的国民党开

---

①　《政治的新生·自序》,《高长虹全集》第 4 卷,中央编译出版社,2010 年,第 5 页。
②　不包括有争议的、署名"虹"的 1 篇文章。
③　不包括有争议的、署名"虹"的 3 篇文章。

脱罪责。"在笔者看来,胡风因此事指责高长虹完全是由于偏见所致:"高长虹——二十年代利用和侮辱过鲁迅,我对他没有好印象……"①首先,倡议捐钱购买飞机与高长虹对空军的认识有关。早在日军对大后方发动空袭前半年的1938年12月16日,高长虹便在《空军是胜利的保障》高度评价了空军在保家卫国中的重要作用:"空军是民族先锋,/空军是中国新生,/空军是力量和科学/她将要击溃敌人。"②其次,面对空袭后"路像猿猴脱甲,/路旁余烬未歇"③的重庆,难道还有比买飞机更好的办法吗?在国家有难的时候,动员民众捐钱买飞机难道有错吗?

1939年3月,中国空军出版社建议将义卖献金捐款用作购买"义卖号"飞机以充实国防力量。高长虹积极响应这一倡议,于3月4日作《献金》,呼吁人们尽其所能贡献自己的力量:"富人献金和献钱,/穷人献的血和汗,/叫花子献的是廉耻,/诗人逆耳献忠言。"④在重庆的两年半时间里,高长虹还写作了以下与"加强空防"有关的作品:《多买几架飞机》、《加强空防》、《战胜空袭》、《要求五百架飞机》、《智识分子在空袭恐怖中应负的责任》、《空军必须生长》、《空军文艺》、《组织和知识》、《没有治不好的病》、《献机劳军》、《休息在空袭的时候》、《防空洞里的重庆》、《国府路》。1941年2月15日高长虹作《几句话》,并在落款中注明"稿费劳军"⑤。如果知道高长虹在重庆的生活情况,我们更应该对他这一言行表示敬意:"他到了重庆后,重庆的文人,并不怎样重视他。他有不租房子宁住客栈的脾气,独身男人确实是住旅馆来得便当。但开支相当大,经济非常拮据,在各处副刊和刊物上写写稿,总是应付不了。"⑥

皖南事变发生后,带着对国民党的极度失望,高长虹1941年4月离开重庆。在端午节即将来临的前两天——5月28日,高长虹作万言长文《论

---

① 《胡风回忆录》,人民文学出版社,1993年,第201页。
② 《空军是胜利的保障》,《高长虹全集》第4卷,中央编译出版社,2010年,第172页。
③ 《五月五日》,《高长虹全集》第4卷,中央编译出版社,2010年,第158页。
④ 《献金》,《高长虹全集》第4卷,中央编译出版社,2010年,第112页。
⑤ 《几句话》,《高长虹全集》第4卷,中央编译出版社,2010年,第459页。
⑥ 沈静:《记长虹》,山西盂县政协编:《高长虹研究文选》,北岳文艺出版社,1991年,第106页。

屈原》,不但认为屈原"是中国最大的诗人",并且在文章末尾指出学习屈原的现实意义:"以前的端阳节,是属于屈原的,今后的诗人节,它也是属于诗人的,纪念屈原,也要鼓励自己。学习屈原的爱国精神,也要学习他的人民情绪,用诗来唤醒民众,铲除贪污,克敌制胜。也要在诗里采纳人民的语言,来教育培植人民中的屈原。"①到达西安后,高长虹于6月28日、29日应《黄河月刊》主编谢冰莹之邀写作了《论文艺反攻》、《七七诗》。在这一文一诗中高长虹念念不忘卢沟桥事变:《论文艺反攻》的副标题是"为《黄河》七七纪念作"②;《七七诗》号召"能当兵的都到前线当兵去",并要"每一个人要下这个决心":"一年内如获不到胜利,/这一年内枉为人"③。1941年夏秋,高长虹到达当时二战区司令部所在地陕西省宜川县秋林镇。高长虹到达秋林时的情况为:"高长虹穿着一身蹩脚的西装,手提一只皮包,没有带行李,风尘仆仆地来到秋林河边的寨子上。"高长虹来时,皮包内藏着他写的一篇《为什么我们的抗战还未胜利》的草稿:"在这篇文章中,他直言不讳地揭露和指斥国民党当权派的腐化堕落与后方社会的混乱和黑暗。"④

八、延安时期:与周围环境格格不入

1941年7月1日——此时高长虹在西安,"中华全国文艺界抗敌协会延安分会登出启事:本会自7月1日起改为独立工作团体,接收陕甘宁边区文化协会原有杨家岭会址、财产及一部分有关文艺工作,正式启用印章,开始办公。先后驻会作家有:林默涵、高长虹……(按:略去周而复、艾青、萧军、刘白羽等39人)"⑤;11月初,高长虹在八路军驻二战区办事

---

① 《论屈原》,《高长虹全集》第4卷,中央编译出版社,2010年,第490—499页。
② 《论文艺反攻——为〈黄河〉七七纪念作》,《高长虹全集》第4卷,中央编译出版社,2010年,第504页。
③ 《七七诗》,《高长虹全集》第4卷,中央编译出版社,2010年,第503页。
④ 青苗:《忆高长虹》,山西盂县政协编:《高长虹研究文选》,北岳文艺出版社,1991年,第69—71页。
⑤ 艾克恩:《延安文艺运动纪盛》,文化艺术出版社,1987年,第262页。

处安排下来到延安，并受到热烈欢迎："文化界欢迎狂飙诗人高长虹在文化俱乐部凉亭开会"①；到延安后不久，周扬亲自陪同高长虹到鲁艺演讲②。

不过这样的好景不长，高长虹很快便与周围的环境显得格格不入："长虹到延安后，要求到中央研究院经济研究所工作，但未得到同意。组织上安排他为文协驻会作家。长虹写的文章博古、周扬都看过，很重视他，但他的文章缺乏政治内容，发表得很少。他写了一部书稿：《什么是德国法西斯蒂》，研究传统意识对法西斯形成的影响。但因与斯大林的某些观点不一致而不能发表。长虹有看法，给中央和斯大林提意见。长虹向往延安，但他不能理解延安，不能适应延安，碰到工作问题，写文章问题，整风问题，又碰到抢救运动。他住的窑洞高高在上，一批批干部被抓走，一声声逼供信的声音传来，他耳闻目睹，他失望了。没有一个共产党的知心人给他做做工作，他很孤独，很苦闷。他不与人交往，连吃饭都低头来去，闷闷而食。"③在重庆两年半时间发表187篇作品的高长虹，到延安后4年多时间才发表文章13篇，并且其中3首诗歌发表在当时的墙报上。

1942年1月29日，"边区文协在交际处召开第二次理事会，讨论筹备第三次代表大会事宜。到会有常务理事吴玉章、丁玲、艾思奇、肖三、陈康白，还有高长虹、柳湜、柯仲平、李卓然、白彦博、周文、舒群、庄启东等十余人。……推定柯仲平、高长虹为正副主任，统筹一切。"④高长虹未接受这一任命。为此，一些人认为他不当文协副主任是对其职位不满："当时，柯仲平已经是党的领导干部了。在文联，职务在他之上。原来在上海办《狂飙》周刊时，柯仲平是高长虹手下的一个小兄弟，现在竟然要来领导他，这在一个无政府主义者看来，那是无论如何也消受不了的。"⑤1942年5月，"延安

① 《延安文艺的光辉十三年》，华龄出版社，1993年，第21页。
② 侯唯动：《我所认识的高长虹同志——为〈高长虹评传〉作序》，言行：《一生落寞，一生辉煌——高长虹评传》，百花文艺出版社，1996年。
③ 言行：《造神的祭品——高长虹冤案探秘》，中国文史出版社，2003年，第169页。
④ 艾克恩：《延安文艺运动纪盛》，文化艺术出版社，1987年，第310页。
⑤ 曹平安：《高沐鸿忆长虹》，山西盂县政协编：《高长虹研究文选》，北岳文艺出版社，1991年，第52页。

文艺座谈会"召开，"高长虹被邀请参加了，他因故未去"①。关于此事，董大中先生在访问艾青时，"艾青一字一顿地说，高长虹是延安唯一没有参加文艺座谈会的文艺界人士"②。

1942年底，马皓回到延安，直到日寇投降后离开延安去东北。期间多次见到高长虹，"得知他住在边区文联，但谈话间知道他没有什么具体工作做，看起来他的许多想法也不切实际，可能还是很感失望。他曾谈到想到美国去研究经济问题等等，当时我听了感到很奇怪，在那种环境和条件下，完全是空想，是完全不可能实现的，我大概也向他表过态，认为太不实际了，还是安心在延安呆下去吧，等等。"③

抗战胜利后，毛泽东找高长虹谈话，结果却是"不欢而散"："抗战胜利后，延安的文艺工作者要'下山'。毛主席很尊重文艺工作者，亲自和艾青、萧军、塞克、高长虹等著名文艺家谈话，征求他们的意见。毛主席和高长虹谈话时，毛主席问他：'高长虹先生，抗战胜利了，文艺工作者要下山了，你有什么想法，是留在延安，还是到哪个解放区去？'高长虹说：'我想到美国去考察经济！'听了高长虹这突如其来的话，毛主席大怒，立刻把他请出去了，使谈话闹了个不欢而散。据说这次谈话在党内高级干部中传达了。以后对高长虹就不再信任了，不再重用他了。"④

九、东北时期：在误解中默默去世

1946年春，高长虹到达山西兴县，在那儿遇到了时任晋绥分局副局长兼宣传部长的张稼夫。其情况为："长虹告我说，他决意离开这里到东北解放区去，还说日本投降了，今后中国的主要任务是搞经济建设，并说他还计

---

① 黎辛：《关于"延安文艺座谈会"的召开、〈讲话〉的写作、发表和参加会议的人》，《新文学史料》，1995年第2期。

② 董大中：《鲁迅与高长虹》，河北人民出版社，1998年，第24页。

③ 马皓：《关于高长虹同志从秋林赴延安的经过》，山西盂县政协编：《高长虹研究文选》，北岳文艺出版社，1991年，第84页。

④ 言行：《高长虹晚年的"萎缩"》，《历史的沉重》，百花文艺出版社，1996年，第71页。

划到东北去开采金矿什么的,似乎从此要放弃文学创作,从事经济工作了。我耐心劝说他留在根据地一块工作,他却执意要走。实在挽留不住,我问他去东北有什么困难,他说只缺运输工具。于是,我便给他准备了一匹好马,送他踏上了赴东北的途程。谁知这便是我跟他的最后一别了。"①

1946 年 10 月,高长虹到达东北局所在地哈尔滨,"那时东北局在南岗,宣传部给他找了一间房,他就住在里面。他一天到晚除了吃饭就是写作,不知他写的是什么样的东西。一天到晚不出来,不与人交往。我们还怕他憋出病来,但他也没有病。我去看过他一次,他是党外人士,又是狂飙运动的领袖人物,我觉得我应该到他的住处看望他。他的住处很乱,有不清洁的味道,大约是他独身一人,也不会料理自己的缘故,环境卫生搞得不好。他留得是花白的长发,山羊胡子,一个瘦小老头。一般人认为他是'怪人',但与他谈起来,觉得他很正常。"②

1948 年 11 月 2 日沈阳解放后,东北局由哈尔滨迁沈阳,高长虹随之到了沈阳,住在东北局宣传部招待所——东北旅社。此时的高长虹已被当做精神病人养了起来:"这时高已由东北局安排到临时设在沈阳东北旅社楼上的一处精神病院疗养。高要求舒群为他安排工作,并说当时经济有些困难。舒劝高养好病再工作,送给高一百块钱,又请高吃饭喝酒。喝酒时,高掉了眼泪。"③高长虹实际上并没有疯,而是在写书累了时,用外语朗读歌德、席勒、雪莱、拜伦、雨果、但丁、荷马、普希金、莱蒙托夫、涅克拉索夫、马雅可夫斯基、惠特曼等人的诗集。侯唯动 1953 年问高长虹"你怎么不出来工作"时,高长虹说:"我给北京的郭沫若、何其芳都写了信,可是石沉大海,一直没有接到回信啊……"④

1954 年春,高长虹突发脑溢血去世:"记得 1954 年春季的一天早上,二

① 张稼夫:《我和"狂飙社"》,山西盂县政协编:《高长虹研究文选》,北岳文艺出版社,1991年,第35页。

② 言行:《造神的祭品——高长虹冤案探秘》,中国文史出版社,2003年,第177—178页。

③ 陈漱渝:《寻找高长虹》,《纵横》,2007年第3期。

④ 侯唯动:《我所认识的高长虹同志——为〈高长虹评传〉作序》,言行:《一生落寞,一生辉煌——高长虹评传》,百花文艺出版社,1996年。

楼服务员向招待科报告:高长虹房间没开门。人们都以为他在睡早觉。到了九点许,闫振琦见门还没开,赶忙跳到三楼外雨搭上,登高往窗内望,才大吃一惊地发现老人趴在床边地板上。闫设法打开房门,才知道老人已经死亡。于是,老闫立即给东北局组织部打电话,行政科侯科长让闫去做当面汇报,随后组织部派来两名医生一名护士,经检查确认高长虹夜里系突发脑溢血死亡。"①

一个赤诚爱国而又特立独行的人就这样离开了人间⋯⋯

综观高长虹一生可以看出,尽管他有这样那样的不足,他对祖国的爱却是赤诚的,终其一生的,董大中先生甚至认为他"是一位杰出的甚至伟大的爱国主义者"②。爱国是一种美德,毋庸置言。关于高长虹的特立独行,笔者想借用鲁迅对"个人的自大"的评价来表达自己的观点:"中国人向来有点自大。——只可惜没有'个人的自大',都是'合群的爱国的自大'。这便是文化竞争失败之后,不能再见振拔改进的原因。/'个人的自大',就是独异,是对庸众宣战。除精神病学上的夸大狂外,这种自大的人,大抵有几分天才,——照 Nordau 等说,也可说就是几分狂气。他们必定自己觉得思想见识高出庸众之上,又为庸众所不懂,所以愤世疾俗,渐渐变成厌世家,或'国民之敌'。但一切新思想,多从他们出来,政治上宗教上道德上的改革,也从他们发端。所以多有这'个人的自大'的国民,真是多福气! 多幸运!"③

纵使高长虹的特立独行不能与鲁迅所说的"个人的自大"相提并论,他这种性格在中国现代历史上仍然具有非常重要的意义。樊骏先生曾如此评价高长虹的性格及其命运:"高长虹无疑具有卓然不群又无限膨胀的'自我',终其一生都在捍卫这个'自我'不受侵犯和不作变动,即使因此落落寡合,默默无闻,也无所不惜,最终完全游离于社会和时代之外。"可以这样

---

① 崔运清、闫振琦、李庆祥:《高长虹是病逝在东北旅社的》,《鲁迅研究月刊》,2006 年第 2 期。

② 董大中:《高长虹〈政治的新生〉的发现及意义》,《藏书报》,2008 年 7 月 14 日。

③ 《热风·随感录·三十八》,《鲁迅全集》第 1 卷,人民文学出版社,2005 年,第 327 页。

说,在一个强调服从的环境里,到了延安后还经常直言不讳地给党中央提意见,甚至因意见不同而给斯大林写信的高长虹,没有像王实味一样被枪毙已经是奇迹。所以,樊骏先生在同一篇文章中如此写道:"不能对'自我'之类作超越于现实之外的抽象的理解,重要的是要求它们能够与时代一起发展前进。"①既如此,看看高长虹的老乡赵树理吧。赵树理至少在主观上非常希望跟上时代的步伐,结果呢? 命运同样令人唏嘘不已……

---

① 樊骏:《把历史的内容还给历史——读〈高长虹文集〉有感》,山西盂县政协编:《高长虹研究文选》,北岳文艺出版社,1991 年,第 184 页。

例　言

1. 本谱尽可能采用第一手材料,并广泛参考和吸收现有研究成果。入谱的著作和事件,凡知其年月日者,均按时间顺序入谱;仅知年月不知日期者,入于本月末;无月可据者,则考订到季;仅知年而又无法考订到季者,入于本年末。延续较长时间的同一事件,一般集中叙述。凡写作时间不可考者,按发表时间入谱。未说明发表刊物的文章包括两种情况:(一)也许发表过却不知发表刊物,(二)本来就没发表。身前曾入集的,标明作品集名称。

2. 本谱以2010年《高长虹全集》为依据,凡未收入1989年版《高长虹文集》的文章注明"未收入文集"。《高长虹全集》共4卷,前3卷为前期作品,第4卷为抗战时期作品。第1卷收录8部作品集:《精神与爱的女神》、《闪光》、《心的探险》、《光与热》、《给——》、《献给自然的女儿》、《草书纪年》、《时代的先驱》、《春天的人们》,第2卷收录7部作品集:《曙》、《实生活》、《走到出版界》、《青白》、《游离》、《神仙世界》、《小剧场》,第3卷主要收录狂飙时期未入集作品,第4卷除《政治的新生》、《延安集》两部作品集外收录抗战时期未入集作品。《高长虹全集》第4卷收录的4篇署名"虹"的文章是否是高长虹作品目前尚有争议,本谱在收录同时附录了《关于"虹"的通信》供读者参考。

3. 本谱采用了高长虹小说中的材料,其原因为:(一)高长虹的小说是"一色的自叙传体"(吴福辉语),结合其经历,能够知道小说中的哪些材料是高长虹的亲身经历;(二)与高长虹有关的资料极端缺乏,离开高长虹的自传体小说,是不可能为高长虹编年谱的——这大概便是直到现在还没有一部高长虹年谱的原因之一吧？凡属该类材料，笔者均标明收入何种小说集。若其他人的传记性研究也引用过相关材料，一并在脚注中标明。对该类材料的取舍，由读者自行决定。

4. 与高长虹有关的回忆文章全写于新时期，此时离高长虹去世时间最少也有四分之一世纪，出现错误在所难免。对此，笔者尽力根据相关材料进行考辨，力争还原高长虹真实面目，实在无法考辨者，只好照录材料以待来者。

5. 为了较为直观地反映高长虹作品的影响，本谱尽量将收入合集中的高长虹作品以脚注形式标明；为了与别集收录的作品区别开来，本谱在合集前冠以"后收入"字样。

6. 由于高长虹是狂飙社发起人和主要负责人，本谱结合谱主本事，适当介绍狂飙社情况。

7. 由于莽原社内部矛盾是导致高鲁冲突的重要原因，故本谱附录了《莽原社·狂飙社·未名社述考》。为了具体彰显高鲁冲突对鲁迅一生造成的重大影响，本谱同时附录了《鲁迅文字摘抄》，主要摘抄鲁迅文章、书信中与高长虹有关的文字。

8. 为节省篇幅，本谱涉及的背景知识不按照惯例出现在正文中，仅以脚注形式标在相应内容之下，与谱主关系密切的背景知识详，否则略。由于本谱中的时代背景常常由多种材料综合而成，故不一一注明出处，只将其列为参考文献。

9. 为表明本年谱所录事情"无一事无来处"，也为了方便读者查找、核对，故所录每件事都标明出处。为节省篇幅而又能知道每段话出处，本谱采取以下原则标注：引用高长虹的文章，不写作者姓名，已收入集子的标明收入的集子和篇名（格式为《集子名·文章名》），未收入集子的标明发表刊物；引用鲁迅文章，仅标明篇名和收入的集子，鲁迅与许广平的通信为原信——已标明的除外；首次引用他人已入集的文章时，标明作者、篇名、集子名、出版社及时间，其余时候仅标明作者、篇名、集子名；首次引用他人未收入集的文章时，标明作者、篇名、发表时间及刊物，其余时候仅标明作者和篇名；首次引用专著中的文字时，标明作者、书名、出版社及时间、页码，其余时

候仅标明作者、书名和页码;《高长虹年表》出自《高长虹文集》下卷(山西省
盂县政协《高长虹文集》编委会编,中国社会科学出版社,1989 年)、《高长
虹生平与著作年谱》出自《一生落寞,一生辉煌——高长虹评传》(言行著,
百花文艺出版社,1996 年),引用时不再标明。

　　10. 由于一些文章有错误,如果此种错误影响到人们理解,笔者进行了
校正:〔〕内为正确的内容、〈〉内为删去的内容、││内为补充的内容,实在无
法校正时只好用〔?〕表示,凡是《高长虹全集》校正过的内容不再引用校正
前的错误内容;不少资料未按规定使用书名号,现统一修正,不一一注明。

目　　录

谱　文

1898 年①　光绪二十四年　戊戌　一岁

2月12日(正月二十二日)②　生于山西省盂县清城镇西沟村一个以耕读为本的小康之家,起名高仰愈,乳名春海。祖父高学书,晚清秀才,执教为生。父亲高鸿猷,副榜举人,曾先后在天津杨柳青和河北昌黎县任承审员和代理知事。祖上家业较殷实,其时已每况愈下,日趋破落。(《高长虹年表》)

1899 年　光绪二十五年　己亥　二岁

当时家庭人口十五口,薄田十几亩。(《高长虹生平与著作年谱》)

---

① 是年6月11日(光绪二十四年四月二十二日)光绪帝发布"明定国是"诏,宣布变法;9月21日慈禧太后发动政变宣布"训政",历时103天,史称百日维新。
② 《高长虹年表》说高长虹出生日期为"三月十四日(农历二月二十二日)",言行先生的《高长虹生平与著作年谱》说出生日期为"2月12日(正月二十二日)"。笔者写信询问高长虹侄孙高林祖先生,高先生在电话中告诉笔者言行先生的说法正确。

1900 年① 光绪二十六年 庚子 三岁

9 月 14 日（八月二十一日） 二弟高歌出生,乳名秋海,学名高仰慈,字普荪。（《高长虹生平与著作年谱》）

1901 年 光绪二十七年 辛丑 四岁

春 八国联军一股窜到盂县烧杀抢掠时随祖父到野外避难。高长虹成年后在回忆这次逃难时如此写道:

> 庚子那一年所给与我们乡村里的扰乱,那般逃难的景象,也常亲切地给我浮现出来,山凹的煤窑做了村民的第一次的俱乐部,许多许多分门别户的人都共同居住在那里,人的地位都分配得很平均,我那时是坐在我的祖父的怀里,在窑的第一个拐角上,一眼可以直接望到窑的外面。那里便可以看见有几个人在烧饭,我很奇怪:为什么他们不怕人家看见了呢? 我那时很镇静的,只觉得新奇却不知道什么恐怖。（《曙·1927 年 10 月 14 日》）

祖父做主,与本镇东沟村王德兴之女王巧弟定亲。（《高长虹生平与著作年谱》）

---

① 是年 5 月 27 日,义和团运动爆发。6 月,英国、俄国、德国、法国、美国、日本、意大利、奥地利八个国家的军队组成"八国联军",于 7 月 14 日、8 月 14 日攻陷天津、北京。年底,八国联军出动十几万兵力侵占了保定、正定、井陉,最后侵占了东三省。次年 9 月 7 日,清政府被迫与包括八国在内的共 11 个国家签订《辛丑条约》,标志着中国完全变成了半殖民地半封建社会。

1902 年　光绪二十八年　壬寅　五岁

"五岁时我熟读《木兰歌》"(《给——·30》):"有我的祖父教给我《木兰歌》和唐诗,祖母给我讲神仙故事和唱歌谣,我每天晚上一定在我的伯父房里认方块字。伯父是一个天才,我们家里最有才干的人! 他一生谁都不喜欢,却反常地喜欢我! 他也常给我讲些传奇的故事,他房里的墙挂着一幅美女的图画,他常笑着问我:'我的孩子娶这样一个媳妇好吗?'我的意见是:'不要的,我不要她那小脚!'"(《曙·1927 年 10 月 14 日》)

1904 年　光绪三十年　甲辰　七岁

大伯父高鸿谟中秀才,祖父兴奋过度,中风而死,"悲哀已深深地侵入"了高长虹(《曙·1927 年 9 月 5 日》)。关于祖父及祖父的死,高长虹在另一处有更详细的叙述:

　　我七岁的时候,我的祖父死了,死时的印像,我直到现在还是新的。我到了七岁的时候,已是一个成长的人。在丧事中,我是一个重要的角色。发而皆中节,因此,博得人们一致的赞美。小孩子时代,真是一个最光明的时代,使人们看他不能用一点异视的眼光。我那时也便什么都领会到了。"三岁看大,七岁看老",一个人到了七岁,的确已经具足了一生的姿态。……

　　你如问我谁是我的祖父吗? 我便答:"便是那个最爱我的老人!"老人大抵都是和善的。但是,你没有过那样一个祖父。他爱小孩子,不是需要小孩子做他的生活的附属品,而是为了小孩子。我的祖父和祖母,都是世间功利心最少的人。自然,他们生的时代也不同,虽然他们的是更穷苦,更奋斗的时代。我不记得他们有虚荣心。他,我的祖父,曾同我游行过好些地方。那都是极乐世界，我以后再没有到过了。他死的前夜，虽有我的父亲在地下监视着，我还在他的身上睡了几次呢！到五更里，他便忽然痰绝死去了。(《曙·1927 年 9 月 22 日》)

1905 年　光绪三十一年　乙巳　八岁

进书房读书，先生是大伯父高鸿谟，"同他住在一个房间里"(《曙·1927 年 9 月 12 日》)。

1906 年　光绪三十二年　丙午　九岁

与同学玩耍折断小腿骨，留下跛脚残疾。(《高长虹生平与著作年谱》)

1907 年　光绪三十三年　丁未　十岁

7 月 23 日(六月十四日)①　三弟高远征出生，乳名夏海，学名高仰慰。(《高长虹生平与著作年谱》)

1908 年　光绪三十四年　戊申　十一岁

堂兄高仰思结婚，写打油诗戏谑，堂兄哭笑不得。关于此事，高长虹在

---

①　言行先生的《高长虹生平与著作年谱》颠倒了农历、公历，现据他的《高远征与"石燃社"》改正。

收入小说集《实生活》中的《结婚以后》这样写道：

> 那时他非常高兴，他觉得一切都是新鲜的，他出乎范围地闹，他编了很长的歌从红纸窗里掷进去，使他堂兄看得还生了气。有很几天的光景，吃了早饭他站在他新鲜的嫂子身旁恋恋地不愿意到学校去。是那样新鲜：她像一个姑娘，而又不是一个姑娘；她是一个媳妇，而又不像一个媳妇；她像一个家人，但是又像一个外人，但是又同他那样亲密。

年少时①，曾深爱过自己的表姐：

> 一天，我的表姐来住在我们家里了。我说不上我怎样爱我的表姐呢！你没有看见过那个小的她。那时，她坐在我旁边看我认字。"把你给了我们的孩子好吗？"伯父在问。唉，我不愿意再记起她的那种痛人的答语了！她说："唉，我没有那造化！"是这样：是我没有那造化呢？那时她已经嫁出去了。所以我更爱的，是那个拖着辫子的她。也是很早很早的记忆：她曾抱我在她的怀里，要我给她念书。她狂吻我，狂吻我有一千次；我曾把她同那故事里的狐仙联合在一块，和那图画。她非常喜欢念书的，只可惜天没有生她在一个合适的家里！我永总地爱她，直到我的死后！（《曙·1927年10月14日》）

1909 年　宣统元年　己酉　十二岁

在课堂上读《红楼梦》被老师发现，但因功课好而未见罚。（《高长虹生平与著作年谱》）

十一二岁时，从彪门书局出版的一本课本上知道了"生存竞争，天演公

---

① 不知确切时间，按情形当为高长虹对异性有好感时，故放在此处。

例"的说法。(《答国民大学 X 君》,上海《狂飙》周刊第 1 期)

"儿时看历史书,见了酋长的图画,因为我那时是爱图画吧,所以也爱了酋长。"(《每日评论·酋长的红运》①,《长虹周刊》第 6 期)

1910 年　宣统二年　庚戌　十三岁

暑期小学毕业。因成绩优秀考第一名,"知县还赏了他一个银牌②,上面刻着他的小而光荣的名字,他到现在想起来还觉着一切都是红色的。"(《实生活·结婚以后》)

1911 年③　宣统三年　辛亥　十四岁

暑期考入"盂县两级小学校"(1913 年更名为"盂县高等小学校")。(《高长虹生平与著作年谱》)

"在革命的第一年,他也很早地没有通知家庭,在教员们严重的监视底下剪掉了辫子。"(《实生活·结婚以后》)

1912 年　民国元年　壬子　十五岁

夏天　不听父亲劝告,拒绝到天津考法律学校:"他很理直气壮地拒绝了,说他不喜欢法律,将来要住大学。"(《实生活·结婚以后》)在收入小说

---

① 此处的《每日评论》为《长虹周刊》的一个专栏,并非集子名,凡发表在《长虹周刊》《每日评论》栏的文章全收入《高长虹全集》第 3 卷,下同,不另注。

② 该银牌连同出国前寄给妻子的唯一相片在"文革"时被抄去,"还回来时,像片上已被打上红色的'X'"(言行:《一生落寞,一生辉煌——高长虹评传》,百花文艺出版社,1996 年,页 50)。

③ 是年,辛亥革命取得胜利,结束了中国长达两千多年的君主专制制度。

集《游离》中的《游离》也有类似说法："或者我的父亲的计划对的,当我十五岁的时候,便住了法政学校,现在我便可像他似的做那小康生活的承审员。"

△ 开始手淫："同一般孩子一样,他也很早便开始了手淫。正在他同法律决裂的那一年夏天,从他父亲的书籍里找出《续红楼梦》的时候。但是性欲在他并不十分强烈,他没有同下流的人们来往过,他讨厌轻佻的同学们,他也不喜欢看戏赶会,追逐女子。他很君子,他的心大部分是放在书本上的,及同朋友们谈论关于将来的正大的问题。"(《实生活·结婚以后》)

1913 年　民国二年　癸丑　十六岁

10 月 31 日(十月初三)　二弟高歌与本县胡家沟的胡巧娘结婚,演出"悲剧的第一幕"。(《高长虹生平与著作年谱》)

1914 年　民国三年　甲寅　十七岁

5 月 2 日(四月初八)　与王巧弟结婚,演出"悲剧的第二幕"。收入小说集《实生活》中的《结婚以后》①对高长虹的婚姻状况有很详细的记录。

王巧弟是一个"很好看的女孩子"："她有重眼,她有酒窝,她有长脖子,她有细条身材,她娇小,她聪明。"在旁人看来,"这真是一件最美满的结婚"。但高长虹对这桩婚姻并不满意:

第一,他现在并不需要结婚。他还只是十七岁的一个少年,虽然在

---

① 《结婚以后》虽然收在小说集《实生活》中,但结合高长虹的经历可以知道,小说中所写内容几乎可看作高长虹婚姻家庭生活的实录——高长虹的外甥言行先生所写的《一生落寞,一生辉煌——高长虹评传》中的相关部分与该小说中的内容基本吻合。

惯例上已经是最合适的年龄了,但他觉着什么还都不明白,还得专心再读几年书。他平常的主张是,最早也得到中学毕业才结婚的。第二,他需要一个读书的女子。但是她,一个乡下的姑娘,在他三四岁的时候他祖父便给他订了的。他是不喜欢那种小足,他一看那个便可以引起他的一切的愤恨。但是,一切都做成功了。他的家庭给他定了时期是四月初八日,他便什么话也不能说,只能够静候着那个四月初八日的降临,他从学校回来给他们行礼。

结婚的经过让高长虹非常不快。王巧弟因首饰问题哭着不愿出门,高长虹对此非常失望:"她一点也不为了他而欢喜,一个在别人所碰不到的丈夫,一个卓越的学生。"家人的表现同样让高长虹失望:"他的母亲是那样忙乱,脸上堆满着焦躁,愤怒。他的伯父们以及其他亲近的人,都是同样地焦躁与愤怒。但是,他们没有对于他所应该表示的欢喜,希望,那怕就是担忧,他们都没有的!倒是在那所有的经过之中,他看见了不少的暗示的警告。正像,他第一次成了一个外人,他有了他的特殊的责任,及他们对于他的必须的防范,像是他第一次将不属于家庭,或者他第一次将要完全遗忘了他自己。他分明看见,这是一件烦杂的事情,只是他们所不得不需要,又不得不恐惧的事情。"

结婚的结果是:"书上说的是:夫妻之道,举案齐眉。事实上却是:家庭,媳妇,劳作,憾冤,虚荣。他所希望的都看不见一点影子,他只遇见了一个庄严的对敌:各不相犯。"结婚半月后,"他们现在已有了很深的敌意,他要休她,她也只等候着他休,他们不会再有转圜的时候了,因为一件事的开头便弄错的缘故。"

暑期 高小毕业,以全班第一的成绩考入太原市"山西省立第一中学":"他的卷子都还大致不错,只是没有卷子的唱歌却失败了,他不明白为什么他还没有张嘴便心跳起来。"成绩出来后,国文得了100分,因同学张有贵抄袭他的历史试卷答案,两人在县署重考,结果高长虹历史也考了100分,"同国文卷子贴在一块,而且他考了第一,他胜利了!"(《实生活·结婚以后》)

三年读书生活情况为:

　　欠债是他近三年来照例的事情,他每一次放了暑假总是很迟地回去,起先是欠饭钱,书钱,现在却又欠到衣服上了(按:因结婚做的两件新衣服是赊的)。这使他在每次回家之前都陷在怒愤的扰乱里。他恨他的伯父爱钱,又恨他自己不会用钱。他的钱总是时常不够用的……

　　……他初来时才只十四岁,穿着很好的衣服,先进的学生们都好奇而玩笑地在远处指点着看毕业生,他觉着害羞而又讨厌,他那时是怎样一个小孩子呵! 他庄重,但是又好游戏,他自负,但是又很和气。但这些,以后便都改变了。他简直不能够说出详细的理由,何以他这样纯乎地骄傲,严厉,厌恶所有的人们。教员们都称赞他,说他不但功课是第一,而且品性也是一个最好的。他时常看书,不告假,星期日不出门,不看戏赶会,不同同学和差人们吵闹。他虽然也得意有这样的批评,然而毕竟觉着他的生活上实在太少趣味了。(《实生活·结婚以后》)

　　是年　"有一个相知的朋友说,我很像文王,环境也像。环境,我们那时候是叫做境遇的。我当然很高兴那个文王的。"(《曙·1927年10月4日》)

1915年①　民国四年　乙卯　十八岁

　　是年　"正是袁世凯帝制②的时候,有一次全省的学政界开提灯会劝

---

　　①　是年9月15日,《青年杂志》在上海创刊,陈独秀主编,并撰写《敬告青年》一文,谓吾国社会之隆兴,"惟展望于新鲜活泼之青年,有以自觉而奋斗",提出"科学"与"人权"两口号,指出"国人而欲脱蒙昧时代,羞为浅化之民也,则急起直追当以科学与人权并重。"

　　②　是年8月14日,杨度纠合孙毓筠、严复、刘师培、李燮和、胡瑛等在北京发表《发起筹安会宣言书》,公开鼓吹帝制。8月20日,筹安会宣告成立。8月24日,段芝贵、袁乃宽在京发起召开军警大会,雷震春、江朝宗等44人参加,讨论"筹安事宜",一致签名"赞成君主";同日,筹安会通电各省将军、巡按使、都统巡阅使、护军使、各省城商会,请派代表到京加入讨论变更国体问题。8月25日,山西将军阎锡山、河南将军赵倜、吉林巡按使王揖唐、福建巡按许世英等电复筹安会,派代表入京参与"国体问题"。8月29日,筹安会发表第二次宣言,主张君主立宪,谓:"日昨投票议决,全体一致主张君主立宪。……本会以为谋国之道,先拨乱而后求其治。我国拨乱之法,莫如废民主而立君主;求治之法,莫如废民主专制而行君主立宪。此本会讨论之结果也。"8月30日,段芝贵、梁士

进,我同一个朋友偏没有去。我却写了一首《提灯行》对于全城的黑暗空气肆其所谓骂。"此事对高长虹一生造成重大影响:"那里的一个国文教员,本来很'恭维'我的,那时也以为我不可救药了。那里的校长,本来很'恭维'我的,那时也说我是被人们'恭维'坏了。"(《走到出版界·答周作人》)高长虹后来在给儿子曙的信中这样写道:"我在十九岁以前,常被人们传习地恭维,在十九岁以后,又常受人们传习的攻击"。(《曙·1927年9月5日》)

是年 初次听朋友说章太炎的古文做得很好,"当时漫应之曰:'现在那里会有好文章!'"(《走到出版界·读〈谢本师〉》)

父亲高鸿猷任天津杨柳青县承审员,两年后改任河北昌黎县承审员。(《高长虹生平与著作年谱》)

1916年②　民国五年　丙辰　十九岁

年初 因抵制"劝进"活动受迫害逃回老家,至此学业中辍。(《高长虹生平与著作年谱》)

诒、朱启钤等10人密电各省将军、巡按使假造民意,请愿改变国体,谓:"现拟第一办法,用各省公民名义,向参政院代行立法院上请愿改革书,每省各具一请愿书,均由此间代办,随将底稿电闻,请将尊名并贵省绅商列入。"9月3日,山西将军阎锡山电呈袁世凯,请求废除共和,改定君主立宪国体,声称:"以中国之情,决不宜沿用共和制度,非采取德日两国君主立宪法,不足以立国而救亡。"9月5日,袁世凯为加紧推行帝制,公布国民会议议员复选日期暨筹安期限令,规定"国民会议议员复选于中华民国四年11月20日举行"。9月16日,山西将军阎锡山致电参政院,要求君主立宪,迅予表决,声称:"自立之道,非厉行军国主义,不足以图强。欲厉行军国主义,非先定君主立宪,断不能收上下一致精神贯彻之效。"9月19日,北京帝制派梁士诒等发起"全国请愿联合会",并向参政院请愿,要求组织"国民代表大会",投票解决国体问题。10月7日、23日、26日,内务部总长朱启钤及周自齐等人致电各省,规定劝进书中必须有国民代表"恭戴今大总统袁世凯为中华帝国皇帝"字样。11月20日,全国各省"国民代表大会"所谓"国体"投票均告完成,共计代表票数1993张,全体赞成君主立宪,无1张废票或反对票。12月12日,袁世凯宣示承受帝位。12月13日,袁世凯在居仁堂接受百官朝贺;同日通令各省访查反对帝制者,称改变国体出于"民意",对于"好乱之途"必须"严密访查,毋稍疏忽"。12月31日,袁世凯申令改明年(民国五年)为洪宪元年。

② 9月1日,《青年杂志》自2卷1号改名《新青年》。李大钊在该期的《青春》一文中号召青年"冲决过去历史之罗网,破坏陈腐学说之囹圄",大胆向封建主义进攻,"新造民族之生命,挽回民族之青春",为创造一个不断更新的新国家而斗争。

同年到北京,住在宣武门外椿树胡同盂县会馆:

> 这个会馆是在京盂县籍富商集资修建的,原为招待盂县举子,后专门接待盂县人,盂县人住此是不收房租的。这里离琉璃厂西街的"恒源参茸局"不远,"恒源"的掌柜宋贺年就是他要依靠的亲戚。父亲和宋贺年是世交,三妹美英就嫁给宋贺年三儿子为妻。这里离京师图书馆分馆也很近,就在宣武门外路东的香炉营,去看书很方便。(言行:《一生落寞,一生辉煌——高长虹评传》,页27)

到北京后,初次看见章太炎的书,并喜欢章太炎的书"大概有一年多的样子":"我所爱的,一,态度显明,二,论理谨严,三,文章古奥,四,学问渊博"(《走到出版界·读〈谢本师〉》)。

1917 年①　民国六年　丁巳　二十岁

暑期　二弟高歌考入太原市山西省立第一师范学校②。(《高长虹生平与著作年谱》)

冬　因家庭无力供其费用只得回家自学。(《高长虹生平与著作年谱》)

是年　"偏尔在一个大学校听讲,教员只有两个好的,一个讲心理学,一个讲伦理学,偏都是章太炎的门生。教员初上台的时候,总务长一经介绍,台下的学生便立刻都眉飞色舞,可知章太炎的名字在那时有多么漂亮!"(《走到出版界·读〈谢本师〉》)

---

① 1月,《新青年》2卷5号发表胡适的《文学改良刍议》,提倡白话文体。

② "太原的中等学校办得好的有省立第一中学、省立第一师范,这两个学校我都考上了,我决定上第一师范。因为师范是官费,吃饭公家供给,每年还发两套衣服,一件棉大衣,发课本,提供宿舍。上第一中学要自费,我上不起。"(张友渔:《报人生涯三十年》,重庆出版社,1982年,页79)张有渔考上师范校的时间是1918年。

是年　"同一个朋友谈起英雄主义,我是竭力反对英雄的。他说,'如反对英雄,必须把所有历史都烧掉才行。'我反问道:'原初本没有历史,英雄又是从那里出来的呢?'我的朋友没有话说了。"(《走到出版界·历史即神话》)

1918 年　民国七年　戊午　二十一岁

开始练笔。关于高长虹苦学练笔的情况,家乡流传着这样的传说:

先说一个摆筷子的故事:长虹苦读,最怕别人打搅。每逢读到或写到浓处,夫人往往因送茶饭而打断他的思路。为此他和夫人订立了一套只有他们俩才明白的"默契":当长虹吃完第一碗饭后,如他把两只筷子全放在碗上,就表示他已经吃饱,夫人拾掇了碗筷即可;如他把两只筷子全放在桌上,则表示他还要吃一碗,夫人便再添一碗饭来;如筷子一只在碗上一只在桌上,便是表示他还吃半碗,夫人便把半碗饭给他端来。

再说一个看戏的故事:长虹在家苦读期间,赶上一次村里唱"保正戏"。清代的行政编制,县以下为都、保、正。清城镇所属的都有九保十八正,按乡规九保十八正要轮流唱保正戏。清朝亡了,这乡规还保留着。西沟村的保正戏每九年才得轮上一次,很是稀罕。轮到唱戏时,许多远近的亲友都要赶来看戏,一时间坐轿车的、骑驴的,走道的,来来往往,络绎不绝,好不热闹。戏台就搭在长虹家门口下面的"场"里,出门就能看见。门口花栏墙以内,是长虹家看戏的专用领地,在这里坐上凳子看戏,居高临下,无遮无挡,就像大城市剧院的包厢。长虹家来了许多亲戚,出嫁的姐姐妹妹们全回来了。热衷于苦读的长虹,对家乡这种少有的热闹,却不感兴趣。连唱三天的戏,他一眼也没有看。最后一天的压轴戏是整本《樊梨花》,全家都看戏去了,他一人在他的小窑洞里埋头写作。当他匆匆出大门口上茅房时,母亲问他:"春儿,今天的戏好,看看吧!"长虹愣愣怔怔地问:"看戏? 唱甚哩?"他的憨态引得他的姐妹们哄然大笑。原来他正在酝酿着一篇散文《一个乞丐的自述》,他的思绪全部集中在这篇文章中去了,对周围的一切他都视而不见,听而不闻。他无心看戏,在姐妹们的哄笑声中,他又走回他的小天地里,进入乞丐的境界中体察去了。

再说一个吃饺子的故事:大年初一吃饺子,长虹还是痴迷在书海里。按照"默契",夫人给他送来饺子时,照例没有打搅他,只把饺子和蘸饺子的油醋放在他的书案上就出去了。过了一阵,夫人估摸着他快吃完了,就进去看他的筷子是怎么放的。叫夫人大吃一惊的是,长虹满嘴墨黑,还在痴痴地看书。饺子吃光了,油醋却纹丝没动,而夫人给他磨好的满满的一砚台浓墨,却不翼而飞了……(言行,《一生落寞,一生辉煌——高长虹评传》,页32—33)①

为了买书,在二弟高歌劝说下向妻子借镯子和衣服:"妻心里不乐意,她舍不得这结婚留下的唯一的纪念品。但丈夫说出口来了,她不好不依,她的一生还要靠他呢。她恋恋地,默默地把手镯和衣服寻出来,正在交给丈夫,突然,母亲来了,长虹慌慌忙忙地把镯子揣进兜里,却没有敢拿衣服。书是买回来了,他高兴了,然而镯子没有了,她却却闷闷不乐。母亲知道了,她只是摇了摇头,又给儿媳妇打了一对。"(言行:《一生落寞,一生辉煌——高长虹评传》,页32)

给妻子取名"王者香"②:

"王者香"者,兰的别称。其典出自《乐府诗集·猗兰操序》:"孔子……自卫反鲁,隐谷之中。见香兰独茂,喟然叹曰:'兰当为王者香,今乃独茂,与众草为伍。'"长虹以"王者香"为妻命名,有爱之、怨之、怜

---

① 　高长虹的儿子高曙在《高长虹的家世和青少年时代》(《鲁迅研究动态》,1988 年第 11 期,《高长虹研究文选》,北岳文艺出版社,1991 年)中也说到了看戏和吃饺子的故事。

② 　不知确切时间,按情形当为高长虹在家练笔的时候,故放在此处。

之、盼之多重用意:爱其玲珑娇媚,幽香扑面;怨其柔弱无骨,任人摆布;怜其纤小怯懦,不堪摧折;盼其傲气不减,挺然自立。(言行:《一生落寞,一生辉煌——高长虹评传》,页44)

一天①,妻子采来一枝玉簪花插在案头,于是觉得妻子"便是那玉簪花了"(《曙·1927年9月30日》)。

与高翔藻、潘万钟、高瑞麟共同创办"清城镇女子小学校"——全县第一所女子学堂。(《高长虹生平与著作年谱》)

1919 年② 民国八年 己未 二十二岁

是年③ 最喜欢看小说《茶花女》和《安娜》:"《茶花女》,我是苦情地爱看。《安娜》,我是人情地爱看。那时,我知道茶花女那样人在世上是少有的。惟其她少有,所以更令人爱她。她也更值得人同情。安娜,她也许更其是少有的人,然而她的感情却是普遍的,那里所写的是完全实际的人生。所以我那时爱安娜更甚于茶花女。在艺术上,更是,安娜处处写得充满,茶花女却单纯得多了。"(《每日评论〈茶花女〉和〈安娜〉》,《长虹周刊》第13期)

1920 年 民国九年 庚申 二十三岁

全县大旱,收成极差。(《高长虹生平与著作年谱》)

冬 高长虹家买了胡金牛家的旧房,作为建房基地。(《高长虹生平与著作年谱》)

---

① 不知确切时间,按情形当为高长虹在家练笔的时候,故放在此处。
② 是年,五四运动爆发。
③ 该年11月10日《晨报》发表了署名"C.H"的散文诗《晚秋底公园落日》,曾作为佚文收入《高长虹研究文选》,有误。

1921 年① 民国十年 辛酉 二十四岁

2 月 17 日（正月初十） 儿子高曙出生。高长虹认为其妻不懂教育："记着有一次你的母亲从一本书上看见一张小孩画片，问我要去了。我劝她钉在墙上，她却要藏在箱里。你的母亲是这样一个不懂教育的人。你将没有绘画，没有诗歌，没有流泉，没有提携，如我那童年时候所有的！"（《曙·1927 年 9 月 5 日》）

5 月 20 日 在《晨报》②发表《译惠特曼小诗五首》（署名"残红"③），包括：《美丽的女人》、《母亲和婴儿》、《告诉你》、《带［戴］面具的》、《告外国》，曾作为佚诗收入《高长虹研究文选》，未收入文集。

秋冬之际 常拖了还没有学会说话的儿子在草场玩，"我给你从草捆里寻找搭勾，找到一个，你玩坏了，便要我另找。"（《曙·1927 年 10 月 14 日》）

家里大兴土木建新宅。（《高长虹生平与著作年谱》）

1922 年 民国十一年 壬戌 二十五岁

2 月 1 日 在《妇女杂志》④8 卷 2 号发表《音乐》，译自雪莱，署名"残

---

① 7 月 23 日，中国共产党第一次全国代表大会在上海召开。毛泽东、董必武、王尽美、张国焘等 12 人出席，张国焘任主席并报告会议筹备经过及会议讨论事项，共产国际代表马林、尼克尔斯基与会并讲话。

② 《晨报》，创办于 1916 年，最初称《晨钟报》，1918 年 12 月更名为《晨报》，至 1928 年 6 月 5 日第 2314 号终刊。是以梁启超等为首的进步党的机关报，是北洋政府统治时期北方最有影响的报纸之一。

③ "继郭沫若之后介绍惠特曼的，先是一位署名'残红'的译者，他的《译惠特曼小诗五首》发表在 1921 年 5 月 20 日的北京《晨报》副刊上。"（李野光著：《惠特曼研究》，上海外语教育出版社，2003 年，页 328）

④ 《妇女杂志》，文理综合性妇女月刊，1915 年 1 月 5 日创刊于上海，妇女杂志社编辑，商务印书馆发行，出版至 1931 年 12 月停刊，共出 17 卷 204 期。无锡王蕴章与无锡朱胡彬夏相继任主编，主要撰稿人有恽代英、胡愈之、沈雁冰、叶圣陶、胡寄生、张季鸾等。

红",未收入文集。

3月1日　在《妇女杂志》8卷3号发表《印度夜歌》、《悲歌》,译自雪莱,署名"残红",未收入文集。

3月8日　在"山西盂县清城镇"给《小说月报》①编辑沈雁冰写信,发表在5月10日《小说月报》13卷5期,署名"长虹",未收入文集,曾作为佚文收入《高长虹研究文选》。全信为:

雁冰先生:

因为我是一个主张自然主义的人,所以我不能看着文坛上起了介绍自然主义运动的时候而不加以热心的帮助,竟然连我没有这气力都忘却了。我便先拿 VneVie 和 Madame Bovary(按:《包法利夫人》)来做我大胆的尝试。

(中略)

在我译这两书之前,以为据我所知道的都有三种英文译本,互相考较,可以补我知识的缺乏;不料因为我的机会不好,竟然没有这种权利!经济的势力锢蔽了我看书的眼,并没有说话的嘴的自由;这件工作或者已经失掉了他本来的意义,而只成为一个败落者的告白罢了!艺术不能不受经济的影响,我们谁又能看着革命之火四方蜂起的时候而自己不投身进去尽一分柴的义务呢?

我以为今后自然主义应该向理想主义方面发展了。这话似乎有些奇怪,因为一向人们是把自然主义和现实主义看做同物的。其实自然主义的根本要义是在求人生的真象,而我们又不承认现实是人生的全体。自然主义不出现实的羁绊,那只是十九世纪机械的人生观下的产物罢了。二十世纪的新人生观已经确定而且在各处实行起来了,自然主义也正应此时代之要求向理想的境地而前进。这固然不是象征神秘的慰藉与暗示,而且和表

---

① 《小说月报》,文学研究会机关刊物。文学研究会成立于1921年1月4日,由周作人、朱希祖、耿济之、郑振铎、瞿世英、王统照、沈雁冰、蒋百里、叶绍钧、郭绍虞、孙伏园、许地山12人发起,会员先后有170多人,其宗旨是"研究介绍世界文学,整理中国旧文学,创造新文学"。

现派的梦幻夸张也大不同。根据科学的精神,抱着奋斗的态度,描写将来的设施及达此将来的路径,这真是新艺术的神圣而可贵的呵!

我在译完 Madame Bovary 之后,一面将着手翻译 Zola's Les Rougons Macquart(按:左拉的《卢贡—马卡尔家族》),一面准备创作我别一方面的《那里去》。(下略)

在同期《小说月报》发表《红叶》①,署名"高仰愈"。诗歌写一片被无情的风儿吹落的红叶,"只得伏在那里任人践踏",作者看见后将她拾起来插在胸前,"像玫瑰花一般的爱惜"。②

春或夏③　和父亲闹别扭,一气之下到太原市文庙博物馆任书记员,与

---

① 后收入《山西文学大系第 6 卷·现代文学》上卷(王世杰、王春林、许并生选,山西人民出版社,2005 年 1 月)。

② 石评梅写于同年 10 月 2 日的《春之波》(10 月 16 日《学汇》第 6 期)出现了类似意象:"一片一片红花瓣,辞了她亲爱的枝柯,落在地上的时候,她心里很舒服逍遥底随着风儿飘荡,任那水去浮沉;她不希望锦囊收艳骨,涛笺弔孤魂! 花开花落,她一任天公。但沉闷的诗人啊! 从他心灵中搏动的余韵,知道他能安落花之魂吗? 牡丹啊! 你艳红的腮儿上,沾了谁的泪痕? 当她驻了足,拿心灵的碎片,要问她的时,他的泪又洒在伊的腮上。"(《石评梅作品集·戏剧游记书信》,书目出版社,1985 年)1923 年 5 月下旬—6 月下旬,石评梅在参加女高师第二组国内旅行团到达杭州时,在西子湖畔写下诗歌《红叶的家乡》(9 月 14 日《诗学半月刊》第 12 号),其中再次出现了类似意象:"红叶的香也消沉了! /红叶的色也枯萎了! /燕儿毙在沙漠上,/没有青山凉泉,/更无香草解花! /月儿也黯淡了! /风声也凄切了! /黄沙作了墓田;/饿鹰发出了悲哀的呼啸!"(《石评梅作品集·戏剧游记书信》)1924 年 10 月 24 日,时在北京西山碧云寺养病的高君宇曾叫一位小女孩给石评梅送去一片红叶,上面写着两行字:"满山秋色关不住/一片红叶寄相思。"石评梅看后尽管很感动,但为了她的"素志"不能承受它,坐了一会回到房里蘸饱了笔,在红叶的反面写了以下几个字:"枯萎的花篮不敢承受这鲜红的叶儿",然后用原来的那张白纸包好,写了个信封寄还他。(《涛语·一片红叶》,《石评梅作品集·散文》)

③ 《高长虹生平与著作年谱》、《高长虹年表》都认为,高长虹离家出走是 1921 年初。根据高长虹 1922 年 3 月 18 日给沈雁冰信落款中有"山西盂县清城镇"和张恒寿在《回忆长虹》中的回忆可以推断,至少在 1922 年 3 月 18 日,高长虹尚未"一气之下到太原市文庙博物馆任书记员"。另,高长虹在 1927 年 9 月 5 日给儿子曙的信中这样写道:"你是我第一次居留去了以后的那一年到这个世界来的,那是——一九二一年,到现在是七年了。但我看见你在我的面前的日子,还没有到过二年。不,大概只有一年又一两个月吧!"人们的结论也许是根据引文中的第一句话得出来的——此处的回忆当有误,却忽略了第 2、3 句。高长虹离家闯社会后,曾回家三次:一、1924 年 9 月下旬 10 天左右,二、1924 年 12 月底至 1925 年 2 月初一个多月时间,三、1925 年 12 月中旬至 1926 年 1 月下旬一个多月时间,三次回家时间加起来 3 个月左右。由此可知,高曙出生后,高长虹至少在家还呆了近一年时间。根据高长虹 1922 年 3 月 18 日还在家乡给沈雁冰写信断断,高离家的时间当在 1922 年春或夏。

石评梅父亲石鼎臣同在一个办公室。和父亲闹别扭事,高长虹在《幻想与做梦·生命在什么地方》中如此写道:

> 我是很爱生命的,然而我终终没有得到过生命,我时常用指头在看不见的空气中画着十字,向着天空反复地祈祷;你能够告诉我生命所在的地方吗? 我愿意变做一片落叶,永远在你的怀中跳舞。我所得到的回答,只有沉默,没有过一次例外。
>
> 我曾在家庭找过生命。一天,我的父亲对我说了,"你为什么不找一点事情做做? 你看,我们家里有这样多的人要吃。"我没有料到我的诚实的回答竟会触怒了他。因为我说,在我没有找到生命之前,我是什么事情都不能够做的。我的父亲说了:那么,你找你那永远找不到的东西去好了,我的粮食是不能够给游手好闲的人吃的。我知道,我是被人赶出来了。
>
> 我出来便遇见了朋友。当他们和我很客气地握手的时候,我听见他们的肚子里在冷笑了。我想找到什么呢? 在这些同我一样一无所有的化子中间? 我这样问着时,我看见我已经弃绝了他们走了。
>
> 女人,人类,都给我以同样的拒绝。
>
> 于是,我便一个人坐在山顶,低着头沉思起来。忽然一种极细的声音,几乎使我不能够听见,从我身旁颤抖抖地送了过来。我惊得站起身来。我在感觉中努力地摸索着,到我知道他是从什么地方发出来时,我蹲下去扳起那块很小的石头,一只快死的小虫,压在底下,他的身上写着"生命"。(《心的探险·幻想与做梦·生命在什么地方》)

由于经常到晋华书社①买书,认识张稼夫,给张留下的印象是:

---

① 成立于 1921 年 8 月,由王振翼、贺昌(按:此二人为成立于 1921 年 5 月 1 日的太原社会主义青年团成员)、张稼夫、王仿、姚聪等人集资创办,地点在太原市开化寺。(张稼夫:《我和"狂飙社"》)

个头不高,身体瘦弱,生活非常俭朴。他是太原一中的高材生,语文和英文的基础均比较好。他为人文质彬彬,稳重憨厚,很爱学习。他接受新东西快,思想敏捷,见解也比较深刻尖锐。比如,对爱因斯坦的"相对论",在当时一般人是看不懂的,可他都能有较深刻的认识和理解。高长虹性格孤僻,愤世嫉俗,反帝、反封建的思想很坚决,敢于直言不讳地表白自己的观点,所以,我们很能谈得来。他的诗写得很好,不同于当时流行的所谓"白话诗",他的诗讲究音韵和节奏,类似离骚体诗,所以我很喜欢。他也写小说,但不如诗歌写得好。(张稼夫:《我和"狂飙社"》,《高长虹研究文选》)

暑假　石评梅从北京回到太原度暑假2月余①。高长虹1923年9月24日在《晨报副刊》②发表的《一刹那的回忆》记录的可能是他初次看见石评梅的情景:

> 你的眼,卑怯如小羊,
> 你的手,娇弱如白莲,
> 你的脚步,如蝴蝶临风而翩跹,
> 从你那如水呜咽的音波里,
> 我听出你说不出的幽怨,
> 我读尽你全篇的历史,
> 在我初见你的那一瞥时间。(《给——·2》)

---

①　在研究石评梅的文章、书籍中,笔者尚未看见人们认为石评梅曾于该年回太原度暑假的说法。笔者做出这一判断的依据为石评梅1922年10月1日写作的《葡萄架下的回忆》中的文字:"我们坐在窗旁的椅上,谈别后的情况……后来首问我暑假中家居的成绩","梅影知我最深,她因我握别北京有二月余"。(《石评梅作品集·戏剧游记书信》)

②　《晨报副刊》,五四时期著名的"四大副刊"之一。原为《晨报》刊载小说、诗歌、小品文和学术讲演录的第七版。1919年2月7日实行改革,增设自由论坛、译丛专栏。1921年10月12日定名《晨报副镌》,4开4版,单独出版。1925年4月1日改本名。1928年6月5日停刊。编者先后为孙伏园、刘勉己、丘景尼、江绍原、瞿菊农、徐志摩。

太原时期,高长虹与石评梅的交往情况为:

他从第一知道世间有她的时候,他便爱了她。他以后认识了她的父亲,他知道他所遇到的是什么机缘了。他已经梦见过她。当一个女性在他身边走过去时,他常想起她来。那时,她是一个大学生。但他呢,一个漂泊者罢了。人们的传说又好像都是反对他似的。人们也都说她的坏话,把他们的谣言当做了她的事实来宣传①。他常是她的辩护者。她也将为他辩护吗? 大抵人们的习惯常喜欢拿别人的生活来做自己开玩笑的材料。如其一个人同一般的习俗多有冲突的时候,就像他是一个奇装异服者,更会变成众矢之的了。但他呢,他便专喜欢这样的人,因为这正是他自己的同调。

他同她的父亲相交有半年的光景。他们的感情是好的。如果他要立刻对一个人表示他的好感的时候,那个人便怕没有法子不喜欢他。那老人也委实是一个和善的人,又有点名士的派头。他们又都有喝酒的嗜好。他常从他那里听到关于她的述说,她是他惟一的溺爱的女儿,几乎可以说他活着便是完全为了她的。她在很小的时候,他便教她看《红楼梦》,《水浒》一类的小说。她在中学校的时候,便一点钟可以写六七百字的文章,而且不改一个字。她只是贪玩,不大肯用功。她爱自由,惯好同教员们打麻烦,因此还竟被开除过一次②,近年来她也像很

---

① "石评梅在与高君宇认识之前与吴天放有过一段交往。石初来北京时,她父亲很不放心,曾辗转托人对她加以照顾。吴天放就是一个辗转受托照顾她的青年。吴是外交家王正廷的亲戚,当时在外交部当小职员。庐隐说:石认识吴后,心里很得到一种安慰,凡关于不明白,或难解的事情,都去请教他。冰雪严寒的一天,他和她从漫漫的谈话,进而为亲密的友谊的请求时,评梅稚嫩的心不禁颤动。然而评梅天生又有一种神秘的思想……她愿意过一种超然的冷艳的生活。因此,他也希望她的朋友也是这样一种人。但是不幸 W 君不是这种人。到评梅发觉她的理想完全是梦的时候,她的心是伤透了……吴天放是个卑鄙无耻的人。一九二四年某月,他在天津《益世报》副刊上以'弃书'为题,发表了石评梅给过他的信来败坏她的名誉和破坏她与高的亲密关系。"(徐士瑚:《石评梅与高君宇》,《山西大学学报》,1985 年第 3 期)柯兴在《风流才女石评梅》、《高君宇与石评梅》等书中有类似说法。

② 关于此事,庐隐在《石评梅略传》中如此写道:"她是很有担当的人,有一次她们学校,因为学校问题闹风潮;她是很有力的分子,后来风潮平定了;学校里照章要开除她,以示惩戒。但是因为舍不得她的才学,最后又把她恢复了学籍。"(庐隐:《月夜孤舟》,海南出版社,1997 年)

寂寞的了,那快活的小人儿! 她放假回到家里的时候,她没有人谈话,便时常游山玩水,或者坐在房里。而且,有时夜间,她被臭虫咬着,竟像一个小孩子似的娇娇啼啼地哭起来了。①

他那时,便预备着看见她的时候要到了。她将要怎样对待他呢? 爱他或者不理他? 那老人,他将要述说些什么,在她的面前,他将要怎样介绍他呢?

时候便来了。他们已经认识过而且谈过话了。她完全地淡漠:他相信他是失败了。

他们说他很胖,她的腿可笑地粗。不料才是那样个袅袅婷婷的美人。她又喜欢随声唱着歌儿,他不知道那是什么歌,但他觉得那是好听的。(《实生活·革命的心》)

高长虹在爱情诗集《给——》第 30 首中是如此记录他与石评梅在太原的交往情况的②:

小燕儿穿着红衫衫,
小燕儿呵新且鲜,
我虽是一只白头鸟,
白头鸟是鸟中王。

你父把我像朋友待,
我待他如小丘待泰山,
我手采茵蔯酝碧酒,
碧酒我如见你的容颜。

---

① 董大中先生在《高长虹等人跟鲁迅的冲突》作为传记材料引用了这段话(董大中、郭汾阳、王峻峰:《鲁迅与山西》,北岳文艺出版社,1998 年,页 258)。
② 董大中先生在《第四章捕风捉影的许广平之争》(《鲁迅与高长虹》,河北人民出版社,1999年,页 227—230)作为传记材料引用过该诗内容。

自古诗人爱少女，
少女纯真与憨戏，
臭虫咬破了嫩肉皮，
夜中学作小儿啼。

我如走入梦世界，
听见你的哭声怜且爱，
我如坐对一美人，
美人是天使也是我的心。

你父曾坐一儒官，
我父也曾坐知县，
门当户对我把你娶，
我是姣婿你是好妻房。

十岁时你曾授《红楼梦》，
五岁时我熟读《木兰歌》，
我爱你是奇女子，
你爱我是宝哥哥。

时代变了人的心，
美人而今又爱英雄，
你是今日的佐治桑，
我是今日的拿破仑。

我欲改变时代的心，
我要用利他代私争，
你是今日苏菲亚，
我是歌德与列宁。

丁香树影移姗姗，
太阳照进我的房，
我是树影在窗前待，
太阳同地球谈家常。

我听见你两次低声问，
那位可是高先生，
衰老的地球未听真，
但丁决定了我的运命。

美人儿从此归他人，
一刹那的遗误百世的心，
《神曲》我无心来续写，
打叠起闲情我送行人。

第一次我走到火车站，
我手采石子置案上，
一粒石子是一颗星，
明星织成了锦绣天。

薄山镇纸我送老父，
雪莱诗集我送姑娘，
留下伤情我自己来忍受，
默祝你父女幸且康。

绿衣女良挂案头，
画中的人儿梦里的愁，
梦中我插翅飞上天，

再不见织女与牵牛。

该诗中出现的"丁香"意象在高长虹作品中曾多次出现。发表在北京《狂飙》周刊第 2 期（1924 年 11 月 16 日）的《亲爱的》①如此写道：

亲爱的！你永远不会忘记了那一次我们曾经居住过一刹那的那个理想的世界吧？那时，我正在一株丁香树下站着，一只手抓着树枝，向着天心里捧出的那一颗流光欲滴的月儿痴望，她是怎样美丽呵？她的颜色，像蛋黄那样的黄，又像萍草那样的绿，却又像水银那样的白。她斜倚着她那亭亭的倩影，好像对于我在有什么表示似的，她是在给我唱歌吗？的确，我在那被柔媚的花香所氤氲的包围中，的确，我听见了一种不能用耳朵却能用灵魂听到的袅袅的音乐在流动着了。那时，我忘记了一切：幸福将要降临我了！我预觉那月儿中要有一个美丽的女子向着我的怀中奔下来了。于是，我还没有赶得及辨清楚那是树影摇动的时候，我已看见你伏在我的怀中。我们一句话都没有说，但是，一切宇宙间所能够有的甜蜜的话，都在我们俩的心儿里来往地逆流着。

亲爱的！让宇宙毁灭了吧，我们所需要的只有这不灭的爱情！让地球上所有的空间都被强者去占据了吧，我们的领土只有这超于空间的神秘世界。（《心的探险·幻想与做梦·亲爱的》）

发表在《小说月报》17 卷 11 期（1926 年 11 月 10 日）的《给——》再次出现了该文中描写的情景：

"这不是天上的神仙美眷，
是我与你邂逅在人间，

---

① 董大中先生在《第四章捕风捉影的许广平之争》（《鲁迅与高长虹》，页 69）作为传记材料引用过该散文诗内容。需要说明的是，结合其他文字，可以推知此文描写的是高长虹的"幻想"或"做梦"——本文发表在《幻想与做梦》栏内，并非实有其事。

我初见你是在那银灰色的梦里，
凄迷的月下，
紫色丁香树傍。

…………

你走到我的身旁，
我那时斜倚着丁香树枝，
幸福的惊恐瘫软了我的四肢，
我一时变成了无体的云烟，
溶消在月的色与花的香里。

白色的淡雾覆盖在路上，
有一簇浓雾从中涌现，
皎洁与芬芳交流着聚会在那里，
它做成一个女子的形相，
带着丰富的秘意你开始移动，
像一道光的波影你留在那氤氲中间。

我像从梦中醒来，
也许在蹿入更深的梦里，
我一时忘记了那华美的目前，
像清醒又像在沉醉，
我只知道一千次的赞美呵，一切都是神异！

在我的路傍你选定了驻节地，
你的浸泻着惊宠的眼睛使我痴迷，
在那里我看见我的骤贵的影子，
它超出了历史，超出了想像，

我的生开始开拓到顶点，
并且在那里呵，我看见你的矜贵的题句。

一刹那的迷恋呵，
我又从那里走出在你的面前，
语言都变成枯朽的绳索，
思想是一块腻垢的布片，
只有在无表示中表示出我的沉默。

你于是在笑了，
你的笑给我以太阳的光熹，
月的虚弱的波浪开始跳动，
像要吞没了美又吐出了美，
从那时你给了我一个永久的定形，
储存在我的多变的心里。

于是，一切便都消灭了，
像红云消灭给海上的晚风，
像伟大的理想消灭给夜的阴影，
你归去了，在你的上面的世界，
留在这里呵，我度我的凡生。

这已是许多年的陈迹，
一去不复返呵，
我该向何处找寻！
我曾入过深山，访过白云，
我曾走遍了天涯，
但天涯并没有你的踪影。

"那不是呵,那不是一个梦!"

在太阳的下面,你听我的行踪!

那一年,在一个城里,我与你比邻,

是一个早上,你从我的门前过去,

那时间,我眼前的一切都在朝霞中颤动。

你刹那间已走远了,

你像那落日似的再没有回望,

到我走回我的房中时,

白日已变成了晚上,

我做了一个不醒的梦,

我梦见你常立着呵,在我的面前。

从那一天起,我便再没有看见你,

我以为你躲在远方,

因为有一次我从坟墓里回来,

我虽只望见你的一个影呵,

到我赶它时,它早已化作无色的轻烟。"(《给——·17》)

石评梅的表弟张恒寿是这样回忆高长虹在太原情况的:

我和高长虹认识,约在1922、23年间,那时,他在太原文庙图书馆工作,他的办公室和石评梅的父亲石鼎丞先生同屋,我去看望鼎丞叔父时,便认识了长虹。

记得第一次见面时他只谈了几句话后,便问我相信什么主义,我当时是太原第一中学二、三年级的学生,除了学习的功课和一些古籍知识外,对社会问题知道的很少,根本谈不上信仰什么主义,但在他发问之下,略一思索,即随便说道,我以为无政府主义最彻底。其实我对于无政府主义的具体内容,并无所知,只是根据平常的感情倾向随便说说而已。可能在这一个思想观念上有相同之处吧,之后,我们便成了朋友。

当时,我看见他的书架上有几本《小说月报》,似乎也有一两本英文书。我不喜欢看纯文学的作品,更不懂外国文学,只是在他的《小说月报》中,翻阅了郑振铎的《读毛诗序》和顾颉刚的《〈诗经〉的厄运和幸运》后,很感兴趣。我当时只读过陈独秀、胡适的文章,梁漱溟先生那年到太原讲演《东西文化及其哲学》,我聆听后对梁先生提出的文化问题,也颇有兴味,而对于鲁迅先生的文字,却没有认真读过。由于长虹的介绍,我才爱读起鲁迅的文章来,确实感到鲁迅的思想最为深刻,这是他对我的启发。

这以后,他便不断来找我。那时我和几个同学住在一起,他来了后只和我谈话,跟别人不打招呼,因此人们觉得他有点"特别"。有一次,他在长袖中给我带来一本相当厚的讲无政府主义的书,我虽然看了,但只是略略增加了一些知识,并没有看到什么深刻的理论和具体内容,所以它对我没有产生大的影响。

…………

……长虹和评梅的关系,据我所知,他只是在太原文庙图书馆和评梅的父亲认识而知道一些评梅的情况,可能在太原和评梅见过面,在北京则并没有来往。(张恒寿:《回忆长虹》,《高长虹研究文选》,北岳文艺出版社,1991年)

5月1日 在《妇女杂志》8卷5号发表《杂译惠特曼诗》,内含10首诗歌:《赠外国》、《你》、《美丽的女人》、《没有节省人力的机器》、《最勇敢的兵》、《神游》、《一只船的舵上》、《我握着笔要写的时候你想什么呢?》、《船开行了》、《赠一个寻常的妓女》,署名"残红",未收入文集。

二弟高歌"一师"毕业,分派到盂县"一高"任教。(《高长虹生平与著作年谱》)

8月1日 在《妇女杂志》8卷8号发表《挽歌》,译自雪莱,署名"残红",未收入文集。

秋　离开太原前往北京，一段时间后回到太原。①

10月10日　在《小说月报》13卷10期发表《永久的青年》。诗歌赞美青年"握有真理"，攻击老人只有"成见"。

11月1日　在《妇女杂志》8卷11号发表《心的呼叫》，署名"残红"，未收入文集。诗歌哀叹自己"为春所弃置"。

12月4日　在《国风日报》副刊《学汇》第55期发表《反诗》（已佚）。

1923年　民国十二年　癸亥　二十六岁

春　三弟高远征因父母包办婚姻来信询问"抵抗的方法"，高长虹在回信中如此写道："抵抗的方法，只有我们有钱，然而我们偏没有。为今之计，只可暂且沉默着，先把身子脱了出来。惟一所能办的，便是延迟婚期，以备寻逃跑的路。"（《心的探险·土仪·悲剧第三幕》）

夏　遇见二弟高歌，得知高歌将三弟的媒人骂了，高长虹认为这与媒人没有什么关系，同时也知道这是高歌"无可如何的气愤的发泄罢了"（《心的探险·土仪·悲剧第三幕》）。

△　到车站送张稼夫到北京。（张稼夫：《我和"狂飙社"》）

暑假　三弟高远征考入太原市进山中学。（《高长虹生平与著作年谱》）

暑假　石评梅大学毕业后回到太原，后父母迁回老家平定②，高长虹曾到车站送行："二次我走到火车站，／送你父女归家乡，／无家无爱一游子，／从今永别地与天。"（《给——·30》）

---

①　目前尚未看见该种说法。笔者做出这一判断是依据张恒寿的以下回忆："长虹在太原工作大约半年左右，以后就到了北京。"（《回忆长虹》）

②　目前尚未看见该种说法。笔者做出这一判断的依据是石评梅1923年8、9月间写作的《西湖的风景》中的文字："我现在幽居在山城里，窗外雨声渐沥，恼人愁怀；欹斜花影，反映在纸上；但这是最令我胆怯的。我的心异常的懦弱，竟使我写不下去。这时候我接到君宇的一封信"（《石评梅作品集·戏剧游记书信》）。

　△　在高歌引荐下,高沐鸿"参加了高长虹倡导的狂飙文艺运动"(冈夫:《严正宽厚,立己立人——忆高沐鸿同志》),狂飙社成立(廖久明:《狂飙社成立时间考证》,《山西大学学报》2008 年第 1 期)。在说到自己进入文艺界的原因时,高长虹晚年回忆道:"我走进文艺界时的理想,是把文艺界团结起来与现实的黑暗势力作战,以当时的事实来看这个理想却还渺茫得很。"(《一点回忆——关于鲁迅和我》,1940 年 9 月 1 日重庆《国民公报·星期增刊》)按:目前人们多根据太原《狂飙》月刊创刊时间把狂飙社成立时间确定为 1924 年 8 月。

　　狂飙社成立后曾到北京:"那时狂飙社虽已成立,然潜声默影,初无表示。我个人为生活所苦,日惟解决出国问题,他无所顾。沐鸿尔时已有诗稿不少,我亟称之,而彼不信,要我就正于北京负时望之作者。我虽允许,然机缘既少,我又自信多而信人者少,所以终未成为事实。"(《走到出版界·1925,北京出版界形势指掌图》)

　　9 月 8 日至 10 月 15 日　在《晨报副刊》以《家庭之下》为总题发表 6 首诗歌:《红叶》(9 月 8 日)、《永久的青年》(9 月 10 日)、《祷歌》(9 月 12 日)、《懊恼》(9 月 19 日)、《一刹那的回忆》(9 月 24 日)、《槛中之狼》①(10 月 15 日)。《红叶》、《永久的青年》曾分别在《小说月报》13 卷 5、10 期发表;《一刹那的回忆》后以《给——》为题在《语丝》周刊第 29 期(1925 年 6 月 1 日)发表,收入诗集《给——》时为第 2 首。

　　《祷歌》认为梦魇是自己"唯一的救主":"只有你那只仁慈的手,/才能引着我解脱了这人生的单调。"

　　《懊恼》为自己手造的罪孽加在无辜者的孩子身上而"深深的忏悔"。

　　《槛中之狼》描写了一个"为不自由而哀鸣"的"槛中之狼",说它是自己"生命的象征"。

　　是年　说高长虹"不能创作的人不只一打",但高长虹完全不把这些议论当一回事,"因为我没有把他们当一回事的必要"(《每日评论·时间的问

---

　　①　后收入《山西文学大系第 6 卷·现代文学》上卷(王世杰、王春林、许并生编选,山西人民出版社,2005 年 1 月)。

题》,《长虹周刊》第 9 期)。

1924 年①　民国十三年　甲子　二十七岁

1 月 10 日　在《小说月报》15 卷 1 期发表散文诗《三个死的客人》。

2 月 13 日　高沐鸿在该日写的《天河》中如此写道:"诚如长虹所言:'梦幻之酒,不太乏味了么?'"(《高沐鸿诗文集》上卷,北岳文艺出版社,1992 年)

5 月下旬(6 月下旬离开太原)　高君宇劝高长虹出面办一刊物:"我有一个朋友叫'君宇'的,曾做《向导》记者,在思想上我们可以说是互相反对的,但是却听说过他很希望〈是〉我办一个刊物出来说话。也正在这年暑假中,我在一个地方遇到他了。谈话当然是没有结果的,所以他又说希望我出来办一刊物。但到我们办起刊物不久,他却死了。我虽然以为他思想浅薄,然而他的这种态度是我始终喜欢的。而他赏〔的〕死,也更减少了我从事某种批评的一个机缘,我在这里不得不又想念这一个朋友。"(《走到出版界·1925,北京出版界形势指掌图》)

9 月 1 日　《狂飙》月刊在太原创刊(已佚),红色油印本,刊头题字由高沐鸿手书。"每期 8 页,仅出 3 期。编辑者署'平民艺术团',发行者署'太原桥头街少年书社'。"(陈漱渝:《鲁迅与狂飙社》,《新文学史料》,1981 年第 3 期)

△　在《狂飙》月刊第 1 期发表《题拜伦像》、《美的颂歌》②、《恒山心

---

① 1 月 20 日至 30 日,在中国共产党人的参加和帮助下,孙中山在广州召开了国民党第一次全国代表大会,重新解释了三民主义。大会通过了共产党人起草的以反帝反封建为主要内容的宣言,确定了联俄、联共、扶助农工的三大政策,从而把旧三民主义发展为新三民主义。大会选举出中国国民党中央执行委员会,共产党员李大钊、谭平山、毛泽东、林祖涵、瞿秋白等 10 人当选为国民党中央执行委员或候补执行委员,约占委员总数的 1/4。国民党的"一大"标志着第一次国共合作的正式建立。

② 后收入《山西文学大系第 6 卷·现代文学》上卷(王世杰、王春林、许并生编选,山西人民出版社,2005 年 1 月)。

影》,《题拜伦像》无署名、未收入文集,后两首诗歌曾收入《精神与爱的女神》。

《题拜伦像》全文为:"君前无古人,我后无来者。"

《美的颂歌》为五言诗,共 16 节,每节诗 4 行,该诗赞美美女并表达对美女的爱慕之情。

《恒山心影》共 16 节,每节两行,前 12 节为七言诗,后 4 节为骚体诗,表达对"君"的爱慕之情。

9 月上旬　与其他狂飙社成员在太原欢聚:"我们坐在汾堤旁的树上,把衣服摺在地上,赤条条地迎受着那风的凉吻,我们应着宇宙的谐调,不自觉地唱着自由的歌子……现在想起来,我还真切地感到一种幻渺的甜蜜的壮美。一天,我同沐鸿,复生在海子边游玩,他们在凳子上坐了,我攀在他们旁边一棵树上。及至他们要去的时候,我装着要往下跳的样子,引得我们的多情,小胆的朋友,沐鸿,一叠连声地嚷着不叫我跳……"(《通讯一则》,北京《狂飙》周刊第 1 期)

9 月中旬　高沐鸿、段复生担心高长虹离开太原后"有狂飙不起来的危险",高长虹"却铁一般坚定地安慰他们,说那是决不会有的事,因为你们的情绪都时常在紧张着,而且沐鸿,荫宇,都有很多的存稿,印费有限,也不至发生什么问题。"(《通讯一则》,北京《狂飙》周刊第 1 期)

离开太原到北京前,被三弟高远征的小说《慈母》所感动,"硬着头皮回家住了十天"(《远征〈慈母〉附识》,北京《狂飙》周刊第 1 期)。

9 月 28 日　从家里到测石,因车已开走,"当时很想趁此机会,回太原一走,待《狂飙》第二期出版后再行北上,但终于因为这是不必要的,所以竟没有去。"(《通讯一则》,北京《狂飙》周刊第 1 期)到北京后,先住在宣武门外椿树胡同盂县会馆,1925 年夏搬至沙滩银闸 17 号一个公寓的小楼上。(张恒寿:《回忆长虹》)

到北京后,每天焦急地等着《狂飙》月刊,一直等到 10 月 7 日,"渺无音信,我几乎绝望了,然而犹希望或者由于复生事忙,没有顾得寄的缘故。我只得写信问他"(《通讯一则》,北京《狂飙》周刊第 1 期)。

10 月 2 日　在《晨报副刊》第 234 号发表《雨之歌》,后又以《雨的哀歌》为题发表于北京《狂飙》周刊第 2 期（11 月 16 日）。诗歌流露出异常哀婉的情绪："心的琴弦动了，/泪的串珠断了，/应着室外雨声的缠绵，/低泣而沉想——/沉想着一去不可复回的〈已〉以往。"

10 月 18 日　终于接到段复生信，为《狂飙》月刊即将停刊感到绝望、懊恼、颓丧，"但是，到我想到以你们那样爱好《狂飙》，而竟至并此也淡漠视之，所显示的你们的深沉的悲哀时，我禁不住又在为你们哭了"（《通讯一则》，北京《狂飙》周刊第 1 期）。

10 月　拜访石评梅，结果令人非常失望。在收入小说集《实生活》中的《革命的心》中，高长虹是这样叙述这次拜访及其以后一段时间的情况的：

　　他从那第一次在北京拜会她以后，他更加完全地明白：一切都完了。此后他便想竭力忘记了她。可是，他每逢走路的时候，如其可以从那里经过，他总乐于绕一点道从她的门前过去。他没有一次看见过她。他想，她也许是搬了家。

　　可是，他无意中在别的街上走着时，他却遇见过她几次。她总是匆匆地坐在洋车上过去了的。她总是掉回头来望他——远了，她显然是不敢认他了。他呢，他又如何能够决定那一定是她呢？

△　"《狂飙》到京，送出十几份"，其中一份给了郁达夫（《通讯一则》，北京《狂飙》周刊第 1 期）。"又因为出国问题，认识了《晨副》编辑孙伏园，也便送了他两份《狂飙》月刊。后来见了他时，他说他给周作人看了，但没有说什么。但我却得到郁达夫的两信。我早已便想国中的文艺界虽然分做文学研究会，创造社①两派——那时我以为鲁迅，周作人都是文学研究会会

① 创造社：1921 年 6 月 8 日由郭沫若、郁达夫、田汉、张资平、何畏、徐祖正等在日本东京成立，1929 年 2 月 7 日被国民党政府查封。据考证，共有基本成员 52 人、外围同人 12 人（臧可强：《寻找归宿的流浪者——创造社研究》，东方出版中心，2006 年，页 11）。先后出版的刊物有《创造》季刊（1922 年 3 月 15 日创刊）、《创造》周报（1923 年 5 月创刊）、《创造日》季刊（1923 年 7 月 21 日创刊）、《洪水》（1924 年 8 月创刊）、《创造月刊》（1926 年 3 月 16 日创刊）、《文化批判》月刊（1928 年 1 月 15 日创刊）、《思想》月刊（1928 年 8 月 15 日创刊）、《新思潮》月刊（1929 年 11 月 15 日）等。

员,后来才知道不是的——但我们的刊物,两派大概是都会赞赏的。"关于
出国问题,高长虹在同一段写道:"伏园倒很好,说每年帮我二三百元的旅
费是可以的,我给他留了一篇《离魂曲》,一面便想动手做《幻想与做梦》。
不料,大概不到一月的光景吧《离魂曲》还没有发表,《幻想与做梦》所以也
还没有写,《晨副》却发生问题,伏园辞职了。这个问题,便是因为鲁迅的
《我的失恋》而发生的。这个事件也影响到我:我的出国计划失败了!"(《走
到出版界·1925,北京出版界形势指掌图》)

得到郁达夫第一信后高长虹这样写道:"《狂飙》到京,送出十几份,虽
只得到郁达夫君一封回信,然而在我,已经觉得十分欣慰了。我对于郁君盼
望我们继续努力的丰富的同情,要表示我最大的感激,但是,我们应该知道
惭愧,我们太对郁君不住,我们太浪费他的盼望了。"(《通讯一则》,北京《狂
飙》周刊第 1 期)

得到郁达夫第二信后高长虹这样写道:"郁达夫君来信,说他很为我担
心,为两个周刊作文,怕我劳动太过。郁君真是个感情丰富的人,这几乎令
我哭了出来。我尤为悲哀的,是这样的话不出之于日常同我相近的人,而出
之于一个没有见过面的朋友。假如他要知道了我两个周刊之外,还给《学
汇》①负着一点责任,还在筹办着《太平洋日报》,《社会服务月刊》,和我自
己独办的月刊三种刊物时,他不知道又要为我怎么担心呢!达夫是人类中
最纯洁最多情的一个,假如他是个女子时,我便立刻会爱上了她。"(《我的
悲哀》,北京《狂飙》周刊第 10 期)

△ 给籍雨农写信,告诉籍雨农,计划中的《长虹》月刊要提前出版。
该计划未能变成现实,"预定的稿子,《离魂曲》供给了《学汇》,其余的便都
在这里用了,就我现在的意思,还是主张待哲学,社会,时事等论文都准备好
时,到明年二月出版。但将来有没有变更,却还不能知道"(《通讯一则》,北
京《狂飙》周刊第 1 期)。

---

① "学汇社是北京无政府主义者组织的一个团体。该社于 1922 年 10 月 10 日创办了一种日
刊《学汇》,作为北京《国风日报》的副刊。从创刊时起到 1923 年 12 月 21 日止,共出刊三百八十七
期。以后是否续刊不详。"(《学汇社·编者说明》,张允侯、殷叙彝、洪清祥、王云开:《五四时期的社
团(四)》,生活·读书·新知三联书店,1979 年)从高长虹的这段文字可以知道,《学汇》曾经续刊。

11月1日　在《狂飙》月刊第2、3期合刊发表《离魂曲》，曾收入《精神与爱的女神》。骚体诗，共100节，每节4行，为佳人"脸漂亮兮眼昏"、"视我之珍宝兮，不值一哂"而痛不欲生。

11月5日　接段复生来信，知道《狂飙》月刊停刊，籍雨农近来的生活越发苦闷，即将回家。（《通讯一则》，北京《狂飙》周刊第1期）

11月6日　"听到有一个马克司派的朋友，说我的《频繁的梦》（按：已佚）一诗是不干的诗。"高长虹第二天在给籍雨农的信中为此大发感慨："你说多么有趣！以干不干去评诗，我们已经觉着是创举。况且我那首诗明明显显地是在描写我的梦境，我们便退一步说，那末，那便是说我的梦是不干的梦了。对于马克司派干的精神，我们自有相当的嘉许，可是要说他们做梦也一定要做干的梦时，我怕他们也不敢于自信吧？马克司派精神的狭隘，的确达到一种吃惊的程度，假如有一天，我们要被压在马克司派的铁鞭之下的时候，我们的情绪怕有被箝在玻璃管中的危险，我们的诗，怕非用打字机打出来不可，我们的作品，怕要被放在磅上，因其分量而评其价值呢！唉，我们想起来都要心悸。干呵，雨农，我们只为了保证我们的艺术的尊严，也是不得不干的呵！"（《通讯一则》，北京《狂飙》周刊第1期）

11月7日　给籍雨农写信，以《通讯一则》为题发表在11月9日北京《狂飙》周刊第1期，现以《致籍雨农》为题收入《高长虹全集》第3卷。信中一方面认为太原《狂飙》月刊的停刊"的确是一个很大的打击"，一方面叫籍雨农等狂飙社成员要坚持下去："以现在的社会，以我们的性格，要想找一块能给我们以片刻快乐的地方，绝对是不可能的事情。让我们漂流去吧！我们的快乐，只有在漂流中才能够找得，只有不断的漂流，随时随地的顽强的反抗，才能够使我们的精神得到一些安慰。社会同我们，已处在势不两立的境地，社会不容我们的存在，我们也在一息不忘地要把它置之于死地。我们便把人类的幸福搁在一边，只为了我们自己的生趣的维持，我们都不能够不舍命地苦斗去，'苦斗呵，苦斗便是幸福！'我们应该这样叫了，我们相信在这个呼声之下，胜利终要归于我们的！"在该信中高长虹告诉籍雨农："留法事，如国内有多住之必要时，也许要待至明年夏天再去。"

11月8日　为三弟高远征的小说《慈母》写《附识》,发表在次日北京《狂飙》周刊第1期。《附识》叙述自己读该小说时感动得泪流满面的情景,并说自己看了《慈母》后曾"硬着头皮回家住了十天"。

11月9日　北京《狂飙》周刊创刊:"于是,便到了双十节。北京政局起了剧变,即冯玉祥班师是也①。应运而来的,一个老朋友所办的被曹政府封闭的日报(按:景梅九办的《国风日报》)复活了。我们在那里便又办起两个周刊:一,《世界语周刊》;一,即《狂飙》周刊也。《狂飙》因此也便再生,我同北京出版界的关系也便正式开始了。"(《走到出版界·1925,北京出版界形势指掌图》)该周刊编辑者署"平民艺术团",发行者署"国风日报社狂飙周刊部(北京宣外魏染胡同)",第14期起改为"北京中老胡同15号吕蕴儒转",共出17期。关于创办北京《狂飙》周刊的原因,高长虹晚年在回忆文章中如此写道:"《狂飙》的创办,只因为有些朋友喜欢写作,办起来给大家发表的机会。"(《一点回忆——关于鲁迅和我(一)》,1940年8月25日《国民公报·星期增刊》)

11月9日　在北京《狂飙》周刊第1期发表《徘徊》②、《风——心》③、

---

①　是年10月,冯玉祥直奉战争时前线倒戈,回师北京,发动政变。11月2日,贿选总统曹锟被迫宣布辞职。11月4日,孙中山分别电复冯玉祥、张作霖等,谓数日后即轻装北上,同日冯等派马伯援等为代表赴粤迎孙。11月5日,清废帝溥仪移出故宫。11月10日,孙中山发表《北上宣言》,主张速开国民会议及废除不平等条约。11月20日,段祺瑞、张作霖、冯玉祥等在天津举行会谈,磋商直系长江各省问题,决定请段祺瑞先行入京,主持一切。11月24日,中华民国临时政府在北京成立。段祺瑞就任"临时执政",就职宣言声称:"誓当巩固共和,导扬民志,内谋更新,外崇国信。"12月4日,孙中山到达天津,两万余人赴码头热烈欢迎;下午,孙赴曹园访张作霖,旋黎元洪来张园访;晚,肝病骤发。12月31日,孙中山自天津扶病入京,收到北京各界群众约10万人热烈欢迎。孙在北京车站发表书面谈话,下榻北京饭店后又发表《入京宣言》,略谓:"此次来京,曾有宣言,非争地位权利,乃为救国。十三年前余负推倒满洲政府使国民得享自由平等之责任。惟满清虽倒,而国民之自由平等,早被其售与各国。故吾人今日仍处帝国主义各国殖民地之地位。因而吾人救国之责,尤不容缓。"此事对当时出版界影响极大:"这一次的政变与北京的出版界是很有关系的,政变以后,定期刊物很出了几种,除五四时期外,怕没有再那样热闹过吧?我们居然在那种热闹中也凑了一个份子,却是我们想不到的事情。"(《走到出版界·1925,北京出版界形势指掌图》)

②　后收入《旷野的声音:莽原社作品选》(汤逸中选编,华东师范大学出版社,1996年9月)、《山西文学大系第6卷·现代文学》上卷(王世杰、王春林、许并生编选,山西人民出版社,2005年1月)。

③　后收入《山西文学大系第6卷·现代文学》上卷(王世杰、王春林、许并生编选,山西人民出版社,2005年1月)。

《幻想与做梦》(内含《1. 从地狱到天堂》①、《2. 两种武器》),曾收入《心的探险》(以《幻想与做梦》为总题的系列散文诗全收入《心的探险》,以后不再说明)。

诗歌《徘徊》中的"我"因"二十七年的辛勤的驰逐""只赢得了病痛,愤懑"而悲痛万分,内心矛盾异常:"寸心中分开两条相背的路径:/一条指向着义务的生的苦斗,/一条要引我入独乐的死的安寝。"诗歌《风——心》中的"我"痛苦异常,心在风中哀鸣、战慄。在说到这两首诗时,高长虹曾说:"悲哀几乎要融化了我,我的心中的火花,几乎要完全熄灭了。"(《通讯一则》,北京《狂飙》周刊第 1 期)

《从地狱到天堂》描写了一个梦境:"在长久的孤独的奋斗之后,我终于失败了",在"向没有人迹的地方逃走"过程中,遇到了"衔着毒针的怒骂,放着冷箭的嘲笑,迸着暴雷的惊喊",最后"倒在一块略为平滑的岩石上睡了,甜美地睡着——一直到我醒来的时候"。

《两种武器》通过与朋友的对话,表达了不成功便成仁的决心:"我本来便决定十年之内要造两种武器:理想的大炮和一支手枪,如大炮造不成时,我便用手枪毁灭了我这个没能力的废物。"

11 月 16 日　在《狂飙》周刊第 2 期发表《狂飙之歌》②、《幻想与做梦》(内含《3. 亲爱的》③、《4. 我是很幸福的》、《5. 美人和英雄》、《6. 得到她的

---

① 后收入《六十年散文诗选》(孙玉石、李光明编选,江西人民出版社,1985 年 2 月)、《中国现代散文诗选》(俞元桂主编,四川文艺出版社,1986 年 4 月)、《现当代抒情散文诗选讲》(秦兆基、茅宗祥编著,江苏教育出版社,1991 年 9 月)、《中外散文诗鉴赏大观·中国现、当代卷》(敏岐主编,漓江出版社,1992 年 4 月)、《名家散文诗学生读本》(张品兴、夏小飞、李成忠主编,华夏出版社,1993 年 3 月)、《旷野的声音:莽原社作品选》(汤逸中选编,华东师范大学出版社,1996 年 9 月)、《新编中国现代文学作品选》上册(朱文华、许道明主编,复旦大学出版社,1996 年 12 月)、《大作家小作文》(郑桂华等选评,上海教育出版社,1997 年 6 月)、《二十世纪中国散文诗大观》上册(陈容、张品兴编,同心出版社,1998 年 8 月)、《中外散文诗经典作品评赏》(张吉武、秦兆基主编,陕西人民教育出版社,1999 年 7 月)、《品味忧郁——悲情散文诗精品》(杨旭恒、郑千山主编,云南人民出版社,2003 年 7 月)、《山西文学大系第 6 卷·现代文学》上卷(王世杰、王春林、许并生编选,山西人民出版社,2005 年 1 月)、《梦》(王宇平编选,人民文学出版社,2007 年 12 月)、《中国散文诗 90 年(1918—2007)》上册(王幅明主编,河南文艺出版社,2008 年 1 月)。

② 后收入《警醒人生诲语》(孙硕夫选编,吉林文史出版社,1997 年 1 月)。

③ 后收入《旷野的声音:莽原社作品选》(汤逸中选编,华东师范大学出版社,1996 年 9 月)、《山西文学大系第 6 卷·现代文学》上卷(王世杰、王春林、许并生编选,山西人民出版社,2005 年 1 月)。

消息之后》)、《给——》①(后又发表在 1925 年 8 月 7 日②《莽原》周刊第 16 期)。《给——》身前未入集,现作为"集外同题作品"附录于同名集子后面。

散文诗《狂飙之歌》是为计划中的 100 首《狂飙之歌》(仅写一首就作罢)写的"序言",从中可看出高长虹受尼采的《查拉图斯特拉如是说》的影响:"'我所宣示给你们的是血的福音。你们已倾过爱之酒杯的人呵,我要更献给你们比爱更美富的血之喜筵了。你们从爱人的眼中只看见死的骷髅,我要在死人的眼中显示你们爱的流盼。泪已不为你们所需要了,你们的奴隶的手中,将要握着我送来的得胜的武器。朋友们! 找你们的生命去,从生命的舍弃中。'空谷中有怪物在如此喊着。"

《亲爱的》用诗一般的语言记录了一个美丽的梦:在丁香树下看见了梦寐以求的意中人——"她的颜色,像蛋黄那样的黄,又像萍草那样的绿,却又像水银那样的白","我还没有赶得及辨清楚那是树影摇动的时候,我已看见你伏在我的怀中。我们一句话都没有说,但是,一切宇宙间所能够有的甜蜜的话,都在我们俩的心儿里来往地迸流着。"

《我是很幸福的》为"我"在"一个女子的心里搅起一些波浪"而感到"幸福":"她的心的确是在很熬烫地懊恼着,她在想着关于我的过去的错误的认识。一个男子,能引起女子对于他的注意,是一生中不可多得的奇迹,尤其在孤独的傲慢的我。"

《美人和英雄》写了一个梦,梦见"我"和小学同学在服侍一个"面目可憎"的主人和一个"漂亮"的女子时,女子突然倒在地上,"变成一条蚰蜒",最后"只剩下一滩水的痕迹"。于是,"我"与同学立即一起捉拿这主人,却让他跑掉了。高长虹曾说:该同学是"我的旧同学现任第一国民教员的杨君"(《心的探险·土仪·改良》)。

《得到她的消息之后》所写内容可能是得到石评梅消息后的情况:

> 我所最怕得到的消息,终于得到了。我为了她的幸福,不愿她如

---

① 后收入《《中国现代文学补遗书系·诗歌卷》第 1 卷(孔范今主编,明天出版社,1991 年 7 月)。
② 《高长虹全集》的题注说《莽原》第 16 期出版于 1925 年 8 月 17 日有误。

此,而她终于如此了,我最懊恼的,是我愿意叫她知道这个,而我又不能够告诉她知道。

当我第一次见她的时候,我便对我自己说,叶林娜被我发现了。然而我并没有自己去做殷沙罗夫的野心。但我却非常希望有个殷沙罗夫被她发现。

她于是发见了,但不是殷沙罗夫,却是苏宾。中国的叶林娜便只有这样的命运吗?是的,中国人是被好运所摈弃的。

每到无可如何的时候的我,常有从梦中得到满意的解决的把握,但现在,连梦都不能够帮助我了。他所给与我的,并没有超于无可如何者。

在幻渺的世界,她被做了妓女。她的同我隔壁住着的乡亲同朋友都在喧笑着,他们都抱歉不能给她捧场去,我几乎哽咽了,与其说是由于对她的怜悯,倒不如说是由于对他们的愤慨较为恰合。但我又觉着只有要这样的态度还能令我比较的满意,因为只有这样,才是他们真的态度。

恍惚之间,她又像变成一个囚犯,她穿着戏台上女犯们所穿的红的衣服,自然经过很多的曲折才如此的,我从屋里出来时,我望见她立在我家的厨房的地下在吃饭了。我觉着我的责任是尽了,同时我却又感到一种战栗。

梦也不能够帮助我,我只得承认她是一个囚犯了。

《给——》由两节构成,每节6行,开首句分别为"我所爱的是你那颗活泼的心儿"和"我所爱的是你那双深邃的眼儿"。

11 月 20 日　郁达夫拜访鲁迅,并谈到高长虹和他主办的《狂飙》:"当达夫初次同我见面的时候,也说他在鲁迅那里他们也谈起《狂飙》,他还为《狂飙》发不平,说狂飙社人如是从外国回来的时,则已成名人了"。(《走到出版界·1925,北京出版界形势指掌图》)

此后不久,高长虹与郁达夫有过"遂成路人"的"一次往来"(《走到出版界·给鲁迅先生》)。具体经过为:

一日下午,我同两个朋友——此中一友,今已不在人世,我哭之不及矣！——围炉坐谈，门外有叫长虹声者，我走出去。来者说："你是长虹！"我也说："你是达夫！"于是围炉者添一新友，而为四人矣！此时达夫出其雄谈，滔滔不绝，我等几无插言地。达夫去后，我谓此人态度率真，特言多宣传，隐含傲意，未能真正认识我等。在此以前，达夫曾给过我两次信，我则报以一诗，而无复信，但我却找过他两次，都没有遇见。我亦一骄傲人也，即我之友人，亦不乏斥我为骄傲者，他更无论。然我低头真理，面视坦白，蔑视世故——然我亦非不识世故之童呆，我曾饱经世故，历受挫折，但我终不为彼所屈服——此则我敢于私心自信者。我当日晚上，便给达夫写了一率直而骄傲的信，我说："明日下午想请你来大家喝一次酒，我觉得你身体很弱，但不知我能否帮助你些什么吗？"①我何以请他来而不找他去呢？因为我曾问过他何时在家，他说，每天常在外面跑，改日他再来谈。并不像去今两月以前，达夫在北京遇见仲平，要他改日去谈谈，仲平未去，达夫便大生其空气。不料到次日，我们等至晚上，达夫仍不来，我们才饿着肚子出去吃饭。而且连回信都没有。我犹疑惑或者信未接到，也说不定。又次日，我同高歌及另一两个朋友同去找他，入其凄凉之客厅，等候了好久，主人才拐着腿走来，谈话亦应酬多而真挚少矣。我现在再述一琐事，万一达夫贵眼见此贱文，以助其唤起当时的回忆。达夫指高歌问我曰："此位？"我说："高歌，我的弟弟。"达夫笑曰："看见倒象你的哥哥。"我笑说："舆论向来如此！"别有一事，则达夫谓张资平常发不平，说自己的小说比他的好，他也以为资平的话是对的。说着，把《东方杂志》上资平的一篇小说撕下来给我看。此文我回去只看一段，至今再未翻过。但从别处看了资平的几篇小说，则非小说也。我顺便报告给达夫我的意见。从这一次会面，我才知道了真象，因为达夫说信已收到，因他断酒，亦未复也。然而真象怕还不只于如此吧。我们从此以后便再没有见面，也便无从证实了。（《走到出版界·1925，北京出版界形势指掌图》）

---

① 该信以《致郁达夫（残简）》为题收入《高长虹全集》第 3 卷，题注认为该残简写作时间为"1925 年 1 月"。根据《鲁迅日记》可以知道，高长虹 1924 年 12 月 24 日晚拜访鲁迅后，直到次年 2 月 8 日午后才与孙春台、阎宗临一同前来，由此可知高长虹 1925 年 1 月不在北京——回老家盂县过年，因此该残简不可能写于 1925 年 1 月，而应该写于 1924 年 11 月底。

11月23日　在《狂飙》周刊第3期发表《狂飙之歌·青年》、《幻想与做梦》(内含《7. 母鸡的壮史》)。

《狂飙之歌·青年》共19节,每节4行。关于该诗,高长虹曾说:"关于《反抗之歌》的计划,我曾同你(按:籍雨农)约略说过一些。现在因为要在《狂飙》周刊上发表,我便把他改成了《狂飙之歌》。将来大概可有一百余首,每首大概二十余段。我要在这篇长诗中表现我的全部思想和精神,我希望他成功一部中国的《查拉图斯屈拉这样说》。"(《通讯一则》,北京《狂飙》周刊第1期)郝雨在《高长虹诗论》(《中国现代文学研究丛刊》,2000年第4期)中如此评价该诗:"全诗赞美一个青年,或者说他完全是高长虹理想中一个具有超人精神的先驱者。"

《母鸡的壮史》写"我"已没有兴趣研究人类的历史,故转而研究动物的历史。文章赞美母鸡,认为由于母鸡比公鸡的境遇更惨,所以,"鸡的革命运动,时常是由他们中的女性所发起的"。

11月30日　鲁迅"与孙伏园同邀王品清、荆有麟、王捷三在中兴楼午饭"(《鲁迅日记》)时谈起高长虹:"十一、二月之间吧,《京副》①出世,我又见了伏园,但不过随便谈谈,因我此时已无稿可卖了。我问起关于《狂飙》周刊的舆论。他说:'鲁迅曾问过长虹何人,那日请客,在座人很多,有麟也在。大家问《狂飙》如何,他说,据他看是好的'。"高长虹得知这一消息后非常高兴:"我从此便证实我那一个推想,因鲁迅,郁达夫已都赞赏《狂飙》也。当时的《狂飙》是没有多少人看的,我们当时的无经验的心实私自欣慰,以为此两人必将给我们一些帮助,而《狂飙》亦从此可行得去也。"(《走到出版界·1925,北京出版界形势指掌图》)

△　在《狂飙》周刊第4期发表《幻想与做梦》(内含《8. 我的死的几种

---

① 《京报副刊》:五四时期有重大影响的报纸副刊。《京报》是邵飘萍(振青)主办的具有进步倾向的日报,1918年10月5日创刊于北京,为了扩大影响于1924年底增设副刊,陆续出有《京报副刊》以及《戏剧周刊》、《民众文艺周刊》、《妇女周刊》、《儿童周刊》、《美术周刊》、《文学周刊》、《电影周刊》、《莽原》周刊等多种。《京报副刊》由孙伏园编辑,1924年12月5日创刊,日出一号,每号印16开纸8版,每月合订一册,至1926年4月24日《京报》被奉系军阀封闭而停刊,共出477号。该刊行销甚广,与先它创刊的《学灯》(上海《时事新报》副刊)、《觉悟》(上海《民国日报》副刊)、《晨报副镌》(北京《晨报》副刊)并称为"四大副刊"。

推测》、《9. 生命在什么地方》、《10. 妇女的三部曲》)。

《我的死的几种推测》写了"我"推测的十种死法,从中可看出此时的高长虹是多么痛苦——他甚至想到了死。

《生命在什么地方》写"我"曾在家庭、朋友处寻找"生命",结果却是"女子,人类,都给我以同样的拒绝"。最后,作者终于在偶然中找到了"生命":在一块很小的石头下,"一只快死的小虫",仍然在顽强地鸣叫着。

《妇女的三部曲》写妇女的命运:结婚前,人见人爱;结婚后,满足于自己嫁给了一个好男人;死后,又被乌鸦所追逐。

12 月初　与时任《国风日报》校对的阎宗临(山西五台人)认识。(董大中:《狂飙社编年纪事》,《新文学史料》2002 年第 3 期)

12 月 7 日　在《狂飙》周刊第 5 期发表《幻想与做梦》(内含《11. 一个没要紧的问题》、《12. 我和鬼的问答》①)。

《一个没要紧的问题》写"我"与"一个乡村的少妇"生活的情景,文中的少妇是一个没有主见的女人。

《我和鬼的问答》通过与鬼的问答,写"我"愿做乞丐——因"乞丐是最节俭的掠夺者"、愿爱妓女——因妓女"永远不能够得到爱情",愿与鬼作朋友——鬼却哭着跑开了。

12 月 10 日　首次拜访鲁迅:"夜风。长虹来并赠《狂飙》及《世界语周刊》"(《鲁迅日记》)。高鲁冲突爆发后,高长虹曾如此叙述此次及以后的三四次拜访:

> 当我在《语丝》②第三期(按:12 月 1 日出版)看见《野草》第一篇《秋夜》的时候,我既惊异而又幻想,惊异者,以鲁迅向来没有过这样文

---

①　后收入《旷野的声音:莽原社作品选》(汤逸中选编,华东师范大学出版社,1996 年 9 月)。

②　《语丝》:文艺性周刊。1924 年 11 月 17 日在北京创刊,语丝社编辑、发行。1927 年 10 月因遭北洋军阀查禁而停刊。同年 12 月自第 4 卷起在上海复刊,由鲁迅主编,北新书局发行。1929 年 1 月至第 5 卷第 1 期第 26 期,改由柔石编辑。同年 9 月自第 5 卷第 27 期起,由北新书局编辑。1930 年 3 月出至第 5 卷第 52 期自动停刊。前后共出 260 期。《语丝》登载的作品大多为杂文、短论,对帝国主义、北洋军阀的反动统治和封建思想进行了猛烈的抨击。

字也。幻想者,此入于心的历史①,无从证实,置之不谈。自我从伏园处得到消息,于是鲁迅之对于《狂飙》,我已确知之矣。在一个大风的晚上我带了几分《狂飙》,初次去访鲁迅。这次鲁迅的精神特别奋发,态度特别诚恳,言谈特别坦率,虽思想不同,然使我想象到亚拉籍夫与绥惠略夫会面时情形之仿佛。我走时,鲁迅谓我可常来谈谈,我问以每日何时在家而去。此后大概有三四次会面,鲁迅都还是同样好的态度,我那时以为已走入一新的世界,即向来所没有看见过的实际世界了。我与鲁迅,会面不只百次,然他所给与我的印象,实以此一短促的时期为最清新,彼此时实在为真正的艺术家的面目。过此以往,则递降而至一不很高明而却奋勇的战士的面目,再递降而为一世故老人的面目,除世故外,几不知其他矣。(《走到出版界·1925,北京出版界形势指掌图》)

16 年后,高长虹在《一点回忆——关于鲁迅和我(一)》(1940 年 8 月 25 日重庆《国民公报·星期增刊》)中如此回忆他与鲁迅的这次会面:

怎么样认识起来的呢? 原因是我在一九二四年的冬天,同几个狂飙朋友在北平创办了《狂飙》周刊,获得鲁迅的同情反应。在这以前,我有些朋友在一个世界语学校里做了鲁迅的学生,我时常听到他们谈说鲁迅。《呐喊》恰好也在这年出版,这也是给鲁迅传说增加兴味的原因。不过我看了《呐喊》,认为是很消极的作品,精神上得不到很多鼓励。朋友们关于他的传说,给我的印象也不很好。他们都喜欢传述鲁迅讲书时说的笑话。比如,这个说了,鲁迅今天说:"中国人没有孙悟空主义,都是猪八戒主义,我也是猪八戒主义。"这已经不很好听。可是另一个还曾说,鲁迅说了:"人人都以为梅兰芳好看,这我不能理解,我觉得梅兰芳也没有什么。"诸如此类。这种传说,给看《呐喊》的人所

---

① 高鲁冲突爆发后,鲁迅 1927 年 1 月 16 日在给李小峰的信中如此写道:"至于《野草》,此后做不做很难说,大约是不见得再做了,省得人来谬托知己,舐皮论骨,什么是'入于心'的。"(《华盖集续编的续编·海上通信》)

增加的印象，当然不会是很积极的。可是，说也奇怪，《狂飙》周刊在北平出版了还不到几期，居然在北平的文艺界取得它的地位，而最与以重视的，郁达夫之外，尤其是望重一时的大小说家鲁迅。我同鲁迅见面的机会来了。可是我初次同他讲话的印象，却不但不是人们传说中的鲁迅，也不很像《呐喊》的作者鲁迅，却是一个严肃、诚恳的中年战士。此后我同鲁迅的见面时候很多，其中只有一次，仿佛是达夫传述了什么，鲁迅以世故老人的气派，同我接触。不过，除这以外，我们总是很好的朋友，甚至在友谊中间不无芥蒂的时候，不但是很好的，而且在形式上总是很深知的朋友。

关于此次的谈话内容，高长虹曾如此写道：

我初次同鲁迅见面的时候，我正在老《狂飙》周刊上发表《幻想与做梦》，他在《语丝》上发表他的《野草》。他说："《幻想与做梦》光明多了！"但我以为《野草》是深刻。他说了他像所译述的 Kupoin 的一篇小说的主人翁，是一个在明暗之间的彷徨者。我没有看见那篇小说，但《野草》的第二篇《影的告别》便表现得很明白。虽然也可以说是年龄的关系吧，但我以为时代或者是较真实的原因呢。（《走到出版界·写给〈彷徨〉》）

因"鲁迅，郁达夫已都赞赏狂飙"，高长虹一度对前途充满信心：

在那时我曾看见一个很好的时代的缩图，这可以使我想象到未来的那一个时代，我相信那一个时代是一定要到来，那决不是一个黄金时代，但比过去的时代却好得多了。那时，我并没有多大的妄想，但我终没有料到它会那样恍惚的，它会像做了一个刹那的梦，那一个光明的缩图他才只做了现在这一个《形势指掌图》中的一个不重要的沙洲。那时，我在《幻想与做梦》中想写一篇——那是什么名字呵？我那时没有写得出来，我现在还是写不出来，我想，它将来是总可写得出来的吧！

（《走到出版界·1925，北京出版界形势指掌图》）

12 月 13 日　《现代评论》创刊①。狂飙社成员当时对《语丝》（11 月 17 日创刊）和《现代评论》的看法为："我们对于出两个刊物，当时都觉得不好。《语丝》的文字我只看见第二期《烽话》（按：作者鲁迅）颇有意味。以后的《野草》（按：作者鲁迅），自然是又作别论了。我们对于当时出版界是不大注意的，我们只想做我们的工作。那时，还想办一个《每周评论》，批评实际生活，但没有成功。我同高歌向来不满意《新青年》时代的思想，但那时也并没有想开始批评，而我自己又还在妄想着出国。"（《走到出版界·1925，北京出版界形势指掌图》）

12 月 14 日　在《狂飙》周刊第 6 期发表《人类的脊背》②、《本刊启事》，前一篇文章曾收入《心的探险》，曾被译成英语连载于《四中周刊》第 51—53 期（1929 年 4 月 29 日、5 月 6 日、5 月 13 日）、《高级中华英文周报》第 640—642 期（1934 年 6 月 16 日、23 日、30 日）；后一篇文章无署名，未收入文集。

《人类的脊背》由六个场景构成，第一景写许大嫂见钱眼开，将一"不认识的男子"当作自己的丈夫；第二景写总司令不管两个卫兵的先后报告，只管草拟通电，其结果头落在了尸首手中，这头又被兵士们为着"五万元赏格"争来抢去，第三个卫兵则走上火车模仿总司令的样子。第三景写假装的兵士来到一酒馆喝酒，许大嫂和"不认识的男子"也穿得很阔地来到酒馆喝酒。第四景写"假装的兵士"在和"不认识的男子"的聊天中得知上一景中穿得很阔的女人确实是自己的老婆。第五景写"假装的兵士"杀死了自

① 《现代评论》：综合性刊物。1924 年 12 月 13 日创刊于北京，1928 年 12 月 29 日终刊，共出版 9 卷，209 期，又增刊 3 期。第 1 至 138 期由北京大学出版部印刷，此后各期署"现代评论社"编，实际由陈源、徐志摩等编辑，现代评论社出版发行，主要撰稿人有胡适、王世杰、高一涵、徐志摩、唐有壬等。主要刊登政论时评、文学作品和文艺评论。其中"时事短评"栏广泛述评国际局势和中国现实政治、军事、经济状况。文学作品以新月派早期作品占突出地位，短篇小说有郁达夫、凌淑华、冯文炳、沈从文、杨振声等人的作品，新诗有胡适、徐志摩、闻一多、王独清等人的作品，还刊有少量剧本。

② 后收入《旷野的声音：莽原社作品选》（汤逸中选编，华东师范大学出版社，1996 年 9 月）。

己的老婆许大嫂。第六景写"假装的兵士"杀死了"不认识的男子"后自杀。与周作人的冲突发生后高长虹曾这样介绍该剧："我总是好谈我自己的文章,正如人家好谈他自己的妻子。这篇文章即《人类的脊背》,委实太理想了,也许是太顽皮了,总之是做得不好。我一点描画人类的本领都没有,所以是有时真佩服人类的自画自赞呢!"(《走到出版界·寄到八道湾》)

《本刊启事》全文为:"爱读本刊的诸君:本刊前四期因种种的困难,不能一律横印,自第五期起,才同印刷局交涉好,这是对不起爱读本刊且欲合订的诸君处。我们不远的就将前四期再版,一律改为横印。爱读本刊且欲合订的诸君,请将前四期纵印的本刊掷来,即可奉换横印的本刊,改版出版时,再为通知,特此声明。"

12月20日　拜访鲁迅:"午后云五、长虹、高歌来。"(《鲁迅日记》)

12月21日　在《狂飙》周刊第7期发表诗歌《爱的憧憬》①,曾收入《精神与爱的女神》。该诗为四言诗,共41节,每节4行,表达对"爱人"的思念之情。

12月22日　拜访周作人:"下午高长虹来。"(《周作人日记》)

12月24日　拜访鲁迅:"长虹来。"(《鲁迅日记》)

12月25日　"下午得吕琦信,字蕴儒。夜郁达夫来并赠《Gewitterim Mai》vonL. Ganghofer 一本。"(《鲁迅日记》)很可能在这天晚上,郁达夫向鲁迅谈起过自己与高长虹"一次往来"的情景,所以等高长虹1925年初从老家回来拜访鲁迅时,"鲁迅以世故老人的气派"(《一点回忆——关于鲁迅和我(一)》,1940年8月25日重庆《国民公报·星期增刊》)同他接触。

12月28日　在北京《狂飙》周刊第8期发表《精神的宣言》②、《从下面来的消息十条》两篇文章。

《精神的宣言》曾作为序言收入诗集《精神与爱的女神》,由六部分构成,前两部分为文白夹杂,后四部分为文言。第一部分自比为不愿走坦道、

---

① 发表时末尾有"未完"字样。

② 后收入《山西文学大系第6卷·现代文学》上卷(王世杰、王春林、许并生编选,山西人民出版社,2005年1月)。

只愿走崎岖山路的"骆驼",自己最大的希求是远离庸人"而达于狂人之胜境",然而重负使自己疲倦了,于是,"我将不复行,我将留置彼等于悬崖之上,而求自我之满足"。第二部分写自己已经舍弃一切欲望"而只愿作一被爱之少年",希望妩媚的女将来"占有我"、"携我去做俘虏"。第三部分写"曾以享乐为惟一之目的"的美女已经觉悟,"已识我","已于梦中与我成莫逆矣","已将彼之宝物献给我矣"。第四部分写汝等没有权利"讥笑我","我将牺牲一切,而投赴彼美女之脚下"。第五部分写"我闻彼哭而我乃涕泪滂沱","吾将摈弃所有而求吾自我之恢复",不过,"吾将再来。吾再来时,将有更充实之生命,吾将有更大之力以负吾之重"。第六部分写"吾将以沉默而执行我之实行",文章最后以"吾将逃……"结尾。该文的写作和发表情况为:"当《幻想与做梦》还没有写完的时候,我写了一篇《精神的宣言》起来走了,到那篇文字发表出时,我早已离开北京了。"(《走到出版界·1925,北京出版界形势指掌图》)

《从下面来的消息十条》为十则格言体短文。1926 年 2 月 14 日、2 月 21 日《弦上》周刊第 1、2 期还发表了两篇《从下面来的消息》(署名"D",未收入文集),并且这两篇《从下面来的消息》与发表在北京《狂飙》周刊第 8 期的《从下面来的消息十条》的创作时间相近。

《弦上》周刊第 1 期的《从下面来的消息》内含三则短文,第一、三则可能与高君宇有关——第三则当是被漫画化了的高君宇,第二则可能与石评梅有关——文中的信当指《心的探险·一封长信》(1925 年 1 月 11 日《狂飙》周刊第 9 期)中提到的信。现摘抄如下:

一

有一个共产党的朋友同我说过:"将来我们的主张无论如何不同,对于文学我是一定要帮助你的。"

我当时很怀疑:他也无所谓主张,我也无所谓文学。

数年不见,我听到他在四处骂我了,说我是一个讨吃子。

我想,在别一方面,他的话倒还有一些道理,这便是——

文学=讨吃。

　　帮助＝骂。

　　朋友＝敌人。

　　宣誓＝欺诈。

　　可惜这些道理，我都已明白了，不需要他给我活画出来。所以，我得到我的朋友的帮助的，委实是什么都没有。

　　"什么是我的主张呢?"

　　"现社会是好的，因为我可以在里边讨吃。"

　　我不知道我抽的纸烟比马克司所抽过的如何，我穿的衣服比甘地所穿的如何，然而我确乎知道惭愧了。

　　到社会改造时，便是我惭愧到死的时候。

　　二

　　我有一次给我的爱人寄去一封信。我的邮差回报道:她看我的信时，面色也变了，全身都发起抖来。惭愧，我是这样不善于写情书的!

　　并且，给我带回一封回信，老实说，她说我发狂了!

　　的确，我得到这个霎耗，我笑了，这还不是发狂的证据吗?

　　此后，我便决定了永远不写情书，永远不发狂。

　　三

　　王九自讲主义以后，身上披起洋装来了。王九心里想:"主义毕竟是好的!"

　　过了几天，王九在街上散步时，有女朋友随在他身边了。王九心里想:"主义毕竟是好的!"

　　我认识了王九，王九不认识我。

　　一天，我在街上又碰见王九，但我没有问他要钱，我看见他的相貌生得太穷了! 我施舍了他一点东西:升官发财!

　　关于高长虹对高君宇及当时山西的其他马克思主义者的看法，张恒寿在《回忆长虹》中如此写道:

　　　　长虹主张社会主义革命，但又不完全赞成马克思主义，在他的《精

— 48 —

神与爱的女神》中还有几行评马克思阶级斗争的诗句。但他对山西最早信仰马克思主义的青年，却似有颇有理有据的评论。当时山西的马克思主义者，有高君宇、王振翼（天德人）、贺其颖（即贺昌）等人，他不赞成高君宇，但没有说什么理由，他认为王不够坚定踏实，他说三人中贺其颖最好，是一个最有希望的青年。这三人都是太原第一中学的学生，高君宇和长虹是同学，王稍后于二高，贺其颖比较晚①。我 1920 年入第一中学时，贺是二年级学生，我上二年级时听说有位贺其颖，爱看新书，思想很积极，在走廊上望其神采风度，有精干英明之气。按年级计算，长虹在中学时，和贺其颖联接不上，但从他对贺的评论中，又似乎可以看出他对贺的为人，却知道得很确实。长虹是从什么渠道了解贺的，不知详情，但从他对贺的评论中，可以看出他虽然不是马克思主义的信徒，但对马克思主义的思想理论是确有相当识量的。

《弦上》周刊第 2 期发表的《从下面来的消息》内含两则短文，鲁迅看见第二则后"表情上是很不赞成的"（《一点回忆——关于鲁迅和我》，1940 年 9 月 1 日重庆《国民公报·星期增刊》）。该则短文为：

> 某年，一个老革命家同政府当局开会，讨论撤台的办法，结果，谈判决裂了。
>
> 老革命家很生气，他觉着被人骗了，然又怀疑着。
>
> 他一天问他的秘书道：那位老头子是不主张革命的吗？
>
> 秘书无话可答，只用他的瘦白的手做了个丧气的手势。

月底　回老家过年，给妻子两元钱："妻子由于家务繁忙，两手满是血红的裂纹。丈夫只给了她两元钱，作为医治之用。这是她一生中所受到丈

---

①　高君宇（1896—1925）1912 年入太原模范中学校（1913 年被正式命名为山西省立第一中学），1916 年入北京大学理预科；高长虹 1914 年入山西省立第一中学，1915 年底因抵制"劝进"活动而于 1916 年初逃回老家；王振翼（1901—1931）1918 年入山西省立第一中学；贺其颖（1906—1935）1920 年入山西省立第一中学。

夫的对她在经济方面的唯一帮助。"（高曙：《高长虹的家世和青少年时代》，《高长虹研究文选》）一天，高长虹同自己妻子接吻，儿子曙"忽然也跑过来接吻"他的母亲（《曙·1927年9月7日》）。此次回家，高长虹曾大力支持太原的C爷改良镇上的小学教育，并"弄了一张清城镇教育董事会简章，叫二弟送到学校里去"（《心的探险·土仪·改良》）。

是年　向朋友们提议办日报，得到的答复是："没有名气，没有学识的人办报是不成功的"，高长虹为此感到非常"悲哀"。（《我的悲哀》，北京《狂飙》周刊第10期）

是年①　发表《ESPERANTO的福音》，共十则格言体散文，曾收入《心的探险》。

1925年　民国十四年　乙丑　二十八岁

1月11日　在《狂飙》周刊第9期发表《幻想与做梦》，内含《13. 一封长信》。全文为：

我现在脸上浮出的微笑，是一封信赐给我的。

这是一封一万多字的长信。我现在读着它，就像我读着一个外国人或异代的作物似的，我很惊异它的作者的可怕的热情，虽然它实在是我自己三个月前的手笔。

我竭力想唤回我那时的情调，但是，只有枉然罢了，我不能够发见前数月的我，正如在现在的冬天不能发见过去的夏日的温暖一样。时光一天天地过去，我也一天天地失掉，我所自豪为我自己所独有的我，其实，只不过是在时间的浪里一霎即逝的浪花罢了。而我偏又要想于我自身之外得到些别的什么，人类是多么愚妄的东西呵！

①　这十则格言体散文不知具体的发表时间和刊物，"ESPERANTO"为"世界语"的意思，估计它们发表在《世界语》周刊，时间当在1924年底、1925年初。

然而，愚妄便愚妄好了！我便不这样做，也终于不能够变成一个超于人类的什么。

然而，在我的数分钟的努力之后，我又终于感到枉然了。我所看到的只有窗外的黄的空气，风断肠地吼着，被排挤而不得出去的煤烟几乎把我的呼吸都闭塞了。

其中"三个月前"写的那封"一万多字的长信"当是写给石评梅的，由此可知此时的高长虹已暂时从对石评梅的苦恋中解脱出来。

1月18日　在《狂飙》周刊第10期发表《我的悲哀》①、《幻想与做梦》（内含《14. 安慰》）。

《我的悲哀》为自己"从人类那方面所接收的礼物，只有侮辱，冷淡，误解，诅咒"而悲哀。

《安慰》写小孩阿宝在外面受了欺侮，本希望回家后从妈妈那儿得到安慰，没想到妈妈也正希望从阿宝这儿得到安慰。

1月20日　河南开封的王绪琴（笔名欲擒）给高长虹写信。内云："深深的潭里，困服着无数的虾蟆，狂歌得不到人们的同情，哀呼得不到社会的援助！哭罢，泪泉已涸了！狂笑吧，虚伪那有许多！只有声声的干号吧！哈！哈！我又假着虚伪狂笑了，你——深山的樵者，已经放下同情之绳，来援救我们了！喂，谢谢你！"（北京《狂飙》周刊第12期）

寒假　回到老家平定的张恒寿接到高长虹一封信。内云："信中说他认识了鲁迅和郁达夫，郁达夫还亲自找他谈话"（张恒寿：《回忆长虹》）。

2月8日　拜访鲁迅："午后长虹、春台、阎宗临来。"（《鲁迅日记》）这次拜访时，高长虹认为鲁迅以"世故老人的气派"同他接触，其原因是"仿佛是达夫传述了什么"。（《一点回忆——关于鲁迅和我（一）》，1940年8月25日重庆《国民公报·星期增刊》）

△　同阎宗临（已燃）一起出北京西直门："我们装上一盒红狮子菸，做野外的旅行。他走着，用脚把田间的土沙无意的一踢，笑的向我说：'假如

---

① 　后收入《警醒人生诲语》（孙硕夫选编，吉林文史出版社，1997年1月）。

我们有钱时,《长虹周刊》马上便出来了.'"①(已燃:《读了长虹周刊之后》,《长虹周刊》第 18 期)

回到北京后,"看见一切都变态了",此时的《狂飙》周刊已办成"兄弟刊物"——以刊登高长虹、高歌兄弟二人的文章为主。当时的情况为:

> 当我们的周刊办成兄弟周刊的时候,朋友们没有给我们表同情的,因为他们正在四处攻击我们:他们有的是在袖手旁观我们。但是,我把那个困难解决了,我质问一个攻击我们的朋友到他无话可说的时候,我们又变成原来的朋友了。我从此也便同培良开始了初次的长谈,我们开始做了形式上的同路人。但是,那个形式同形式以外的一切,对于我们都不大合适,所以还是到那个形式破灭之后,我们才渐渐入于实际的朋友。(《走到出版界·1925,北京出版界形势指掌图》)

2 月 11 日　拜访鲁迅:"长虹来。"(《鲁迅日记》)

2 月 12 日　在《京报副刊》第 59 号发表散文《土仪》(内含《1. 一个失势的女英雄》),曾收入《心的探险》(除《伯父的教训及其他》身前未入集外,以《土仪》为总题的系列散文全收入《心的探险》,以后不再说明)。文中的"女英雄"年轻时是一个谈笑风生的胖大妇人,后来却成了一个任人嘲笑的乞丐。

2 月 15 日　在《狂飙》周刊第 12 期发表《时代的呼声》(诗歌)、《幻想与做梦》(内含《15. 迷离》)。

《迷离》写梦中"我"与一个丑陋、矮小的女子拥抱,却被屋外的脚步声惊开。

△　在《京报副刊》第 61 号发表散文《土仪》(内含《2. 鬼的侵入》)。文章写一个女人梦见死去的婶子叫自己到阴间去,该婶子反对该女人和她的男人结婚。

---

①　文中时间为"1925 年 1 月 16 日"。根据《鲁迅日记》可以知道,高长虹 1925 年 2 月 8 日才回到北京,公历 2 月 8 日即农历 1 月 16 日,由此可知阎宗临所说的时间为农历,

2 月 16 日　拜访鲁迅:"长虹来。"(《鲁迅日记》)

△　在《京报副刊》第 62 号发表《土仪》(内含《3. 我家的门楼》①)。由于一个异人曾说高长虹家的门楼很好,将来会出一个贵人,所以在他家所有的房子都得到翻修的情况下,门楼却依然如故,高长虹从中发现了破绽:"门楼既能使它的主人,它的伴侣都贵了起来,为什么反没有能力来贵一下它自己呢?"在高长虹的眼里,门楼"是一个妖怪,是一个恶的宣传者,它用了它的卑下的,荒诞的欺诈把我家的地位降低了,也许我的子侄们的纯洁的童心里,已经中下了它的毒的余沥"。在末尾,高长虹呼吁:"世间有英雄吗? 谁能够踏翻我家的门楼!"

2 月 22 日　在《京报副刊》第 68 号发表散文《土仪》(内含《4. 孩子的智慧》、《5. 一封未寄的信》)。

《孩子的智慧》写孩子对母亲说的天真而充满智慧的话,曾看过该文的一位朋友曾对高长虹说高曙的"天分很高"(《曙·1927 年 9 月 5 日》)。

《一封未寄的信》是写给高歌的信,信中的"我""很镇静",并且"很满足","更加真确地看见我自己了,我将要开始我的生活的另一个新页",从信中可知高歌准备到北京。

△　在《狂飙》周刊第 13 期发表《幻想与做梦》(内含《16. 噩梦》②)。文章写"我"原以为"闯进了未来的黄金时代",结果却是一个"恶梦":"我在梦中,比醒时,看见了更真实的世界。/在我的梦中,一切都是恶,都是丑,都是虚伪。"关于此文,高长虹曾如此写道:"我不久便又回到北京,已经入了一九二五年的初间,于是我看见一切都变态了。于是我的《幻想与做梦》便写了第十六篇《噩梦》,于是便一切都完了。我知道我所希望的无论什么,都还在辽远的将来呢!"(《走到出版界·1925,北京出版界形势指掌图》)

---

①　后收入《六十年散文诗选》(孙玉石、李光明编选,江西人民出版社,1985 年 2 月)、《中外散文诗鉴赏大观·中国现、当代卷》(敏岐主编,漓江出版社,1992 年 4 月)、《名家散文诗学生读本》(张品兴、夏小飞、李成忠主编,华夏出版社,1993 年 3 月)、《二十世纪中国散文诗大观》上册(陈容、张品兴编,同心出版社,1998 年 8 月)、《中外散文诗经典作品评赏》(张吉武、秦兆基主编,陕西人民教育出版社,1999 年 7 月)、《品味忧郁——悲情散文诗精品》(杨旭恒、郑千山主编,云南人民出版社,2003 年 7 月)。

②　后收入《旷野的声音:莽原社作品选》(汤逸中选编,华东师范大学出版社,1996 年 9 月)。

△ 《狂飙》周刊第 13 期发表成竹给高长虹的一封信。信中介绍贫穷的自己只好和文学"相依为命",并说自己最爱读《狂飙周刊》:"它的价值,用不着我来估定,总之在现代暮气沉沉的中国文坛里,要占相当的位置啦!一,二,三,各期,嘉旺先生转给我了,这里的销路,说起来真是可怜,违背你一番盛意了!不过班级最低的天真烂漫的孩子,争先的来购,可见他们的脑海中,必定有深刻的印象存在了!"

2 月 23 日　在《京报副刊》第 69 号发表散文诗《创伤》(内含《1. 沉没》①),曾收入《心的探险》(以《创伤》为总题的格言体散文全收入《心的探险》,以后不再说明)。文章写"我本来想着上升,然而我却下降了","我梦中所见的仍然是触礁的破船,折断的翅膀,讪笑,侮辱,足的蹂躏",于是,"我将无所需要,我将仇视人类,我将以愤怒为唯一之食物,我唯将以愤怒充实我之空虚。"

2 月 24 日　在《京报副刊》第 70 号发表散文诗《创伤》(内含《2. 血的帝国》)。文章怀疑"我"是"无血可食"的苦人。

△ 夜访鲁迅:"夜蕴儒、长虹、培良来。"(《鲁迅日记》)

2 月 26 日至 3 月 4 日　在《京报副刊》第 72—78 号刊登《革新后的〈狂飙〉周刊》广告:"三月一日出版……定价:每册大洋一角五分,代售:北大出版部及各院号房。外埠优待:邮票代洋每册十五分,邮票在内。"革新后的《狂飙》周刊(第 14 期起)的通讯地址为:"北京中老胡同十五号吕蕴儒投稿请直接寄辟才胡同五十一号向培良"。

3 月 1 日　在《狂飙》周刊第 14 期发表《本刊宣言》②(即《〈狂飙〉周刊宣言》,无署名)、《攻城欤? 攻心欤?》③。

《本刊宣言》相当于革新后的《狂飙》周刊的发刊词。该文用诗一样的语言描绘了社会的黑暗,并向人们发出"我们要作强者,打倒障碍或者被障碍打倒"的誓言。鲁迅曾将其全文抄进《〈中国新文学大系小说〉二集序》。

---

① 后收入《旷野的声音:莽原社作品选》(汤逸中选编,华东师范大学出版社,1996 年 9 月)。

② 后收入《警醒人生诲语》(孙硕夫选编,吉林文史出版社,1997 年 1 月)、又以《〈狂飙〉周刊宣言》为题收入《鲁迅研究资料》第 23 辑(中国文联出版公司,1992 年 3 月)。

③ 后收入《警醒人生诲语》(孙硕夫选编,吉林文史出版社,1997 年 1 月)。

《攻城欤？攻心欤？》写"我们不攻人类的城，却去攻人类的心"，其原因为："我们觉着心是更为基础，更为坚固的城，心一攻破，城立刻便没有了，因为城本来是建筑在心上面的。"

△　在《京报副刊》第 75 号发表散文诗《创伤》（内含《3. 我愿入地狱》①）、《〈狂飙〉周刊宣言》（无署名）。

《我愿入地狱》写"我"失望于"旁观者的揶揄，朋友的腹议，敌人的讥笑"而"愿入地狱"，"于彼处寻求更大之打击，而得无上之法悦"。

△　第一本集子《精神与爱的女神》出版，由北京平民艺术团编辑，永华书局印行，为"狂飙小丛书第一种"。该诗集出版后，曾在《莽原》周刊第 2 期（5 月 1 日）至第 10 期（7 月 3 日）刊登广告。全文为：

　　这本诗集的内容，在歌颂理想的爱——两性共同的创造——以暗示新的人生全部的意义。爱的女神，不含神秘的意味，乃象征一切具有优美的灵性而为现实所泪没的女性。精神亦不过代表觉悟到某种程度的形式而已。诗用旧体，故对于以白话为新文学之全体的人们，殊无一看之必要。但其中反抗的精神，则殊强烈。故于不安于社会的压迫与人生的烦闷的青年，则此书或能与君以或种之刺激也。

　　定价二角。

　　代售处。各校号房。翠花胡同北新书局。东安市场新华，新智书社。东安市场及青云阁佩文斋。外埠函购，可直接寄至北京沙滩银闸胡同十七号高长虹收。邮票代价不扣。②

许广平曾写信购买，并开始与高长虹通信：

　　我那时候有一本诗集，是同《狂飙》周刊一时出版的。一天接到一

---

①　后收入《旷野的声音：莽原社作品选》（汤逸中选编，华东师范大学出版社，1996 年 9 月）。
②　据考证，该广告为鲁迅所拟（廖久明：《谈谈鲁迅时期的〈莽原〉广告》，《鲁迅研究月刊》，2008 年第 4 期）。

封信,附了邮票,是买这本诗集的,这人正是景宋。因此我们就通起信来。前后通了有八九次信,可是并没有见面,那时我仿佛觉到鲁迅与景宋的感情是很好的。因为女师大的风潮,常有女学生到鲁迅那里。后来我在鲁迅那里同景宋见过一次面,可是并没有谈话,此后连通信也间断了。以后人们所传说的什么什么,事实的经过却只是这样的简单。景宋所留给我的惟一印象就是一副长大的身材。她的信保留在我的记忆中的,是她说她的性格很矛盾,仿佛中山先生是那样性格。青年时代的狂想,人是必须加以原谅的,可是这种朴素的通信也许就造成鲁迅同我伤感情的第二次原因了。我对于当时思想界那种只说不做的缺点,在通信中也是讲到的。

后来我问了有麟,景宋在鲁迅家里的厮熟情形,我决定了停止与景宋通信,并且认为这种办法是完全正确的。"(《一点回忆——关于鲁迅和我》,1940 年 9 月 1 日重庆《国民公报·星期增刊》)

许广平看过该诗集后,在 6 月 17 日给鲁迅的信中曾如此评价该诗集:

长虹君的《精神与爱的女神》,草草看了一遍,篇首的"精神的宣言",其前半多可观,以后即逊色了,其余的诗,我不懂得好处在那里,别人也是这样,这大约是青年人的粗心,不能一口口的细细咽下去,致发销不畅呢?还是好似《工人绥惠略夫》的深奥,不为群众所领会呢?还是此君宜于行文不宜于作古诗呢?那我可不晓得。(收入《两地书·三〇》时该段被删去)

石评梅的表弟张恒寿曾看见过许广平的信:"景宋给长虹的信,内容记不太清了,大意是对长虹的文笔表示称赞。"(张恒寿:《回忆长虹》)

△ 夜访鲁迅:"有麟、蕴儒、长虹、培良来。"(《鲁迅日记》)

3 月 4 日 拜访鲁迅:"长虹来。"(《鲁迅日记》)

3 月 5 日 石评梅的恋人高君宇因急性盲肠炎猝发不治而逝,石评梅痛不欲生,将自己的名字刻在高君宇的墓碑上,原打算"批评从新青年所沿袭下来的思想"的高长虹，再次"陷入生活的迷雾中，无批评的余裕了"（《走到出版界·1925，北京出版界形势指掌图》）——从 6 月 1 日起，高长虹又开始在《语丝》、《莽原》等刊物上"痛哭流涕的做《给——》的诗"（鲁迅 1926 年 12 月 29 日给韦素园信）。

3 月 6 日　给欲擒、成竹写信，以《通信二则》为题发表在 3 月 15 日《狂飙》周刊第 16 期。给欲擒的信将当时的社会比作"长夜"，希望流萤出现，"因为流萤多了，终竟会引出太阳来的，而且流萤多了，终竟还会发出太阳一般的光呢！"给成竹的信为成竹困苦的生活感到高兴："因为你已经从这困苦里边发见了超于困苦的东西，已经有了那能够征服困苦的精神了，我愿你精神永久是胜利的，永久能保持你的狂人的气概"，并在末尾祝成竹"越硬越穷越穷越硬"。

△　对周作人本日发表在《京报副刊》第 80 号①《答木天》中的"要切开民族昏愦的痈疽，要阉割民族自大的疯狂"这样的语句"老大地不满意"：

岂明年纪至多不过四十以上，以古例之，正在不惑的时候，以新例之则托尔斯泰未著其《忏悔》也。乃自己不努力，而把责任推在青年身上，而独不自知，乃敢谓在训练新兵！试问岂明不知科学，何以训练科学的新兵？不敢批评，无创作力，何以训练艺术的新兵？左顾孺人，右对稚子，身不履险，足不行远，茶余酒后，偶作一二率直短文，便以为功不再世，此何以能训练实行的新兵？若夫当时的所谓新兵者，亦大抵是二十以上的人，力量卸〔却〕是大得多，即鲁迅所谓富有生力者也。他们所缺乏的倒只是地位与声望，这倒正需要有人帮助，如蔡子民昔日帮助《新青年》者。（《走到出版界·1925，北京出版界形势指掌图》）

3 月 7 日　在《京报副刊》第 81 号发表散文诗《创伤》（内含《4. 希望之一》）。文章希望一座"社会一般黑的，黑暗一般重的，人类的兽性一般不可移动的"大山压在"我"的胸脯上，"我便会复活，生命的光，便会又复热烈地

---

①　后又在 7 月 6 日《语丝》第 34 期发表。

焦烧着我"。

3月8日　在《京报副刊》第82号发表《花园之外》①,曾收入《光与热》。文章批评中国新文学的创作者不过是从"古典"跳进了"花园",希望"诚意的新文学的创作者,应该跳出花园,去看见自己,去看见社会。"否则,"花园则有了,然而文学呢? 文学呢? 文学在那里?"关于该文,高长虹在《批评工作的开始》(上海《狂飙》周刊第6期)中如此写道:"《花园之外》一文,我是为纠正当时流行的一派只装点字句而不知道表现生活的习气而作的。这篇文字的结果,少数朋友们的谈话中便添了'花园派'这一个用语,别一方面,也曾惹起一些不认识的人们对于我的仇恨。这是违反了我做文字的用意的,我初不以为批评是含有恶意在内,所以我也不愿意人们以恶意报我。"②

△　在《狂飙》周刊第15期发表《本刊启事》,无署名,未收入文集。全文为:"本刊自第十四期后,大加革新,扩充内容,增加材料,惟前期因印刷仓卒,不及改革,致形式粗劣,错误颇多,殊深歉仄。自第十五期起,当加改良。本刊宗旨,在发表强的精神之文艺。凡不悖本刊宗旨之投稿,均所欢迎。本刊通讯处:北京中老胡同十五号吕蕴儒;投稿请寄辟才胡同五十一号向培良。"

3月9日　拜访鲁迅:"阎宗临、长虹来并赠《精神与爱的女神》二本,赠以《苦闷之象征》各一本。"(《鲁迅日记》)

3月10日　在《京报副刊》第84号发表散文《土仪》(内含《6. 孩子们的世界》)。文章写纯洁、无畏的孩子们在属于自己的世界自由自在地玩耍,"然而,当他们的母亲出现时,孩子们便立刻变成了成人,立刻陷落在下面的世界中","他们从威吓而学到了畏缩,卑怯,从鞭挞而学到报复与杀戮,从威吓与鞭挞的逃避而学到了狡诈与窃盗"。

---

①　后收入《中国现代散文选(1918—1949)》第2卷(中国社会科学院文学研究所现代文学研究室,人民文学出版社,1982年8月)。

②　石评梅在总结1924年12月10日—1925年12月10日的《妇女周刊》时这样写道:"有许多朋友,说我们是花园派,小姐式的刊物,我们很喜欢的承受了,因为他们加的恰当。"(《总帐》,《石评梅作品集·戏剧游记书信》)

3月12日 鲁迅给《猛进》周刊①主编徐旭生写信,希望再次进行"思想革命":

> 看看报章上的论坛,"反改革"的空气浓厚透顶了,满车的"祖传","老例","国粹"等等,都想来堆在道路上,将所有的人家完全活埋下去。"强聒不舍",也许是一个药方罢,但据我所见,则有些人们——甚至于竟是青年——的论调,简直和"戊戌政变"时候的反对改革者的论调一模一样。你想,二十七年了,还是这样,岂不可怕。大约国民如此,是决不会有好的政府的;好的政府,或者反而容易倒。也不会有好议员的;现在常有人骂议员,说他们收贿,无特操,趋炎附势,自私自利,但大多数的国民,岂非正是如此的么? 这类的议员,其实确是国民的代表。
>
> 我想,现在的办法,首先还得用那几年以前《新青年》上已经说过的"思想革命"。还是这一句话,虽然未免可悲,但我以为除此没有别的法。而且还是准备"思想革命"的战士,和目下的社会无关。待到战士养成了,于是再决胜负。我这种迂远而且渺茫的意见,自己也觉得是可叹的,但我希望于《猛进》的,也终于还是"思想革命"。(《华盖集·通讯》)

关于"思想革命"问题,高长虹在高鲁冲突爆发后写的《1925,北京出版界形势指掌图》中如此写道:

> 大家想来知道当时引人注意的周刊可以说有四个,即:《莽原》,《语丝》,《猛进》,《现代评论》。《莽原》是最后出版的,暂且不说。最先,那三个周刊并没有显明的界限,如《语丝》第二期有胡适的文字,第三期有徐志摩的文字,《现代评论》有张定璜的《鲁迅先生》一文,孙伏园又在《京副》说这三种刊物是姊妹周刊,都是例证。徐旭生给鲁迅的

---

① 《猛进》:政论性周刊,北京大学猛进社发行。1925年3月6日创刊,1926年3月19日出至第53期停刊。

信说,思想革命也以《语丝》,《现代评论》,《猛进》三种列举,而办文学思想的月刊又商之于胡适之。虽然内部的同异是有的,然大体上却仍然是虚与委蛇。最先对于当时的刊物提出抗议的人却仍然是狂飙社的人物,我们攻击胡适,攻击周作人,而漠视《现代评论》与《猛进》。我们同鲁迅谈话时也时常说《语丝》不好,周作人无聊,钱玄同没有思想,非攻击不可。鲁迅是赞成我们的意见的。而鲁迅也在那时才提出思想革命的问题。

…………

如想再来一次思想革命,我以为非得由几个青年来做这件工作不可:他们的思想是新的,他们是没有什么顾忌的,他们是不妥协的,他们的小环境是单纯而没有什么纠葛的。已经成名的人,我想能够得到他们的帮助便是最好的了。鲁迅当初提议办《莽原》的时候,我以为他便是这样态度。但以后的事实却不能证明他是这样态度。这事实只证明他想得到一个"思想界的权威者"的空名便够了! 同他反对的话都不要说,我想找一些人来替他说话,说他自己所想说的话,而他还不以为他是受了人的帮助,有时还反疑惑是别人在利用他呢! 然而他却是得到了"思想界的权威者","青年叛徒的领袖"的荣誉!(《走到出版界·1925,北京出版界形势指掌图》)

3月15日   鲁迅在《狂飙》周刊第16期发表译诗《我独自远行》。该译诗的情况为:"郁达夫说过要给《狂飙》写的感想,当然没有写。鲁迅只给我的一个日本朋友译了两首诗。还是他好,他时常说想法给《狂飙》推广销路。但他说不能做批评,因为他向来不做批评,因为他觉得自己是党同伐异①的。"(《走到出版界·1925,北京出版界形势指掌图》)

△   在《狂飙》周刊第16期发表《我们的声明》,无署名,未收入文集。

———————————

①   高鲁冲突爆发后,鲁迅在对高长虹进行彻底清算的《新的世故》中如此写道:"凡有人要我代说他所要说的话,攻击他所敌视的人的时候,我常说,我不会批评,我只能说自己的话,我是党同伐异的。的确,我还没有寻到公理或正义。"

全文为:"有人写信来问过,我们这一次的革新是扩充或是去旧更新,或者有旁的意思。因此我们顺便答复一句,本刊完全是一种增加精力的革新,而不是改组,我们的主张同精神,完全同从前一样,这次增加了新份子,刊物的内容与形式,也扩充许多。总而言之,这次革新是我们刊物的生命,前进一跳,我们的精神是始终贯彻的。"

3月16日　在《京报副刊》第90号发表散文诗《创伤》(内含《5. 街上》、《6. 幻灭》)。前文写"我无心地徘徊"在街上、坟墓中,满目尽是丑恶;后文写"我"的幻灭感。

△　夜访鲁迅:"夜长虹来。"(《鲁迅日记》)

3月20日　拜访鲁迅:"长虹来并赠《精神与爱的女神》十本。"(《鲁迅日记》)

3月22日　拜访鲁迅:"上午许诗荃、诗荀来,赠以《苦闷的象征》、《精神与爱的女神》各一本。长虹来。"(《鲁迅日记》)

△　《狂飙》周刊出至第17期停刊(已佚)。在说到北京《狂飙》周刊停刊原因时,高长虹如此写道:"这时,狂飙社内部发生问题。这时,《狂飙》的销路逐期递降。这时,办日报的老朋友也走了,印刷方面也发生问题。终于,《狂飙》周刊到第十七期受了报馆的压迫便停刊了。"(《走到出版界·1925,北京出版界形势指掌图》)从高长虹3月6日还写信叫欲擒、成竹寄作品来(《通讯二则》,北京《狂飙》周刊第16期)可以推断,北京《狂飙》周刊停刊是很突然的。

3月23日　在《京报副刊》第97号发表《土仪》(内含《7. 悲剧第三幕》)。文中的"悲剧"指父母包办的婚姻悲剧,二弟高歌与自己上演了前两幕,现在又轮到三弟高远征。高长虹曾向母亲提议,"家里媳妇们很有几个,也不缺使唤的了,三弟的事,迟几年不好吗?"母亲却"极坚决地"说:"不行! 我决意明年娶了过来,我的身子很不好了,赶我活着,我亲自再调教她一二年。"

3月24日　"上午得长虹信。"(《鲁迅日记》)

3月25日　在《京报副刊》第99号发表《创伤》(内含《7. 精神与蔷薇》)。第一部分绝望的"精神"和空虚的"蔷薇"为自己悲惨的命运唉声叹气,共同诅咒"他们"并互相安慰。第二部分写"精神"和"蔷薇"为"救那些失陷了的"自己却被压在了下面,它俩互相鼓励并决定毁灭"他们"。

3月29日　拜访鲁迅:"长虹来。"(《鲁迅日记》)

3月31日　在《京报》副刊第105号发表《创伤》(内含《8.枯骨》),收入《高长虹全集》时改题为《指骨》。文章写"我"向从自己指头上掉下来的一块跳跃的骨头发问。

3月—4月初　"高长虹在《国风日报》门前,跟常来此处贴报栏看报的郑效洵相识,从此,郑成为狂飙社的一个'小弟弟'。"(董大中:《狂飙社编年纪事》)

4月4日　在《京报副刊》第109号发表《土仪》(内含《8.正院的掌故》)。文章回忆曾经在高长虹家正院住过的一位叫"血哥"的铁店伙计。他经常讲故事,其中的一个故事给高长虹留下了非常深刻的印象,"直到现在,我还记得,而且还时常对我自己复述"。该故事为:

> "高怀德病了的时候,赵匡胤每天打发人看他去。一天,他对他老婆说:'赵匡胤真有交情,我病成这个样子了,他还每天打发人来看我,交下这样朋友,我虽死了,也很过意的了。'他老婆很聪明,叹了口气说道:'他那里是看你,他是看他那颗印哩! 你不信,明天把印给他带回去,保准以后再不看你来了。'高怀德不信,便照他老婆的话做了,果然,一直等了三天,再没有一个人来。高怀德气得叫了三声,便死过去了。"这个故事,也许是我少年时所得到的一个最好的教训,比我所读过的哲学书都有味得多。

4月5日　在《京报副刊》第110号发表《土仪》(内含《9.架窝问题》)。文章写自己从太原到测石的路上,因天气很冷,风很大,决定坐架窝①回家,以为家里人会对此说三道四,其结果谁也没说。高长虹认为:"大

---

① "所谓架窝者,便是用席子卷成一种如我们那里所住的洞的样式,后面也用一片席子蒙着绑在实际就是底子的架子上边,架的前后都伸出两根长杆,用两个骡子架着走的一种坐骑。像这样朴陋的东西,在我们那里,便成为贵族的专用品,按规矩,我是没有享用它的资格的。"(《土仪·架窝问题》)

概也是因为我快要赚钱的缘故！"

△　拜访鲁迅："长虹等来，以《苦闷之象征》二本托其转寄高歌。"（《鲁迅日记》）

4月11日　应邀到鲁迅家吃酒："夜买酒并邀长虹、培良、有麟共饮，大醉。"（《鲁迅日记》）此次吃酒，标志着莽原社成立。

关于此次"吃酒"，高长虹有如此说法：

当由兄弟周刊而变成朋友周刊的《狂飙》停刊之后，便是快入于《莽原》时期的时候了。但中间也还又有一点牵连，颇有一述的必要。当时有一个朋友①愿意介绍《狂飙》到《京报》做一附属物，条件却是要他加入狂飙社。培良是偏于主张这样办的。听说那时鲁迅也赞成这样。我同高歌是反对这样办法。因为这个朋友，我们知道是不能合得来的，再则我们吃尽了附属的苦，而且连自己的朋友都隔膜太多。《狂飙》遂不得出。过了几天，我便听说鲁迅要编辑一个周刊了。最先提议的，大概是鲁迅，有麟，培良吧。我也被邀入伙，又加了衣萍，这便组成了那一次五人吃酒。"（《走到出版界·1925，北京出版界形势指掌图》）

"退稿事件"发生后，高长虹在给鲁迅的信中这样说《莽原》周刊的情况：

《莽原》本来是由你提议，由我们十几个人担任稿件的一个刊物，并无所谓团体，形式上的聚会，只有你，衣萍，有麟，培良及我五人的一次吃酒。它的发生，与《狂飙》周刊的停刊显有关连，或者还可以说是主要的原因。撰稿的人，也是由我们几个人"举尔所知"。以后培良南去，衣萍又不大做文，《莽原》内部事，当其冲者遂只剩我们三人。无何有何私事，无论大风泞雨，我没有一个礼拜不赶编辑前一日送稿子去。

---

①　此"朋友"是后来又约鲁迅为《京报》办《莽原》的荆有麟。

我曾以生命赴《莽原》矣！（《走到出版界·给鲁迅先生》）

《莽原》创办期间，高长虹及向培良的生活及思想情况如下：

> 我那时是想开始批评从《新青年》所沿袭下来的思想。培良是思想之外，又着重于文艺，戏剧。我那时以为，一个文艺家其实是一个孤独者，如中国人都能像冰心，郁达夫者，岂不是一个很好的社会了吗？批评作品，则当然可以，批评作者则不大必要。这是我们当时的态度所不同的地方。但这些在《莽原》上可以都说没有实现，因为《莽原》还没有出版时，培良已留下几篇《槟榔集》离京他去，我又陷入自己生活的迷雾中①，无批评的余裕了。（《走到出版界·1925，北京出版界形势指掌图》）

4月12日　高歌、吕蕴儒赴河南开封创办《豫报副刊》。（《高长虹生平与著作年谱》）

4月13日　拜访鲁迅："长虹来。"（《鲁迅日记》）

4月15日　在《京报副刊》第119号发表《诗人的梦》，副标题为《献给中国的青年诗人们》。文章写诗人将自己的诗集献给诗神，诗神不但没接受其诗集，反而叫小鬼将诗人的心取出来，"当鲜红的心血开始流出的那一刹那，诗人立刻感觉到痛苦，发出一声真的叫喊。""此后，诗人的心便时常痛了起来，每到痛到不可忍耐的时候，他便不自觉地去写一些东西。"

4月17日　拜访鲁迅："夜长虹同常燕生来。"（《鲁迅日记》）

4月19日　在《京报副刊》第123号发表《土仪》（内含《10. 改良》）。文章写自己回家参与的一次"改良"：C爷热心改良教育，自己看在C爷份上，与二弟大力协助，其他人却很冷漠。

---

① 据笔者考证，高长虹此时"陷入自己生活的迷雾中"是指：高君宇1925年3月5日病逝后，石评梅以未亡人的身份将自己的姓名刻在高君宇的墓碑上，全然不给高长虹任何机会。（廖久明：《高长虹与鲁迅及许广平（修订本）》，页157—158）

4月21日　在《京报副刊》第125号发表杂文《关羽与财神》。因为"从《玉君》的《自序》上看见胡适之先生的名字",想到北京商号供奉关羽一事。高长虹认为这很荒谬,因为关羽的一生都与钱财无关。

△　拜访鲁迅:"长虹来。"(《鲁迅日记》)

4月22日　在《京报副刊》第126号发表《土仪》(内含《11.厨子的运气》)。文章写一个运气不好而又脾气古怪的厨子:在外面,每到过年,把一切东西都准备好了,只等吃了时,自己却病了;回到家乡,又与帮厨家的人发生冲突。

4月23日　在《京报副刊》第127号发表《假话》,曾收入《光与热》。文章对杨振声的小说《玉君》中的自序提出批评。用罗丹的"照像说谎图书真实"的观点驳斥自序中的"历史是实话小说是假话"的观点。认为作家创作小说与蜜蜂酿蜜的关系是:"花便是自然,花蜜便是自然的内部的生命,蜂的偷取便是小说家的感觉,酿便是小说家的创造,蜂蜜便是成功的小说。"关于该文,高长虹有如此说法:

评《玉君》,是对于现代评论社的夸张的一个打击,并想借这一篇文字贡献给小说的普通读者以一些较正确的认识。现代评论社对于艺术是什么也不懂,然而他们却说他们的文艺都是水平线上的作品。如其中国的一般读者都对于艺术有较高明的认识时,则现代评论社的这种说谎,我可以认做是商业性质的广告,无须一定要说话。但是,不特不是那样。而且有些读者还都惊于出版者的声势及惑于旧小说的气息而来欢迎这本书。当时在《京副》上也还有过几篇称赞的文字。于是便引起识者的攻击。我那时,本来想做一篇很长的文字,把全书分析的一一说破它的真象。但这毕竟是一件没多大意义的工作,所以只做了一篇序,即是批评《玉君》的序,便丢开手了。后来听说岂明很称赞这篇文字,他当面也同我说过一次,说是把《玉君》的坏处说尽了。(《时代的先驱·批评工作的开始》)

4月24日　在《京报副刊》第128号发表《创伤》(内含《9.压油子》、

《10. 市场》）。前文希望"我"能够象压油子这种鸟一样，无私地奉献自己："到了一定的时期，到我的光与热太多了的时候，我也会飞到空中"；后文将市场称作是"建筑在女尸上的无聊的人们的俱乐部"。

△ 《莽原》周刊①创刊。《莽原》周刊时期，狂飙社成员与鲁迅之间的关系十分密切：

> 烟，酒，茶三种习惯，鲁迅都有，而且很深。到鲁迅那里的朋友，一去就会碰见一只盖碗茶的。我同培良，那时也正是喜欢喝酒的时候，所以在他那里喝酒，是很寻常的事，有时候也土耳其牌，埃及牌地买起很阔的金嘴香烟来。我劝他买便宜的国产香烟，他说："还不差乎这一点！"（《一点回忆——关于鲁迅和我》，1940 年 9 月 1 日《国民公报·星期增刊》）

△ 在《莽原》周刊第 1 期发表《绵袍里的世界》②，曾收入《心的探险》。文章叙述了一次到当铺的经历：天热了，"我"打算脱下棉袍赎夹衣，等了老半天还没轮到自己，愤而离开当铺，来到污水渠边仍愤愤不平、思绪万千，文章以"他妈的！……"结尾。③ 许广平认为该文"有不少先生的作风在内"（许广平 4 月 25 日给鲁迅信）。

鲁迅在《语丝》周刊第 37 期（7 月 27 日）发表了《论"他妈的！"》。高鲁冲突爆发后，高长虹在《1925，北京出版界形势指掌图》中如此写道：

> 若再述一件琐事，则鲁迅更不应该。当"他妈的"三字在《绵袍里的世界》初次使用的时候，鲁迅看了，惊异地说："这三个字你也用了！"

---

① 《莽原》：文艺刊物。1925 年 4 月 24 日创刊于北京。初为周刊，附《京报》发行，同年 11 月 27 日出至第 32 期休刊。1926 年 1 月 10 日起改为半月刊，由未名社出版。1926 年 8 月鲁迅离京后，改由韦素园接编。1927 年 12 月 25 日出至第 48 期停刊。

② 后收入《旷野的声音：莽原社作品选》（汤逸中选编，华东师范大学出版社，1996 年 9 月）。

③ 从这篇文章中高歌"得到了父亲病了的消息"（高歌：《压榨出来的声音·父亲病了》，《高歌作品集》上卷，北岳文艺出版社，1993 年）。

我说:"其实《工人绥惠略夫》上也用过,但只是用你的娘",我们看鲁《论他妈的》一文,却居然有"予生也晚"云云了!

鲁迅的答复是:

> 我做了一篇《论他妈的》是真的,"论"而已矣,并不说这话是我所发明,现在却又在力争这发明的荣誉了。(鲁迅:《集外集拾遗补编·新的世故》)

4月26日　在《京报副刊》第130号发表《创伤》(内含《ll. 手的预言》①,目录题为《手的弦音》)。文章希望"强的手出现",如此一来,"灵魂虽然还要偶然地发出他的叹声,而生命而可以任所欲为地向前去了","心便会用他的手说出它不能用话说出的更真实的话来"。

△　夜访鲁迅:"夜长虹、有麟来。"(《鲁迅日记》)

4月27日　在《京报副刊》第131号发表《土仪》(内含《12. 伯父的教训及其他》),1926年《心的探险》出版时未收入该文,1989年《高长虹文集》出版时作为散篇作品收入下卷,2010年《高长虹全集》出版时收入了《心的探险》。文章写伯父在自己离家前临别赠言,伯父希望高长虹能升官发财,不要去卖文章,高长虹一概以"我的鼻子里没有声音地响着:哼!"作答。

4月28日　带领尚钺拜访鲁迅:"午后得许广平信并稿。……夜向〔尚〕钺、长虹来。"(《鲁迅日记》)许广平的稿即5月8日发表在《莽原》周刊第3期的《乱七八糟》,署名"非心"。高长虹1940年在《一点回忆——关

---

①　后收入《六十年散文诗选》(孙玉石、李光明编选,江西人民出版社,1985年2月)、《中外散文诗鉴赏大观·中国现、当代卷》(敏岐主编,漓江出版社,1992年4月)、《名家散文诗学生读本》(张品兴、夏小飞、李成忠主编,华夏出版社,1993年3月)、《二十世纪中国散文诗大观》上册(陈容、张品兴编,同心出版社,1998年8月)、《品味忧郁:悲情散文诗精品》(杨旭恒、郑千山主编,云南人民出版社,2003年6月)、《二十世纪中国经典散文诗》(王光明、孙玉石编,长江文艺出版社,2005年5月)、《精美散文诗读本》(王兆胜编著,山东友谊出版社,2009年4月)。

于鲁迅和我》(1940年9月1日《国民公报·星期增刊》)中说他曾看过许广平的稿子,很可能就是这篇①:

　　一天的晚上,我到了鲁迅那里,他正在编辑《莽原》,从抽屉里拿出一篇稿子来给我看,问我写得怎样,可不可修改发表。《莽原》的编辑责任是完全由鲁迅担负的,不过他时常把外面投来的稿子先给我看。我看了那篇稿子觉得写得很好,赞成发表出去。他说作者是女师大的学生。我们都说,女子能有这样大胆的思想,是很不容易的了。以后还继续写稿子来,此人就是景宋。

　　4月30日　　在《京报副刊》第134号发表《创伤》(内含《12. 永久的真理》)。文章描写了一个分裂的"我":"我从我自己,看见了人类的堆积,已死的和未死的,和未死而且未生的。"

　　5月1日　　在《莽原》周刊第2期发表《赞美和攻击》②、《什么》(署名

---

①　董大中先生认为:高长虹所看过的稿子应当是发表在5月22日的《莽原》周刊第5期上的《怀疑。"(董大中:《鲁迅与高长虹》,页196—197)

②　后收入《中国现代散文选(1918—1949)》第2卷(中国社会科学院文学研究所现代文学研究室编,人民文学出版社,1982年8月)、《六十年散文诗选》(孙玉石、李光明编选,江西人民出版社,1985年2月)、《中国现代散文诗选》(俞元桂主编,四川文艺出版社,1986年4月)、《中国现代散文诗100篇》(宫玺选编,上海文艺出版社,1988年8月)、《新文学鉴赏文库·散文卷》第1卷(宋建元主编,陕西人民出版社,1989年10月)、《理趣小品》(刚建选编,长江文艺出版社,1992年2月)、《名家散文诗学生读本》(张品兴、夏小飞、李成忠主编,华夏出版社,1993年3月)、《中国现代散文精华》(人民文学出版社编辑部编,人民文学出版社,1993年11月)、《20世纪中国杂文精粹百篇》(赛德选编,群言出版社,1994年6月)、《二十世纪中国杂文大观》上册(老品、小飞编选,同心出版社,1994年12月)、《哀乐人生》(张晓春、龚建星编,上海社会科学院出版社,1995年1月)、《滴水可以映太阳:优秀小语选读》(老品选编,同心出版社,1995年9月)、《人生百味》(侯晓明主编,湖北教育出版社,1996年1月)、《中国散文精品赏析》(阮忠、赵元芳编著,华中理工大学出版社,1996年6月)、《旷野的声音:莽原社作品选》(汤逸中选编,华东师范大学出版社,1996年9月)、《二十世纪中国散文诗大观·上》(陈容、张品兴编,同心出版社,1998年8月)、《中外散文诗经典作品评赏》(张吉武、秦兆基主编,陕西人民教育出版社,1999年7月)、《二十世纪杂文选粹》上册(阎充英、夏培卓编,内蒙古大学出版社,1999年8月)、《中华今文观止》第1卷(赵祖模主编,中国社会出版社,2000年1月)、《品味忧郁——悲情散文诗精品》(杨旭恒、郑千山主编,云南人民出版社,2003年7月)、《中华杂文百年精华》(刘成信、李君选编,人民文学出版社,2003年8月)、《中华杂文百年精华》(刘成信、李君选编,人民文学出版社,2004年5月)、《二十世纪中国经典散文诗》

"CH"），前文曾收入《光与热》，后文曾收入《心的探险》。

《赞美和攻击》攻击"赞美"而赞美"攻击"，认为"赞美是生命力停顿的诱惑，是死的说教者，是一个诅咒"，而"攻击"却"常给你指出一条更远的路"。

《什么》写妓女在隔壁接客的声音惊动了"我"，"我"想到了"只是一张空有形式的皮，至少也曾经过五千年的腐烂"的女尸，并进而想到中国古代的历史："我看见古代的英雄们，有名字的或没有名字的，倏而在这上面跳了出来，倏而又消灭了去"。

5月2日　拜访鲁迅："长虹及刘、吴二君来，赠长虹及刘君以许钦文小说各一本。"（《鲁迅日记》）

5月3日　拜访鲁迅："长虹来。"（《鲁迅日记》）

5月4日　《豫报副刊》创刊②。狂飙社成员、鲁迅与该副刊的关系如下：

年初，河南开封筹备出版一份《豫报》，高歌、向培良、吕蕴儒为之筹办副刊。《日记》中1月22日，"上午得高歌信，十八日开封发"，是筹备工作之始。2月下旬、3月初，高长虹和向培良、吕蕴儒多次找鲁迅，还是跟此事有关。3月23日、28日，鲁迅又"得高歌信"，是高歌第二次去开封。4月14日，向培良在参加过筹办《莽原》的"五人吃酒"之后，也去了开封，行前特向鲁迅告别，鲁迅以一本书、一枝铅笔相赠。4月22日，即《莽原》问世前两天，鲁迅收到了吕蕴儒18日发自开封的

（王光明、孙玉石编，长江文艺出版社，2005年5月）、《中国散文诗90年（1918—2007）》上册（王幅明主编，河南文艺出版社，2008年1月），另以《愿你时常需要攻击，而不需要赞美》为题收入《品味人生——中国现代文化名人谈》（刘道清、宋致新等选编，湖南文艺出版社，1992年2月）、《世间最可宝贵的就是"今"》（李啸主编，时代文艺出版社，2001年2月）、《中国人生小品》（袁征、李讲席编著，新疆克孜勒苏柯尔克孜文出版社，2001年9月）、《人生四季·夏天的旋律》（开卷工作室编，江苏文艺出版社，2006年12月），以《赞美的攻击》为题收入《天天读写（高中一年级）》（郗晓波编，山西教育出版社，2002年7月）。

② 由吕蕴儒，高歌，向培良，汪后之四人创办，与《豫报》同时创刊于1925年5月4日，每天八开四页，随报纸发行。5月底，狂飙社另一成员尚钺和安徽霍邱张目寒几乎同时来到该刊编辑部，以后发生矛盾，曾两次改组，从七月起基本上由尚钺主编。何时停刊，尚不清楚，目前所见最后一期出版于7月31日。

信,"附高歌及培良笺",23 日晚上,鲁迅给三人分别写了信。5 月 4 日,《豫报》在开封正式创刊,为日报。鲁迅给三人的信,5 月 6 日和 8 日,分两次,以《通讯》为题,在该报副刊刊出,收《集外集拾遗》。(董大中:《鲁迅与高长虹》,页 58—59)

5 月 5 日　拜访鲁迅:"夜长虹、玉帆来。"(《鲁迅日记》)

5 月 8 日　在《京报副刊》第 142 号发表《刹那的心象》,曾收入《光与热》。共 8 节,每节 4 行,描写了一座死气沉沉的古城:"在一座大的古城里,/酣睡着许多许多的生命,/生命也偶然做着好的与不好的梦,/他们满足在他们的梦里。"诗的结尾,渴望这些梦中人能够醒来:"这梦能够醒来吗?/谁又能够知道呢,/除了梦中的人,/除了梦中的人自己去醒?"

5 月 8 日　夜访鲁迅:"夜长虹来。"(《鲁迅日记》)

5 月 9 日　在《京报副刊》第 143 号发表《心的世界》,曾收入《光与热》。共 8 节,第 1、6 节和第 7、8 节每节分别为 6、5 行,第 2—5 节每节 4 行。诗中的"我"过去被他们抓得伤痕累累,现在却和好了:"他们将要握住我的手,热泪便会泛滥了我们的手心"。

△　夜访鲁迅:"夜长虹、钟吾来。"(《鲁迅日记》)

5 月 10 日　在《京报副刊》第 144 号发表《茶馆的内外》①,曾收入《心的探险》。诗歌描写了一个喧嚣的"茶馆内外"。

5 月 14 日　晚访鲁迅:"晚长虹来。"(《鲁迅日记》)

5 月 15 日　在《莽原》周刊第 4 期发表《永久》②,收入《心的探险》时改为《一个煽动者的口供》,曾作为未入集的文章收入《高长虹文集》下卷。共 11 节,第 1、3、5 节每节 4 行,第 2 节 5 行,第 4、7、11 节每节 2 行,第 6、8、9、

---

①　后收入《山西文学大系第 6 卷·现代文学》上卷(王世杰、王春林、许并生编选,山西人民出版社,2005 年 1 月)。

②　后收入《中国现代文学补遗书系·诗歌卷》第 1 卷(孔范今主编,明天出版社,1991 年 7 月)、《旷野的声音:莽原社作品选》(汤逸中选编,华东师范大学出版社,1996 年 9 月)、《新文学里程碑·诗歌卷》(唐金海、陈子善、张晓云主编,文汇出版社,1997 年 12 月),以《一个煽动者的口供》为题收入《山西文学大系第 6 卷·现代文学·上》(王世杰、王春林、许并生编选,山西人民出版社,2005 年 1 月)。

10 节每节 3 行。该诗以快速的节奏,描写了一个学生运动场面:警察出动、血"无尽地流着"、人们从倒在地上的人身上踏过"猛进"。

△　在《莽原》周刊第 4 期刊登《豫报》广告:

应时而产的《豫报》出版了

留心社会问题和新文化运动的朋友们!请看开封新出的《豫报》吧。

他们不特用大胆无畏的态度,来批评社会上的一切,他们还出一种副刊,专注重新文化运动。

主办者,为吕蕴儒,高歌,向培良,汪后之等诸君。

长期撰稿者,有鲁迅,徐玉诺,姜蕴,尚钺,长虹,漫云女士,静芝女士,织芳女士,国皇,目寒,静芳,小铭,有麟等等。

订报处:开封河道街一百十号。

报费:外处每月大洋八角五分。

5 月 19 日　　夜访鲁迅:"夜长虹来。"(《鲁迅日记》)

5 月 21 日　　拜访鲁迅:"长虹、有麟来。"(《鲁迅日记》)

5 月 22 日　　在《莽原》周刊第 5 期发表《新文学的希望》①,曾收入《光与热》。对当时的新文学提出批评,认为中国如想有新文学,"我们干脆不需要什么文学家!我们只希望多出现几个反叛;至少,我们也只希望多出现几个有志于反叛者!"

5 月 24 日　　在《京报副刊》第 158 号发表《传说中的悲剧》。共 6 节,每节 9 行。诗歌写孤独的旅客在矻矻寻找,但"所有的声音都是在诅咒,/所有的手臂都是在挽留",在"路上的行人渐渐稀少"和"光明依然是没有影子"的情况下,这位旅客仍在"孤独的灵魂"陪伴下"勇猛而前进"。

5 月 25 日　　夜访鲁迅:"夜长虹、钟吾来。"(《鲁迅日记》)

5 月 26 日　　在《京报副刊》第 160 号发表《幔子下的人们》,曾收入《心的探险》。文章写"我"正在幔子——蚊帐——下无所事事地躺着,自己曾

---

①　后收入《旷野的声音:莽原社作品选》(汤逸中选编,华东师范大学出版社,1996 年 9 月)。

痴迷的女戏子形容憔悴地来到"我"身边,向"我"叙述自己的不幸:自己不愿接客,但自己不接客母亲便没办法活下去。

5月28日　在《京报副刊》第162号发表《沸腾》①。文章由两部分构成:第一部分为自己的手未能更多地与人接触——把握、揪打——而感到遗憾;第二部分呼吁朋友别再酣睡,要动起来:"动呵,我的亲爱的使我焦躁的朋友! 足,手,眼睛,全身……!"

5月29日　在《莽原》周刊第6期发表《中国与文学》,曾收入《光与热》。文章认为"中国的文学,无论在创作,在阅读,在批评,在翻译,在理论,那一方面看来,都还是一片荒地"。

△　拜访鲁迅:"长虹、钟吾来。"(《鲁迅日记》)

6月1日　在《语丝》第19期发表《给——》两首②,开首句分别为"我曾经一次看见你"和"你的眼,卑怯如小羊",曾收入《心的探险》,收入同名集子时为第1、2首。

第1首共6节,每节4行,写"我""在弟弟的梦中"与"你"一起的情景。

第2首共7行,该诗曾在1923年9月24日《晨报副刊》发表,题为《一刹那的回忆》。回忆"初见你的那一瞥时间"的情景。

6月1日至7月23日　在《京报副刊》上发表100首小诗③:1—10首(6月1日,第166号)、11—20首(6月2日,第167号)、21—26首(6月3

---

①　后收入《警醒人生诲语》(孙硕夫选编,吉林文史出版社,1997年1月)。

②　后收入《新文学里程碑·诗歌卷》(唐金海、陈子善、张晓云主编,文汇出版社,1997年12月),第二首又收入《中国新诗鉴赏大辞典》(吴奔星主编,江苏文艺出版社,1988年12月)、《中国二十世纪纯抒情诗精华》(辜正坤、马相武主编,作家出版社,1991年1月)、《中国现代新诗三百首》(张永健、张芳彦主编,长江文艺出版社,1992年3月)、《情人辞典》(艾文婴主编,华夏出版社,1993年4月)、《中国现代新诗三百首》(张永健、张芳彦主编,长江文艺出版社,1992年3月)、《再别康桥:中国二三十年代情诗回味》(崔健编,外文出版社,1995年)、《燃烧的圣火》(王宝大、罗振亚主编,中国青年出版社,1996年5月)、《现代名家诗文名篇》(梁鸿编选,时代文艺出版社,2000年)、《爱与爱的诉说:古今爱情诗对照鉴赏》(李掖平主编,山东画报出版社,2002年9月)、《教我如何不想她:中国现代名家爱情诗文精选》(李正西评选,中国妇女出版社,2005年1月)、《爱情韵语:中外情诗三百首》(李克和、张唯嘉注,岳麓书社,2006年2月)。

③　《莽原》周刊第24、25期刊登的《闪光》出版广告中说该诗集有短诗145首,1927年上海光明书店出版《光与热》时收入138首。编辑《高长虹文集》时不知道鲁迅博物馆藏有单行本《闪光》故根据《光与热》排印。编辑《高长虹全集》时仍然根据《光与热》排印,同时将未收入《光与热》的8首短诗以《〈闪光〉补遗》为题附录于后。

日,第 168 号)、27—42 首(7 月 9 日,第 202 号)①、43—52 首(7 月 11 日,第 204 号)②、53—58 首(7 月 12 日,第 205 号)、59—66 首(7 月 18 日,第 211 号)③、67—72 首(7 月 20 日,第 213 号)、73—86 首(7 月 21 日,第 214 号)④、87—100 首(7 月 23 日,第 216 号)⑤,曾收入诗集《闪光》⑥。这些诗的创作和发表情况为:

> 去年夏天在《莽原》做文字时,我本想多做些文艺的,但时代同舆论却要我多做论文或批评,我服从了。但有时也想写诗,却不能写长,这便成了《闪光》的来历。《闪光》,最先是在公园里写的,以后有在北河沿写的,也有在市场写的,不一。先是想在《莽原》上发表的,编者以其简短,易于去取,置之报尾。不料第一次便被挤去了。我觉得先兆不好,便转送《京副》,一共发表了一百段。不料《京副》的记者只给了我八元稿费。所以一首诗等于八分钱,以后写去便不发表,也不大高兴写了。(《走到出版界·关于〈闪光〉的黑暗与光明》)

高长虹在收入小说集《游离》的《生的跃动》中曾如此说此事:

> 他想着,又反转来痛恨起那些报馆来了。一首诗只给八分钱,真是气死人! 笑死人! 比如,他开一顿客饭,便得两角钱,客人走了的时候,

---

① 第 28、36 首未收入文集。前一首为:"冷酷的微笑呵! /你为何飞在小窑姐儿的脸上?"后一首为:"要帐的来时, /请去听一切穷人的哭声。"
② 第 50 首为未收入文集。全诗为:"向没有人的地方, /狗无聊地吠着。"
③ 第 60 首为未收入文集。全诗为:"钱在的地方, /名在的地方, /耻辱在的地方, /狗的子孙们摇着尾巴走了过去。"
④ 第 76、84、85 首未收入文集。第 76 首为:"当狗拖下尾巴的时候, /它以为智慧尽于此矣。"第 84 首为:"拳对拳, /脚对脚, /人们都接触在一块, /时间被缩小了吗? /空间被放大了吗?"第 85 首为:"在朋友的后面, /在爱人的后面, /在自己的后面, /藏着看不见的敌人, /骄傲者呵, /请你把身子立定。"
⑤ 第 99 首为未收入文集。全诗为:"倒了,你顽凶! /倒了,你妖精! 倒了,你屏封! /拍手吧,兄弟们!"
⑥ 《闪光》的第 29、38、46、56、65、89、117 首后收入《旷野的声音:莽原社作品选》(汤逸中选编,华东师范大学出版社,1996 年 9 月)。

他便必须做出两首半诗来了,而他的客饭又那样多,每天至少也得平均两顿,他如何有那样许多诗做呢?

因为他不能做灰土那样多的诗,因此他便象灰土那样的穷了!

6月3日　晚访鲁迅:"晚长虹来。"(《鲁迅日记》)

6月5日　在《莽原》周刊第7期发表《给——》①,曾收入《心的探险》,收入同名集子时为第3首。该诗共6节,每节3行。写"我已经疲倦在等候中",希望梦中人来到"我"身旁,以便走出"我们的梦"。

6月8日　在《豫报副刊》发表《大人与狗》,未收入文集。文章由一些"大人物"媚日引起。那些大人物的仆从常以"你们要见我们的大人吗? 我的大人说了,他现在请日本人吃饭,所以不能够见你们"为由,把自己的同胞拒之于大门之外。高长虹对此非常气愤,希望能改变这一现状:"如其我们青年都能够明白了这种声响的意义,而能够在空手以外找见了更强的手,则一切都不成问题。"

△　晚访鲁迅:"晚长虹来。"(《鲁迅日记》)

6月12日　在《莽原》周刊第8期发表《一个心的解剖》②,曾收入《心的探险》。文章对"他"的矛盾的心进行"解剖":在得到一个青年朋友的信后,因该朋友"不只有可以把一切坏的都毁灭了的那种蛮勇,而且还有一种可以把一切好的都建筑起来的同情",因此"他"觉得"自己的力量立刻增加了许多,世界并不是整个地同他对立着,而是对立着两个世界,在这忽然出现的另一个世界里,住着很多纯洁的,勇猛的,美丽的,亮达的,有儿童的天真而又有老人的经验的青年,他自己便也住在这般世界里。"但在"最初欢喜的那一刹那间","觉得还有一种模糊的不适宜的感觉占据着他","他竟也出乎意外地觉到了他自己好像有一种模糊的终于要失败的征候"。

6月13日　拜访鲁迅:"长虹及张希涛来。"(《鲁迅日记》)

---

① 后收入《中国现代文学补遗书系·诗歌卷》第1卷(孔范今主编,明天出版社,1991年7月)、《旷野的声音:莽原社作品选》(汤逸中选编,华东师范大学出版社,1996年9月)。

② 后收入《旷野的声音:莽原社作品选》(汤逸中选编,华东师范大学出版社,1996年9月)。

6 月 16 日　拜访鲁迅："长虹、已燃来。"(《鲁迅日记》)

6 月 18 日　晚访鲁迅："晚长虹来。"(《鲁迅日记》)

6 月 19 日　在《莽原》周刊第 9 期发表《弦上》(内含《序言》①、《1. 病中呓语》)，曾收入《光与热》(以《弦上》为总题的系列杂文全收入《光与热》，以后不再说明)。

《序言》交代自己写作《弦上》的态度和目的："让我把这支箭，射中你的心窝！不偏不倚，从你的正中，迸出鲜红的血来！／如其你被创之后，堂堂正正地能站立起来，朋友，恭喜你，你已成为一条好汉了！"

《病中呓语》针对五卅惨案②。在该文中，高长虹与鲁迅一样主张"民力论"："战争是力与力的比赛，无力者呢，不战而已败矣！中国无时不处于败的地位，不须战争而始知也。如欲转败为胜吗？则这必须时时刻刻努力以图自存才行！如始终闲在平时，忙在临时，则忙呢，恐终不免于在亡国史上，只添一二比较可看的点缀而已！"

"退稿事件"发生后，高长虹曾如此说到《弦上》的创作情况：

> 这时正是《莽原》周刊初出版的时候，鲁迅也同我说，舆论是欢迎我的批评，不欢迎我的创作，所以让我多做批评。但我是爱我的创作，不爱那样的批评，所以我不大高兴那种舆论，但我也终于计意着要开始一些批评了。接着时局便起了剧变，《莽原》的稿件也略感缺乏，我于是便开始了那个使人厌恶的《弦上》了。这其间，景宋也有信赞美我的批评，说是我擅长的工作，劝我多做。天津也有一个不认识的朋友来信鼓励我。因此种种原因，我便一直做到十五篇。然而，急就章第十一，那些东西其实没有一篇做得好的，这是我不能不向这些朋友们抱歉的呢！(《时代的先驱·批评工作的开始》)

---

①　后收入《旷野的声音：莽原社作品选》(汤逸中选编，华东师范大学出版社，1996 年 9 月)。

②　是年 5 月 30 日，五卅惨案发生。5 月 14 日，上海日商内外棉纱厂工人，为抗议资方无理开除工人举行罢工。次日，日本资本家枪杀工人顾正红(共产党员)，激起上海各界人民公愤。30 日，数千名学生、工人、群众在租界大示威，声援工人，号召收回租界，部分学生在南京路被捕，其余学生和群众涌至巡捕房前交涉，英国籍捕头下令向群众开枪，打死 13 人，打伤 40 多人，造成五卅惨案。

高长虹在《1925,北京出版界形势指掌图》中如此写道:"我做关于实际的文字,是从《莽原》第八期(按:当为第九期)《弦上》才开始的,正是当时的实际运动很急遽的时候。这文字的动机:一是因为《莽原》内部的问题,一是为想给少数真正的反抗者以一些感兴。""莽原内部的问题"即:

> 《莽原》内部的派别无可讳言,当初是鲁迅,有麟,尚钺同我算是一派,素园,霁野,丛芜又是一派。当暑假将到的时候,尚钺走了,有麟听说素园等不来稿了①,因为我有稿费,他们没有。这桩事既因我而起,遂同鲁迅商量也给他们一些稿费,鲁迅说,无须,我又说,那我便去找他们一次,鲁迅也说,无须。当时有麟是怕暑假中没有稿件,但鲁迅同我却不怕这层。我当时说,不但还有一两个朋友可以寄稿来,便只剩我们三人,也能维持下去。不料过了一两礼拜,素园等又寄稿了。实则我一月虽拿十元八元钱,然不是我亲自去代售处北新书局讨要,便是催迫有麟去讨要,并不是正当薪水,出纳分明。这其实是普通视为丢脸的事。鲁迅也同有麟,小峰说过,因为我穷,给点钱用,这一点我感激鲁迅。素园等坐在家里,不见编辑,不见发行,又不到代售处,而想有人送稿费去,如何办得到。(《走到出版界·1925,北京出版界形势指掌图》)

"稿费问题"后,高长虹听荆有麟说:"某君在《莽原》初办时已在鲁迅前攻击过我同高歌","此事又涉及《狂飙》时期卖稿事件。然某报之穷,人所共知,我等又无买稿权,何必积怨成仇? 我想素园,丛芜亦未必如某君之小器也。"(《走到出版界·1925,北京出版界形势指掌图》)

6月22日　夜访鲁迅:"李小峰寄赠《昨夜》二本,夜长虹来,即以一本赠之。"(《鲁迅日记》)

6月29日　拜访鲁迅:"长虹来并交有麟信又《觷箓纪念刊》一本。"

---

① 1925年5月11日、18日、25日的《语丝》周刊第26、27、28期发表了安徽作家群的作品:《译诗3首》(韦素园)、《春雨》(李霁野)、《生活》(李霁野),6月12日、19日出版的《莽原》周刊第8、9期没有安徽作家群的文章。

（《鲁迅日记》）

6、7 月　高长虹"觉得《狂飙》月刊不可以不进行了。也已经约同鲁迅，徐旭生担任稿件，但后来却都没有做。我又想暂且停止了这个工作，退出北京的出版界，到上海游逛一次。我开始写《生的跃动》，预备写六七万字来上海卖稿。"（《走到出版界·1925，北京出版界形势指掌图》）《鲁迅日记》上记载高长虹 5—8 月到鲁迅寓的次数分别为：10 次、7 次、6 次、11 次，说明高长虹 6、7 月确曾为《狂飙》月刊忙碌过。

高长虹次年在说到计划中的《狂飙》月刊时说：

去年一年北京的出版界，因为特殊的时局的缘故，思想上引起一个小小的运动，这运动因为艺术的色彩比较多些，所以一般读者们都难于认识它的真象，从事运动的人呢，大抵自己又都不明说，所以直到现在世间还像没有什么也者。但这个运动，虽然没有那样普遍，但比《新青年》运动却深刻得多，它是会慢慢地踏实地表现在事实上呢。其中虽然也不是没有派别，但当时的精神却是一致的。就形式上说，可分为《莽原》，《语丝》，《猛进》三派，然而大致都是由思想的自觉而表现为反抗；而所反抗的在大体上又都是同样的目标。三派之中，又以《莽原》为最激进。在思想的色彩上说，则《莽原》是艺术的，《语丝》是自由批评的，《猛进》是政治哲学的。假使这三种周刊合组而成为一个月刊，再有人多做点宣传的所谓系统的文字，则人们的耳目一定会更为清爽一些。我那时也曾注意到这一点，曾有过办《狂飙》月刊的计划，但一着手便失败，后来才知道那原来是不可能而且不必要的事情。（《走到出版界·今昔》）

由于鲁迅、徐旭生没有为高长虹的《狂飙》月刊写稿，高长虹只得终止了这一计划。实际上，早在 3 月 16 日，徐旭生就在给鲁迅的信中希望联合办刊物："'思想革命'，诚哉是现在最重要不过的事情，但是我总觉得《语丝》，《现代评论》和我们的《猛进》，就是合起来，还负不起这样的使命。我有两种希望：第一希望大家集合起来，办一个专讲文学思想的月刊。……第二我希望有一种通俗的小日报。"对此，鲁迅的答复是：

有一个专讲文学思想的月刊,确是极好的事,字数的多少,倒不算什么问题。第一为难的却是撰人,假使还是这几个人,结果即还是一种增大的某周刊或合订的各周刊之类。况且撰人一多,则因为希图保持内容的较为一致起见,即不免有互相牵就之处,很容易变为和平中正,吞吞吐吐的东西,而无聊之状于是乎可掬。现在的各种小周刊,虽然量少力微,却是小集团或单身的短兵战,在黑暗中,时见匕首的闪光,使同类者知道也还有谁还在袭击古老坚固的堡垒,较之看见浩大而灰色的军容,或者反可以会心一笑。在现在,我倒只希望这类的小刊物增加,只要所向的目标小异大同,将来就自然而然的成了联合战线,效力或者也不见得小。但目下倘有我所未知的新的作家起来,那当然又作别论。(鲁迅:《华盖集·通信》)

既如此,鲁迅不支持高长虹将《莽原》、《语丝》、《猛进》三周刊"合组而成为一个月刊"也在情理之中了。

夏　"同小弟弟(按:阎宗临)坐在河沿的树上,谈论未来的军国大事,我做大将,小弟弟做副将。于是,大将副将要吃烟了,没有洋火。对面门里出来个小女孩子,惊异地看着我们。我们开始说话了:向她讨火。她知道我们也是人,便答说'不敢',跑回去了。我们在绝望中看见她二次又跑了出来,并且拿了火来,说是偷的。于是,大将同副将感谢地笑了。"(《步月》,《弦上》周刊第4期)

7月3日　在《莽原》周刊第10期发表《弦上》(内含《2. 救国声中》、《3. 给反抗者》①、《4. 我有歹意了》)。

《救国声中》对"爱国志士们在发表文章上都要此疆彼界"②的做法提出批评,祝愿奋斗中的勇士"永远奋斗下去",并希望"善的力战胜恶的力"的"第

---

① 后收入《旷野的声音:莽原社作品选》(汤逸中选编,华东师范大学出版社,1996年9月)。

② 五卅惨案发生后,在《京报副刊》设立特刊的有(后附主撰团体、创刊时间,期数):《上海惨剧特刊》(清华学生会主撰,6月8日,共12期)、《沪汉后援专刊》(北大学生会主撰,6月18日,共7期)、《救国特刊》(救国团主撰,6月21日,共16期)、《反抗英日强权专刊》(女师大附中学生会主撰,6月29日,1期)、《铁血特刊》(中华民国铁血救国团主撰,第3期的时间为7月15日)、《北大学生军号》(北大学生会主撰,7月22日,共2期)。在6月3日和6月5日声援上海人民反帝斗争的示威游行中,一些北京学生却在天安门集会时因争做主席而相打(见许广平6月5日给鲁迅的信)。

二种公理出现"——相对于人类历史上一脉相传的"强者战胜弱者"的公理。

《给反抗者》呼吁出现"真的反抗者":"有敢以一人而敌全世界的吗?有在百败之后,而仍欢快地去赴最后的绝地的吗?"

《我有歹意了》写一个女子在路旁出卖自己,四五个小伙子围着起哄,文章对双方都提出了批判,并在结尾发出了怒吼:"滚你们的,昏透了的人们! 我将奉以无所有而送你们于死!"

△ 在《莽原》周刊第 11 期发表《给——》①,曾收入《心的探险》,收入同名集子时为第 5 首。该诗共 4 节,每节 5 行②,写自己时刻都珍藏着"你的那一颗眼泪"。

7 月 5 日 晚访鲁迅:"晚长虹来。"(《鲁迅日记》)

7 月 10 日 在《莽原》周刊第 12 期发表《弦上》(内含《5. 萧有梅与音乐家》、《6. 面子与爱国》、《7. 新文学中的新发现》)。

《萧有梅与音乐家》认为从欧洲学过音乐回来的萧有梅没有把欧洲人的伟大精神学回来,因为他在上书段祺瑞时对女师大事件③主张太不公平。

---

① 后收入《旷野的声音:莽原社作品选》(汤逸中选编,华东师范大学出版社,1996 年 9 月)、《中国现代文学补遗书系·诗歌卷·1》(孔范今主编,明天出版社,1991 年 7 月)。

② 该首及第 9、16、18、19、22、26、27 首收入《高长虹全集》第 1 卷时节数及行数有变动,本谱据初版本更正。高长虹认为"诗的条件"是"分行写,押韵,有音节,有诗意"(《什么是诗》,1940 年 3 月 20 日《蜀道》第 76 期),由此可知高长虹对诗歌分行非常重视。

③ 女师大事件:亦称女师大风潮。1924 年 2 月,杨荫榆出任北京女子师范大学校长,其治校方针和行为作风引起学生不满。1925 年 1 月 18 日,女师大学生自治会召开全校学生紧急会议,讨论驱逐杨荫榆。5 月 9 日,杨借故开除刘和珍、许广平等 6 名学生自治会代表。5 月 27 日,鲁迅邀请马裕藻、沈尹默、李泰棻、钱玄同、沈兼士、周作人六名教员在《京报》发表《对于北京女子师范大学风潮宣言》,声援学生。8 月 1 日,杨率领保安警察、侦缉队及其打手、私党百余人来到女师大,宣布解散 4 个班的学生,并锁门、断电、关闭伙房,警方指挥军警毒打学生。8 月 2 日,杨命令女师大全体职员工友立即迁往太平湖饭店首善公寓,以"坚壁清野"政策进一步困毙学生。8 月 7 日,女师大许多教职员与学生共同组织校务维持会,负责校内外一切事务。8 月 13 日,鲁迅被免去教育部佥事职务并被正式推举为女师大教务维持委员会委员。8 月 17 日,教育部开部务会议,决定将女师大改组为国立北京女子大学。8 月 19、20、22 日,教育部专门教育司长刘百昭先后三次率领武装巡警、教育部部员、流氓、老妈子等来到女师大,强行接收。8 月 22 日,鲁迅亲往平政院正式投递诉状,控告章士钊对自己的指控。9 月 21 日,女师大在租赁的西城宫门口里南小街宗帽胡同十四号举行开学典礼,鲁迅、许寿裳等人发表了讲话。11 月底,北京工人、学生、各界人民揭起"首都革命"大旗,捣毁了章士钊、刘百昭、朱深等人的住宅,火烧了研究系的喉舌——《晨报》馆,章士钊逃亡天津。11 月 30 日,国立女子大学的同学听说章士钊逃亡的消息后即创议女师大同学复校并公推代表十余人前往宗帽胡同欢迎,女师大学生 60 余人于下午步行至石驸马大街原校舍。

《面子与爱国》批评陈西滢的为"争面子"而爱国的观点①,认为应该"为了爱人类的缘故去爱国",并希望在"不得不作那'不是什么有趣味的事'的时候","有一个是投笔从戎的西滢先生"。

《新文学中的新发现》批评孙宝瑈动辄"罗素说"——将罗素的话奉为圭臬②。

7月13日 晚访鲁迅:"晚长虹来,赠以《呐喊》一本,夜霁野、静农来,属作一信致徐旭生,托其介绍韦素园于《民报》③。得钟吾信。"(《鲁迅日记》)关于"属作一信致徐旭生"事,高长虹在《1925,北京出版界形势指掌图》中如此写道:

> 现在我再一说《民副》事件,此关系较大,也是我视为最痛心的一事。内情鲁迅知道,素园知道,不足为外人道。是我当时看见静农态度不好,然我不愿意说出。静农去后,鲁迅也说出同样怀疑,我于是也说出。鲁迅托我次日到徐旭生处打听一下。我次日没有打听去,却又到了鲁迅家里。鲁迅又提起此事,又托我去打听。我再次日去打听时,则诚如我等所怀疑者。鲁迅当下同我商量,说要给徐旭生去说明真象。我说:"为思想计,则多一刊物总比少一刊物好,为刊物计则素园编辑总比孙伏园好,其他都可牺牲。"鲁迅说:"只是态度太不好——但那样又近于破坏了!"于是鲁迅没有写信,而《民副》产生。这些本来与我无关,无须多管闲事。但不料此后我再见徐旭生时,则看我为贼人矣!此

---

① 陈西滢在7月4日《现代评论》2卷30期的《闲话》(收入《西滢闲话》时题为《智识阶级》)中谈到宣战时说:"如能不让步而避免战事,终要设法的避免战事。可是如果英国人与我们宣战,或是逼我们到不得不作战的一步,那么我们也只好作战。我们明知道作战是牺牲,作战是不会赢的,但是我们替这几千年的老大古国究竟争了一点面子。如果我们只看了物质方面,把一切气节,人格,名誉都丢掉了,什么人都同北京的市民一样见识,这样的民族还要他干么?"

② 孙宝瑈在批评《罗素算理哲学》(共学社丛书,傅种孙、张邦铭译,商务印书馆1924年7月再版)翻译错误的同时,对罗素的算理逻辑给予了极高评价:"没有抉择的能力,生在中国这个混沌时代,要想在学问中间讨生活,那是很容易误入迷途的,那是很危险的。要想防御这种危险,要想养成有独立思想的学者,算理逻辑,就是唯一的对诊的药方。"(孙宝瑈:《罗素算理哲学》,《现代评论》2卷27—29期)

③ 《民报》:冯玉祥国民军系统与国民党在北京合办的日报,1925年7月创刊于北京,不久即被奉系军阀张作霖查封。

真令我叹中国民族之心死也！不料不久以后则鲁迅亦以我为太好管闲事矣！此真令我叹中国民族之心死也！

7月14日　晚访鲁迅："长虹来。"（《鲁迅日记》）

7月17日　在《莽原》周刊第 13 期发表《弦上》（内含《8. 我的命令》①）。文章讽刺留学回来的人"摆架子,装门面"："开口一个莎士比亚,闭口仍然是一个莎士比亚"；自己不翻译,却去指摘别人的翻译,这样"便可以显出你的外国文学得如何漂亮"。

关于此文,高长虹在《弦外余音》（《莽原》周刊第 21 期）中如此写道："在《弦上》第八条《我的命令》一文中有过:' 你不要自己去动手翻译,小心丢脸。翻译错误是下流的勾当,是犯罪。你只要指摘一点别人的翻译,便可以显出你的外国文学的如何漂亮。' 但这是对那般自己既不翻译,又不明白,而专以指摘别人的错误以摆教授的架子,装所谓评衡家的门面如江绍原,陈西滢之流者而发的。' 犯罪 ' 字样,则见于胡适的《胡说》一文中。"

高鲁冲突爆发后,高长虹在《1925,北京出版界形势指掌图》如此说这篇文章："他(按:鲁迅)说过几次要攻击江绍原,但又说要等到暑假开学以后。我在《莽原》第十三期写了《弦上》第八《我的命令》一文后,《语丝》第四十期(按:当为第 42 期)便有江绍原的一篇《仿近人体骂章川岛》,我很疑惑,后来知道那是仿《民副》上的一篇文字。我那时说应该说几句话了。但他却说,江绍原已托川岛来向他认错,所以无须说话。"

△　在《猛进》周刊第 20 期发表《三段故事》（内含《头》、《怒的眼睛》、《寂寞》）②,曾收入《心的探险》。关于这三篇短文,高长虹曾说:

徐旭生为人老实,我曾听河南朋友说过,鲁迅也曾说过。第一次是我同培良为《狂飙》事找他去的,我所见过的他也以这一次是为最坦

---

①　后收入《中国杂文大观(一)》（张华、刘应争、苏冰编,百花文艺出版社,1994 年 3 月）、《旷野的声音:莽原社作品选》（汤逸中选编,华东师范大学出版社,1996 年 9 月）。

②　后收入《北大风——北京大学学生刊物百年作品选》（温儒敏、李先瑜编,北京大学出版社,1998 年 4 月）、《北大美文》（肖卫主编,内蒙古文化出版社,2001 年 9 月）。

白。他说,《猛进》文艺稿甚少,希望我们做点文字。我们是极愿意帮助他,只是当时做不出多少文字。然而我们也终于帮助他了。《猛进》第十五期发表欧阳兰诗,一时传为笑柄,我知再难坐视,遂先后送了他几篇稿子,即:第二十期我的《三段故事》,第二十三期芳者的《游惰的灵魂》,第二十六期尚钺的《一切都黑暗了》,《生活与希望》是也。(《走到出版界·1925,北京出版界形势指掌图》)

7月19日 下午访鲁迅:"晴。星期休息。上午得素园信并稿。得李遇安信。午后许广平、吕云章来。胡成才来。素园、丛芜、霁野来。下午目寒来,赠以《呐喊》一本。长虹来。晚静农来。夜小雨。寄李小峰信并稿。"(《鲁迅日记》)言行先生在《一生落寞,一生辉煌——高长虹评传》中认为,这天,"长虹在鲁迅家与许广平碰面,未讲话。"(页159,493)董大中先生在《鲁迅与高长虹》认为"似不妥":"这一天,许广平是在'午后'来的,又领吕云章作伴(许广平最初几次来鲁迅寓,都有女伴相随),停留的时间不可能长久。而高长虹临近晚上才来,中间还有三伙、五个人来。"(页200)

7月20日 夜访鲁迅:"夜长虹来。"(《鲁迅日记》)

7月24日 在《莽原》周刊第14期发表《弦上》(内含《9. 识时务者》①、《10. 笔头乱跳》)。前文通过一个妓女同时让五个男人都觉得爱的是自己的故事,讽刺了那些见风使舵的"识时务者"。后文大致意思为:自己的杂文发表后,得罪了一些人,一些人对自己风言风语,自己为此非常气愤。

7月27日 下午访鲁迅:"长虹来。"(《鲁迅日记》)

7月31日 在《莽原》周刊第15期发表散文诗《天上,人间……》,曾收入《心的探险》。该文如标题所示,作者的思绪飘忽不定,难以把握。

8月2日 晚访鲁迅:"晚长虹来。"(《鲁迅日记》)

---

① 后收入《中国杂文大观(一)》(张华、刘应争、苏冰编,百花文艺出版社,1994年3月)、《旷野的声音:莽原社作品选》(汤逸中选编,华东师范大学出版社,1996年9月)、《百年百篇经典杂文:1901—2000》(刘洪波主编,长江文艺出版社,2004年5月)。

8月4日　下午访鲁迅："下午长虹来。"(《鲁迅日记》)

8月5日　韦素园在《京报》登《〈民报〉十二大特色》。内云："现本报自八月五日起增加副刊一张，专登载学术思想及文艺等，并特约中国思想界之权威者鲁迅、钱玄同、周作人、徐旭生、李玄伯诸先生随时为副刊撰著，实学术界大好消息也。"高长虹看见这一广告后反映极为强烈：

> 于是"思想界权威者"的大广告便在《民报》①上登出来了。我看了真觉"瘟臭"，痛惋而且呕吐。试问，中国所需要的正是自由思想的发展，岂明也这样说，鲁迅也不是不这样说，然则要权威者何用？为鲁迅计，则拥此空名，无裨实际，反增自己的怠慢，引他人的反感，利害又如何者？反对者说：青年是奴仆！自"训练"见于文字；于是思想界说：青年是奴仆！自此"权威"见于文字；于是青年自己来宣告说：我们是奴仆！我真不能不叹中国民族的心死了！
>
> 须知年龄尊卑，是乃父乃祖们的因袭思想，在新的时代是最大的阻碍物。鲁迅去年不过四十五岁，岂明也大抵在四十上下，如自谓老人，是精神的堕落！思想呢，则个人只是个人的思想，用之于反抗，则都有余，用之于压迫，则都不足！如大家都不拿人当人，则一批倒下，一批起来；一批起来，一批也仍然要倒下，猴子耍把戏，没有了局。所以有当年的康梁，也有今日的康梁；有当年的章太炎，也有今日的章太炎；有当年的胡适，也有今日的胡适；有当年的章士钊，也有今日的章士钊。所谓周氏兄弟者，今日如何，当有以善自处了！(《走到出版界·1925，北京出版界形势指掌图》)

对该广告，高长虹15年后在《一点回忆——关于鲁迅和我》(1940年9月1日《国民公报·星期增刊》)中回忆道："他在思想界几乎做了一时的盟主。韦素园在一个新开广告上把他称做'思想界的权威者'，在当时进步的

---

① 《莽原》周刊第16期(8月7日)、第17期(8月14日)、第18期(8月21日)也刊登了类似广告。

青年界抱反感的人是很少的。"

△ 在《民报》副刊发表散文诗《黑的条纹》①,该文又在9月25日《莽原》周刊第23期重新发表,曾收入《心的探险》。关于此文,高长虹曾如此写道:

> 有一件最使我不高兴的事,是,人们看了我这一类文字便以为我所做的文字都是杂感,连我的散文诗也变成杂感了!最明显的例便是,韦素园编辑《民副》的时候我的杂感照例是在末了安排的,有一次便连我的那篇比较最满意的散文诗《黑的条纹》都也在末了安排了!这使我不得不在《莽原》周刊上重行发表。(《时代的先驱·批评工作的开始》)

为《民报》副刊投稿事,高长虹曾如此写道:

> 当《民副》定议出版前,素园来找我要稿,此素园之无伏园编辑臭架子也!素园又谓听鲁彦说,衣萍对鲁迅说他们用手段,事出误会,不知果否传闻之误。然我当时则以为素园之不坦白也,故未致一辞。又素园要我做稿,态度大似,"鲁迅做稿,周作人做稿,某某人做稿,所以你也可以做稿",这又是使我很不满意的。我以为既是来要我做稿,则只这要我做稿好了。然而萍水相逢,我留他吃饭,我对于朋友,也并不怠慢!而且我也做稿。虽然他们把自己的稿子放在前面,拿我的稿子掉尾巴,然而我终还做稿,为所谓"联合战线"也!(《走到出版界·1925,北京出版界形势指掌图》)

△ 晚访鲁迅并结识柯仲平②:"晚长虹来。……夜柯仲平来。"(《鲁

---

① 后收入《旷野的声音:莽原社作品选》(汤逸中选编,华东师范大学出版社,1996年9月)。

② 《高长虹年表》和《高长虹生平与著作年谱》都认为高长虹结识的柯仲平的时间是高长虹到上海后的1926年5月。在笔者看来,高长虹与柯仲平结识的地点更有可能在北京:1925年7月12日、8月5日、10月9日、12月20日、1926年1月17日、2月23日,柯仲平6次出现在《鲁迅日记》中,他完全有可能与正为《莽原》周刊"奔走"而经常到鲁迅寓的高长虹认识,时间则可能是同一天先后到鲁迅寓的8月5日。

迅日记》)

8月9日 下午访鲁迅:"下午钟吾、长虹来。"(《鲁迅日记》)

8月10日 晚访鲁迅:"晚霁野、素园来。……长虹来。"(《鲁迅日记》)很可能在这天晚上,高长虹与鲁迅谈到了《民报》副刊广告:

> 我又见了鲁迅,他问及《民副》投稿事,我说了我的不满意。他很奇怪地问:"为什么?"我便说了那个"某人……所以你……"的公式。鲁迅默然。停了一歇,他又说道:"有人——,就说权威者一语,在外国其实是很平常的!"要是当年的鲁迅,我不等他说,便提出问题了。即不然,要是当年的鲁迅,我这时便要说,"外国也不尽然,再则外国也不足为例"了。但是,我那时也默然了!直到实际的反抗者从哭声中被迫出校后,我当晚到鲁迅家略谈片刻后,鲁迅遂戴其纸糊的权威者的假冠入于心身交病之状况矣!此后,我们便再没有能坦白的话。(《走到出版界·1925,北京出版界形势指掌图》)

8月14日 午后访鲁迅:"晴。我之免职令发表。上午裘子元来。诗荃来。季市、协和来。子佩来。许广平来。午后长虹来。仲侃来。高阆仙来。下午衣萍来。小峰、伏园、春台、惠迭来。潘企莘来。徐吉轩来。钦文、璇卿来。李慎斋来。晚有麟、仲芸来。夜金钟、吴季醒来。得顾颉刚信。"(《鲁迅日记》)董大中先生认为,高长虹与许广平唯一的一次见面是该日:

> 8月14日的一次,是人们都来慰问鲁迅,许广平是上午最后一个来,高长虹是"午后"第一个来。许广平是女师大学生会干部,先生被"免职",前来慰问,带有公事性质,也不担心别人会说三道四,待的时间长一点无碍。所以这次见面的可能性最大。(董大中:《鲁迅与高长虹》,页200)

8月14日在《莽原》周刊第17期发表《弦上》(内含《11. 两败俱伤》、《12. 造谣与更正》、《13. 阅〈晨报〉章士钊与通信社记者的谈话之后》)。

《两败俱伤》驳斥《晨报》文章的观点。女师大停办后，《晨报》载文说这是校长杨荫榆和学生两败俱伤。该文对该观点进行驳斥："杨荫榆的败，已经证实了。用威吓而败，用阴谋而败，用武力而亦败。滚蛋之后，只余后悔，的确败了"；但学生们"失掉的也只是杨氏的家庭，这正是学生所需要失掉的，如何能谓之败？"并进而指出："研究系是代表中国一部分黑暗势力的，无论那一次黑暗运动，没有一次研究系不从中捣鬼，而它的大本营便在明暗不分的所谓教育界。"

《造谣与更正》揭露8月9日《晨报》刊登的女师大校务维持会职员名录在"造谣"，第二天"一连又登出两封更正的信"。

《阅〈晨报〉章士钊与通信社记者的谈话之后》针对章士钊。章士钊与《晨报》记者谈话，说自己是抱着牺牲主义而来的，停办女师大是因为矛盾无法解决，是为了整顿教育。该文对章士钊的这番话进行驳斥，并在结尾说："说人话要做人事，要辞职干脆辞掉好了，只不过一件不平稳的兼差呵！否则，我知你有一天必且滚蛋也！"

8月18日　拜访鲁迅："钟吾、长虹来。"（《鲁迅日记》）

8月19日　韦素园编辑的《民报副刊》停刊。该刊停刊后，韦素园一天早上给高长虹送稿费，且多送一元。（《走到出版界·给韦素园先生》）

8月20日　晚访鲁迅："晚长虹来。"（《鲁迅日记》）

8月21日　在《莽原》周刊第18期发表《给——》①，曾收入《心的探险》，收入同名集子时为第4首。共4节，分别为9、5、14、14行。诗歌写"我"对"你"的深深的爱："你是我心上迸出的一颗血球，/而创造成自己的生命。"

8月23日　夜访鲁迅："夜长虹来。"（《鲁迅日记》）

8月24日　午后访鲁迅："午后长虹来。"（《鲁迅日记》）

8月28日　在《莽原》周刊第19期发表散文诗《ASR的一页》②。写

---

①　后收入《中国现代文学补遗书系·诗歌卷·1》（孔范今主编，明天出版社，1991年7月）、《旷野的声音：莽原社作品选》（汤逸中选编，华东师范大学出版社，1996年9月）。

②　后收入《旷野的声音：莽原社作品选》（汤逸中选编，华东师范大学出版社，1996年9月）。

"我"觉得有些把持不住自己的生活,"为此而徘徊于茶馆公园,徘徊于林间水上,想把捉一瞬间的镇静",终于明白自己被包围了:"包围我的便是这座古怪的大城,这座只有灰土和粪,只有灰土的人和粪的人的大城"。文中的"我"非常迷茫:"当我想走时,同时又想睡。我抓住什么时,又觉着并没有抓住什么。我常赞美我所诅咒的,而诅咒我所赞美的。我有时矜夸自己的伟大,有时又蔑视自己的渺小。一秒钟之内,我常由小儿而变为壮士,而变为老人,而变为鬼,而变为神,而又复变而为我自己。"

△ 午后访鲁迅:"午后长虹来。"(《鲁迅日记》)

9月1日 "上午往山本医院。"(《鲁迅日记》)据魏建功统计,从该日到"到次年一月五日日记不断记'赴山本医院诊',四个多月凡二十三次"。鲁迅的工作仍然如此繁忙:

> 总计这时期先生担任教课的学校共有北大、女师大和中国大学三个高等学校,又加黎明中学,以外还有一个大中公学,每周讲授的时间就得十小时,交通又不方便,一出门就是半天,事实上十小时等于五个半天。一个星期几乎去了一半,这些光阴都是鲁迅先生为了广大的青年花费的。不但讲授,还照常写作、翻译、替青年审校稿子和编辑报刊如《莽原》、《国民新报副刊》之类,往往夜以继日地工作。正在同时,这年八月里先生因北京女师大事件被章士钊非法免职,先生跟"正人君子"们进行坚决斗争,更费了许多心血。(魏建功:《忆三十年代的鲁迅先生》,《鲁迅回忆录·散篇(上册)》,北京出版社,1999 年)

鲁迅因为生病,却引起了一些人的误会:

> 到这年的秋天,鲁迅就病起来了。一天,尚钺到我的住所来说,鲁迅家里开了一间客厅出来,他却被请在客厅里了,所以他很生气。我只几天没有看见鲁迅,觉得很奇怪。我去时,不料也被挡在客厅里。从此以后,这些青年朋友们的足迹,在鲁迅的家里就很少看见了。一直到他病好以后,才恢复了原状。不过,友谊间再也没有从前那样的休戚相

关了。

…………

　　不过对于他的新的家庭的理想,大家是一致希望能够实现的,鲁彦和鲁迅是比我更厮熟的朋友,到了鲁迅家里,随便躺在躺椅上的,鲁迅说笑话时,把他当做兄弟,称为"吾家鲁彦"。这时他到了北京。看见鲁迅,不料也生疏起来,叫他也不能不说,鲁迅这种人,青年朋友们听到说,鲁迅也恋爱了,很高兴,希望成功,不料他连一个字也不肯露出来,我当时以为鲁迅这种谨慎态度也是应有的顾虑。我所纳闷的是像汽车拐弯时不放一点声响,不是反容易弄出岔子来吗?不过,以后事实都证明,鲁迅,是很现实的人,他没有打算的事情没有做,他打算的事情都做到了。一切顾虑,对于他都是不很必要的。(《一点回忆——关于鲁迅和我》,1940年9月1日《国民公报·星期增刊》)

关于此事,鲁迅1927年1月11日在给许广平的信中说:

　　我现在真自笑我说话往往刻薄,而对人则太厚道,我竟从不疑及衣萍之流到我这里来是在侦探我;并且今天才知道我有时请他们在客厅里坐,他们也不高兴,说我在房里藏了月亮,不容他们进去了。

9月5日　作《弦外余音》,发表在9月11日《莽原》周刊第21期。文章在驳斥黎锦明观点同时交代该文是针对江绍原、陈西滢的。文章末尾还如此写道:"此外,则锦明君的文中,还有说及《莽原》的几处,我现在觉着不需要说什么。只是如'入局者迷,旁观者清'一类的话,都嵌不在《莽原》上去,我并且放开来说:有人想攻击《莽原》时,他应该先有一些较明确的了解。"

关于此文,高长虹曾如此写道:

　　当黎锦明屡次投稿不登的时候,在一个刊物上发表了一篇文字攻击《莽原》,但不敢攻击鲁迅,却除开鲁迅攻击其他的人。鲁迅是《莽原》的编辑,不登稿也是鲁迅不登,并不是其他的人,两者都应该他出来说话。而他不但不说话,到我写了那篇已经十分和平的《弦外余音》的时候,他反以为是无须乎的样子。(《走到出版界·1925,北京出版界形势指掌图》)

关于黎锦明投稿《莽原》未登事,高长虹曾如此写道:

> 关系《莽原》的,有一些人都疑惑是我编辑,连徐旭生都有一次这样问过我。外面来稿不登的,也有人便积怨于我。事实则是,《莽原》通信处是有麟住的地方,收到的稿,他再转给鲁迅看。……又如黎锦明也曾给有麟同我去过一次信,有麟倒转给我了。但他的意思是想借我的笔骂锦明,所以我便索性不说话。此类事实还很多,后来我因此在我的生活上还接受过一次报复,但那时不但主持正义的先生们,便是土匪派的先生们也没有注意,以为那只是我个人的私事。(《走到出版界·1925,北京出版界形势指掌图》)

另,张闻天"也给《莽原》投过稿,编者不愿意发表。我因尊重编者独立的意见,没有说话,然我以为张君的文字是可以发表的"(《走到出版界·〈长虹给他母亲的一封信〉》)。

△　下午访鲁迅:"已燃、长虹来。"(《鲁迅日记》)

9月9日　夜访鲁迅:"小峰、学昭、伏园、春台来,并赠《山野掇拾》一本。夜长虹来。"(《鲁迅日记》)陈学昭《鲁迅先生回忆》中的以下这段文字很可能写的是这天看见的情景:"记得有一次,我正在鲁迅先生家里,一个穿着布长衫的矮小个子的男子,来访鲁迅先生,这个的头发式样,走路姿势,说话神气,学得都那么的像鲁迅先生,使我十分吃惊。不知的人还要以为那是他的弟弟了。鲁迅先生马上立起来去招待这个贵客。后来,人家告诉我这个人就是长虹。"(《我记忆中的鲁迅先生——女性笔下的鲁迅》,河北教育出版社,2001年)

9月14日　午后访鲁迅:"午后长虹来。"(《鲁迅日记》)

9 月 18 日　在《莽原》周刊第 22 期发表《创作之前》①——这段时间高长虹正在创作小说《生的跃动》。文章反映了高长虹对小说创作的一些看法——对创作小说的价值感到怀疑：给自己看，因写的是自己的生活，还不如生活本身生动；给普通读者看，这些人根本就不懂小说；给纯洁的青年看，"他们现在正饿着肚皮"；给文学家看，"他们本没有看什么的诚意，只是想拿一些东西来做一种衬托，用了别人的不行以表明自己的行"；给编辑先生看，他们只会自肥："站在了人们的头上，把一个人捧了起来，叫别的一些人去服侍他"。

△　下午访鲁迅："下午长虹来。"（《鲁迅日记》）

9 月 22 日　晚访鲁迅："晚长虹、有麟来。"（《鲁迅日记》）

9 月 26 日　夜访鲁迅："夜长虹来并赠《闪光》五本，汾酒一瓶，还其酒。"（《鲁迅日记》）《闪光》为高长虹的第二个集子，该诗集出版后，曾在《莽原》周刊、《京报副刊》刊登广告："《闪光》：长虹作的短诗，已出版，一百四十五首，已出版，价洋五分"，并称该诗集为狂飙社的"新出版物"。该诗集出版后，受到读者欢迎："一是半明半暗的，即一个上海的女作者因爱《闪光》也写了那样些东西，寄给北京的一个朋友要发表，却被那个朋友压起了。一是完全光明的，即别一个女子看了《闪光》，给了作者一个丰富的赠礼（按：写了一首诗赞美《闪光》）"（《走到出版界·关于〈闪光〉的黑暗与光明》）。

《闪光》封底刊有《狂飙广告》（无署名，未收入文集）。该文回顾了"狂飙"的历史：每期 8 页的《狂飙》月刊 3 期、每期 8 页的《狂飙》周刊 17 期、《精神与爱的女神》、《闪光》，预告《狂飙》将出不定期刊。认为"狂飙"的特点是："'狂飙'是有情感的，所以它需要嚷叫，又是有理智的，所以它需要讲说。它嚷叫得，讲说得好不好，它自己无从知道，也不必要去知道。'狂飙'是有血的，所以它需要'动'。/在未曾被脚印踏过的行程中，'狂飙'要向着一切'力'之所能达到的地方永久动下去……"

关于该诗集的出版情况，高长虹曾如此写道：

---

① 后收入《旷野的声音：莽原社作品选》（汤逸中选编，华东师范大学出版社，1996 年 9 月）。

《闪光》本来是预备收在《心的探险》里的,《心的探险》本来打算去年暑假中出版,不料至时书局同我作了对。无法,凑了几个臭钱,便自己单行出版了。倒还很快,印刷期间大概只有半个月吧。然因此也颇惹起我的一些遗憾来。(《走到出版界·关于〈闪光〉的黑暗与光明》)

15 年后,高长虹认为他同鲁迅"第一次伤感情的事是闪光的出版":

《闪光》是一百首(按:当为 145 首)短诗的诗集,印得很精美的一个小册子,是在一九二五年的夏天用狂飙社的名义出版的。我付印的时候告诉他,他仿佛像自言自语地说:"这样太快了!"我那时什么都喜欢快,《闪光》一两个星期就印出来了。当这些短诗交给鲁迅在报纸上发表的时候,鲁迅是很喜欢他们的。我时常试探着想叫他说出那几首不好来,可是他总是说很好。他常喜欢说的,写批评又写创作,最容易把杂志带到艺术里面,我因而问他:"这首太理智了吗?"可是他常是答说:"还好,歌德也是这样。"不料后来就因为这本小诗集的出版在我们友谊中造成了初次的裂痕。(《一点回忆——关于鲁迅和我》,1940 年 9 月 1 日《国民新报·星期增刊》)

9 月 27 日　晚访鲁迅:"晚长虹来。"(《鲁迅日记》)

9 月　作《生的跃动》①,发表在 12 月《狂飙》不定期刊,曾收入小说集《游离》。小说中的"他"极度贫穷:"八月节②快要来到了,他身上只背着几十元的债及一件布大衫";渴望爱情:"他于是便想到一个美的女性,那能够用微笑保证他的理想的,用接吻启示他以人类的结合的预言的,用无目的的拥抱给他铸造出不灭的坦白的胸怀的";成天沉浸在梦境中:"他能够在白日做梦,做腾上天空的梦,做沉入海底的梦,这些都可以随他的意之所欲为

---

① 后收入《山西文学大系第 6 卷·现代文学·上》(王世杰、王春林、许并生编选,山西人民出版社,2005 年 1 月)。
② 该年中秋节是公历 10 月 2 日。

而去安排就";觉得自己"不能够这样生活下去,他需要变换一种生活的形式":"他不能够从朋友们身上痴望着他自己的懒散的颓形,他不能够吸吮着那些死去的安闲的人们所遗留下来的唾余而自谓蜜酒,他不能够追随在女子的背后空望着她的绝无的偶然的回盼,他不能够把华宴排列在云端而焦急地把他的谗吻压在脚凳的下面,他不能够摆着一双空手而希冀别人的援助或自谓有援助别人的慈心,不的,他不能够这样下去,这些太不像是生活了"。

高长虹这段时间的情况为:

> 当时虽然是打着思想革命的招牌,然而工作却已偏重到事实方面,而且大有被节外生枝的另一些琐碎事实所混乱了的趋势。到暑假中,我觉得《狂飙》月刊不可以不进行了。也已经约同鲁迅,徐旭生担任稿件,但后来却都没有做。我又想暂且停止了这个工作,退出北京的出版界,到上海游逛一次。我开始写《生的跃动》,预备写六七万字来上海卖稿。但又有朋友提议先出一期不定期刊,于是我把《生的跃动》写了五分之一的样子便收缩住留给不定期刊用了。培良,高歌也正在这时回到北京。培良写了一篇批评《现代评论》前二十六期的小说的文字(按:《水平线下——评十五年前半年〈现代评论〉上所登载之小说》),我本来想写一篇文字批评《现代评论》的思想,但又没有做起。到《狂飙》不定期刊中经颠连困顿出现到北京出版界的时候,我已不在北京了,《狂飙》不定期刊此时便走了孤独的路,不像本来的《狂飙》周刊了。(《走到出版界·1925,北京出版界形势指掌图》)

秋　不愿带张恒寿拜访鲁迅:"他几次向后推延,一直也没有去成,鲁迅离开北京了,后来才想到他不积极同我找鲁迅的原因是他已经对鲁迅有意见了,这是他一生中最大的失误。"(张恒寿:《回忆长虹》)

△　在公园遇到的"她"当为石评梅:

> 在第二年的秋天的一日,他又在公园里遇见了她。那时已是晚上

了。她同几个朋友离他不远地坐着。他们在讨论演戏的事情。他从那微风中传送过来的声音知道那是她。他也依稀还能认出她的那种特有的姿势。他们谈得很热闹的。那其余的是些什么人呢？唉，是几个二百五的青年文人呵！他也有他的朋友在一块谈着。他几乎有些情急了，他放言高论地谈起当时文坛的现状。他几乎骂尽了一时的那些大的小的，所有的文豪。他看见她回头望了他几次，她有时又像在倾听着他说些什么。那一晚，直到公园里没有一个人了的时候，他才同他的朋友们走了出来。他一夜没有能安睡，他知道他做了多么坏的一件坏事！他恍惚梦见她死了，他伏在她的尸首上，接吻她，她的冷的嘴唇像一块冰。忽然她又坐了起来，他惊得便跑，他听得她的声音在他的背后喊着。他醒了。她将会恨我了吗？又是些什么梦呢，那今夜她在枕上所遇见的？

不料，没有几天，他又在一个演剧的团体遇到她了①。他们又认识了，而且她待他又非常地客气。可是，不知道为了什么的缘故，却没有再去找过她一次。(《实生活②·革命的心》)

10 月 1 日　晚访鲁迅："晚长虹、钟吾来。"(《鲁迅日记》)

10 月 1 日—13 日、10 月 19 日—11 月 21 日　在《京报副刊》第 286—296 号、第 302—335 号刊登《狂飙不定期刊》的出版预告，篇目有：《失意的英雄》(欲擒)、《在死人之侧》(尚钺)、《文化的横展与竖望》(燕生)、《六封书》(培良)、《堕落》(成均)、《形形色色》(长虹)③、《春之消息》(雨农)、《丁大王爷》(尚钺)、《五天》(高歌)、《生的跃动》(长虹)等；通信处为"北京沙滩银闸十三号王盘"；代售处为"北京翠花胡同北新书局"。

---

①　高长虹曾在给儿子高曙的信中如此写道："前年的夏天，一个有志演剧的女朋友说她们学校要演剧，叫我找一个剧本。我说：'何不早说，我编一个特别适合于女演员的剧本？'我早想写这样一个剧本，八个女子和一个男子，或者那个男子并不要出场。我还想写的一个剧本，叫做《孤愤》。这些都是青年的！"(《曙·1927 年 10 月 6 日》)

②　《实生活》为高长虹的小说集。

③　由于笔者看的是缩微胶卷，刊于中缝的广告很不完整且不清楚，仅在第 296 号看见长虹(?)的时评(?)《形形色色》。据言行先生的《长虹所办期刊目录》(未刊稿)，《狂飙》不定期刊少一篇《形形色色》(培良)，多一篇《水平线下》(培良)。

10月2日 在《莽原》周刊第 24 发表《弦上》(内含《14. 论"论是非"》)。该文开头如此写道:"去年便听说过《洪水》的出版,当时很想找几份看,但终于没有找到,时光过得很快,复活的《洪水》,现在已放在我的案头了。/正因为所期许者太过,所以不满足的地方也便特别显露了。我现在所要说的,是关于霆声君的《论是非》那一篇文字的几句话。"接着,批评了霆声在《论是非》①中提出的"只有好的才是好的,只有坏的才是坏的"、"一个时候的东西可以有好的,但也可以有坏的"这种在高长虹看来属于泛泛而谈的观点。在文章的结尾,高长虹写道:"我愿意《洪水》真的做成中国思想界的洪水②,因为这正是我们现代所要求的呵! 但是,如这样妥协的论调,则决非我们所希望于《洪水》者!"

该文发表后,曾引起《洪水》编辑霆声(周全平)误解:

> 我对于创造社向来是抱好感的,虽然我不喜欢他们的作品。他们前数年孤苦奋斗的历史,我对之表无量的同情,但从我在《莽原》第二十四期上发表了一篇批评《洪水》第一期《论是非》一文后,作者霆声不答辩,却用侮辱的态度报我。我于是不高兴创造社了。他们显然想袭用他们的历史而压迫未来,然而这是多么可笑的乏戏呵! 到上海后,我也认识霆声了,我很想旧事重提,同他当面辩论一番则个,但我知道了他不愿意辩论的时候,也便作为罢论了。(《走到出版界·艺术界》)

---

① 发表在 1925 年 9 月《洪水》半月刊第 1 卷第 1 期。《洪水》,创造社出版物,创刊于 1924 年 8 月,周刊,仅出 1 期;1925 年 9 月改出半月刊。在该期的《洪水复活宣言》中有这样的语句:"我们还是不能缄默,而且要永远不能缄默,倘使我们的思想没有绝灭。自己的话只有自己能说,别人说的终究还是别人的话。让我们摆脱一切派别,抛去一切成见,为自己努力吧。——努力求思想和感情的自由发展。"紧接《洪水复活宣言》的便是《洪水》编辑周全平的《论是非》(署名"霆声"),作者在文章中"反对拿古今中外新旧等等时间和地位的区别来作批评好坏的标准。一个时候的东西可以有好的,但也可以有坏的,一个地方的东西也是如此",并认为"只有好的才是好的,只有坏的才是坏的,只有好坏才可以作批评好坏的标准。"

② 《洪水》出版前,曾在《京报副刊》、《现代评论》等刊物刊登广告。内容为:"《洪水》是青年人自由发表青年思想,澈底批评一切的小小定期刊。她的态度是坦白的爽直的。她的主张是前进的革命的。她的唯一的信条乃是自己的自由。朋友们,主义与派别把人性断绝了的现在,虽然刊物如春笋,那里有青年自由发表的地方呢? 但是,兴起吧,青年人,和我们同掀起滔天的洪水,把人类的束缚刷尽。"

　　我曾当面受过很几次的讥笑,有朋友式的,有路人式的,也有敌人式的。乃至连《洪水》的编辑都不懂我的文字,我想,只要人们把那篇《弦上》的小序看懂,也还不至于对我生太多的恶感吧!(《时代的先驱·批评工作的开始》)

10月初　高歌回老家照顾病中的母亲。(《高长虹生平与著作年谱》)

10月2日、9日　在《莽原》周刊第24、25期为"狂飙社的两种新出版物"打广告:

　　一,《闪光》
　　长出〔虹〕作的短诗,一百四十五首,已｜出｜版,价洋五分。
　　二,狂飙不定期刊
　　第一期已付印。内容:批评与创作。宗旨:力的说教。本期撰创者为尚钺,燕生,培良,成均,雨农,高歌,欲擒,长虹。
　　北京翠花胡同北新书局及各书房,各校号房代售。

10月9日　在《莽原》周刊第25期发表《弦上》(内含《15. 苍蝇及其他》)。文章讽刺《晨报副刊》的改良,将徐志摩称作"恶劣的话匣子"。高鲁冲突爆发后高长虹如此写道:"对《现代评论》,对《甲寅》,我都曾想批评过。便是在反陈空气最热的时候,我仍然同鲁迅这样说。而且我说:'便是陈源同我做朋友也好,但是批评仍然是批评。'这当然是他所不高兴的话了。我当时没有能够实行我的主张。便是徐志摩编辑《晨副》消息传出时,我仍想批评过。但不久,不但批评,我连什么文字都不想做了。"(《走到出版界·1925,北京出版界形势指掌图》)

10月12日　下午访鲁迅:"下午长虹、培良来,赠以《小说史》各一本。"(《鲁迅日记》)对鲁迅的《中国小说史略》,高长虹晚年如此回忆道:"我看了之后,觉得鲁迅不很适于做这种工作,太吃力了。后来鲁迅问我对于那本书的意见,我没有置可否。"(《一点回忆——关于鲁迅和我》,1940年9月1日《国民新报·星期增刊》)

10月16日　在《莽原》周刊第26期发表《A，A，A，……》（署名"C"，未收入文集）、《被雨湿了的》，后文以《被雨浸湿了的》为题曾收入《光与热》。

《A，A，A，……》中的"我"厌倦了目前的文字生涯："我其实不愿意写什么字。每一个字，只要是我写下的，立刻便成了恶：人们确信它是恶，我也怀疑它是恶。我何苦都把字都恶化了呢"；极度贫困，靠卖旧书和典当度日："我曾经三元钱买的书，仅只能卖三角钱，还要加上小书贩的冷眼的贴水"，"我曾伴着我的当票到刻薄的小屋里，在胖老板的奚落中鹄立一点钟之久，仍然伴着我的当票不加一个大地回来"；想去做工或者当兵，并认为自己"已可以很容易地弄到一些钱。"

10月18日　在《京报副刊》第301号发表《反应·一》，收入《光与热》时从开头到"哲学从来便是句谎话"，由三部分构成。第二部分当与莽原社内部矛盾有关：

为什么人的意见那么同我不一样呢？是我错了吗？是我陷到迷惑中去了吗？我好像没有清醒过，然迷惑便是错吗？清醒的是谁呢？

我曾做过侦探吗？有人在疑惑我了。不高兴我的人且想借此把我毁灭掉。然而，他们是对的，我是错的，所以他们的话被采用了，我的话只能对自己复述。

世间有大部分的真象，为我们在书上没有见过的，且为人相传不应该破露的，当真我们都应该假装瞎子不去看它吗？否则，真象的说明，有时竟成为卑劣的行为了。

关于这段话，笔者曾有如下解释：

这段话写于1925年10月中旬，很明显与"莽原改组议"（高长虹语）有关——《莽原》周刊11月27日出到32期后停刊。这段话中，"有人"很可能指鲁迅；"不高兴我的人"很可能指安徽作家群；"他们的话被采用了"，很可能指莽原改组时"鲁迅想改用《莽原》半月刊交给未名社印行"。如果上面的推论成立的话，那么，徐旭生看高长虹为"贼人"、鲁迅认为高长虹"太好管闲事"的原因当是:鲁迅叫高长虹到徐旭生处打听台静农的"两样讲法"时高长虹说明了"真象",但这所谓的"真象"却"事出误会",这样一来,"真象"的说明,真的便成了"卑劣的行为了"。(廖久明:《高长虹与鲁迅及许广平(修订本)》,页55)

△ 晚访鲁迅:"晚长虹来。"(《鲁迅日记》)

10月20日 在《京报副刊》第303号发表《反应·二》,收入《光与热》时从"我读过书上的话"到"这——真是不堪设想呵",由两部分构成。第一部分很能说明高长虹对人生的看法:

> 我读过书上的话,在实人生上一点也找不到什么。我读过理想的书,描写人类的爱的书,但我一翻开人生的活页时,便一齐都变了颜色。我不能够从实人生的接触中遇见我所要见的东西。我所看见的常是令我失望的。当我写文章时,我很想写出些同情的东西,然触到笔尖的只是愤怒,愤怒。我知道有人在那里骂我目空一切,骂我刻毒,然我岂不知道尊视人,宽容是好的呢? 当我穷起来的时候,社会向我致意了:讨吃子,无聊。当我接受到这些礼物而没有欣然色喜的能力的时候,我将如何把我的同情写在纸上呢?

10月21日 在《京报副刊》第304号发表《反应·三》,收入《光与热》时从"中国是这样一个东西"到"我或许要根本反对那文字事业了",由四部分构成。第四部分很能说明高长虹如此愤激的原因:

> 一天,我想起宽容来了,我想了:"当我能够宽容的时候我是主张宽容的,当我不能够宽容的时候我是反对宽容的。"我以为这怕是对的——我又在欺骗自己吗?
>
> 是呀! 当我饿起肚子来的时候,我能够同那些有钱的人们宽容吗? 当有人把刀子放在我的头上的时候,我能够同我的敌人宽容吗?
>
> 宽容是什么呢? 那是一个在平安的境遇里过活的人才能有的一种

心理状态。而这平安的境遇又如何不可多得呵!

10 月 23 日 在《莽原》周刊第 27 期发表《噫,我友》①,曾收入《光与热》。这是向"我友"的告别辞。结尾为:"噫,我友! 我愿独行而独逝,噫,我们别了!"结合莽原改组时高长虹辞谢《莽原》半月刊编辑责任的情况,此文中的"我友"很可能指鲁迅。

10 月 24 日 在《京报副刊》第 307 号发表《反应·四》,收入《光与热》时从"接到一个朋友的信"到"但是——我现在懈怠写了"。说自己常被"谣言和误会包围着,我到了那里,谣言和误会也便跟我到那里。"

10 月 27 日 午后访鲁迅:"午后培良、长虹来。"(《鲁迅日记》)

10 月 30 日 在《莽原》周刊第 28 期发表《给——》②,身前未入集,现作为"集外同题作品"附录于同名集子后面。共 3 节,每节 4 行。请求所爱的人"给我以你的心",这心"无蔷薇之红而有其刺","我在渴望着刺的创痛"。

10 月 莽原改组:"鲁迅想改用《莽原》半月刊交给未名社印行并想叫我担任编辑的时候,我赞成了出版方法,把编辑责任辞却了。"(《一点回忆——关于鲁迅和我》,1940 年 9 月 1 日《国民新报·星期增刊》)当时的情况为:"虽经你解释,然我终于不敢担任,盖不特无以应付外界,亦无以应付自己;不特无以应付素园诸君,亦无以应付日夕过从之好友钟吾。……后来半月刊出现,发行归之霁野,编辑仍由你自任。"(《走到出版界·给鲁迅先生》)

秋冬 张稼夫从旧军队里被撵出,回到北京,得到高长虹帮助:"那时,我狼狈得很,工作也没有。王亦侠也快生孩子了。无奈,只好去找高长虹(这时,长虹住在沙滩的一个公寓里),由他举荐经过郑效洵的介绍,我到了北京汇文中学教书,度过了这一危机。"(张稼夫:《我和"狂飙社"》)

11 月 2 日 在《京报副刊》第 316 号发表《反应·五》,收入《光与热》时从"什么是文字生涯"到"我将终是个送行者吗",由两部分构成。第一部分发表了对"文字生涯"的看法;第二部分写自己"每天都嚷着要离开北

---

① 后收入《旷野的声音:莽原社作品选》(汤逸中选编,华东师范大学出版社,1996 年 9 月)。

② 后收入《旷野的声音:莽原社作品选》(汤逸中选编,华东师范大学出版社,1996 年 9 月)。

京"，但每次到车站"只是去送我的朋友"。

11月3日　在《京报副刊》第317号发表《反应·六》，收入《光与热》时从"《狂飙》的广告登出去快有一个月了"到"我的洪水在泛滥着呢"——发表时由三部分构成，收入《光与热》时合并为一部分。第二部分写自己与向培良、郑效洵用卖《闪光》的钱去喝酒；第三部分为："洪水——我明天只可向空中说话了吧！／我的洪水在泛滥呢！"第一部分写到了《狂飙》不定期刊的情况：

　　《狂飙》的广告登出去快有一个月了①，还没有出版，这使我们对于几个爱好《狂飙》的朋友非常抱歉，开封的欲擒更是屡次来信问及《狂飙》，直到现在我们还不能用事实的答复以报他的好意。我觉得我们对于《狂飙》实在太不热心了，实在对不住热心的朋友。

　　不过是一百有余页的一个册子，本来计算至多一个月还怕出不了版。谁知到现在，怕还得等候两个，或者三个礼拜的时间。计算是以直线进行的，事实却常走的是曲线，所以事实常赶不上计算。但是我的不热心也许还是《狂飙》迟迟出版的最大的原因。

　　一面在办一件事，一面又觉着这件事实在没有办的必要。我爱《狂飙》，然我其实是憎它的时候还要多些。因此，本来一天可以校对了的稿子，偏要延长到两天三天才去校对，有时候，简直觉着索性把它停在印刷中，倒还痛快一些。为什么在现代的中国去办《狂飙》呢？这个疑问，我是答不上来的。虽然人们大抵讨厌开倒车，然开倒车其实是适合于社会的需要的。其次，便如顺风转舵，这常是最时新的工作。这些，我们都不能办到，于是我们便逆流而上了。对人对己，两无益处，多么无意义的逆流而上呵！如能沉没下去，倒也落它个干干净净，然我们自己及我们以外的，谁又有那么大的本领呢？

11月6日　向培良在《莽原》周刊第29期发表的《槟榔集·买窝头有感》中写到，有一次他与高长虹到一个小摊子上买窝头时，因穿的是长衫

---

① 10月2日《京报副刊》第287号刊登的出版预告中说："《狂飙》不定期刊第一期已付印。"

子,本来卖两个铜子的窝窝头摊主却要了他们 4 个。向培良为此大发感慨:"我们要只是喊着'到民间去','到乡下去',而不自家加入为民间或乡下的一份子,把民间或乡下的事作为自家的事,那么窝窝头将永远卖四个子儿一个,我们将永远被视为异国,为仇敌,为天帝了。"

△ 夜访鲁迅:"长虹、培良来。"(《鲁迅日记》)

11 月上旬 给 X 写信(从内容来看,该 X 有可能是石评梅),以《信》为题发表在 1926 年 1 月 7 日《国民新报副刊》第 30 号,署名"C",后以《给 X》为题收入《光与热》。全信为:

我今天回到此地——何地{?}你能不知道吗?——我看见我往日的幻想了。我是如何地爱过这些幻想,我那时曾弃绝过我的一切计算,这是谁的力量呵?现在,我是看见一具尸身,但它有美丽的脸。

我已经发过誓不再同你通信,这不是我不愿意,而是我——不愿意,我还有什么可说呢?你时常在把握着我。当我的心在最自由的时候,我都不能脱掉你的束缚。我时常想跪在你的脚下叫道:"我的主人!"但我没有那样幸福,我已被我的主人放弃了!唉,我的主人!当我这样叫着的现在,我只疑惑我是在向着空中!

我想,我现在并不是给你写信,因为我不敢承认我现在是有写信的能力。我画着,我画着,我想,现在只是有一支笔驱遣着我画那连他也并不要画的纹缕。至于,你看见看不见,又有什么关系呢。但我在这里,不能不先向你提出一个郑重的请求:你无论如何,不要给 B 看我的信。我觉着嘲笑的防御,永远不会有过虑的时候。

我先同你谈谈 B 好吗?我实在不认识 B,按理我是不应该谈到 B 的。但世间有一种人,不认识也会使人不高兴他,B 之于我便是这种人中之一。为什么?我说不出。总之,当我想到你的时候,我没有法子把 B 从你的身旁赶去,我还有什么可说呢?

我,同你几成永别的你——真的吗?或者,三十年后,我们披散着我们的白发在此地作最后的相遇的时候,你还能装着不认识我吗?我不敢想及老年,我觉着那里藏着无限的神秘。

——而 B 却站在你的身旁,而我——我还有什么可说呢?

我永远没有这样想过:我忽然变成了 B。这对于你是一种谴责,然而 B 能安然地站在你身旁,我不明白是什么道理。

有一次,我在 S 街上走着,我看见你正在向着我这边走,忽然你跑进路旁的一处小院子里去了。我当时,以为你因为看见我,所以躲过我去。这是几年前的事了。的确,你时常在躲着我,这不是我们不能相遇的缘故吗?我真不知道我是什么一种危险物,会那样使你害怕。

我在梦中看见你时,你也常是那样遥遥地,像我在望着天上的星。

我的星!你能够应许我这样叫你一次吗?如其——请你停在我的怀中,我是你的天空呵!

我曾看见过许多好女子,——我有胆量说及女子吗?女子,她时常是那样遥遥地,使我望见时分不出形象。我——就让我叫她们做女子罢!这有多么奇怪,我每逢看见一个女子时,我所想起的总是你。

我愿意我的话不至于成了我的口供。我骄傲一世,我不能忍受任何的屈辱。但你如肯把这些藏在你的心头时,我愿意把我的一切口供都招认给你。你之外,谁还配做我的审判者呢?

我所给与你的,都会成了你所不需要的,我已无别的可供我给与的了,我如是其贫乏!然贫乏便不会变成用之不竭的丰饶吗?如其你——

太多的话将使我如哑子徒然地焦急,我以沉默对你好吗?

后天我将他去,不希望有来信。

祝你与 B 的健康!

△ 携阎宗临回到太原,为阎到法国勤工俭学筹集旅费。"我们一到了太原,便不约而同地说,住三两天,我们赶快走吧。/谁知小弟弟走了,我却一个人留在这里,而且没有信来。/在他走的那一天,保定开火,打伤南下的火车。次日保定又开火。"阎宗临离开太原八天后还无消息,高长虹为此提心吊胆:"他被人误认做侦探抓去了吗?他触在不知何处来的飞弹上了吗?他死在他的愤怒中了吗?"与阎宗临分别时的情景如下:

　　我看见他在车上流出眼泪来。我连忙又跳上车去，握住他的手。他放声哭了。眼泪在我的眼中跳跃着，我强制着竭力安慰他。他说："你赶快回北京去吧！并且你赶快到法国去吧！"那不正像是刚才所看见的景象吗？

　　车开行了，我才跳下来。在那些送行者中，我迟疑地退在后面，我让我的眼泪自由地流淌。走着，走着，出了车站，我再也不能够往回走了。我迟疑地向着旁边的旷场中走去，我的眼泪自由地流淌着，我听见Z在后面叫我的声音。突然有人抱住了我，是F，我放声哭了，正像我在车上所看见的景象。

　　我回到Z的屋里，他给我买了酒来，我喝了。我不知道我喝了多少，到我知道我在睡着时，是下午三点多钟。

　　于是小弟弟又走上京奉车了，于是他不愿意他们送他行。

　　到北京后，为了不让这种痛苦的离别情景再次发生，阎宗临离开北京到法国时不辞而行，这使得P（按：向培良）和H（按：郑效洵）感到痛苦。阎宗临离开太原时，"偷"去了高长虹的照片。高长虹从阎的来信中知道这事后，觉得"这在我很幸福，我幻想也许我的生命也一并被你偷去，带他到那我久欲去而不得的一块迷恋人的地方。"

　　高长虹到太原后，"本来便只打算住两个礼拜。但火车不通了，我只得一气住下去。"在太原的高长虹居无定所："如其今天有人问我在那里住，我将说在C家里，但晚上我却睡在B的床上了"；极度贫穷：冬天到了，"仍然穿着我的秋天的衣服"，只好"逐火而居"；满城皆兵，无所作为，只好以思念朋友和给朋友写信打发日子，同时将所见所闻所思记录下来。（《游离·游离》）

　　在太原期间，曾到进山中学看望在该校读书的三弟。关于此事，杨达三1981年11月27日接受张谦采访时说：

　　我和高长虹的三弟高远征是进山中学时期的同班同学，好朋友。在进山中学上学时，曾见过高长虹，那是他来看他弟弟的。他在我们宿舍谈了很久，还送给我们他编的杂志，有"狂飙"、有"弦上"（按：此时尚未创刊）。因为他是山西的大才子，经常在全国性的刊物上发表文章，我们都很敬仰他。特别他在杂志上介绍一位 16 岁的诗人，更使我们感到他对青年文艺爱好者的关心和鼓励。他很热情，让我们多写文章，多投稿。记得有人评他的散文，说仅次于鲁迅，可见他学习鲁迅是很有成绩的。（张谦：《我所了解的高长虹——几位老同志谈话纪要》，《高长虹研究文选》）

11 月 28 日　作《诗人》①，发表在 1926 年 3 月 10 日《莽原》半月刊第 5 期，曾收入《光与热》。主要谈自己对诗和诗人的看法："诗是生活，不是技巧"、"诗人是人类的灵魂的探险家"、"诗人常成为人生的奇装异服者"。

12 月上旬　给 K（高歌）写信。全信为：

我今天一计算日子，我很吃惊，你回去已经两个多月了。母亲的病好了呵？

我回到这里已经一个月了，但你不要告母亲知道，因为我不回去，怕她伤心。唉，我有什么法子呢，除了默默地祷祝她快快病好之外？

我不两天大概要起身，大概是先回北京，虽然我急想去河南。我很

---

①　后收入《中国现代散文选（1918—1949）》第 2 卷（中国社会科学院文学研究所现代文学研究室，人民文学出版社，1982 年 8 月）、《六十年散文诗选》（孙玉石、李光明编选，江西人民出版社，1985 年 2 月）、《中国现代百家千字文》（宫玺选编，上海文艺出版社，1990 年 8 月）、《世界文学随笔精品大展》（伍国文等编，上海文化出版社，1992 年 9 月）、《名家散文诗学生读本》（张品兴、夏小飞、李成忠主编，华夏出版社，1993 年 3 月）、《艺术情思录》（赵磊、张涛、乔玉、杜新编，长春出版社，1994 年 9 月）、《生活智慧 1000 观》（游心、冉苒编，南海出版公司，1994 年 10 月）、《中外散文名篇精选·中国现代散文选》（连云丽编，青海人民出版社，1994 年 11 月）、《世界文豪同题散文经典》（张昌华、汪修荣主编，贵州人民出版社，1995 年 1 月）、《华夏二十世纪散文精编·随笔小品卷》（袁鹰编，华夏出版社，1995 年 12 月）、《旷野的声音：莽原社作品选》（汤逸中选编，华东师范大学出版社，1996 年 9 月）、《今文观止》（商金林主编，山西教育出版社，1996 年 11 月）、《二十世纪中国散文诗大观·上》（陈容、张品兴编，同心出版社，1998 年 8 月）、《中国现代散文精粹类编·下》（俞元桂主编，上海文艺出版社，1999 年 1 月）、《20 世纪中国散文英华·京华卷》（吴欢章、沙似鹏主编，复旦大学出版社，1999 年 1 月）、《中外散文诗经典作品评赏》（张吉武、秦兆基主编，陕西人民教育出版社，1999 年 7 月）、《汉英·英汉美文翻译与鉴赏》（刘士聪编著，译林出版社，2002 年 10 月）、《品味忧郁——悲情散文诗精品》（杨旭恒、郑千山主编，云南人民出版社，2003 年 7 月）、《全球 100 位名人与中学生谈写作》（刘英俊主编，花山文艺出版社，2007 年 9 月）。

痛苦,我时常不能随我所愿意的到什么地方或做什么事,然人生不便是这样吗? 我们从别一方面夺回过我们的自由,但我们终竟不能够私藏它起来,所以我们又把它送给新的主人去了。

外面的朋友,意思是叫你早一点出去。那里很需要你的,但是,母亲也需要你。我应该如何主张呢? 我想代替你去,但别一方面又在需要我,我应该如何行动呢?

这里的朋友们大抵都忍耐不住了,都想跑出去。而且,现在也正是一个好玩的时候,我前天得到一个好听的消息,那消息是在说你赶快出去,你现在还不能够动身吗?

革命吗? 我们现在倒不要轻易谈革命了,我们只要能够找到一点反抗的力量,我们便可以十足地自豪我们是真的英雄。纯然属于我们的时代现在还很辽远呢,坚强地走去,不会有绊倒我们的东西,我们还都是二十几岁的人!

路经阳泉时,特听取我的懊恼的哀音! 别无它话。

祝母亲好!

祝孩子们都好! (《游离·游离》)

12月10日　给L(鲁迅)写信,为《游离》的结尾部分,现作为一篇独立的信件以《致鲁迅》为题收入《高长虹文集》第3卷。全信为:

近来看见你的几篇文章,也许你的病已经好了呵?

你新近编辑起的日刊(按:《国民新报副刊》①乙刊),我也曾见过一期,我只嫌那是一个小的日刊。现在是需要我们放火的时候,但是,我们何时才能放起一个大的火呢?

七日刊(按:《莽原》周刊)停止后,听说要改出半月刊了。我的意思是,倒不如大一点出一个月刊好。但是,这些都没有要紧,我所倾向

---

① 《国民新报》:北京国民党左派主持的日报,邓飞黄主编,1925年底创刊,鲁迅曾应该报之请与与张凤举按月轮流值编该报《副刊》乙刊。

的,只要有一个大的刊物。

近来北京很热闹,可惜我没得看见。我每天只望着我的故乡的那个破城门楼。

这里一切都黑暗,无可叙述,无可叙述。

一个月已经荒废过去了。虽然,我在近两礼拜内,也曾从事过一点小的工作,便是这一本小小的书,一个红的心的写照,寄给你,转赠给有癖性的读者。

祝你并读者的健康!

　　　　　　　　　　　　　　N,一九二五,一二,一〇,于太原

在同一篇文章中,高长虹在给 P(按:向培良)的信中说:"L 所编辑的报,我看见了,我第一句要同你说的,是那块地盘太小,我们从那上边怕只能找出纸烟钱。"

△　给鲁迅信中说到的《游离》①完稿,1926 年连载于《京报副刊》,依次为:3 月 1 日第 425 号②、3 月 2 日第 426 号③、3 月 3 日第 427 号④、3 月 4 日第 428 号⑤、3 月 7 日第 431 号⑥、3 月 8 日第 432 号⑦、3 月 9 日第 433 号⑧、3 月 10 日第 434 号⑨、3 月 11 日第 435 号⑩,后收入小说集《游离》。关于此文,董大中先生认为:"从 1925 年 11 月初到 1926 年 1 月底,有将近 3 个月的时间,高长虹因火车不通,被困在太原。这期间他十分无聊,便陆陆

---

① 　后收入《中国现代文学补遗书系·小说卷·1》(孔范今主编,明天出版社,1990 年 10 月)。

② 　从开头到"唉! 天冷,火炉在那里呢? 笔头,笔头……/我写我写……"收入同名集子时"我写我写……"被删去。

③ 　从"我一个人在街上走着"到"但我的现实是比写实主义更简单"。

④ 　从"今天刮起风来"到"现在又出现在我的纸上了"。

⑤ 　从"一颗月亮,是我第一次的收获"到"被你忘却的 N,月,日,太原"。

⑥ 　从"接到一封四人署名的信"到"我的眼睛望着前面,我的眼泪却向着后面流淌,尽着望,尽着流淌啊"。

⑦ 　从"今天我的幻想都消灭了"到"两种有韵的和散文的音节给我唱着进行曲:那是火与时钟"。

⑧ 　从"小火立在我的身旁"到"眼前的一切,请你们弃我而去吧"。

⑨ 　从"小弟弟已从北京起身了"到"而人,却只是坐以待毙的蠢物"。

⑩ 　从"住在北京也没有趣味"至全文末。

续续地写下一些笔记,直抒他的所见所闻,所思所想。"(《鲁迅与高长虹》,页210)言行先生也将该文中的事情作为事实写入了《一生落寞,一生辉煌——高长虹评传》(页110—111、页122—124)

第三部分写到了对家人的态度:

我的弟弟住在家里,来信说他很痛苦。我同情于他的话,所以我发誓不再回家,我已二十八岁了!

我的母亲在家中病着,我有什么法子呢?如其我在这里病着,谁有什么法子呢?

我不愿叫家里知道我的行踪,他们会骂我没有天性。天性呵,我早与你分手了!但有之者,谁敢于骄傲我?老实说,我愿意毁灭了一切的家庭,并且连家庭的情感!

但不回家,我终觉很痛苦的,我大概仍然被天性束缚着吗?

在一间中产家庭的房子里,躺着我的母亲,一边坐着我的弟弟,地下立着我的夫人。我哭了。我想看见他们!

我的母亲,便是那个在我的儿童时代以怒脸向我的,在我的少年时代以笑脸向我的,在我的青年时代以苦脸向我的,一个脸色不定的妇人。今年五十岁了,已生了三分之二的白发。我已生了三分之一的白发。我将不死于发之白:我赠给母亲的,只有一个少年的孩子!

我将不再看见我的母亲吗?我反对一切的母亲!唉,痛苦的母亲呵!痛苦的孩子呵!我们遭遇的是什么时代?

同样的,我也有我的孩子,今年五岁了。我去年还看见过他。他有我那样地聪明,我不可以赞扬我自己吗?

我实在爱我的孩子,他常拉着我带他到街上玩,只有他能够拉得动我。他,我从他那里看见那儿童时代的我,我可以从他接吻我的过去。我爱他甚于别的一切孩子,我爱他如我自己。

我如何能够现在抱住我的亲爱的孩子呢?这岂是二百里路程所能隔绝了的吗?

有母,有妻,有子,而我不得归。我将弃绝家庭。

故乡的风物,我时常想起,但我不能看见。它们只给我的历史做了背景。我不能离开温泡〔池〕的洗麻泉去找我的七八岁时的游戏。我想起十四岁的我时,我一定会先想起城里小饭铺的油布袋。

他们可以省一笔酒钱了吧,虽然他们失掉了一个人,虽然这个人是不为他们所容的。

然我知道,便是在今天,我的母亲,我的弟弟,我的夫人,我的孩子,一定都会有一个时间想到我,无论是望我或恨我。除了玉米面,赵大夫之外,我还是他们的一个很有关系的人。

文中的两封信可能与石评梅有关。第一信为:

亲爱的朋友!

好久没有接你的信,你的工作如何了?各处的人们都在反对你,有的还简直在笑嘲你,咒骂你呢!这很奇怪,他们倒像是以为你是世界上的惟一的恶人!你的到罪恶之路做成功了吗?我想,怕你没有工夫做,你正在走着罪恶之路呢?

在距离今天两个月的光景,我曾听到关于你的不好的消息。你知道我当时的血液奔流到多么遄急吗?但不久我镇静下来了,我相信那一定是谣言。人们为什么那样喜欢造谣呢?假如有上帝的时候,我第一便是要斥责他不应该把嘴付与了人人。

朋友!你知道吗?我时常在想你;当我最绝望的时候,我一想起你,我便立刻承认世界还是一个世界。我的亲爱的朋友!你为什么不把这个世界多显示给几个人呢?这怕可以说是你的罪恶吧!朋友!连我都这样说了,你够多么不幸!当人们把责任放在你的肩上的时候,他们空闲了,便来搜寻着说你的坏话。你是我们人类中间一个真的受苦的人,你能说这不是因为你曾经犯过罪吗?

昨天,我碰见你的一个乡亲,他问我你现在在何处。我说不知道。他很失望,他没有从我这里猎到可以夸示于人的消息。我觉着像我在把你藏在暗处,你能宽恕我吗?

这里也许有事情要发生了。但我却是个旁观者,我因此很颓丧。不久,我将到别处,当有路可走的时候。我已闲得疲倦了!

以后再通消息,别了,我的朋友!

到明天太阳上来时,我用它给你祝福!

第二信为:

亲爱的!

我觉得我十分地对不住你,我有一件秘密的事,是我所认为一生最重要的,而且我不愿意对第二个人说的,我从未向你宣布过。我在以外人对待你吗?这我如何能承认!但我又如何能不承认!事情是如此的,我常以为一个人有好多的自己,因为太多了,太变幻了,所以自己永远没有能够以完全的公开对待自己的,这我们似乎不应该说这是一种隐瞒,谁有那么多的时间去防避他自己呢?

唉,我所爱!但是我总不能把这个顽固的念头排除出去。我无论如何着想,我觉得对于你实在是一个罪人。

我那天没有告诉你我便走了。你不会知道我到了什么地方。这也许会给你许多猜疑,你会以为我——我如何能知道呢?

人谁能够不把一些无可隐避的事不自觉地弄成隐蔽呢?我自己便是这样一个人!

我有十分的愿望,把我自己完全献给你,你有这样收受一个或者在你是并不重要甚至于是讨厌的礼物吗?我若用冒昧触怒了你,在我,这是同样的罪过。

我时常在窥探你的心理,我的宇宙!我如何有那样能力呢,既然我不是你?一切的隔绝,且使我们对面而看不见真面,这样的时代已经传说得太久了!

理智说:我可以照我所恐惧的停止了我的幻想,我如何能相信我的理智呢?情感说:我的愿望是惟一的真实,不幸只是怯懦的人所预备的逃难所,我如何能相信我的情感呢?我自己吗?那个完全的我吗?他便是这样:他想着你而目注着别处!

我的心终日地游离着,我有时候简直不知道我究竟在不在爱你。爱吗?那只是我的梦中的游戏,我还有别的工作要做呢!然而,为什么,我做着那些别的工作的时候,我又忽然会想到了你,而且真的我想到你的时候,总不自觉地以为你是同别人都不一样呢?

我不能常看见你,这也许是由于我的制止,或者是由于我的懒惰,或者……但你却常在我心头浮现出来,我有时以为这样的会合甚于寻常的见面万万,它的本身不便是一首美的诗吗?然而诗并不能代表完全的爱,因此,我又常疑惑,我并没有爱你,我只是爱着诗样的东西。

我的——我应该如何叫你呢?一个字,这是决定一个命运的字呵!

真的,你常以冷淡,或者厌恶,或者周旋,或者敬鬼神而远之的态度对待我吗?我时常在追求一些琐事的意义,在我的思想上,一个针所引出的骚动常会像彗星所能做到的,因此,我便怀疑我究竟有没有了解真实的能力了,在这个问题没有解决之前,我将对你永远失掉了我的能力!

你还记得你那次寄给我的那封短信吗?写在那上面的寥寥数语,曾经被我如何地重视,我如何地努力要在那里找见我的哲学,找见我一生的全部的工作呵!我那时实在觉得那是你第一次用你的坦白对我的谈话。在那里,我一点也不能够怀疑有意外的不好的分子在内。你,我数年来所悬想而不能得到片言以慰我心怀的一个美的女神,你忽然从你那沉默的宝座上走了下来,捧给我你的心看,你知道我那时是如何地惊极而颤,我是在发见了如何稀有的珍奇!我昏醉了,我倒在你的美的下面,我从最深的心底下宣告:我永远是你的所有了!

但是,就从那时以后,我又被你撂在水中,这都是你所知道的,我还说它做什么呢?这是我的过错呢,还是你的呢?我相信,你是不会有错的,我只可承认那完全是由于我自己的了!唉,那撂我在水中的,原来正是我自己!

然而,我终于不能不怨恨你,你的态度毕竟变得太快了。月亮变得太快,因为她美,是的吗?但我之对于你,终是一样的态度,否则那是我太爱了你!

那一天,我无意中与你相遇,到我看见是你时,我的心在警告我不要漠视了我所遭逢的。我几乎不敢相信那真的是你。我只得偷偷的望着你,我觉得我如被你看见,是我的羞耻,我是如何奇怪呵! 但我终于被你看见了。而且你对着别人向我说话,你的话中,我本希望从那里有所获得的,却充满了抱怨及讽刺。你搜寻着最锋锐的字句刺在我的伤上! 那时,你是一个精明的猎人,你知道所有残杀的秘奥,我便在那种情形底下,我失陷在无底的空中了! 哦,你,你曾有过蔑视我的心理吗! 如其我不爱你,如其你是另一个人的时候,我决不能让这个人自由地从我身边过去!

是的,这只是一种艰辛,走着远路的人是不怕艰辛的,我不曾也给了你一些艰辛吗? 完了,过去的一切都让过去吧!

吾友! 请你用你的原谅读我的信,我写得太乱杂,连我自己都不知道我说了些什么,你是有慈善的心肠的人呵!

但是,我所说的秘密是什么呢? 我曾经对你说出了没有? 连我自己,也不愿意再去考较,总之,我还有给你写信的机会呢!

此外,则请你放心,我并没有占有你的野心,我所有的话只是在说其所不得不说而已!

下面的话也当与石评梅有关:

我又梦见一个老朋友,铅铁一般的皮肤贴在脸上,我惊得发颤,他常是那样健壮呢! 我想着他的女孩子呢!

我想念着 X,我太对不住她了。我确乎太残忍,我用毒药敷在她的新伤上,虽然我并没有歹意。

女子像一朵花,你如爱她只可爱她的美,她是不能够经受暴风雨的,而我却给她以暴风雨。

有益于女子的,是同情,赞扬和和善,而我却施之以暴戾的斥责。

我希望煽着一支嫩焰而蔓延成为大火，但我却用力太大几乎煽灭了。当真吗，我好久不听见她的声音了。

12月17日—24日　在《国民新报副刊》（乙刊）第13—20号①刊登《狂飙》不定期刊广告：

《狂飙》不定期刊第一册已出版

磅纸精印十万字的一大册，定价三角，特价二角五分。特价时购买地点，限于银闸13号及北新书店。

这是一本颂歌力同强的精神的文艺刊物，它的印刷精美为所有文艺刊物之冠；它的精神是向现代流行的势力攻击的。

12月中旬　由太原回老家探望母病。对此，高长虹在《游离之余》（《弦上》周刊第10期）中如此写道："我想不到回到这里（按：北京）又会住到两个半月之久。我想不到在这以前又会回到我那生身之地同我的病的母亲，苦的女人作了一次最后的——又是最后的！——聚会。"

12月21日　"培良来，未见，留赠《狂飙》不定期刊五本。"（《鲁迅日记》）因为该不定期刊，一些狂飙社成员对鲁迅颇有意见："《狂飙》不定期刊在一九二五年冬间的出版，鲁迅本说要写篇小说，后来又说翻译，但最后连译稿都没有。狂飙朋友都攻击起鲁迅来。我时常为鲁迅辩护，从中劝解。"（《一点回忆——关于鲁迅和我》，1940年9月1日《国民新报·星期增刊》）

12月25日　该日出版的《国民新报副刊》广告栏中有《莽原》半月刊的出版预告："这本是已经出了大半年了的周刊，想什么就说什么，能什么就做什么，笑和骂那边好，冷和热那样对，绅士和暴徒那边妥，创作和翻译那样贵，都满不在乎心里。现在要改半月刊了，每期出版四十余面，用纸洁白，

---

① 同时也在《京报副刊》上刊登广告，内容大同小异。

明年一月出第一期。目录续登。"①

是年　给周作人写信,"希望他多做文字"。在高长虹看来,"鲁迅是一个直觉力很好的人,但不能持论。……岂明是比较能够持论的了,但直觉力却不很好,这在事实上是便成为妥协。所以江绍原一面在《晨副》做文,一面又在《语丝》做文,而且使霉江(按:韦丛芜)撕毁了'联合战线'。我承认岂明的思想是在水平线上的,要奋发起来,还是好的"(《走到出版界·1925,北京出版界形势指掌图》)。

1926 年　民国十五年　丙寅　二十九岁

1 月 10 日　鲁迅交给向培良十元给高长虹作旅费:"午后培良来,交与泉十为长虹旅费。"(《鲁迅日记》)。

1 月 29 日　夜访鲁迅:"夜风。长虹来。"(《鲁迅日记》)

2 月 8 日　给住在西城的 P(按:向培良)写信,报告《弦上》周刊的诞生过程:"今天的上午同下午,H(按:郑效洵)同 G 坐在我的屋里,我们闲谈着。不料在这闲谈中,一件正事便发生了,这便是这个小刊物的出世的来历。明早九点钟便要付印去,到十二日便会寄到你的庵中了,便是你看着的现在。/并且,我们在吃馄饨中曾经发见了我们的出版部,你已经知道了。这些,都是我们这几天所得到的很大的成绩。"该信以《寄到西城》为题发表在 2 月 14 日《弦上》第 1 期,署名"C"。

2 月 9 日　作《没有内容》,发表在 2 月 14 日《弦上》第 1 期,署名"C"。文章认为中国的社会生活没有内容:"中华民国的招牌已挂了十五年。所谓民国的自由,平等,幸福者,固然十分可怜,但连这可怜的一点点,我们从何处可以找得到呢? /执政执的是什么政? /诗哲诗的是什么哲? /国民党吗? 国民军吗? 国民吗?"

△　给阎宗临写信,以《寄到巴黎》为题发表在《弦上》周刊第 1 期,署

---

① 现收入刘运峰编辑的《鲁迅全集补遗》(天津人民出版社,2006 年)

名"C"。全信为："我们的《弦上》并且放大了,寄到巴黎伴你的孤寂的心!/勿流泪,勿灰心,前进呵!"

2月12日　晚访鲁迅:"晚长虹及郑效洵来。"(《鲁迅日记》)

2月13日　下午访鲁迅:"下午长虹、效洵来。"(《鲁迅日记》)关于高长虹与郑效洵这段时间拜访鲁迅事,董大中先生曾访问过郑效洵:"郑老说,他们去,是谈如何跟现代评论派斗的,也谈到如何编《莽原》。郑老特别指出:他和长虹去,鲁迅说了'春秋两季骂西滢'的话,高长虹回去以后,就在《弦上》登了,所谓《一句诗》,即'春秋两季骂西滢'。"(董大中:《鲁迅与高长虹》,页130)

2月14日　《弦上》周刊创刊,同年8月1日停刊,共出24期,为64开袖珍刊物,每期8页,中间出过3期加大号:第2期18页、第6期22页、第23期12页。每期印千份,工本费大约3元。印刷所在北京大学红楼地下室。通讯处设在北京东城大阮府胡同27号郑效洵寓,"从第7期起,为防止北洋军阀政府迫害,佯称迁址于崇内船板胡同1号"(陈漱渝:《鲁迅与狂飙社》),第19期起改为景山东街东老胡同3号,高长虹到上海后,12—16期加上上海发行处地址:北四川路横浜桥林家花园142号。1—9期高长虹、郑效洵编辑,10—24高歌编辑。第1期发表的文章除高沐鸿(署名"B")的《贫乏者》外,其余全为高长虹的。没有标明写作时间的《阎王也讨厌他们》(署名"A",未收入文集)、《从下面来的消息》(署名"D",未收入文集)应当是以前的存稿。

2月20日　夜两点作《忆W》,发表在3月16日《国民新报副刊》第81号,曾收入《光与热》。头一天听说W在山西被抓后,回忆与W的交往,赞扬W是"我们朋友里边最平民,最耐苦,最诚恳,最决于实行的一个",并愤激地认为:"一个人活在现社会之下,本来都是头上顶着死亡而旅行的;尤其是住在娘子关外的山西青年,谁个不被认为反阎的健将?"

2月20日—23日　在《京报副刊》第416—419号刊登《小刊物广告》(无署名,未收入文集)。内容部分为:

一个小小的刊物,《弦上》,是我们ABC……几个人的机关报。从这个《弦上》,要发出锋利的强有力的箭,射向一切应当射而且我们高兴射的东西。因为这是一个很小的东西,所以我们是要以窄而深的伤痕加之于我们的敌人的——我们并且还预定了要出一个特别的增刊，《弦外余音》，如其有可尊重的敌人或者朋友肯对于我们的《弦上》加以正的或负的助力的话。

2月21日　在《弦上》周刊第2期发表《四条腿与八条腿》、《骂几个人》、《人类的历史》、《启事》（目录未列，未收入文集），前3篇署名"C"，《启事》署名"我们"①。

《四条腿与八条腿》诅咒周围的打牌声和话匣子的声音，认为"你们活着，而使真的生人抬不起头来"。

《骂几个人》骂蒋光赤、汪精卫、冯玉祥、赵恒惕。

《人类的历史》目录标明为"小说"，现收入《高长虹全集集》第3卷，在收入《草书纪年》时改名为《人类的由来》，语言由文言改为白话。

《启事》全文如下："本期因过年及加大的缘故，致出版迟了两天，我们很不高兴。所收的稿子，因临时加入一篇应时文字及一插画，同预登的广告也略有更动。至对于'也许还有'的解答，是那篇《人类的历史》的加入。"

该期还发表了署名"L"的《一句诗》即"春秋两季骂西滢。"关于此诗，高长虹曾如此写道：

> 以后的《弦上》周刊篇幅小得同游戏一样，撰稿者不署真名，只以一拉丁字母代替。而鲁迅仍然惜墨如金，不给一点稿子②，我只得把他说的《一句诗》登了，以和缓中间的感情。
>
> 很可惜的，鲁迅对狂飙的这种中立主义成了我们友谊上隔膜的第

---

① 高长虹离开北京前往上海的时间为4月16日，在这之前编辑《弦上》的主要责任人为高长虹，笔者因此将第9期（该期出版时间为4月11日）及其以前署名"我们"的文章看作是高长虹的。

② 在笔者看来，鲁迅不为《弦上》写稿的原因有四：一、"与鲁迅当时的身体状况有关"——鲁迅才从长达四个多月的大病中恢复过来；二、"与鲁迅当时险恶的处境有关"——当时正是"三一八惨案"发生后鲁迅被通缉的时候；三、"与《弦上》这一刊物本身有关"——"'弦上周刊的篇幅小得同游戏一样'（按：高长虹语），这样的刊物是不适于刊载鲁迅当时所写的文章的"；四、"1926年4月16日，高长虹借郑效洵赴上海开展狂飙运动后，鲁迅开始了为《莽原》半月刊向熟人要稿的历程，在这种情况下，鲁迅就更不可能为《弦上》写稿了"。（廖久明：《高长虹与鲁迅及许广平（修订本）》，页80—83）

三个原因了①。当时的狂飙朋友们,越是年少的,也越是对鲁迅不能谅解的。(《一点回忆——关于鲁迅和我》,1940 年 9 月 1 日《国民新报·星期增刊》)

2 月 22 日　夜访鲁迅:"上午得长虹信并稿。……夜长虹来,假去泉十。"(《鲁迅日记》)

2 月 28 日　在《弦上》周刊第 3 期发表《关于事实的几句说话》,署名"C",曾收入《光与热》。文章批评中国人只注重事实,而这事实的价值,"完全用了事实对于自己有如何利害关系而判断"。

3 月 1 日　鲁迅将阎宗临从法国寄来的信转寄高长虹:"以一法国来信转寄长虹。"(《鲁迅日记》)

3 月 2 日　父亲高鸿猷病逝。(《高长虹生平与著作年谱》)

3 月 3 日　作《听说许钦文小说集又要出版了》,发表在《弦上》周刊第 5 期,署名"D",未收入文集。批评北新书局"在预告上它是属于急进派中之最急进者,同时,在出书上它是属于缓进派中之最缓进者。"希望《乌合丛书》的第二、三、四种能够尽快出版。

3 月 7 日　在《弦上》周刊第 4 期发表《步月》、《一歌》②、《两个上卷》、《狗的哲学大纲一打》(未收入文集),前三篇署名"C",后一篇署名"D"。

散文《步月》回忆 1925 年夏天与小弟弟阎宗临相聚的情景。

诗歌《一歌》曾收入《光与热》,又作为身前未曾入集的作品收入《高长虹文集》下卷。共 4 节,每节 6 行。诗中的"我"非常悲伤。

书评《两个上卷》认为在中国近年出版界只有两本好书:"一本是科学的"——郭任远的《人类的行为》、"一本却只是半科学的"——胡适的《中国哲学史大纲》。遗憾的是,这两本书都只有上卷。文章希望:"胡适无妨丢开;我希望郭任远先生宁可牺牲十年教员生活。"

---

①　高长虹在《一点回忆——关于鲁迅和我》中认为前两个原因是:一、高长虹将《闪光》(内含 145 首小诗)自行出版,鲁迅本打算将其收入作为《乌合丛书》的高长虹的作品集《心的探险》;二、高长虹与许广平通信。
②　目录误署为 H,《翻译一点》的作者为 H,目录误署为 C。

《狗的哲学大纲一打》不点名地谩骂胡适和他的《中国哲学史大纲》："西洋狗者,狗中之鬼子狗也。但国狗而由西洋归,则为最文明之狗。"

△ 黄鹏基(笔名朋其)首次在狂飙刊物《弦上》周刊第4期以Q为笔名发表作品两篇,在该周刊共发表作品19篇。

△ 夜两点作《答无人》,发表在3月14日《弦上》周刊第5期,署名"C"。此处的"无人"指焦菊隐,说明此时高长虹尚不愿撕破脸。文中说自己"几曾把你看做是一个应该特意加之以骂的生物过来?"并说:"你在某处似乎碰过几次钉子,你也以为这钉子是我赏给你的。其实,你的碰钉,我诚然知道,但那是好久好久以后的事。在好久好久以后,一个朋友在开玩笑中透露了这个消息,并且说,你那时曾问过我好。"

关于焦菊隐投稿《莽原》未登事,高长虹在《1925,北京出版界形势指掌图》中如此写道:

> 关系《莽原》的,有一些人都疑惑是我编辑,连徐旭生都有一次这样问过我。外面来稿不登的,也有人便积怨于我。事实则是,《莽原》通信处是有麟住的地方,收到的稿,他再转给鲁迅看。例如焦菊隐,是我曾见过一次面的,他投稿几次都没有登,听说他初次投稿时曾提及我,但到我知道时,已是两三个月以后了。所以我连回信都无从回复。……此类事实还很多,后来我因此在我的生活上还接受过一次报复,但那时不但主持正义的先生们,便是土匪派的先生们也没有注意,以为那只是我个人的私事。

3月13日 下午4点作《狂飙》,发表在3月21日《弦上》周刊第6期,署名"C",曾收入《光与热》。该独幕剧写一个孤独的老人,在狂飙的日子里,在沙漠中呼天抢地,悲叹自己逝去的热和青春,认为"现在是一个结冰时代,他来代替了狂飙时代,而且代替了那当来的春"①,决定离开沙漠到天

---

① 高鲁冲突爆发后,鲁迅在《新的世故》中如此写道:"知其故而言其理,极简单的:争夺一个《莽原》;或者,《狂飙》代了《莽原》。仍旧是天无二日,惟我独尊的酋长思想。"

国去。

3 月 14 日　在《弦上》周刊第 5 期发表《"闲话中的徐志摩"与徐志摩》、《断曲》、《茶余酒后的几句"闲话"》,署名"C"。

《"闲话中的徐志摩"与徐志摩》认为徐志摩的文章:"除抄录一些别人的句子——这些句子,我们从他的文章中可以看出他并没有懂得——之外,便只剩有一种东西,那便是恶滥,虽然有人也不妨误认做俏皮。"

《断曲》收入《光与热》时为同名诗第 3 节。

《茶余酒后的几句"闲话"》:"同 H,G 从茶楼酒馆"每人吃了一碗馄饨跑出来,因刊物少几行稿子,遂作此文。在骂焦菊隐的同时,叙述自己被赶下大学讲台事:"说来真有些'诧异',本来校只有吃馄饨还合适我,却偏要冒充'先生',闯进大学的讲座,多么令我'太增羞耻'①呵! 其实,这一层,我也早已明白,所以始则自叹堕落,继则愤而出走……"

△　下午访鲁迅:"下午长虹、培良来。"(《鲁迅日记》)

△　下午 6 点作《出了林风眠个人展览会之后》,发表在 3 月 21 日《弦上》周刊第 6 期,署名"D",未收入文集。是高长虹"出了林风眠个人展览会的一段随笔"。

△　晚 8 点作《掷——》,发表在 3 月 21 日《弦上》周刊第 6 期,署名"C",曾收入《光与热》。文章诅咒"块大的死城"是个"伟大的欺骗者",认为自己在其中浪费了十年青春——高长虹 1916 年初到北京,到 1926 年 3 月刚好十年。

3 月 18 日　写作《编后》(目录未列,篇名为笔者所加),发表在 3 月 21 日《弦上》周刊第 6 期,署名"我们",未收入文集。全文为:

这一期算是我们的第二次的加大号。本来预算着稿子可占二十版,但排好之后,却又添出两版。

---

①　关于高长虹被赶下大学讲台事,赵景深曾有如下说法:高长虹"居然到燕大(去年)代常乃德历史班,到班上驴头不对马嘴,被学生当面赶跑了,《周刊》上批评一段,他老羞成怒,遂借《弦上》发泄,小气,如此人终不会有何成就的!"(赵景深:《长虹的真面目》,1928 年 8 月 29 日《文学周报》第 330 期)

今天的群众运动所受的屠杀,是自有屠杀以来第一次大的屠杀①。历来的对外运动,必定要转成对内运动,已成为最近的历史上必然的趋势。但这次要算是转得最快。压迫对外运动的,且常为中国政府当局及其他有当局之实的有力的军阀。而这次政府的态度却尤其直接了当。因为印刷来不及的缘故,我们对于这次屠杀的意见,只可在第七期的本刊上发表。

3月21日　在《弦上》周刊第6期发表《连一个苏格兰批评家都没有》、《断曲》、《一点常识——焦菊隐须知》,署名"C"。

《连一个苏格兰批评家都没有》,认为中国的批评"只有野蛮的仇视,只有野蛮的恭维",没有"真的方正的,真的君子的苏格兰批评家"。

《断曲》收入《光与热》时为同名诗第1、2节。

《一点常识——焦菊隐须知》:对焦菊隐点名道姓进行攻击,说自己对焦菊隐"不屑笑之矣"。

3月22日　下午4点作《冰人冰语》,发表在3月28日《弦上》周刊第7期,署名"D",未收入文集。文章对三一八惨案的发生"一点也没有感到奇怪":"因为段祺瑞是那样的段祺瑞,章士钊及其他是那样的章士钊及其他,国民军及其他是那样的国民军及其他,政局又是那样的政局。"

---

① 　是日,三一八惨案发生。鲁迅在该日写的《无花的蔷薇之二》中将该日称作"民国以来最黑暗的一天"。3月,国民军和奉系军阀张作霖、李景林等交战,日本帝国主义见奉军失利,恐危及自己在中国的既得利益,公开出面干涉,于3月12日派军舰驶进大沽口,炮击国民军守军。国民军自卫还击,日本帝国主义便以此为借口,联合英、美、法、意、荷、比、西等帝国主义国家,向段祺瑞执政府提出所谓"最后通牒",要求停止津沽间的军事行动和撤出防务等等,并限于四十八小时以内答复。在中国共产党的领导下,北京各界群众两千余人于3月18日在天安门集会,抗议帝国主义侵犯我国主权的罪行,会后赴段祺瑞执政府请愿。段祺瑞竟命令卫队开枪射击,并用大刀铁棍砍杀追打爱国群众,死伤达两百多人。当晚,段祺瑞为开脱罪行,发布了一个颠倒黑白的"通缉令",胡说徐谦、李大钊、李煜瀛、易培基、顾兆熊等"假借共产党学说,啸聚群众,屡肇事端"。4月26日,为"讨赤"进入北京的张作霖杀死了当时炙手可热的《京报》记者邵飘萍——郭松龄倒戈时,邵飘萍曾帮郭骂张作霖。邵被杀后,北京空气极为紧张,很多报刊都纷纷自动停刊,以免遭殃。原来民国初年军阀时代,新闻却是相当有自由的,军阀们虽然蛮不讲理,可是对新闻批评大体还能容忍。直到奉军入京后,形势才为之一变,邵飘萍被枪毙后,人人为之自危。"连卫道的新闻记者,圆稳的大学校长也住进六国饭店,讲公理的大报也摘去招牌,学校的号房也不卖《现代评论》:大有'大火昆冈,玉石俱焚'之概了。"(《华盖集续编·无花的蔷薇之三》)

3月23日　在《国民新报副刊》第98号发表《黄昏·一人登场》①,曾收入《光与热》。写"我"处于白日和黑夜之间的黄昏,"什么都不会有"。

△　夜访鲁迅:"夜长虹来。"(《鲁迅日记》)

3月27日　在《国民新报副刊》第102号发表《永久的爱》,曾收入《光与热》。写丈夫来到人间,遇到了爱自己的妻子。

△　作《三月十八事件及其前后》,发表在4月4日《弦上》周刊第8期,署名"C",曾收入《光与热》。该文题目下有一说明性文字:"本文是为三月十八日旬刊作的,现在转登在这里。"文章批评革命民众的革命方略只有"骂"和"请愿"两种,同时叫人们不要对政府抱什么希望:"政府只是那么个东西,不要大惊小怪了吧。"

3月28日　在《弦上》周刊第7期发表《断曲》、《翻译一点》、《最后一行》,第一篇署名"C",后两篇署名"A"、未收入文集。《断曲》收入《光与热》时为同名诗第4节。《翻译一点》译自易卜生。

△　"接到一个朋友从上海的来信的时候",决定离开北京到上海——后来由于京津车不通未能成行。(《游离之余》,《弦上》周刊第10期)

3月29日　作《论三月十八》,发表在4月4日《弦上》周刊第8期,署名"C",曾收入《光与热》。文章对三一八惨案发表自己的看法:认为"这一次死的太无聊",希望"下次的或然的死者应该换一个较好的方式,估一个较大的价值";叫人们不要被惨杀所吓倒,因为"那只是死尸的返照的回光";希望人们"自己做去,不要再让他们造谣! 闭口无言的造谣者在焦急地等候着我们"。

3月30日　作《给一个灵魂》,署名"A",发表在4月4日《弦上》周刊第8期,未收入文集。向一个"最富于火性"的灵魂表白:"我至少也当得是一个火的爱好者"。

4月1日　石评梅给焦菊隐写信,其中说到高长虹:"高长虹无理取闹太笑话了。不知为什么,他这样恨我们,他还是父亲眼里最爱的小朋友呢。"(《石评梅作品集·戏剧游记书信》)

① 后收入《旷野的声音:莽原社作品选》(汤逸中选编,华东师范大学出版社,1996年9月)。

4月2日　鲁迅下午寄高长虹信："寄长虹信。"(《鲁迅日记》)

4月4日　在《弦上》周刊第8期发表《最后几行》,署名"D",未收入文集。全文为："一军善退,颇得外人之称许。/陈西滢这'匹夫'！/唐生智不革命已证实。/李景林带兵组阁。/灰色的同情:叹气,送挽联,流眼泪。/孤桐复古,君子曰:王八!"

4月5日　中夜作《睡觉之前》,发表在4月11日《弦上》周刊第9期,署名"C"。文章写自己希望离开北京却没钱。从下面这段话可看出当时高长虹的处境多么艰难:

> 与死挣扎的母亲每天需要一元至两元的药钱,我能够向那里偷去呢？我想卖一部稿子,然而这个倒霉的北京呵,在卖稿上正等于一个倒霉的乡村。还是父亲好点,他可以解放了他,而且解放了他的孩子们。①
>
> 如能再有五十元钱,我便可以由京汉路南下了。然这不是更大的梦想吗？

收入《光与热》中的《睡觉之前》(内含6则短文)当为同一时期所写。第一则批评装饰派的作者"变成了文字的奴隶",认为"文学的生命,不在于表现,而在于感觉。"第二则说自己的心经常处于"一团糟的混战"中。第三则写自己无休止地"趋向着一个最高的地点",随着自己升高,伴侣减少,寂寞增加,还被人视为怪物。第四则写一位朋友去年充满毒意地看了自己一眼后便分离了,现在这位朋友又充满毒意地回顾自己。第五则写梦见闪电。第六则对家庭进行猛烈抨击:"给生命以死灭的,把人当做猴子叫他玩那可笑的把戏的,那便是家庭。"

第二则中的一段话有利于人们了解高长虹经常与人"混战"的原因:

> 在我的心里,有一个基本观念,也许会和我的心同其永久或短促

---

① 高长虹的父亲病逝于3月2日。

的,这是我把我的生命及以外的一切都寄托在上边的一个观念,这个观念,我叫它做"力"。我用了这力去参与一切的盛筵或骗局。我应该宝重这个东西,因为它使我在混战之下,逃避了像退缩那么一类最讨厌的侵袭。我时常,也感到把这种东西伸展出去,扩大了面积,这结果的一部,便是写,写,写……既然是浑战,便索性迅速地,开阔地混战了下去,这大概成为我的一种信条了。

4月5日　夜1点作《幻灭》,发表在4月18日《弦上》周刊第10期,署名"D",未收入文集。

4月7日　作《游离之余》、《街谈巷议第一章》,前文发表在4月18日《弦上》周刊第10期,后文发表在8月1日《弦上》第24期,署名"C"。后文对军阀们评头品足,从清朝的曾国藩、李鸿章直至当时的汪精卫、蒋介石。前文说自己"现在住着的又是那个陈腐和债务编织成的囚笼",为自己即将离开北京到上海而感到高兴。文中再次叙述自己当老师的事情:

真的,我想不到跳下大学的讲座之后,又会跳上中学的讲座。严格点,我只有中学二年修业的资格,而竟又冒充先生,去教高三的学生,如其不是他们有过人之量,或者过人之马虎时,我如何能够偷度这三分之一春呢?

昨天有个朋友说,因为我不穿洋装,不吃烟斗,所以被赶掉了。惭愧!我无时不在被赶着。然而那赶我的,不是人们,也不是我自己,那是这些以上的一个东西。不是吗,我现在不是又要被赶了吗?

4月8日　晚访鲁迅:"得长虹信。晚长虹来。"(《鲁迅日记》)

4月9日　12点作《听说——》,发表在4月18日《弦上》周刊第10期,署名"C"。听说有几个人想办一种刊物专门攻击《莽原》,高长虹"决不希望那些攻击《莽原》的人,只是因为从前给《莽原》投过稿而没有被发表的人们。因为这样太下流,我认为下流人是说不出上流的话来的。"文章的结尾道:"若夫下而至于如焦菊隐者,则充其量,亦不过只能藏在黑角子里捣一点卑劣的小鬼而已。看清了:外面的这个世界虽然不好,然而终还是有一个世界在着呵!"

4月10日 夜1时在"炮声遥响中"为许钦文的《故乡》作《小引》,未收入文集。全文为:

> 我读许钦文先生的小说,始于去年的夏天。
>
> 人都相信他的耳朵,不相信他的眼睛,所以无论对于什么,常苦于不能认识其真价。据我所知,则许钦文先生的小说,确曾在这样的不幸中,好久地被忽视过去了。
>
> 至少,我自己便是这样。但终于,一个新的机会来了。一天,鲁迅先生把这《故乡》的原稿交给了我,要我选一下;如可以时,并且写一篇分析的序。
>
> 于是,我开始读的,便是那第一篇《这一次的离故乡》,我开始惊异了。在这篇短的故事里,乡村的描写,感情的流露,心理的分析,人间的真实性,都是向来所不容易看见过的。
>
> 我继续读了下去,而为我所最感到趣味的,尤其是这书中的青年心理的描写。
>
> 一天,我把这书还了鲁迅先生,我述说了我的意见。
>
> "是的呵!我常以为在描写乡村生活上,作者不及我,在青年心理上,我写不过作者;但我又常常怀疑是感情作用……,"鲁迅先生惊异而欢喜地说了。
>
> 但我那时,正因在一个冷静的缺乏的恐慌时期,所以我没有能够写得出一篇分析的序;以为只好俟诸异日,再得重将这书细读一遍的时候了。
>
> 便拖延至现在,出版的时期已经很快便要到了。而我却又忙着出走的恐慌,则真的又只好俟诸异日了。
>
> 至于,现在形成的这个选本,则大半是鲁迅先生的工作。
>
> 此外,则我希望这书的将来的读者们,有幸运能够用自己的眼睛细心读下去。

4 月 11 日　在《弦上》周刊第 9 期发表《三言两语》、《翻译一点》、《关于苏菲亚》、《"有些人说"和"我们说"》,四篇文章分别署名"C"、"A"、"D"、"我们",后三篇文章未收入文集。

《三言两语》为七则格言体短文。

《翻译一点》译自尼采。

《关于苏菲亚》写于得知在巴黎的阎宗临买到一本英译的《苏菲亚传》后第二天。该文叙述了自己对苏菲亚的了解过程:袁世凯死后几个月,从民声及民声社的小册子中知道了苏菲亚;以后不久,在书摊上的一本书上知道了一个更详细的苏菲亚;数年以后,在报纸上看见节译的《苏菲亚传》——译名《苏妃之死》。

《"有些人说"和"我们说"》全文为:

> 有些人说,他们不高兴《弦上》,因为《弦上》只是骂人。他们什么都高兴,只不高兴骂人。
>
> 我们说:这真没有法子:我们什么都不高兴,我们只高兴骂人。
>
> 有些人说,《弦上》是反革命的,因为他们自命是革命的,而我们的"反"的文字中有一部分在反他们。
>
> 我们说:如其革命只是那么一回事,我们极喜欢承认我们的反革命。
>
> 有些人说,他们不会去看这类东西。
>
> 我们说:我们不要你们这类东西去看。
>
> 有些人说,骂人不署真名,是逃避责任。
>
> 我们说:A,B,C……便是我们的真名。如有人看不懂我们的名字,我们有狂飙社负责。

△　下午访鲁迅:"下午长虹来。"(《鲁迅日记》)

4 月 13 日　鲁迅夜得高长虹信:"夜得长虹信。"(《鲁迅日记》)

4 月 15 日　下午 3 点作《反动时期》,发表在 4 月 25 日《弦上》周刊第 11 期,署名"C"。文章认为在军阀混战时期,由于没有一个"主脚",所以

"并没有一个纯然的反动时期",但"现在有一军阀者,则似已具有此种雏形,待我们且看它日后如何好了"。

△　下午8点作《三言两语》,发表在4月25日《弦上》周刊第11期,署名"C",收入《光与热》时改题为《时代的两面》,为其中的第7—11则短文。

在北京期间①,写作《我凝望着》,曾收入《光与热》。该诗共7节,每节5行。写"我"凝望着51个壮士在新的战场上前赴后继:"正像是一座华美的楼倒了,/他们是五十一个金色的阶梯"。

4月16日　偕郑效洵赴上海开展狂飙运动。当天Q(黄鹏基)作《送C·H·》(《弦上》第11期)送行。全文为:

> 为甚因生离时没见着面而增我的伤感,老死在北京并不是我们的心愿。
>
> 去,去,黄浦滩头的和风,已洗去五卅的血腥,虽不能洗去人类的污点。
>
> 用不着说死地的北京,北京的骗局无容再看,那些走兽们也白费了我们的可怜。
>
> 朋友,千万别多带了希望,失望步步随着你们时,你们顶多也不过多看几张商人的脸。②

离开北京前后一段时间的情况,高长虹在1928年3月28日写的书信体小说《春天的人们》中有这样的叙述:

> 四年前我在离开北京的时候,是我最痛苦,最痛苦的日子。那时,

---

① 《光与热》为高长虹在北京活动后期的作品集,故推定收入该集中的《我凝望着》为该时所写。

② 黄鹏基写于5月3日的《非手民之误》(《弦上》第14期)对最后一段有如此更正:"朋友,千万别多带了希望! ——呵,不要紧的,失望步步随着你们时,你们至少还可以多看几张商人的脸。"

我的父亲刚刚去世,母亲也正在病中,而且是不能治好的病。全家十几口人的生活同病人的医药等费,都挑在我一个人的肩上。你知道,我们这个时代的人,谁还是安分守己以养家为惟一职务的人呢?我们都把社会看得更为重要。没有弃绝家庭,便有被认为保守主义者的危险。我也不是例外。这便是说,我同几个朋友当时正计议着一种教育上的新计划。恰好我在讲授"艺术与革命"的一座大学,因为政治的问题被封闭了。重要人员都一哄而散。我不但生活上发生了问题,而且在势也难得留在北京。我还有什么钱给家里寄吗?苦的是我的母亲,她那时正在最需要我的时候。而那时的我,却也在最没有力量的时候。我不能够回到家里,又不能够留在北京。又正当战争之余,交通不能够立时恢复,我又不能够立刻走开。恰好在这时候,便有人主张我到上海来筹备一座大学,一有头绪,大家便都搬到南方来活动。我在这种公私交争的当口,我不须再说我的苦楚了。我在那临行的几天,我真的像疯狂了似的,我尽情的在四处乱跑。我那时,不敢让我有一点清醒的空闲。我只能够把人生当做一个糊涂的梦,而又须统统都忘记了它。我终于到上海了,我孤身奋斗,在这人地生疏的上海,不到三个月的光景,我的大学已成立了!而我的母亲,也便在我这种心丧神昏的时候,与世长辞!

结合高长虹该段时间的经历可以看出,小说中所写内容,除将时间提前了两年,并将办刊物改成办大学之外,所写事情大多可看作高长虹这段时间生活的实录。

4月17日 在《国民新报》发表《一个神秘》,曾收入《光与热》。文章写自己渴望走近一个既小又大、既近又远的小山,沉默的小山却与自己永远保持着同样距离。

4月18日① 在《弦上》周刊第10期发表《断曲》、《三言两语》、《怀一

---

① 原刊上标明的时间为4月11日,与第9期同一天。根据该期最后一篇文章《炮火声中》的落款可以知道该期的出版时间不可能是4月11日:"1926.4.14F"。

个无名的朋友》、《翻译一点》，分别署名"C"、"C"、"D"、"A"，后三篇文章未收入文集。

诗歌《断曲》收入《光与热》时改题为《给——》，为第 1 首，同时增加 1 首，为第 2 首，现作为"集外同题作品"附录于同名集子后面。

《三言两语》全文为：

> 一边是铁，一边是血，这能够叫做交战吗？
> 革命的目的曰：死；革命的手段：杀。
> 从落地到落地——谁能逃出这一条乏路？
> 过去的种种，都是错的。一齐毁掉它！
> 慷他人之慨，卑劣之行为也，赞美亦如此。

《怀一个无名的朋友》全文为：

> 我曾见过一个二军的兵士，他听见几个别的兵士在外面打洋车夫，他怒形于色地说了："我要是一个弟兄，我便只打我的排长；我要是一个排长，我便只打我的连长！欺负小百姓，算什么？"他并不是一个话布袋，所以他的话总有几分是真实的；而且他在无表示中表示着他的诚恳。现在二军败了，我只怀念着这一个朋友，我甚而至于常祝福他道：愿长生天地之间了！

《翻译一点》译自尼采。

4 月 20 日　夜 9 点作《在黑水洋》，发表在 5 月 1 日《弦上》周刊第 12 期，署名"C"。收入《光与热》时改题为《海上》，曾作为身前未入集作品收入《高长虹文集》下卷。

4 月 22 日　晚 6 点给高歌写信，以《S 埠的来信》发表在 5 月 1 日《弦上》周刊第 12 期，署名"C"。全信为：

> 假如你已经到了 P 城的时候，那我的这封信就可经过你的手去发

印了。否则，我有什么法子呢？

一礼拜以前，听到母亲去世的传说，我竟然为你祝福了，这是什么名字的情感呵？然而我不敢相信：何以你不告诉我？

到 P 城，你仍然很痛苦，而且我把我所已厌倦了的也留着要你接收了，这我有什么法子呢？我能够对你说的，便是，我并不会去求幸福，也没有见痛苦而曾去偷懒。

我或者还有点英雄气概，所以我常需要从这里跳到别处，总时常有什么还在诱惑着我，你祝福这青春呵！

半年的家居与乡居，你一定十分老了，然你的青春终会时常在健在着。

让各处都踏遍我们的足迹！

Byron 在监视着我！

愿你为一切而战争，为争战而勇敢，——扩大而勇敢，沉溺而勇敢，坚韧而勇敢！

4 月 23 日　作《不准哭与代人受罚》，发表在 5 月 1 日《弦上》周刊第 12 期，署名"C"。批判张宗昌、张作霖、孙传芳等军阀的独裁统治：不准学生开纪念三一八惨案死者的追悼会、封闭代售《向导》的书局。

△　作《妻子及其他》，发表在 5 月 8 日《弦上》周刊第 13 期，署名"C"。由 6 则短文组成，第 5 则短文表达了对军阀的看法："军阀是些被动的东西，它们被历史，制度，潮流夹攻着而辨不出方向，它们没有自觉，没有时代，它们互相碰冲而无所谓爱憎，它们所想占据的东西是实际上并没有的东西，它们冲锋陷阵在他们的梦想里，他们的全部的历史便是，短期的纷扰与长期的灭亡。"1、2、3、5 收入《光与热》时改题为《时代的两面》，为其中的第 3 则最后一段和第 4 则短文，4、6 则未收入文集。

4 月 24 日　作《〈长虹月刊〉》，发表在 5 月 8 日《弦上》周刊第 13 期，署名"C"。高长虹在北京《狂飙》周刊第 1 期宣布自己准备出版《长虹月刊》，该计划未实现，却在 1925 年冬天在北京书摊上看见了《长虹月刊》，到上海后又看见了第 2 期《长虹月刊》①,于是作此文。一则声明此《长虹月刊》不是自己所办,二则对民治在上面发表的一篇文章提出批评。民治认为,闻一多发表在《现代评论》上的《醒呀》(第 29 期)、《七子之歌》(第 30 期)、《洗衣曲》(第 31 期)为中国人都应该保留一个很深印像的"爱国诗"。高长则认为:这三首诗"并不比随便在街上看见一个随便的人无从记起的脸所留的印像会深了什么,无论它们如何代表时代精神——公平说,它们所代表的时代只是《现代评论的》所谓现代。——又说到《现代评论》了,公平说,《现代评论》所自诩为水平线上的所谓文学作品,都是水平线下的东西,很少几篇例外。如不是水平线上的上字乃下字之误,则是他们说谎,或自己打自己的嘴巴。"

4 月 25 日　在《弦上》周刊第 11 期发表《翻译一点》,署名"A",未收入文集。该文译自契诃夫《第六病室》。

4 月 27 日　下午 5 点作《只有——》,发表在 5 月 15 日《弦上》周刊第 14 期,署名"C",收入《光与热》时改题为《时代的两面》,为其中的第 1 则短文。在高长虹的文章中,该文首次出现了"科学"、"玄学"这样的字眼:"科学说:'玄学者,迷梦也!'自然说'科学者,迷梦也!'/人类之不得舍弃科学,乃弱者之穷相也。而愚陋者乃以此自骄!/自然只示人类以半面。人类所能见之全体,其脊背耳。历史是自然所示人类的脊背。"结合亚东图书馆的《科学与人生观》第 4 版出版于 1926 年 4 月可以推断,高长虹此时很可能看见了《科学与人生观》这本书②,高长虹的这些话初步表明了他对科学和玄学的态度。

---

① 　两期《长虹月刊》的出版时间分别为:1925 年 9 月 10 日、11 月 10 日(《有关〈长虹月刊〉和"四川旅沪学界同志会成立的资料"》,《郭沫若学刊》1989 年第 3 期)。郭沫若在回忆《长虹月刊》的情况时说:"五卅惨案发生后,留沪的四川人组织了一个同乡会,于 1925 年 9 月出版刊物《长虹》,仅出两期。"(郭沫若:《创造十年续编》,《郭沫若全集》文学编第 12 卷,人民文学出版社,1992 年)

② 　1923 年爆发的"科玄论战"被胡适称为"空前的思想界大笔战",论战的主要阵地是北京的《努力周报》、《晨报副刊》和上海的《时事新报·学灯》,身在太原的高长虹也许并不知道。1924 年 10 月到北京时,论战已结束一年多,也许并没引起高长虹的注意。此次论战文章分别以《科学与人生观》、《人生观之论战》为名由上海的亚东图书馆和泰东图书局结集出版,1926 年 4 月到上海时,恰遇亚东图书馆的《科学与人生观》出第 4 版。

5月2日　夜3时①写成《一个神秘的悲剧》,发表在9月10日《小说月报》17卷9期,曾收入《光与热》。剧本由短短的九幕组成。第一幕写学生B在郊外与先生A告别,说五年后他们一定还会在一个地方"光荣的遇见"。第二幕写在一间乡村的房里,C、D正在等待"太阳"B的到来,他是A介绍来的,他们见面后都很高兴。第三幕写在一间城市的房子里,A向从外面回来的女儿E打听"神异的事"。第四幕写在一间乡村的房里,B、C、D决定去寻求A的帮助。第五幕写B、C、D到了A住的屋子,E告诉他们,A已离家出走两天了。第六幕写A在一个小村中从一个农夫处听说一个新闻:一个被抓的老人事前得到消息逃跑了,三个年轻的同党拒捕逃走了,被抓住的小女孩因只有十四五岁便放掉了。第七幕写五年后A与B在一个小城中遇见,此时的先生A"是一个什么都没有的贫乏者了,没有力量,没有希望,而且没有依赖心",先生A不愿再帮助学生B。第八幕写B告诉C、D,他"从五年前最爱我的我的先生"处得到"最大的失望",但B又不愿离开,因为自己无事可做并且非常痛苦。第九幕写旷野中的A孤身一人倒地死去,B恸哭着也倒在了地上。该话剧可看作高长虹当时对他与鲁迅关系的一种隐喻式表达。

5月7日　早9点"在上海滩"作《板斧哲学》,发表在5月15日《弦上》周刊第14期,署名"C"。由9则短文组成,2、3、4、6、7、9收入《光与热》时改题为《时代的两面》,为其中的第2、6则和第3则的前3段,1、5、8则未收入文集。

5月8日　"午后高歌、段沸声来。"(《鲁迅日记》)高歌从老家到北京是来接替高长虹编辑《弦上》周刊的。

5月上旬②　作《最后的著作》,曾收入小说集《游离》。文章充满幻灭之感:87岁的"我"带着一把手枪、一支笔、一本稿子来到一座自己生平所常神往的名山,在回顾了自己的一生后开枪自杀。

---

①　收入《高长虹全集》时未标明写作时间,此时间为发表时的落款。

②　未标明写作时间,根据写作于5月14日的《震动的一环》中的开首句"我已经死过一次"推断,该文当创作于《震动的一环》完成之前不久。

5月14日①　作《震动的一环》,发表在8月10日《小说月报》17卷8期,曾收入小说集《游离》。文章由一些前后没什么关系的内心独白构成,文中的"我"非常痛苦。

5月14日　夜半高歌作《给几个兄弟们》,发表在5月15日《弦上》周刊第14期,署名"K"。其中一部分是写给高长虹的:

> 母亲还活着,我根据前日舜妹的来信报告你。她的生命,早已刻满了伤痕,我为她恐怖,颤战而流泪,我为她愈乏,我为她胆怯。我为她诅咒生,我为她歌颂死。C,你听,你听我心弦上弹着的是什么调子?
>
> 我曾痛苦着,过去痛苦着,现在痛苦着,将来也痛苦着,痛苦是幸福以上的幸福,这个只有我们傻子才知道。
>
> 愿你捏着S埠,丢它在毛侧〔厕〕里,让它们同臭去。

5月15日②　在《弦上》周刊第14期发表《翻译一点》,署名"A",未收入文集。该文译自尼采《查拉图斯特拉如是说》。

5月18日　作《时代的两面》,发表在5月30日《弦上》周刊第16期,署名"C"。由7段组成,2、3、4段收入《光与热》时仍题为《时代的两面》,为其中的最后1则;1、5、6、7段未收入文集,其中一段提到郭沫若的《马克斯进文庙》③:"马克司(按:原文如此)进文庙,除掉去同孔二太太苟合之外,我找不见更好的理由。"

5月23日　在《弦上》周刊第15期发表《草书纪年·七》,后收入同名集子(下同,不再说明)时题为《人哭着——》。文中"自然"不管将什么东

---

①　收入《游离》时未标明写作时间,现根据发表时的落款确定为此时。

②　原刊标明出版时间为1926年5月1日,有误(《高长虹全集》第3卷未更正):第13期出版时间为5月8日,第15期出版时间为5月23日,故该期的出版时间当为5月15日。

③　郭沫若的《马克斯进文庙》发表在1925年12月16日《洪水》半月刊1卷7号。在该篇小说中,郭沫若通过"马克斯进文庙"这一看来荒诞的事件,将马克思学说与孔子学说进行了简单比附。其中有这样的语句:"回头孔子又接着向马克斯说道:不过我是老吾老以及人之老,幼吾幼以及人之幼,妻吾妻以及人之妻的人,所以,你的老婆也就是我的老婆了。/马克斯听了骇得大叫起来:喂,孔二先生,我只是提出共产,你公然在提倡共妻!你的思想比我更危险啦!好,我不敢再惹你了!"(郭沫若:《豕蹄·马克思进文庙》,《郭沫若全集》文学编第10卷,人民文学出版社,1985年)

西给人,结果都一样:"人哭着"。

5月 段复生由太原赴北京参与狂飙运动事务。(《高长虹生平与著作年谱》)

△ 母亲、大伯父、大伯母、四弟相继去世。(《高长虹生平与著作年谱》)

△ 三弟高远征与清城镇的潘金妮结婚,演出"悲剧的第三幕"。(《高长虹生平与著作年谱》)

6月6日 在《弦上》周刊第17期发表《其他》①、《草书纪年·八、九、十、十一》、《马克斯和列宁的遗产》,前两篇署名"C",后一篇署名"Ĉ"②、未收入文集。

《其他》认为"中国人实在连在地球的任何一块上立脚的价值都没有",恨不得将一切都烧掉。

《草书纪年》结集出版时分别题为《变迁》、《就像驴》、《他自己的旅途》、《愚蠢者的幸运》。

《马克斯和列宁的遗产》全文为:

> "反革命"这个名词是马克斯信徒和列宁的后裔加之于反马克斯和反列宁者或与他们合作者的反动头衔。
>
> 可是"反革命"这个名词是如私产样,依法许可了可以私有的。这即是说"反革命"这个名词,只马克斯和列宁的徒弟方能享用,换言之,即是革命只有马克斯和列宁的信徒才配得上干。

6月上旬 到杭州西湖写作,"做了几件极重要的事":"第一是,人生的科学的草创,尤其是经济学和艺术学。第二是,做过几首很好的诗。第三,撒遍了恋爱的种子。第四,握住了和平的心情。"(《曙·1927年10月11日》)

---

① 后收入《无奈人生寂语》(孙硕夫选编,吉林文史出版社,1997年1月)。
② 《高长虹全集》第3卷题"署名C",有误。

6月10日　在《莽原》半月刊第11期发表散文诗《黎明》①，曾收入《光与热》。写我早上登上山巅向远处眺望，只见一片苍茫，太阳即将升起，呼吁弱者站立起来去反抗强者。

6月13日　鲁迅访李小峰取高长虹的《心的探险》12本："访小峰，得《心的探险》十二本。"（《鲁迅日记》）《心的探险》是高长虹的第三个集子，为鲁迅编辑的《乌合丛书》之一，由鲁迅掠取六朝人墓门画像作书面，由北新书局印行。李霁野在《鲁迅先生的爱与憎》（1949年10月）、《鲁迅先生和青年》（1956年3月）等文章中说鲁迅深夜为高长虹校稿而吐血的"稿"当为此。

《心的探险》收入了8首《给——》，第6、7、8首未见发表，收入同名集子时仍为第6、7、8首。第6首共3节，每节11行，想象"我们"在一起时的欢乐情景。第7首共8节，每节5行，想象当"你"的眼睛、头发、唇吻、双乳、手、眼泪、心儿、身体与"我"接触时的情景。第8首所写内容颇似高长虹的夫妻生活：

当我们拥抱着的时候，
我们都假装着是在欢乐，
但那诚实的心呵，
却知道为我们悲戚。

我们藏起了眼泪，
而各各呈献出我们的接吻，
但我们接吻的味是苦的，
因为它里边藏着的呵，也仍然是泪痕。

我们的身体是那样冰冷，

---

① 后收入《现代散文选》（珞旷编，湖南人民出版社，1982年11月）、《中国现代散文诗选》（俞元桂主编，四川文艺出版社，1986年4月）、《中外散文诗鉴赏大观·中国现、当代卷》（敏岐主编，漓江出版社，1992年4月）、《旷野的声音：莽原社作品选》（汤逸中选编，华东师范大学出版社，1996年9月）、《二十世纪中国散文诗大观》上册（陈容、张品兴编，同心出版社，1998年8月）、《中外散文诗经典作品评赏》（张吉武、秦兆基主编，陕西人民教育出版社，1999年7月）。

我们原只是呵,两个死人。

所不同的呵,便是我知道我是已在死灭,

你还在迷恋着死灭的生存。

你厌恶那灯的光明,

因为那灼灼的鬼眼呵,可以照出了我们的尸身。

你惧怕一点轻微的笑声,

因为我们是偷活在呵,那些生人的屋中。

我们也曾酩酊过吗?

但我们酩酊在呵,是干燥的酒里。

我们也曾流出过热的汗吗?

但这汗汁呵,是罪恶的秽水。

旁面睡着我们的孩子,

不知道为着什么呵,忽然又在啼哭,

我们是如何卑怯呵,

我们有泪却不敢流出!

但当那一刹那欢娱的时候,

如有一只飞来的斧头呵,劈开了我们的心,

则我们立刻会从迷惘中跳了出来,

便立刻会有银灰色的淤积呵,从中喷涌。

　　6月14日　鲁迅得到高长虹8号从杭州寄来的稿件:"得长虹稿,八日杭州发。"(《鲁迅日记》)此稿为发表在7月10日《莽原》半月刊第13期的《草书纪年》。

　　6月17日　在西湖"孤山"作《现实的现实》,发表在10月10日《小说月报》17卷10期,曾收入小说集《游离》。文章由一些前后关系不很密切的内心独白构成,文中的"我"在夜中踽踽独行,只有影子相伴。

6月25日夜作《公开之秘密》,发表在7月18日《弦上》周刊第22期,署名"C"。

6月27日①　在《弦上》周刊第19期发表《板斧哲学》②、《给K》,署名"C"。

《板斧哲学》由一些前后没有什么关系的语句构成。

《给K》是给二弟高歌的信。全信为:

> 亲爱的弟弟! 给我你的手,放你的头在我的胸脯上!
>
> 从此,爱我们者与她的幻灭长辞了!
>
> 我们背叛家庭,但什么是我们赎罪的代价呢?
>
> 征事如不幸,则三幕出场矣! (按:指三弟高远征的婚姻)我欲去电强阻,而日已不及,奈何?
>
> 燃(按:已燃,阎宗临,在法国勤工俭学)款寄起,甚好。B(按:高沐鸿)怕我受穷,嘱卖稿供我嚼咬,钱到手时,可再寄燃一部去。
>
> P(按:向培良)将回京。愿你俩各写一长著出,并努力进行月刊。我也将在上海进行,双存则并存之。如至九月无一刊物可看见者,我必自杀!
>
> 丛书,《荆棘》(按:朋其的短篇小说集)外,《热与光》(按:高长虹的诗、戏剧、小说、论文集,后命名《光与热》)已一部付印,其他尚未寄到,亦以九月为期,想同时有五六种出来,不知能否? T(按:陈德荣)的心理学,大概暑假后才能弄起。
>
> 我现写《家庭之下》(按:只写了一卷《结婚以后》,发表在10月31日、11月7日上海《狂飙》周刊第4、5期),成后,想再写一论文《时代的姿势》。则,故国呵,从此别矣! 此外,无话可说!

7月4日　《弦上》周刊第20期出版,已佚。

---

① 《高长虹全集》第3卷题注标明的出版时间是"1926年6月20日",有误。

② 后收入《无奈人生寂语》(孙硕夫选编,吉林文史出版社,1997年1月)。

7月10日　在《莽原》半月刊第13期发表格言体短文《草书纪年》之《太阳与月光》、《小火的悲剧》、《云的起源》、《施与与报酬》①、《名字的历史》、《那个最伟大的诗人》②。

7月11日　在《弦上》周刊第21期(已佚,仅见目录)发表《时代的错误》。

7月14日　鲁迅收到高长虹从杭州寄来的稿子:"晚得长虹信并稿,十一日杭州发。"(《鲁迅日记》)关于此稿,高长虹14年后有如此回忆:

> 我在上海寄给他两篇稿子,给《莽原》半月刊,是关于郭沫若和周作人的批评文字,好久没有发表出来,我去信问一个少年朋友,并叫他到鲁迅那里去看怎样回事,鲁迅说是,交给韦素园了。韦素园说,鲁迅交给他的时候,说:"就说你们不发表吧。"③那个少年朋友给我的信上很惊奇地说:"为什么鲁迅也这样呢?"我却没有感觉什么,认为这两篇稿子没有什么,不发表也没有什么关系。(《一点回忆——关于鲁迅和我》,1940年9月1日《国民新报·星期增刊》)

7月25日　《弦上》周刊第23期出版,该期为"戏剧专号",高长虹在上面发表《翻译一点》,署名"D",未收入《高长虹全集》。全文为:"在我们开始艺术的灯光以前,我们必须破坏。旧式的灯光之一要素必须去掉,并且完全去掉。/脚光以及与它相当的从上射之顶光弄成一种平的辉照。它们使形体可以得见,但不是生动的;它们破坏了那顶紧要的性质如雕线凸景……只有那些明与暗的影子,角隅同隙缝使得形体成为真确的,立体的。/The Theater 处 Today:MODERNLELL"

夏　孙伏园告诉高长虹,张申甫佩服他的见识。(《走到出版界·谨防

---

①　出版单行本时题为《施予与报酬》。

②　6篇文章后都收入《旷野的声音:莽原社作品选》(汤逸中选编,华东师范大学出版社,1996年9月)、《太阳与月光》又收入《山西文学大系第6卷·现代文学·上》(王世杰、王春林、许并生编选,山西人民出版社,2005年1月)。

③　对此,董大中先生的解释是:"我们可以设身处地地想一想,让鲁迅编发这样的稿子,不是给他出了一个很大的难题么?周作人是他的弟弟,郭沫若是创造社的盟主,无论是'攻击'还是'赞美',都不应该由鲁迅编发。"(董大中:《鲁迅与高长虹》,页134)

冷箭》）

8月1日　《弦上》周刊第24期发表《我们的消息》，其中引用了高长虹来信："'甚矣无帐子之不可以居南方也！'近草《杂交主义》（按：当为后来发表在上海《狂飙》周刊第2期的《论杂交》），余喟然叹曰：'其赤化已乎！'"未收入文集，现以《致二弟高歌（残简）》为题收入《高长虹全集》第3卷。

△　《弦上》周刊出至第24期停刊，高长虹以A为笔名在该刊发表文章8篇，以"C"为笔名在该刊发表文章49篇，以"Ĉ"为笔名在该刊发表文章1篇，以"D"为笔名在该刊发表文章14篇，以"我们"为笔名在该刊发表文章3篇①。

8月初　在《新女性》刊登《狂飙社广告》，未收入文集。内云："狂飙运动的开始，远在二年之前……去年春天本社同人与思想界先驱者鲁迅及少数最进步的青年文学家合办《莽原》……兹为大规模地进行我们的工作起见于北京出版之《乌合》《未名》《莽原》《弦上》四种出版物外特在上海筹办《狂飙丛书》及一篇幅较大之刊物。"②

8月中旬　为出版《狂飙》曾写信找李小峰、孙伏园等：

　　　只为狂飙社想出一定期刊物，我曾写信同李小峰商量过，说是到明年再看。是我性急，又写信同孙伏园，李志云商量，也没有弄成。但因我的信上说及我想做一部批评，志云回信说愿将来出版此书，并想在《北新》周刊发表。我当时回信便说可以。这是前两个月的事情（按：引文写作于1926年10月19日）。后来我当面同志云又谈及这一类事，志云说，伏园也说过，定期刊物不好办，如出一丛书倒可以。当时我因为开明出的《狂飙丛书》印得很慢，便索性再同北新书局办一个丛书，当下说定，这便是《狂飙丛书》第二的来历。（《走到出版界·谨防冷箭》）

8月31日　与章锡琛到中国旅馆拜访前往厦门大学路过上海的鲁迅：

---

①　《弦上》共发表署名"我们"的文章4篇，第2、6、9期为高长虹负责，算高长虹的文章，第18期为高歌负责，算高歌的文章。

②　鲁迅在《所谓"思想界先驱者"鲁迅启事》中引用了这些文字，编者在将该广告收入《高长虹全集》第3卷时加了标点符合。

"长虹、雪村来。……雪村、梓生来。"(《鲁迅日记》)此次见面时,高长虹曾问及《莽原》半月刊事,鲁迅告诉高长虹:"丛芜生病,霁野回家,目前大概由素园维持,将来则属之霁野。"高长虹认为这一安排很合理:"霁野眼明中正,公私双关,总算一个最合适的人物"。(《走到出版界·给鲁迅先生》)关于此次拜访,高长虹14年后回忆说:

过了些时候鲁迅任了厦门大学的教职,从北京到了上海。我同章锡琛一道去旅馆里看他,也许因为旅行关系,他的感情很不平静。谈话多关于北京当时的情形,因为那时的北京,完全在反动势力的支配下面,顺便我问到那两篇稿子,鲁迅气急地谈起周作人来,好像有一点事情都是想暗害他的样子。我知道他们兄弟间的关系,听得这样说就完全放下不谈了。这是我们最后一次的见面,在这次谈话里,仍然是像很深知的朋友。

那时,已经同章锡琛讲好出版《狂飙》季刊,已经就到交创刊号的稿子的时候了。不料次日看见章锡琛的时候,他留难起来,让先出版一期看看。这天鲁迅已经走了,我当时感情很激越的,就把《狂飙》季刊出版的计划立刻停止了。(《一点回忆——关于鲁迅和我》,1940年9月1日《国民新报·星期增刊》)

高鲁冲突爆发后,鲁迅在说到此事时说:

八月底我到上海,看见狂飙社广告,连《未名丛刊》和《乌合丛书》都算作"狂飙运动"的工作了。我颇诧异,说:这广告大约是长虹登的罢,连《未名》和《乌合》都拉扯上,未免太利用别个了,不应当的。因为这两种书,是只因由我编印,要用相似的形式,所以成立了一个名目,书的著者和译者,是不但并不互相认识,有几个我也只见过两三回。我不能骗取了他们的稿子,合成丛书,私自贩卖给别一个团体。(《集外集拾遗补编·新的世故》)①

---

① 另见鲁迅12月5日给韦素园信。

9月5日　在"上海滩"作《艺术批评与艺术》,发表在9月11日《北新》周刊1卷4期《走到出版界》栏,后收入同名集子(《走到出版界》栏的文章全收入同名集子,以后不再说明)。该文认为,中国"现在还没有艺术批评","中国将来无论有什么非常的事件,我便以为除那些流浪人外,是不会再有人去做的呢。而且,在这中间,那些流浪人们将要做出纯新的艺术,为欧洲所没有过的艺术,因为他们过的是欧洲艺术家所没有过的生活呵!"(《走到出版界·艺术批评与艺术》)

关于在《北新》周刊开设《走到出版界》专栏事,高长虹曾如此写道:

> 因为稿件太少,或者还因为别的缘故吧,志云屡次问我要稿,这是我已经答应了的,而且志云为我出丛书(按:《狂飙丛书第二》),我也当然愿意帮他的忙。无如我看了《北新》周刊第一期,觉得我的批评放在里边太不合适。再则,所谓我的批评者,即《时代的姿势》一书是也,当时又因为几种缘故不能着手,而且都是长篇,《北新》周刊也怕难于容纳。然而我是不能不做稿的,于是开始写了一些随感式的批评叫做《提笔卖文篇》者,适遇春台也说了,要我做点稿子,我终于便把这个拿去了。隔了几天,此稿还没有发表,我又因不大满意这类文字,便又拿了回来。以后才又把我为《狂飙》季刊写的《走到出版界》数则给了《北新》周刊,自谓总算尽了一些责任了。(《走到出版界·谨防冷箭》)

关于《走到出版界》,高长虹曾作如下说明:

> 要知我们普通虽然也说什么文坛,什么思想界,实则仔细一考较时,才都是妄言妄听,并没有那么一回事。我现在问你:"文坛建立何处?"思想界在三界的那一层? 则你必瞠目不能对答。因为这本来都是些错误的说法。即如你说文坛,实则说的只是这本诗集呀,那本小说呀,又一本杂感呀之类,你说说思想界,其实也只说的几本书,或几种定期刊物,此外便什么没有。你说某人的思想如何,你并不看见他的思想,他也不能拿出他的思想给你看,这其间所说的只是书报,即出版物

是也。出版物是什么？便是，有人写出，有人印出，有人去看。我今便混名此写，此印，此看，而称之以出版界。所以出版界的范围是很大的。（《走到出版界·1925，北京出版界形势指掌图》）

9月7日　在"上海滩"作《艺术界》、《今昔》、《科学书的贫乏》，发表在9月18日《北新》周刊1卷5期《走到出版界》栏。

《艺术界》叙述与柯仲平的交往过程，为《创造月刊》不刊发柯仲平的作品鸣不平，叙述自己与创造社的霆声（周全平）交恶过程。

《今昔》评价当时的作者："我于中国负时望者之文字，最喜欢看者，只吴稚晖，鲁迅两人。岂明时有善言，故亦有时喜欢看。"回顾"去年一年北京的出版界"的情况，认为"比《新青年》运动却深刻得多"。并说自己在《狂飙》季刊预备期间"本想写一篇文字批评一年来北京思想界的新倾向"——10月28日写作的《1925，北京出版界形势指掌图》很可能是这篇文章的变种。

《科学书的贫乏》认为真的科学著作只有郭任远的《人类的行为》，其朋友陈德荣是"一个诚恳地从事科学工作的人"。

9月10日　在《小说月报》17卷9期发表《草书纪年》，内含《一次胜利》、《平凡的普遍》、《蒙昧》、《夜的占领》、《从它的叶到它的根》①、《一个艺术家》、《古训》、《被压迫者的心理》、《传统》、《民间的损失》、《红的分类》、《调和》、《等待》、《生与死》14则格言体短文。

9月11日　在"上海滩"作《中国艺术的姿势》、《读〈谢本师〉》、《小书局》、《文化的论战》，发表在10月9日《北新》周刊1卷8期《走到出版界》栏。

《中国艺术的姿势》简单地表达了作者对"人类的行为"的看法："人类的行为是刺激的反应，而不是有意识的，所以人常不能够认识自己的同别人的行为。表现行为的艺术，所以最真实的，便是那最近于无意识的。"认为"表现主义比写实主义更是科学的"，而中国艺术的发展趋势是："将有一最新派出

---

① 后收入《中国现代散文诗选》（俞元桂主编，四川文艺出版社，1986年4月）、《中外散文诗经典作品评赏》（张吉武、秦兆基主编，陕西人民教育出版社，1999年7月）、《中国散文诗90年（1918—2007）》上（王幅明主编，河南文艺出版社，2008年1月）。

现,而又不是表现主义或未来主义,而必带多少行为的同现在的色彩。"

《读〈谢本师〉》:读了周作人发表在 8 月 28 日《语丝》周刊第 94 期的《谢本师》后作此文。叙述自己对章太炎其人其文的态度变化过程:由喜欢到不喜欢。

《小书局》认为"小书局在出版界曾经站在较进步的地位",呼吁类似的小书局再度出现。

《文化的论战》认为胡适所谈的整理国故和实验主义都不是文化,"胡适不谈文学,却是可大书特书的中国文学进步的一个证据。所以,他现在又谈文化,又谈科学了,这也便是中国科学文化不进步的一个缘故吧? 弄潮的唯物主义的警钟不知道可以惊醒胡适的迷梦不可以?"

9 月 12 日　在"上海滩"作《文化讨论与文化有什么关系》、《不装腔作态》,发表在 10 月 10 日上海《狂飙》周刊第 1 期《走到出版界》栏。

《文化讨论与文化有什么关系》认为文化讨论是"消闲的人们把生产科学做了谈资",对文化本身没有什么作用,我们需要的是创造:"这里有劳动,发明与战争,而没有讨论"。

《不装腔作态》盛赞"不装腔作势而说心腹话的文体",以此为标准评价《洪水》①、《A11》②、《幻洲》③、《象牙之塔》、《十字街头》、《语丝》、《莽原》

---

①　《洪水》:先为周刊,1924 年 8 月创刊,主持人是周全平、敬隐渔、倪贻德诸人,上海泰东书局发行,16 开本,只出 1 期即停刊。1925 年 9 月改为半月刊复刊,卷期另起,1927 年 12 月终刊,共出 38 期。1—24 期由周全平主编,叶灵凤、周全平、洪为法等人编辑;25 期起迁至广州出版,主要由郁达夫负责编辑,上海光华书局发行,后改由创造社出版部编辑发行。

②　应为《A·11·》,创刊于 1926 年 4 月 28 日,以刊登"出版消息"和政论及杂文为主,出版至第 5 期即因查禁而停刊。关于该刊命名,潘汉年在该刊第 1 期发表的《A·11·》中说:"我们这个命名,毫无深长的意味在内,因为我们这几个伙计,——创造社出版的小伙计,——都是住在亡国的上海宝山路三德里 A11 号……我们出版部的老板肯把每周的广告和启事的刊物留一片空白让我们'狂叫''狂喊''胡言''论语',这个刊物不能无名,因题之曰《A·11·》。"

③　《幻洲》:先为周刊,创刊于 1926 年 6 月 12 日,实际上是《A·11·》的继续,后为半月刊。两者之间的关系在《〈幻洲〉周刊展期出版申明》(1926 年 6 月 1 日《创造月刊》1 卷 4 期)中有交代:"出版部同人们和另外的几位青年朋友,忽然高兴,便在这沙漠似的上海胡搅一个幻社。……现在,决定《幻洲》暂时停刊,同时并预定九月十六日(即去年的《洪水》诞生日)要出一个新《幻洲》……新《幻洲》的内容分文艺和其他二部,一部叶灵凤编(按:《象牙之塔》),一部潘汉年编(按:《十字街头》)。"针对上海《泛报》对《幻洲》半月刊的报道,《创造月刊》1 卷 6 期曾发布《创造社启事》。内云:"幻洲本与创造社无关,所有印刷等费,全系由该刊自行筹划,创造社并未代为出资。"

等。为《莽原》半月刊的变化感到惋惜:"至于莽原呢,我想不用说什么了,我也许还曾失掉了阵地呢——但总之,周刊和半月刊的色彩几乎两样,是人们都可以看得见的。"

9 月 14 日　鲁迅"以培良文稿寄长虹"(《鲁迅日记》)。

9 月 15 日　在"上海滩"作《革革革命及其他》①、《莫泊三及其不幸》、《再读〈兰生弟的日记〉》,发表在 10 月 17 日上海《狂飙》周刊第 2 期《走到出版界》栏。

《革革革命及其他》高度赞扬郭沫若"初期的《女神》,《少年维特之烦恼》等著译",批评郭沫若现在大谈革命,"近来研究了一点经济学,才知道革命原来是没有的事,革命只是阶级战争中的一个夸张的口号,亦如对方之讨贼也者。一天,碰见鲁迅,我同他谈了,他也说:'革命本来也是人们造出来的!'鲁迅是一个深刻的思想家,同时代的人没有能及得上他的。"

《莫泊三及其不幸》认为"与其说自然派是人生的旁观者,毋宁说是人生的退缩者"。莫泊三是代表自然主义的"最适当的人物","诚不失为一个不说谎的艺术家","总算是水平线上的作者","我们如要再往高或深里探求,则我们将得到空虚"。

《再读〈兰生弟的日记〉》,对发表在《骆驼》第 1 期上的《兰生弟的日记》提出批评,认为只是些材料性质的"记事同说话",算不上文学作品。

9 月 17 日　作《从上海到柏林》,发表在 10 月 15 日《幻洲》1 卷 2 期。文章对上海的思想界提出批评:"在思想上说,它还是一块荒地。它没有北京那样深于感觉,也没有广东那样勇于实行。北京和广东是中国地图上的两起高峰,上海被夹在中间而且下陷了。"

9 月 18 日　在《北新周刊》第 5 期刊登《狂飙社出版物预告》,无署名,未收入文集。全文为:"狂飙社是一些从事科学与艺术工作的现在与未来的穷青年的集合。脚踏现实,目望远方,要从艰苦中追求快乐,冒险中追求

---

① 后收入《百家论郭沫若》(王锦厚、秦川、唐明中、肖斌如选编,成都出版社,1992 年 9 月)、《论战中的鲁迅》(傅光明主编,京华出版社,2006 年 5 月),又节选收入《鲁迅〈故事新编〉(供内部学习参考)》(山东大学中文系,1976 年 12 月)。

新奇,黑暗中追求光明,死灭中追求生存,失败中追求胜利。狂飙社认为人类真正的文化只是科学与艺术,所以要创造科学与艺术出来。科学是从心理学,经济学做起渐伸至物理学,化学,地质学各方面去,不注重研究与述说,而注重发明。艺术是从文艺,戏剧做起渐伸至音乐,绘画,跳舞各方面去,创作之外兼注重批评。狂飙社对于中国新旧文化都取否定的态度,对于外国文化,除旧有的科学艺术各与以相当的评价外,也都取否定的态度。狂飙社要毁灭一切消闲的,特殊的,局部的,妥协的旧文化而代之以劳动的,平民的,普通的,战争的新文化。这种在工作开始至终结期间便是狂飙运动的期间。/狂飙运动现在开始的工作是出版丛书,在最近的将来预备出版的书目再行登载。"

　　9 月 21 日　作《答国民大学 X 君》①,发表在 10 月 10 日上海《狂飙》周刊第 1 期。回国民大学 X 君 6 月份的信,X 在信中对高长虹提出劝告,并说"上海艺术界未必欢迎"高长虹,要高长虹注意"冷箭"。高长虹在回信中首先交代自己没有及时回信的原因:"你来信时,我正要到杭州去,没有立刻写信,接着又入了暑假,怕你已离上海,写也无从寄了。再则,你的来信,我觉得不是三言两语所能答复的,所以你所说的要我在《弦上》发表一层也不能照办。三则,你没有写真姓名,我不知道回信寄国民大学你能不能收到。因此便拖延至现在。现在,便赶着在《狂飙》周刊第一期畅谈畅谈吧!"在回信中,高长虹对 X 的劝告和关心表示感谢,说自己不怕"冷箭":"以冷箭来,以冷箭报,不违古礼,且合新谊。见面时谈一谈,不见面时战一战,也可以减少一些单调。②"并对自己的思想做了如下合乎实际的介绍:"我的思想,我自己知道得最明白,其实平凡得很。虽然我常有一些新的发见,但因受种种

---

　　①　后收入《论战中的鲁迅》(傅光明主编,京华出版社,2006 年 5 月)。

　　②　高鲁冲突爆发后,鲁迅 1926 年 12 月 31 日在给李小峰的信中如此写道:"厦门大学的职务,我已经都称病辞去了。百无可为,溜之大吉。然而很有几个学生向我诉苦,说他们是看了厦门大学革新的消息而来的,现在不到半年,今天这个走,明天那个走,叫他们怎么办? 这实在使我夹脊梁发冷,哑口无言。不料'思想界权威者'或'思想界先驱者'这一顶'纸糊的假冠',竟又是如此误人子弟。几回广告(却并不是我登的),将他们从别的学校里骗来,而结果是自己倒跑掉了,真是万分抱歉。我很惋惜没有人在北京早做闭幕式的记事,将学生们拦住。'见面时一谈,不见时一战'哲学,似乎有时也很是误人子弟的。"(《华盖集续编补编·厦门通信(三)》)

限制,始终没有能组成一个大体略具的新的科学,这时常痛苦我。别一方面,又可知道我的思想还实在支离破碎,而且,我寻常所写过的文字,与其说是写我的思想,倒还是说写我的愤激的或悲哀或什么的好吧。"

9月23日 作《书的销路与读书》、《未名社的翻译、广告及其他》①,发表在10月17日《狂飙》周刊第2期《走到出版界》栏。

《书的销路与读书》认为:"在这种乌烟瘴气的出版界,而不写性欲的小说与头绪太乱的论著在好卖的书中竟能够屈居第二(按:指吴稚晖的书),真不能不说是难得了!"并在篇末为吴稚晖做广告:"听说出版合作社又要有一本吴稚晖的续集快出版了!"

《未名社的翻译、广告及其他》高度评价未名社翻译出版的《苏俄文艺论战》、《十二个》,认为它们"在那所有旧的出版物中,它们确乎是新的,不止在中国,而且在俄国,而且在世界。欧洲十九二十世纪间的文化在俄国是达到了顶点,站在那个顶点上的人才能看见全世界。这两本书是有全世界在里边装着的出版物。"同时高度评价未名社的广告:"普通的批评看去像广告,这里的广告却像是批评。"莽原社内部矛盾爆发后,鲁迅11月9日在给许广平的信中说:"长虹和素园的闹架还没有完,长虹迁怒于《未名丛刊》,连厨川白村的书也忽然不过是'灰色的勇气'了。"②

9月24日 夜两点在"上海滩"作《关于性》、《旧事重提》,发表在10月17日《狂飙》周刊第2期《走到出版界》栏。

《关于性》对张竞生好谈性提出批评,认为他"性的知识也最浅薄",章锡琛则"诚恳一些","最近科学的还是周建人的文字"。

《旧事重提》重提1925年人们对章士钊和现代评论派的批评。内云:"这不但是被压迫者反压迫者的运动,而是同情于被压迫者反同情于压迫

---

① 后收入《论战中的鲁迅》(傅光明主编,京华出版社,2006年5月)。

② 尽管《未名社的翻译、广告及其他》发表于莽原社内部矛盾爆发后,但写作时间却在这之前。并且高长虹这篇文章对未名社称赞有加,文章开头这段话实际上是欲扬先抑:"未名社的翻译对于中国时代是有重大的意义的,与时流的翻译决不一样,但这宁可以说不在于厨川白村的灰色的勇敢,也不妨说不在于陀斯妥耶夫斯基与安特来夫的深的同情与绝望,而是在于那两本在世界的时代也是卓然有立的《苏俄文艺论战》与《十二个》。"

者的运动,是士人中的不阔气的士人反阔气的士人的运动,是艺术与思想反仕宦的运动,是真实反虚伪的运动,是人反非人的运动。"

9 月 28 日　作《希望科学出现于中国》、《写给〈彷徨〉》①、《虚伪非作品,真实且说话》、《从校对说到女作者》,前两篇发表在 10 月 10 日上海《狂飙》周刊第 1 期,后两篇发表在 10 月 24 日《狂飙》周刊第 3 期,均在《走到出版界》栏。

《希望科学出现于中国》批评端六在《现代评论》发表的《广州现状》,认为其所谓的"纯客观的态度"与事实不符合,批评中国科学社和中国那些空讲科学的人,"并没有科学的成绩给我们做出来,而却空摆科学家的架子。"

《写给〈彷徨〉》认为人们用"再现"和"表现"批评鲁迅的《呐喊》与事实不符,叙述自己与鲁迅初次见面的情景。结尾是对《彷徨》的评价:"现在以《彷徨》之名而行世的这本小说集,其中如《孤独者》,《伤逝》两篇,似乎已闪出无名的,意外的新的期待,却终于写出更大的破灭与绝叫,且终于写出更深刻而悲哀的彷徨,则作者终是在较深刻的意义上而生活而创造呢,也还终是时代的原因呢?"看了这篇文章后,鲁迅在 10 月 15 日给韦素园的信中如此写道:"批评《彷徨》的两篇文章,已见过了,没有什么意思。"

《虚伪非作品,真实且说话》提倡"说真实的话",认为"虚伪的作品则只有丑恶":"人能够真实地写一封信,写一点日记,记一段梦,起一些感想,发一些不平,放在现在的出版物中已经是难能可贵的了。而且从这里也可以通到艺术的,只要愿意而且有能力走去。反之,由虚伪的作品是不能直达艺术的,如其要去,那还得折回来从头另起。"

《从校对说到女作者》对冰心、景宋、吕云沁这些女作家的创作提出自己的看法,说自己"去年喜欢看《莽原》周刊上景宋的杂感",希望能够出现这样的女作者:"离开了悲哀,离开了过去,而且虽是绝灭吧,也得离开了母亲,敢作敢为,跳在大的人生战场里,唱一曲赞歌吧!"对吕云沁《漫云》中的

---

① 　后收入《1913—1983 鲁迅研究学术论著资料汇编》第 1 卷(中国社会科学院文学研究所鲁迅研究室编,中国文联出版公司,1985 年 10 月)。

诗歌后面有周作人的一段附识感到奇怪。

9月30日　在"上海滩"作《与春台讲讲〈语丝〉》,发表在10月10日上海《狂飙》周刊第1期《走到出版界》栏。文章谈自己对《语丝》的态度:"我所喜欢的是《野草》的《语丝》,是同传统思想,同黑暗势力,同虚伪绅士奋斗的《语丝》。"

10月3日　作《〈向导〉与〈醒狮〉》、《读马丹波娃利》、《略谈〈广州文学〉》、《学点主观吧》,发表在10月24日《狂飙》周刊第3期《走到出版界》栏。

《〈向导〉与〈醒狮〉》认为"对于中国政治有明瞭而一致的主张的,目前要算《向导》和《醒狮》两个周刊了",同时又认为它们缺乏"国家与经济的科学的说明","只看见标榜之外的政治的宣传。我们疑惑是在看某派的新闻纸。"

《读马丹波娃利》推崇俄国以陀斯妥也夫斯基、高尔基为代表的"写实派",而批评法国以福楼拜为代表的"自然派"。

《略谈〈广州文学〉》对北伐战争①不感兴趣:"北伐军在湖北,江西的胜负如何,委实不是一件大事情",高长虹只想看一看广州的出版物,认为广州没有好的文学作品,"希望将来看得见较好的《广州文学》"

---

①　1926年2月24日,中国共产党中央执行委员会在北京召开特别会议,提出出兵北伐、推翻军阀统治的主张。6月4日,国民党第二届中央执行委员会临时全体会议通过"迅行出师北伐,任蒋介石为国民革命军总司令"案。7月9日国民革命军誓师北伐。7月11日,北伐军进入长沙。8月5日,蒋介石在郴州召集国民革命军总司令部人员及苏联顾问会议,研讨第二期作战方案,决定先攻武汉,相机进攻江西。8月12日,蒋介石在长沙召开军事会议,决定迅速进攻湖北,主力直趋武汉,对江西暂取守势。9月2日,国民革命军第四、七军等到达武昌城下。吴佩孚企图凭借武昌城垣及长江天险负隅顽抗,守住武汉,等待河南吴军和江西孙传芳军来援。第七、四、一军合围武昌城,从3日起连续多次攻城,均未成功。直至10月10日,武昌城才被攻下。至此,吴佩孚的主力基本被消灭,国民革命军取得了两湖战役的决定性胜利。国民革命军在两湖的胜利进军,使孙传芳感到威胁,便向国民革命军提出最后通牒,限令退回广东,并分两路袭击国民革命军。中国共产党坚决主张集中力量消灭孙传芳。蒋介石也因唐生智的势力在两湖迅速发展,急于开辟江西战场,夺取江西地盘,扩张自己势力。江西战场主要以三次攻打南昌为中心。9月中旬以前,国民革命军分别夺取赣州、吉安、萍乡、安源等地。19日第三军一部冒险攻入南昌城,21日被迫退出。南昌撤退时,国民革命军损失惨重。国民革命军在两湖战事胜利结束后,主力迅速转入江西,准备第三次攻打南昌。10月27日,蒋介石下达进攻江西全境之总攻击令。11月5日国民革命军攻克九江,8日占领南昌。至此,江西的北洋军全线溃退。

《学点主观吧》全文为:"那天我曾提起过《现代评论》端六的客观①,今天看见《醒狮》上也举出事实的反证了。《现代评论》社诸君子,同你们谈客观是白费事,但至少总应该学点主观的!这一次北伐又未必便能成功的!"

10月5日 作《艺术杂论两则》,内含《天才破坏论》、《韦痴珠与韩荷生》,发表在10月31日《狂飙》周刊第4期,曾收入《时代的先驱》。

《天才破坏论》认为"天才不过是产生自作品",而天才"又不是恰切适合于某个作品的评语,而是离那个作品有一万二千英尺远的一个恭维恣睢。"在人们还不能明白说明什么是天才的时候,"我们让他同中国的才子一同到历史上睡觉好了。"关于该文,高长虹曾说:"我从前所认为几个天才的朋友看了此文,都非常高兴。别一方面,则我所认为非天才或是天才而亦仅只小天才的一个朋友看了,则竟神经过敏而误为此文乃为彼而发。"(《走到出版界·"天才"一下子》)

《韦痴珠与韩荷生》认为"中国和艺术这两个名词,本来便像不容易连贯在一块似的":古代的文学作品,"除了一些民间的歌谣外,其他如《离骚》,《水浒》两作究竟有多少艺术的价值,尚很难说定";现代作品,"如想找一点真正的艺术作品,也许未必能过于五部吧。如想找一点真正于艺术有关系的作品,也许未必能过于十部吧"!

10月8日 作《评〈情书一束〉》,发表在10月24日《狂飙》周刊第3期《走到出版界》栏。文章批评章衣萍的小说《情书一束》"清新太少,而陈腐太多了,尤其是到了下卷"。

10月9日 作《没有几种好的定期刊物》、《忠告〈一般〉的记者》②,发表在10月24日《狂飙》周刊第3期《走到出版界》栏。

《没有几种好的定期刊物》认为在当时的定期刊物中,只有《沉钟》、《莽原》、《语丝》还行,尤以《沉钟》最好。

---

① 高长虹在《狂飙》周刊第1期发表的《希望科学出现于中国》曾批评端六的《广州现状》的"纯客观"说。

② 后收入《1913—1983鲁迅研究学术论著资料汇编》第1卷(中国社会科学院文学研究所鲁迅研究室编,中国文联出版公司,1985年10月)。

《忠告〈一般〉的记者》认为《一般》第 2 期寄赠及交换栏中的"《荆棘》的作者(按:朋其,即黄鹏基)似在模仿鲁迅"的话是"妄语"。

10 月 10 日　在《小说月报》17 卷 10 期发表《给——》8 首、《草书纪年》。

《给——》8 首曾收入《光与热》,收入同名集子时为 9—16 首。

第 9 首共 14 节,每节 4 行。写夜晚"我"静静地走过"你"关闭的门前,"怕惊了你的梦"。对此"你"并不知道,"我"却像遗失了什么。在"我像一个迷途的燕子飞出了天界"时,"你的影便给我出现了,/那是我只见过一次的影,/那是永久的,新鲜的,/甚似太阳,甚似我自己的心","我于是停住我的脚步","默默地对着你的影"。

第 10 首共 4 节,每节 4 行。希望"我"与"你"一同到"种满了绝灭之花"的"隙地":"那一片隙地上,/红的花开放了,/她像人心又像血的心"。

第 11 首共 9 节,每节 4 行。写"我"得不到爱的痛苦:"你的睫毛在你的眼上怒竖嶙嶙,/你的眼皮高耸着像在追慕着天空,/便在那无言的恐怖时代,我的爱呵,/让我用最高的崇拜呵,接吻你的眼睛。"

第 12 首共两节,每节 6 行。诗人从"你的浅碧色的眼中","看见我的悲哀的全面"。

第 13 首共两节,每节 9 行。诗中的"你"尽管不爱"我",但仍是"我的救主"。

第 14 首共 4 节,分别为 4、11、11、11 行。临行前对所爱的人说"待我二年,/不来而后嫁",但在"我"走后,东村的富商、西村的荡子却来求婚了。

第 15 首共 5 节,每节 4 行。写"我"心的深处,常抱着一个"华美的梦":"我们站着在山的顶尖,/我们伸手时摩抚着云端,/但这些,我们都厌倦了,/还不如我们且屈膝倾谈。"

第 16 首共 4 节,每节 6 行。写"你"的嘲笑深深地伤害了"我":"是那样锋利,/它刺伤了我的心"。

《草书纪年》内含《老战士和他的老马》、《历史的势力》、《爱的沉默》、《艺术与悲哀》4 则格言体短文。

△　上海《狂飙》周刊创刊。

△ 在上海《狂飙》周刊第 1 期发表《〈狂飙〉周刊的开始》①、《论人类的行为》，前文后又在《中国公论》1940 年第 5 期发表，署名"阿莹"。

《〈狂飙〉周刊的开始》相当于《狂飙》周刊的发刊词。宣布其宗旨为："我们尊崇科学，尊崇艺术。我们以为艺术表现人类的行为，科学指导人类的行为。我们以为文化只是科学与艺术。我们以为中国只有两条路可走：有科学与艺术便生存，没有科学艺术便灭亡。我们以为人类只有两条路可走：有新的科学艺术便和平，没有新的科学艺术便战争。我们倾向和平，然而我们也尊崇战争，我们要为科学艺术而作战！""我们的重要的工作在建设科学艺术，在用科学批评思想。因为目前不得已的缘故，我们次要的工作在用新的思想批评旧的思想，在介绍欧洲较进步的科学艺术到中国来。"

《论人类的行为》曾收入《时代的先驱》。该文认为人类的行为"一定是人人都可以看见"且"所有的人类都在不能离却的那种行为"，所以除"经济的行为同性的行为"外，还有"教育的行为"、"艺术的行为"、"科学的行为"，"除此以外，我们还没有看见其他"。该文将科学分成两类："实际的科学，如物理学，化学，生物学，地质学，人类学及经济学与心理学，两性学的一部分"、"理论的科学，如人生哲学，哲学，社会学，历史学，及政治经济学等"。该文认为："要想明白人类的行为，我们必须把那些理论的科学即假科学一齐丢开，而向那实际的科学即真科学去求我们的解答。"另外，该文还表达了高长虹对行为主义心理学及其首倡者 Watson（华生）的看法："我们并不以为行为主义已经建设了一个完全科学的心理学，反之，我倒以为它正在向着心理学的破灭那一条路上进行着呢！然而，它所提出的那个态度，那个完全的科学的态度，它已经给与我们关于人类的行为的研究上以一个极大的，极大的闪光。"

关于该文，高长虹曾如此写道："《论人类的行为》，是我的《经济学批评》中的一章。经济学批评，并不便是经济学，批评的工作，只想把经济是什么，先给以一些说明，及把从前的经济学方法的错误指出，及说明如何去

———————————

① 收入《鲁迅研究资料》第 23 辑（北京鲁迅博物馆鲁迅研究室编，中国文联出版公司，1992 年 3 月）。

开始科学的经济学的工作。我对于经济的主张如何,连我自己也不知道,只可待诸将来科学的研究好了。过去的学说,我都不相信,这只要看了我对于哲学的态度便可知道。"(《走到出版界·关于〈论人类的行为〉》)

收有该文的《时代的先驱》出版后,《土拨鼠》周刊的觉非认为高长虹看社会很"清楚",证据是高长虹文章中的下面这段话:"我们所能够看见的行为是,经济的行为同性的行为。我们看见人类如没有经济的反应的时候,则会失了生存;如没有性的反应的时候,则会失了生殖。"(《时代的先驱》,《长虹周刊》第 6 期。引文有错,现根据高长虹文章改正)

△ 作《给鲁迅先生》①、《给韦素园先生》②,以《通讯》为题发表在 10 月 17 日《狂飙》周刊第 2 期,后收入《走到出版界》。

给鲁迅的公开信为:

鲁迅先生:

昔日曾使你惊喜过的《狂飙》周刊,今已借尸而还魂了,这对于你,想来仍然是一个好的消息。回忆当时情况,"普天下"能赏识《狂飙》者,只有你,郁达夫先生,日本友人伊东干夫,与开封的欲擒而已。达夫外恭而内倨,仅一次往来,遂成路人。你呢,我们思想上找差异本来很甚,但关系毕竟是好的,《莽原》便是这样好的精神而表现。今者周刊复活,伊东干夫不知漂流何处,才特异而年特少之可爱的欲擒乃不幸已永别人间,想我当时旧友一话此中之快痛者,乃只剩先生一人而已!不幸此执笔之初乃有一事不得不先同你谈谈,这诚然是一件不幸的事呵!我诅咒这样事实发生的那一个日子!

接培良来信,说他同韦素园先生大起冲突,原因是为韦先生退还高

---

① 后收入《模范书信文读本》(林英编,光华书局,1934 年 3 月)、《当代尺牍选注》(谭正璧编,光明书局,1935 年)、《现代书信文选》(笑我编,仿古书店,1936 年)、《1913—1983 鲁迅研究学术论著资料汇编》第 1 卷(中国社会科学院文学研究所鲁迅研究室编,中国文联出版公司,1985 年 10 月)。《山西文学大系第 6 卷·现代文学·上》(王世杰、王春林、许并生卷编选,山西人民出版社,2005 年 1 月)、《论战中的鲁迅》(傅光明主编,京华出版社,2006 年 5 月),又节选收入《鲁迅〈故事新编〉(供内部学习参考)》(山东大学中文系,1976 年 12 月)。

② 后收入《模范书信文读本》(林英编,光华书局,1934 年 3 月)。

歌的《剃刀》，又压下他的《冬天》。《冬天》一剧，培良曾以友谊的关系帮助《新女性》稿件而被拒，现在又给韦闹，因此而感想及于《冬天》的命运之可笑，言下愤怒而凄苦。但此系私事，无须多说。所欲言者，则以此事证之，现在编辑《莽原》者，且甚至执行编辑之权威者，为韦素园先生也。素园曾以权威献人，今则用以自献，然权威或可施之于他人，而不应施之于同伴也。忆月前在上海相遇，我曾以《莽原》编辑为问，你说丛芜生病，霁野回家，目前大概由素园维持，将来则属之霁野。霁野眼明中正，公私双关，总算一个最合适的人物。现在暑假已过，不知霁野何以没有回京。如已回京，又何以仍由素园编辑。如已由霁野编辑，培良又何以同素园相闹。我真有点不明真象。不过既已闹出事来，免不得要累及霁野。忆去年《莽原》改组议初起的时候，你曾要我编辑，我当时畏难而退。虽经你解释，然我终于不敢担任，盖不特无以应付外界，亦无以应付自己；不特无以应付素园诸君，亦无以应付日夕过从之好友钟吾。党同伐异，我认为是客观的真理，然我不愿拿它做主观的态度。然而这个，在当时是行不下去的。若再说到何者为同，何者为异，亦漫无定论。以朋友关系说，钟吾为同，素园为异。以刊物说，《莽原》为同，其他刊物为异。然则即以党同伐异为是，编辑《莽原》，也不能于《莽原》内部而有所党伐也。后来半月刊出现，发行归之霁野，编辑仍由你自任。然从半月刊的形迹之间，几无处不显示有入主出奴之分，此则我不能不为霁野不直者。然而还可以诿之于客观的真理，所以我始终未提出异议。今则态度显然，公然以"退还"加诸我等矣！刀搁头上矣！到了这时，我还能不出来一理论吗？

《莽原》本来是由你提议，由我们十几个人担任稿件的一个刊物，并无所谓团体，形式上的聚会，只有你，衣萍，有麟，培良及我五人的一次吃酒。它的发生，与《狂飙》周刊的停刊显有关连，或者还可以说是主要的原因。撰稿的人，也是由我们几个人"举尔所知"。以后培良南去，衣萍又不大做文，《莽原》内部事，当其冲者遂{只}剩我们三人。无论有何私事，无论大风泞雨，我没有一个礼拜不赶编辑前一日送稿子去。我曾以生命赴《莽原》矣！尔时所谓安徽帮者则如何者！乃一经发行，几欲据为私有，兔死狗烹，现在到时候了！言之痛心，想来这也不是你办《莽原》的本意吧！我对于《莽原》想说的话甚多，一向搁于情势，未能说出，现在一时也无从提起，究竟有没有说的必要，待几天再看。你如愿意说话时，我也想听一听你的意见。

新生的《狂飙》周刊已由书局直接寄你，阅后感想如何？这次发刊，我们决意想群策群力开创一新的时代。但只是冒险，实无把握，成绩如何，俟之他日。或者中途死灭，亦意中事。但如能得到你的助力时，我们竭诚地欢喜。

《彷徨》，我曾写了一点的短感想。培良想批评《孤独者》，我或者也批评一点《伤逝》，此中消息不足为外人道也！

给韦素园的公开信为：

素园先生：

自去年《民报》停刊，先生某日清晨给我送稿费，且多送一元，使我感激至今者后，已像一向没有见面了。乃不料昨日接培良来信所述关于先生的一事，乃令我大不满意，与君初次通信，乃以这种形式出之，殊非意计所及者！然而公事言公，奈之何者！事为先生所知，且以详给鲁迅先生信中，请参阅。数期以来，我已接不到《莽原》，已深滋疑虑，今欲问先生者，则此事究为先生个人所独断，抑是霁野，丛芜，静农所大家同意的？次请先生或先生等把对于我等的真实态度在《莽原》上郑重宣布。三请先生或先生等认清这几件事的性质，则《未名丛刊》是一事，《未名丛刊》经售处又是一事。《莽原》又是一事，《莽原》编辑又是一事，《未名丛刊经售处发行《莽原》又是一事。四请先生或先生等谅解，我同《莽原》的关系人所共知，所以我对于《莽原》有过问的责任。如先生或先生等想径将《莽原》据为私有，只须公开地声明理由，或无理由而径声明偏私的意见，解除我等对于《莽原》之责任，则至少在我个人，对《莽原》仍同从前对《民副》的态度，为中国出版界多一种较好的刊物计，其他一切都可牺牲。否则，对外对内，我们不能吃这双料的暗亏！《莽原》须不是你家的！林冲对王伦说过："你也无大量大才，做不得山寨之主！"谨先为先生或先生等颂之。

关于"退稿事件"，当事人向培良在《为什么和鲁迅闹得这样凶》如此写道：

> 《冬天》的前后，我可以说一点，这中间还夹着高歌的《剃刀》。《剃刀》韦素园看不懂，但《冬天》却并不"陈义太高"。这篇剧本，是我在上海所写，我的剧本里面，比较光明的一篇，他们所以退回来，是别有用意的。
>
> 《莽原》的前后历史似乎不必说，长虹已经提过一点，很明显了。我个人同《莽原》的关系，则人们应该知道，也不用多说。至于别的一些琐事，则还是埋藏起来的好，所以我只说《冬天》。最先我写的一封信给素园，说有这么一篇稿子，可以登否。那时我已非常谨慎，而且客气，对于《莽原》，用起先写信询问的法子了。这样的方法我还绝未在别的地方用过，回信说可登。但那一期来不及了，等下期，于是我寄稿子去。下期没有登，来信说稿子长一点，分配不来，等下期。下期又没登，来信说G浅〔线〕和石民的稿子压好几期了，鲁迅走时说要赶快发表，所以再等下期。后来我见了丛芜，告诉他此篇已收在《沉闷的戏剧》里，快出书了。丛芜问我什么时候出，我说十日付印，他说下期还来得及。但下期又未登，素园却来信说因快出书了，登出不方便，故退还。前一天把《剃刀》退还了。《剃刀》同《清晨起来》另二篇，系鲁迅要去。后来因出《狂飙》，高歌取回了两篇。所以退还的原故，是因为看见许多点点点，不知道是什么东西。（《高长虹研究文选》，北岳文艺出版社，1991年）

关于"退稿事件"，笔者曾作如下考证：

> 《鲁迅日记》：1926年5月22日，"夜得霁野信片，二十一日天津

发。"这时,李霁野因母亲病重离开了北京。9 月 14 日,"得霁野信,八月廿五日安徽发";9 月 16 日,鲁迅在给韦素园的信中说:"收到霁野的信,说廿七动身,现在想已到了";9 月 29 日,"上午得霁野及丛芜信,十九日发";《莽原》半月刊第 19 期上刊登的李霁野的《归途杂记》落款为:"一九二六年九月十七日夜"。由此可知,尽管李霁野在 8 月 25 日的信中对鲁迅说他 27 日"动身",但李霁野到北京时已是 9 月中旬了——李霁野回京后,也许由于稿荒,先于 17 日写完自己的《归途杂记》,再在 19 日给鲁迅发信。李霁野回到北京时,恰遇韦素园编辑鲁迅离京后的第二期——《莽原》半月刊第 18 期(1926 年 9 月 25 日出版)。莽原改组后,鲁迅将《莽原》半月刊的发行权归李霁野,只因母亲病重李霁野回家,韦丛芜又生病,才由韦素园"维持",并且,安徽作家群向来团结如一人,所以韦素园编辑第 18 期时,一定征求了刚回北京的李霁野的意见,与同在北京的韦丛芜商量决定:将向培良的《冬天》退回。

李霁野说,高歌的《剃刀》被退也是他们商量的结果:"高歌寄来一篇文章,素园看后认为不好,但并非有什么成见,他还给我们传阅,我们同意他的意见,这才退回了。"我们知道,高歌的《剃刀》"系鲁迅要去",并非高歌自己送来。鲁迅离京后,韦素园在第 17 期上刊发了高歌的《母亲的衬衣》,却不刊发同是鲁迅"要"去的《剃刀》,这是什么原因呢?从"鲁迅走时说要赶快发表""G 线和石民的稿子"可以推断,鲁迅走时并未叫韦素园发表高歌的《剃刀》,否则"小心有余"(鲁迅语)的韦素园是不敢将其退回的。"退稿事件"发生后,鲁迅在给许广平的信中说:"闹的原因是因为《莽原》上不登向培良的一篇剧本"。高长虹在《给鲁迅先生》中明明说"韦先生退还高歌的《剃刀》,又压下他的《冬天》",鲁迅却只说"向培良的剧本",为什么呢?原因很简单:高歌《剃刀》被退,鲁迅很可能是"知道其中的底细曲折"的。按向培良的说法,《剃刀》被退,是"因为看见许多点点点,不知道是什么东西"。《剃刀》后来发表在上海《狂飙》周刊第 7 期上,这篇文章确实有"许多点点点":全文只有 35 句话,却用了 27 个省略号。收有高歌这篇文章的

《清晨起来》出版后,狂飙社成员籍雨农在给高沐鸿和高长虹的信中也说:"高歌的作品,我不能懂;尤其是《清晨起来》。"坦率地说,看了这篇文章,笔者也"不知道是什么东西"。(廖久明:《高长虹与鲁迅及许广平(修订本)》,页101—103)

10月13日　作《关于〈闪光〉的黑暗与光明》、《莫泊三的诗与欧儿拉》、《关于郭任远及其著作》、《北新书局的好消息还不是最好的消息》、《为投寄《狂飙》者略进数言》,前两篇发表在10月24日《狂飙》周刊第3期,后三篇发表在10月31日《狂飙》周刊第4期,均在《走到出版界》栏。

《关于〈闪光〉的黑暗与光明》叙述《闪光》的创作和出版过程及出版后的反响。

《莫泊三的诗与欧儿拉》向翻译"未必见得好买"的莫泊桑诗歌的张秀中"表示敬意"。

《关于郭任远及其著作》:在《申报》双十节增刊上,郭任远说他以后打算多做些通俗的科学文字,高长虹很"喜欢"听到这一消息,"为了科学的缘故","第三次来多说几句话"。高长虹认为郭任远是他在书上所看见的唯一的"有希望的科学家",并提出如下希望:"一,我希望《人类的行为》下卷的出版;二,我希望看见通俗的科学文字;三,我希望这两件事不使我失望。"

《北新书局的好消息还不是最好的消息》北新书局在广告上说《浅草丛书》已有六种编好了,高长虹认为"这是一个真的好消息。但是,这还不算一个最好的消息",高希望看见的好消息是:"浅草社的/《浅草丛书》/已编好的六种/已由本局出版了!!!"

《为投寄《狂飙》者略进数言》声明上海《狂飙》周刊除"有话大家说"一栏外不收外稿:"望投稿专家们不要来碰钉子,自讨无趣。本栏意在唤起青年的自觉,发抒实感,明辨环境,以期造成一新的舆论的雏形。"

10月14日　"鸡鸣时"作《题郭沫若〈文艺论集〉》,发表在10月31日《狂飙》周刊第4期《走到出版界》栏,为看见郭沫若的《文艺论集》后写的一首诗歌。

△　"日出之前"作《舆论不死》、《我之考古谈》,发表在10月31日《狂飙》周刊第4期《走到出版界》栏。

《舆论不死》:杨振声的《玉君》出版后,陈西滢本准备写一篇评论文章在《现代评论》发表,其结果"连一个影子也不曾看见",高认为"未免太不义气了",并说:"我去年便说过,西滢同我做朋友我也愿做,但朋友自朋友,批评仍自批评。"

《我之考古谈》认为与其考古,不如研究现实。

10月15日　在《幻洲》1卷2期发表《蒋光赤休要臭得意》。对蒋光赤在《猛进》周刊发表的诗歌提出批评,认为引用的诗"像一个人面壁谈天,这里不但没有诗的情绪,而且连诗的字样都找不到。"文中还提到冰心:"这个蒋光赤,且不管他有没有拍马屁弄得钱用用,找点官做做,却是千真万真吹过牛皮对于冰心女士及其他一些……都总没放在眼里呢!"

10月17日　在上海《狂飙》周刊第2期发表《论杂交》①,曾收入《时代的先驱》。文章将人类所有文化的历史分成三个时期:"一,发昏时期;二,假干净时期;三,自欺欺人时期。"与之相对应的性生活为:"劫夺时期;婚制时期;恋爱神圣或灵肉一致时期。"认为婚姻家庭生活十恶不赦——列举了十大缺点,"杂交生活除适应于真实的性的生活之外,其对于人类生活全般的益处也就可想而知了呵!"。高长虹同时也认为:"杂交在现在的中国是没有完全实现的可能,至多不过是流行于最少数的有进步的思想的青年罢了。"

该文发表后,杰克②给高长虹写信盛赞该文:"足见隐隐中与未来派相

①　后收入《性之趣》(彭国梁主编,珠海出版社,2003年4月)

②　董大中先生在《张申府与高长虹》(2002年9月12日《团结报》)中认为杰克是张申府的化名,笔者认为此说值得商榷:一、此时的张申府尚在北京,不可能如此快就读到三天前在上海出版的周刊第2期;二、信中如此写道:"此文本想我们自己办的小刊物上发表求教的",这一段时间张申府并没有办刊物;三、孙伏园告诉高长虹张申府佩服他见识的时间是1926年夏天(《走到出版界·谨防冷箭》),而《论杂交》发表在1926年10月17日上海《狂飙》周刊第2期;四、笔者通读了《张申府文集》和能从其他地方找到的相关文章,尽管张申府也提倡"性的自由",但与信中所说的"辐射式恋爱"有较大区别。在笔者看来,杰克更有可能是卢剑波的化名:1、此时卢就在上海;2.此时卢复刊了无政府主义机关刊物《民锋》;3. "辐射式恋爱"观与卢的观点更接近;4. 卢非常欣赏这篇文章——不但引用其中的观点,还将其收入自己编的《恋爱破灭论》(泰东书局,1928年)中。遗憾的是,由于与卢剑波有关的书籍、刊物散失太严重,笔者目前尚未找到非常直接的证据。

合的狂飙运动者的精神",并说高长虹的"杂交论"与自己所说的"辐射式的恋爱"的根本立脚点都"站在感官上"(以《通讯》为题发表在《狂飙》周刊第7期上,收入《高长虹研究文选》时题为《杰克致长虹》)。高长虹在回信中如此写道:"我的那篇《论杂交》,只是建设这样一种新的思想罢了。我对于生理学无甚研究,所以关于生理一方面的,我不能说什么话。我反对不懂生理学的人来谈性交。/你的文字,虽然你说是一种共感,但我却只见其异。我的文字,是思想,是对人类立论。你的文字,是谈事实,是对自己立论。"高鲁冲突爆发后,鲁迅12月5日在给韦素园的信中如此写道:"我以为长虹是泼辣有余,可惜空虚。他除掉我译的《绥惠略夫》和郭译的尼采小半部而外,一无所有。所以偶然作一点格言式的小文,似乎还可观,一到长篇,便不行了,如那一篇《论杂交》,直是笑话。他说那利益,是可以没有家庭之累,竟不想到男人杂交后虽然毫无后患,而女人是要受孕的。"收有该文的《时代的先驱》出版后,《土拨鼠》周刊的觉非在《时代的先驱》中认为"长虹对于性的解释也很有新见地":"现在的恋爱也,什么也,也不过'性交'而已,自然也有人与人的关系。他的所谓杂交,完全是基于双方的自由,而不是强迫,这是反婚姻,反礼教,反道德的急先锋;屈伏于性的人们哟,这不是理论,而是解放性的好良方呢。"(《长虹周刊》第6期,《高长虹研究文选》)

10月19日　在"杭州"作《谨防冷箭》①,发表在11月14日《狂飙》周刊第6期《走到出版界》栏。叙述自己为《北新》周刊投稿的原因和过程,认为《北新》周刊发表的一些文章是针对自己放的"冷箭":怀疑第4期校对的《我之道德观》是在"放冷箭",因其中有"投稿横写的便是坏人,并且拉到两面写的,铅笔写的等"这样的文字——高长虹的稿件便是这样写的;怀疑第5期淑章的《论艺术运动》是在"放冷箭",因该文"对于高呼科学艺术运动者肆其无理由之讥笑"——高长虹在该期发表了《科学书的贫乏》,呼吁人们多出科学书;怀疑第6期春台的《讲讲〈语丝〉》是在"放冷箭",因该文"以《语丝》同人的资格,隐约地说我是以抽象的眼光评论《语丝》"——高长虹曾在《北新》第5期发表《今昔》,认为"《语丝》是自由批评的";怀疑第

---

①　后收入《中国杂文大观(一)》(张华、刘应争、苏冰编,百花文艺出版社,1994年3月)。

8 期的一篇论善著书不善著书的文章是在"放冷箭",因高长虹在同期发表了《中国艺术的姿势》、《读谢本师》、《小书局》、《文化的论战》等文章。10月 28 日,高长虹在该文末增加了这样一段话:"回上海后,面见春台田间两君,我亦疑事出误会,深悔冒失。两君生活甚苦,我对之深表同情,且大家都是青年,何必无事相争?我遂想不发表这一段闲话。但又一朋友则以为读者亦不作如是观者,仍然是发表的好。因将文中较意气的文句抹去,只存事实,仍发表在此,为或然的读者释疑。并请春台田间两君谅解。"

　　△　作《批评工作的开始》,发表在 11 月 14 日《狂飙》周刊第 6 期,曾收入《时代的先驱》。该文分三个部分,第一部分为《批评的缘起》,在介绍了自己过去所做的批评——重点是系列杂文《弦上》的创作——后如此写道:"现在让我自己来批评一句吧,我从前并没有做过真的批评,我倒是做过一些真的创作"。第二部分为《批评的几个要点》,确立批评的"要点"为:"第一,我不承认作品是作者个性的表现";"第二,我认为艺术只是一种工作,是应需要而来的,是应时代的需要而来的";"第三,我取消艺术批评上因袭的那些派别的分别";"第四,我想竭力向这点做:多说明而少估价";"第五,认作品不认人"。第三部分为《批评的材料》,选定的"批评材料"有:《女神》(郭沫若)、《呐喊》(鲁迅)、《超人》(冰心)、《彷徨》(鲁迅)、《沉沦》(郁达夫)、《三个叛逆的女性》(郭沫若)、《飘渺的梦》(向培良)、《落叶》(郭沫若)、《荆棘》(黄鹏基)、《咖啡店之一夜》(田汉)、《野草》(鲁迅)、《雨天的书》(周作人)、《心的探险》(高长虹)。该文还告诉我们,高长虹准备写《从新青年到现在的时代色彩》、《中国的经济的趋势》两篇文章。

　　该文本计划在《狂飙》第 5 期发表,"不料到那一期将付印的时候,我的精神上受了一个大的打击,因此,那篇文章也便被挤到第六期去了。而且,很显得有些离奇。有些人也许以为我是惯好为自己辩护的,但却有些最关紧要的事实,最容易使人误解我的事实,我却并不为自己辩护,我反而藏在心里咀嚼那种无上的悲哀。即如上边所说的那一个大的打击,我直到现在始终没有宣布它的真象,因为这对于我的一个朋友太难堪了。"(《走到出版界·取消批评工作》)

　　10 月 20 日　在"杭州"作《送全平》,发表在 10 月 31 日《狂飙》周刊第

4 期《走到出版界》栏。文章叙述自己与周全平结怨的原因——高长虹的《论"论是非"》对周全平发表在《洪水》上的《论是非》提出了批评意见,周全平认为高是"糊涂者"。现在,听说周全平要走了①,遂作此文"送全平"。

10 月中旬　高歌结束北京狂飙事宜赴上海。

10 月 23 日　鸣着在《北新》周刊第 10 期介绍上海《狂飙》周刊。内容包括:一、与《弦上》周刊的关系:"它的内容确实与《弦上》是有关连的。岂但关连,它俩的态度简直一样,不但一样,而且因为《周刊》篇幅广大的缘故,'狂飙社'同仁的论态在我的眼前更较《弦上》时鲜明多了";二、逐一介绍了《狂飙》周刊创刊号上的文章;三、介绍了《狂飙》的定购处和价格:"《狂飙周刊》的定购处在旧马路光华书店;价钱每期七分,全年三元五,半年一元八。"四、介绍了 9 月 18 日《北新周刊》第 5 期的《狂飙社出版物预告》。

10 月 24 日　在上海《狂飙》周刊第 3 期发表《评胡适中国哲学史大纲》,曾收入《时代的先驱》。该文由十部分组成,分别为:"哲学史难做"、"胡适何人"、"哲学史不是哲学"、"开头便错"、"什么是史料"、"不是劈空从天上掉下来的学说从何处来?"、"什么是时势?"、"诗人时代"、"中国哲学史大纲不是哲学史"、"泛论的泛论",对胡适及其《中国哲学史大纲》进行全面否定,并在结尾写道:"我想胡适只有两条路可走:第一,是他自己说而自己却没有做的,'救出自己';第二,则是我替他说的,'否则,滚吧!'"

10 月 28 日　在"上海"作《1925,北京出版界形势指掌图》②,发表在 11

---

①　1926 年 10 月《幻洲》半月刊第 2 期发表了周全平的《全平启事》。内云:"自从把创造社出版部搅了起来,忽然平空地树了许多敌人。自己也不能够详细知道这是为什么。好象近来又动了漂泊的野心——记起漂泊,我便想到在九里松的朋友现在也不大理我了。所以,我又要漂泊去。"周全平离开创造社后,先到北平,旋即到东北开办农场。

②　后收入《1913—1983 鲁迅研究学术论著资料汇编》第 1 卷(中国社会科学院文学研究所鲁迅研究室编,中国文联出版公司,1985 年 10 月)、《被亵渎的鲁迅》(孙郁编,群言出版社,1994 年 10 月)、《围剿集》(梁实秋等著,河北教育出版社,2000 年 12 月)、《箭与靶——文坛名家笔战文编》(许道明、陈麦青编评,上海文化出版社,2001 年 1 月)、《论战中的鲁迅》(傅光明主编,京华出版社,2006 年 5 月),又节选收入《鲁迅《故事新编》(供内部学习参考)》(山东大学中文系,1976 年 12 月)、《鲁迅在广州》(山东师范聊城分院中文系图书馆,1977 年 12 月)、《鲁迅思想研究资料·下》(国家出版事业管理局版本图书馆研究室,内部资料)。

月 7 日《狂飙》周刊第 5 期《走到出版界》栏，收入同名集子时改题为《1926，北京出版界形势指掌图》——文中所写内容实际上以 1925 年为主，故本年谱仍用《1925，北京出版界形势指掌图》这一标题。文章以自己与鲁迅的交往为中心，叙述自己与 1925 年北京出版界的关系。文章开头如此写道：

> 我今应时代的需要来作此图，以述明北京出版界的实情。我想作此图，本于去年暑假中居北京时，即我对北京出版{界}有较正确之了解时。初来也同一两个朋友略示此意①，不料图尚未作，我个人之形势突然变异，直到现在，我还没有明白究竟。但我敢在这里特别声明的，即我为一游离者，中产阶级的利益我既不屑顾，无产阶级的战线我又未能至，故对于世人实不愿，也无其必要而行任何样式之斗争。我所说的话，其实只是看见什么便不愿意私有，以为说明真象，对于同时代的人们都不无用处。至于世间也不是没有人喜欢秘密，厌恶公开，然此只个人好恶不同，他喜欢秘密便秘密他的，我喜欢公开便公开我的，各行其是，本无抵触，闲言太多，画归正图。

关于此文，高长虹 14 年后如此写道：

> 我本想写三万六千字来答复鲁迅，因为这恰好可以作满一版《狂飙》的篇幅。写到三分之一的时候，想想说："鲁迅老了，何苦这样呢！"后来我看到他的"岂有此理"的事时，才想，要是写满三万六千字的时候，也许还要好一点。文章写好后，给一个朋友看，我还说："不发表吧！"那个朋友说："写了，就发表了好了。"我擦干眼泪，就交给书店付印了。（《一点回忆——关于鲁迅和我》，1940 年 9 月 1 日《国民公报·星期增刊》）

---

①　高长虹在 9 月 18 日《北新》周刊 1 卷 5 期发表的《今昔》曾说到此事："在《狂飙》季刊预备期间，我本想写一篇文字批评一年来北京思想界的新倾向，但终以忙着编稿校字及做别的文字，所以没有做起"（《走到出版界·今昔》）；10 月 19 日写的《谨防冷箭》再次说到此事："他日想写一《形势指掌图》以详述北京近一年来出版界之真象也"（《走到出版界·谨防冷箭》）。

10月30日　在"上海"作《〈狂飙〉周刊计划中的新花样》、《〈现代评论〉的又一希望》、《关于〈沉钟〉》、《〈语丝〉果真要沉默了吗?》、《南京的青年朋友们起来吧!》①、《杭州与我无缘》②、《怀田汉》,前两篇发表在11月7日《狂飙》周刊第5期,后5篇发表在11月14日《狂飙》周刊第6期,均在《走到出版界》栏。

《〈狂飙〉周刊计划中的新花样》介绍计划在《狂飙》周刊中添的"新花样":"一,科学和艺术的新消息;二,国际的实际状况;三,科学史及通俗的科学文字;四,民间传说与歌谣。"

《〈现代评论〉的又一希望》:看见涵庐在《现代评论》第98期希望军阀丢开武力用政治决胜负,高断定"这个希望没有实现的可能"。

《关于〈沉钟〉》:得知《沉钟》要移到上海出版的消息后写作此文,批评上海的印刷局"大抵是不守约言",致使定期刊物很难做到定期。

《〈语丝〉果真要沉默了吗?》对《语丝》提出批评:"看了第五期的《沉钟》同一〇一期的《语丝》,《沉钟》篇篇都好,《语丝》几乎没有什么意义了。"

《南京的朋友们起来吧!》希望南京的青年能起来办刊物,认为"救青年者,则只有青年自己而已"。

《杭州与我无缘》:"据杭州的民智书局说,《飘渺的梦》(按:向培良的小说集)、《荆棘》(黄鹏基的小说集)都卖了几本,《心的探险》(按:高长虹的作品集)一本也没有卖",高长虹听说这一消息后作此文,认为杭州与自己无缘。

《怀田汉》希望田汉能够振作起来。

10月31日　在"上海"作《咄!商务印书馆乃敢威吓言论界吗?》,发表在11月14日《狂飙》周刊第6期《走到出版界》栏。因为《一般》杂志批评商务印书馆所出的《学生》、《妇女》等杂志,商务印书馆传出消息说要起诉章锡琛,该文对此事提出强烈抗议:"商务印书馆须知:批评者,言论自由

---

① 后收入《江城子——名人笔下的老南京》,(丁帆选编,北京出版社,1999年1月)。
② 后收入《忆江南——名人笔下的老杭州》(吴战垒选编,北京出版社,2000年1月)。

也。如谓批评不对,则可在自己出版的杂志上与以答辩,或竟加以驳斥,均无不可。如谓批评得对,则正应虚怀若谷,纳受善言,从事改良,以表明对于出版界所负之责任。这两条正当的路,商务印书馆都不去走,而乃支离牵错,而提出所谓起诉问题。咄!商务印书馆竟敢妄谬如此,来干涉言论自由吗?"

10月31日、11月7日　在上海《狂飙》周刊第4、5期发表《家庭之下》,依次为:从开头到第五部分的"几乎饿倒在路旁"、从第五部分的"便是那样发昏"到结尾,收入《实生活》时标题改为《结婚以后》。关于该小说,高长虹曾如此写道:"《家庭之下》是一部长篇小说,连续在本刊发表。本想每月发表一次。因为第四期编入的七章,临印时放不下了,书局又误把五章只登了一半,所以六七章不得不赶急在第五期发表。以后,大概仍然是每月发表一次。"(《走到出版界·关于〈狂飙〉》)该小说可看作高长虹婚姻家庭生活的实录——言行先生的《一生落寞,一生辉煌——高长虹评传》中的相关部分与该小说中的内容基本吻合。

11月1日　在《幻洲》1卷3期发表《鬼说话之康有为的〈诸天讲〉》。认为康有为标价十元的《诸天讲》是"鬼话",与其买这样的书,不如破例去逛一次上等窑子。

△　高沐鸿给朋友写信:"C(按:高长虹)的信我读了感奋。他昨日给我来信,说周刊办成了,要我作稿。"(高沐鸿:《狭的囚笼》)

11月2日　高沐鸿给友人写信:"C,让他放洋去罢!海洋!海洋!伟大的诗呵!它于C有增益处。赶C带着海洋的精神归来时,我双手捧给他我的《红日》和《山神》。"(高沐鸿:《狭的囚笼》)

11月3日　作《谈谈翻译》、《中国与俄国》,发表在11月21日《狂飙》周刊第7期《走到出版界》栏。

《谈谈翻译》由六则小文章构成。第一则说自己对翻译"抱着极宽容的态度";第二则认为"文言译书,最不适用";第三则认为"翻译比整理国故重要得多,因为翻译来的是中国所没有的东西,而国故则古已有之";第四则认为"《小说月报》如想重整旗鼓来振作一下,我以为还是注重翻译好些,创作则宁缺毋滥";第五则认为"多译科学的,少译哲学的,多译现代的,少译近代乃至古代的";第六则认为"指摘错译这件事的本身终是有意义的"。

《中国与俄国》认为现在的中国,不管是文学还是政治都"同一千八百四五十年间的俄国差不多","有意识或无意识地感到这个的,将要成功艺术的创造者,将要成功实际的战士。过去的种种则怕只成其为过去而已!"

11月4日 给杰克回信,以《通信二则》(包括杰克来信)为题发表在11月21日《狂飙》周刊第7期上,以《复杰克》为题收入《高长虹全集》第3卷。回信不同意杰克在信中对《论杂交》的高度评价,说杰克误会了自己的意思:"我无党无派,请你不要以其形似而有所误会。即如《狂飙》上所发表的艺术作品,离未来派都很远,这只要拿未来派的作品一比较,便可以知道。也有人说过我的作品是未来派的,我说明不是,但辗转传述,便又有人说我是自命未来派的了。这些真使我不能明白。/《狂飙》也只是我们几个朋友发表文字的一个定期刊物,作品,思想,也互有不同,这也是要顺便声明的。"

△ 在"中国"作《关于〈论人类的行为〉》,发表在11月21日《狂飙》周刊第7期《走到出版界》栏。文章认为人们将《论人类的行为》称作经济史观和唯心史观的评价不当:"我所从事的是科学的工作,这不但不是一派的,也不是一国的,而是世界的。如其我的工作对于那一派的朋友们有无形的侵犯时,也请不要用党见,而是要用科学来批评。更希望不要用某人的学说来范围我的工作,因为这是一个新开始的工作,与过去的学说都无关系。"

11月5日 作《再谈〈广州文学〉及其他》,发表在11月14日《狂飙》周刊第6期《走到出版界》栏。看了《广州文学》第3、4、5、6、9期后,"知道从前的观察有不少错误",认为这几期《广州文学》中的很多文章,"都含有一种开始的心的扰乱"。并含沙射影地对"老旧的读者"提出批评:"他们赞美老旧的作品时,又每意在言外地讥笑青年","青年们将要蔑弃那些讥笑,而以勇往直前的壮气去创造新的艺术,也便一去创造新的时代。"

11月7日 作《"模仿"与"创作"》、《关于〈狂飙〉》、《张竞生可以休矣》,第一篇发表在11月14日《狂飙》周刊第6期,后两篇发表在11月28日《狂飙》周刊第8期,均在《走到出版界》栏。

《"模仿"与"创作"》对《一般》杂志提出批评,说自己是"不懂左右袒的。一件事还它一件事"。

《关于〈狂飙〉》:因为"'有话大家说'一栏已经空白到七七四十九天了。外面来稿的一份也没有,连自己的朋友也都沉默了",所以当接到郑效洵的译稿《什么是行为主义》后,高兴得"真不禁要三呼中国的青年万岁!科学万岁!"并迫不及待地在该期发表:"本来想寄给德荣校正一过再发表的,而那样又得延迟很几期,待不得了!"需要说明的是,高长虹1925年4月左右就与郑效洵认识,他与尚钺、阎宗临是狂飙社的三个"小弟弟"。

《张竞生可以休矣》认为张竞生的《性史》是"淫书","如欲辩护淫书,则张竞生可以休矣"。文章结尾希望周建人"更勇敢地为科学作战"。高鲁冲突爆发后,鲁迅12月8日在给韦素园的信中如此写道:"他近来又在称赞周建人①了,大约又是在京时来访我那时的故技。"

11月8日　作《德国狂飙运动的代表作物》、《又来凑一次热闹》,发表在11月24日《狂飙》周刊第6期《走到出版界》栏。

《德国狂飙运动的代表作物》呼吁人们翻译德国表现派的作品。

《又来凑一次热闹》说北京《狂飙》周刊"在北京出现的时候,正遇了北京出版界的一个热闹时期",现在上海《狂飙》周刊的出版是"又来凑一次热闹"。

11月9日　作《访鸣着》、《时代的命运》②,第一篇文章发表在11月21日《狂飙》周刊第7期,第二篇发表在12月12日《狂飙》周刊第10期,均在《走到出版界》栏。

《访鸣着》:《北新》周刊第10期发表了鸣着的《介绍青年的战友——〈狂飙〉周刊》,高度评价《狂飙》周刊并大力推广,黄鹏基来信问鸣着是谁,高长虹作此文,"还是请鸣着自己来解释我们的纳闷吧"。

---

① 除《张竞生可以休矣》这篇文章外,高长虹还在《走到出版界·关于性》中如此写道:"最近科学的还是周建人的文字,他可以给人一些关于性的科学的常识,这在目前是很难得到的。"

② 后收入《1913—1983鲁迅研究学术论著资料汇编》第1卷(中国社会科学院文学研究所鲁迅研究室编,中国文联出版公司,1985年10月)、《论战中的鲁迅》(傅光明主编,京华出版社,2006年5月),又节选收入《鲁迅〈故事新编〉(供内部学习参考)》(山东大学中文系,1976年12月)

《时代的命运》全文为：

我是非常希望鲁迅先生到我们新时代来的，鲁迅先生也可以说是非常希望我到旧时代去的。不妨说，我们是曾经过一个思想上的战斗时期的。他的战略是"暗示"，我的战略是"同情"。现在这个时期算是过去了，而且我们都失败了。鲁迅先生已不着言语而敲了旧时代的丧钟。但我仍然希望鲁迅先生严守着艺术上的旧时代的阵地，为中国，为朋友，我都在非常地这样希望着。

这也许是没法的事吧：《彷徨》的悲哀与绝灭。然而，正如托罗斯基批评勃洛克的话，他向着我们这边突进了，突进而失伤了！

我用最忠实的友谊希望鲁迅先生保守着"孤独者"的尊严，写一部《死魂灵》出来，这在艺术上仍然是极重要的事。我对于鲁迅先生曾献过最大的让步，不只是思想上，而且是生活上，但这对于他才终于没有益处，这倒是我最大的遗憾呢！

这也可以说是我最后斟给鲁迅先生的一杯苦酒吧！

△ 给皎我（王培义）回信，以《通信二则》（包括皎我来信）为题发表在 12 月 12 日《狂飙》周刊第 10 期上，以《复皎我》为题收入《高长虹全集》第 3 卷。王培义将自己同周仿溪在开封办的 3 日刊《飞霞》寄给高长虹，希望能与《狂飙》周刊交换，认为"北京的《莽原》，上海的《狂飙》，开封的《飞霞》如果能永久维持下去，并且态度丝毫不变，我想文艺界的妖气总可减少些吧"。（《王培义（皎我）致长虹》，《高长虹研究文选》）高长虹同意交换刊物，并推荐《沉钟》、《广州文学》。关于联合作战事，高长虹却认为没必要："《莽原》的态度，我还不大明白，我自然希望他们好。至于战线一说，我已不敢相信，且亦无其必要。所谓文艺上，思想上的战争者，我想，诉之于自由批评好了。"

11 月 10 日　在《小说月报》17 卷 11 期发表诗歌《给——》5 首，前 4 首曾收入《光与热》，收入同名集子时为 17—21 首。

第 17 首共 26 节，单节 6 行，双节 5 行。写一个远方的游人"带着记忆与悲楚"来到一个小湖边的红楼,拜访自己深爱过的小楼的女主人,回忆起与女主人初次见面时的难忘情景。

第 18 首共 28 节,每节 4 行。反复询问"亲爱的姐姐","如我能从白地再归来时",能否再次"投入你处女的胸怀"。

第 19 首共 6 节,每节 3 行。写"我"在傍晚的秋天,在桥边散步看见的情景,并想到"你的容颜"。

第 20 首共 4 节,每节 4 行。写"我"与"你"相处的情景——"你"是一个变幻莫测的人。

第 21 首共 5 节,每节 6 行。从塚墓下出来的"你"什么都是"死的苍白"。

△　作《〈吴歌甲集〉及其他》①,发表在 12 月 12 日《狂飙》周刊第 10 期《走到出版界》栏。该文赞扬民间文学:"正不妨说,中国所有过的文学只有民间文学而已";反对整理国故:"《中国哲学史大纲》固然不好,《中国小说史略》我也老实不要看,更无论于《古小说勾沉》,《唐宋传奇集》之类。一天,我在泰东遇见一位老先生进来问有鲁迅的书没有,我立刻便想起《关于鲁迅及著作》中的那一篇《撰译书录》来了。唉,唉,唉,怕敢想下去。"对此,鲁迅在《新的世故》中如此写道:"连在泰东书局看见老先生问鲁迅的书,自己也要嘟哝着《小说史略》之类我是不要看。这样下去,怕真要成'鲁迅狂'了。"

11 月 14 日　在上海《狂飙》周刊第 6 期发表诗歌《给——》5 首②,收入同名集子时为 22—26 首。

第 22 首共 16 节,每节 4 行。诗中的"我"与"你"总是阴差阳错,不能在一起。

第 23 首共 7 节,每节 6 行。写"我"爱上了在湖上、车站前、车上邂逅的"她"。

---

①　后收入《1913—1983 鲁迅研究学术论著资料汇编》第 1 卷(中国社会科学院文学研究所鲁迅研究室编,中国文联出版公司,1985 年 10 月)、《论战中的鲁迅》(傅光明主编,京华出版社,2006 年 5 月)。

②　后收入《中国现代文学补遗书系·诗歌卷·1》(孔范今主编,明天出版社,1991 年 7 月)。

第 24 首共 5 节,每节 4 行。诗中的"我"一无所有,只好"踟躇在路旁默想"。

第 25 首共 2 节,每节 10 行。写"我"梦中爱过一个中年的寡妇,由于"她"向"我"要丈夫的名义,只好分手。

第 26 首共 12 节,每节 5 行。写"我"夜晚外出散步,"只追求着一个肉体",结果大失所望。

△ 作《思想上的〈新青年〉时期》①、《介绍中华第一诗人》、《靳云鹏先生的说话》,发表在 12 月 5 日《狂飙》周刊第 9 期《走到出版界》栏。

《思想上的〈新青年〉时期》将从《新青年》到《语丝》这一段时间称作"新青年时期",认为这段时间的思想"大致都不出于救国,而救国的方略,大致又是出于科学,文学,德谟克拉西。"这一时期文学运动留下来的成绩,"只完成了一个褊狭的国民文学运动,与俄国文学比较,正是只到了哥哥尔(按:果戈理)时期而止,而没有到了德国的希来尔(按:席勒)时代,更无须高谈歌德了。"

《介绍中华第一诗人》:高长虹的《蒋光赤休要臭得意》在《幻洲》的"十字街头"发表后,"不料有人竟然疑惑我在嫉妒蒋光赤。我老实不知道什么叫做嫉妒。在恋爱上我虽然好像嫉妒过人,然而其实是我倒让步过人。更无论于一些文字上的勾当,连罗兰我也不嫉妒。"为此,高长虹作该文"以表明我的心迹"。

《靳云鹏先生的说话》:以靳云鹏在新闻报上的谈话引出对马克司、克鲁泡特金、列宁的比较:"马克司同克鲁泡特金的学说,我以为都是错误的,马克司是玄学化的科学,克鲁泡特金是科学化的玄学,都不是真的科学。马克司的学说较近于实际,较近于科学,然而他的解释,他的方法,却是玄学的,所以不能够说明实际。克鲁泡特金的学说,他的解释,他的方法都是科学的,然而他的基本的思想却是玄学的,所以也终是空想。克鲁泡特金毕竟是一个俄国式的学者,马克司也毕竟是一个德国式的学者,都不是世界的。

---

① 后收入《1913—1983 鲁迅研究学术论著资料汇编》第 1 卷(中国社会科学院文学研究所鲁迅研究室编,中国文联出版公司,1985 年 10 月)。

列宁便比较优胜些了,这便因为列宁有俄国人的感情而又有德国人的理智的缘故。"

11月15日　高沐鸿给朋友写信,其中谈到了狂飙社成员:

> C(按:高长虹)是引道的苦人。他是多么苦呵!然勇猛不已吞噬了苦么?他是多么可钦佩的善走路的人呵!……
>
> P(按:向培良)真妙妙!妙不可言!他的文字的全体都似水:水的流动,水的流声,水的流彩,我亲吻他的灵魂。
>
> K(按:高歌),行者呵!行者!行者!行者!……
>
> F(按:段复生)的重情托我在天海中了!我飘摇!我飘摇!我把着他的手臂不放。……
>
> H(按:郑效洵)同Z(按:阎宗临),两个小弟弟。一对夜空的流星呵,一个在前,一个在后。我赞美,将作为诗歌赞美他们。
>
> Q(按:黄鹏基)的笔,真不坏。我的情人有趣极了。我读着他的文字,想见东方朔。(高沐鸿:《狭的囚笼》)

11月17日①　作《琐记两则》、《呜呼,〈现代评论〉化的〈莽原〉半月刊的灰色的态度》②,发表在12月12日《狂飙》周刊第10期《走到出版界》栏。

《琐记两则》漫谈中国新文学,高度评价狂飙社成员向培良的《飘渺的梦》、黄鹏基的《荆棘》和自己的《心的探险》。并在末尾如此写道:"我所惟一希望已成名之作者,则彼等如无赏鉴青年艺术运动的特识,而亦无帮助青年艺术运动之雅量者,至少亦希望彼等勿挟其历史的势力,而倒卧在青年的脚下以行其绊脚石式的开倒车的狡计,亦勿一面介绍外国作品,一面则蝎子撩尾以中伤青年作者的豪兴也!"

《呜呼,〈现代评论〉化的〈莽原〉半月刊的灰色的态度》:从"北京朋友

---

① 《高长虹全集》的落款为:"一九二六,一一,七",有误。
② 两篇文章后都收入《论战中的鲁迅》(傅光明主编,京华出版社,2006年5月),后一篇文章又收入《1913—1983鲁迅研究学术论著资料汇编》第1卷(中国社会科学院文学研究所鲁迅研究室编,中国文联出版公司,1985年10月)、

来信"中知道未名社成员不准备答复高长虹在《给韦素园先生》后作此文，并为《莽原》半月刊的变化"呜呼"不已。

11 月 18 日　作《晴天的话》，发表在 12 月 12 日《狂飙》周刊第 10 期《走到出版界》栏。

怀疑周作人发表在 11 月 6 日《语丝》第 104 期的《南北》是在影射自己①，于是作此文——周作人曾出版过散文集《雨天的书》。文中没有点明是《语丝》上的哪篇文章，只是希望"过着较舒服的生活的人对于较困苦的，较牺牲的人们总可以表示些同情与帮助"，希望"从事于思想工作的朋友们者，大家都宽容一些，思想上的冲突自然是免不了的，但总要维持着思想上的德谟克拉西的精神，大家都诉之于自由批评。"

11 月 19 日　作《〈语丝〉索隐》、《公理与正义的谈话》②、《请大家认清界限》③，发表在 12 月 12 日《狂飙》周刊第 10 期《走到出版界》栏。

《〈语丝〉索隐》：对周作人的《南北》进行"索隐"："'疑威将军者'，岂明之'自画自赞'也。/'不，先生'，亦岂明自谓，以其好喝醋也。/'挑剔风潮'者，亦岂明之自述，而为酋长思想之表现也。"

《公理与正义的谈话》模拟"公理"与"正义"谈话，以"不再吃人的老人或者还有？救救老人！！！"结尾。

《请大家认清界限》将对周作人的攻击说成是"科学和玄学的冲突，新旧艺术的冲突，是幽默与批评的冲突"。

11 月 21 日　在《狂飙》周刊第 7 期发表《给——》二首④，收入同名集子时为第 27、28 首。

---

①　周作人在《南北》中如此写道："南北之战，应当改称民主思想与酋长思想之战才对。现在河南一带的酋长主义者硬要把地盘战争说是南北人民的战争，种种宣传，'挑剔风潮'，引起国民的仇视，其居心实在是凶得可怜悯了。"因其中还有"次鸿之好喝醋，(但这不限于晋人，贵处的'不'先生也是如此)"这样的语句，高长虹怀疑周作人作此文是针对因"退稿事件"而导致的莽原社内部矛盾。需要说明的是，高长虹的怀疑是错误的："周作人的《南北》很明显与北伐战争有关，如果非要'索隐'的话，'南'当指国民革命军，'北'当指吴佩孚。"(廖久明：《高长虹与周作人》，《新文学史料》，2005 年第 3 期)

②　后收入《论战中的鲁迅》(傅光明主编，京华出版社，2006 年 5 月)。

③　后收入《论战中的鲁迅》(傅光明主编，京华出版社，2006 年 5 月)。

④　后收入《中国现代文学补遗书系·诗歌卷·1》(孔范今主编，明天出版社，1991 年 7 月)。

第 27 首共 8 节,每节 4 行。写梦醒后,思念到梦中的意中人。

第 28 首被认为是攻击鲁迅的"月亮诗"①。全诗为:

我在天涯行走,
月儿向我点首,
我是白日的儿子,
月儿呵,请你住口。

我在天涯行走,
夜做了我的门徒,
月儿我交给他了,
我交给夜去消受。

夜是阴冷黑暗,
月儿逃出在白天,
只剩着今日的形骸,
失却了当年的风光。

我在天涯行走,
太阳是我的朋友,
月儿我交给他了,
带她向夜归去。

夜是阴冷黑暗,
他嫉妒那太阳,
太阳丢开他走了,

---

① 后收入《山西文学大系第 6 卷·现代文学·上》(王世杰、王春林、许并生编选,山西人民出版社,2005 年 1 月)。

从此再未相见。

我在天涯行走，
月儿又向我点首，
我是白日的儿子，
月儿呵，请你住口。

11月26日　《幻洲》1卷4期发表萍水的《为长虹痛骂蒋光赤而抱不平》，认为高长虹痛骂蒋光赤的原因是蒋光赤没把高长虹和鲁迅放在眼里。

11月29日　作《历史即神话》、《〈长虹给他母亲的一封信〉》、《与评梅论悲剧》、《领袖主义》、《"十字街头"答萍水》、《〈少年维特的烦恼〉和〈强盗〉的比较及其他》、《饭颗山头逢杜甫》、《我在"十字街头"贴招子》，发表在12月19日《狂飙》周刊第11期《走到出版界》栏。

《历史即神话》认为历史都是不可相信的神话，"迷信历史的，都将与历史共分其死灭的命运。认识现代的，才是真的现代人"。

《〈长虹给他母亲的一封信〉》：回忆去年看见张闻天在《东方杂志》发表的《长虹给他母亲的一封信》①后的想法："这正像我数年前写给我母亲的一封信似的。这可知所谓文字者，完全是环境和时代的产物，没有所谓个性那么一回事"，认为"一些反抗家庭的人却正是爱母亲，而且因这爱还感到更多的痛苦"。

《与评梅论悲剧》与石评梅②讨论悲剧，文章末尾"默祝中国的男女同胞能够多有一些有勇气去演悲剧，但是，要去做悲剧中的主人翁，而不是去做悲剧中的丑角"。

---

①　张闻天的短篇小说在1925年6月25日《东方杂志》22卷12号发表时，题为《飘零的黄叶——长虹给他母亲的一封信》，根据内容可以知道，该小说是根据张闻天自己的经历演绎而成的。

②　此文当是看见石评梅的《再读〈兰生弟的日记〉》（11月6日《语丝》第104期）后所写。在该文中，石评梅不但说自己是"崇拜悲剧"的，而且这样写道："我是信仰恋爱专一有永久性的，我是愿意在一个杯里沉醉或一个梦里不醒的。假使我的希望作了灰，我便将这灰包裹了我这一生，假使我的希望陷落在深涧底，我愿我的心化作了月亮，永久不离的照着这深涧的。"石评梅的这段话，无疑宣告高长虹已没有任何机会。

《领袖主义》对近来有人宣传领袖主义感到"头痛"，认为"谁做领袖，谁便失败，这是中国的一个极好的趋势"。

《"十字街头"答萍水》批评蒋光赤的诗"不是诗，更无论乎革命诗"，说自己"没有跟什么人得竟〔?〕过，我也不嫉妒什么人"，认为蒋光赤"译一些俄国作品出来比较好些"。

《〈少年维特的烦恼〉和〈强盗〉的比较及其他》认为《少年维特之烦恼》比《强盗》更伟大，"因为这里是利他的感情，而《强盗》是个人的感情。《强盗》是崇高的塔时，那末，别一部便是汪洋的海。"

《饭颗山头逢杜甫》①写自己在康庄碰见康有为，并发表对康有为的看法。

潘汉年在《十字街头》说《狂飙》是高长虹个性的表现，与狂飙有关系的朋友听了这话尤其不高兴，高长虹作《我在"十字街头"贴招子》，声明自己只是为《狂飙》撰稿的十几个人中的一个，希望"朋友们都不要生气"。

11 月 30 日　给吕沄沁、张谅甫回信，以《通讯》为题发表在 12 月 19 日《狂飙》周刊第 11 期，现以《通讯二则》为题收入《高长虹全集》第 3 卷。

回吕沄沁的信：高长虹在《从校对说到女作者》中对吕沄沁《漫云》中的诗歌后面有周作人的一段附识感到奇怪。吕沄沁来信解释："那篇附识是他（按：周作人）平日写在上面的，漫云印好我才知道。因他所说的正是我的毛病，秀中先生既把它加入（按：《漫云》付印的时候，吕沄沁正在毕业实习，所以抄写、校对全是秀中代办），作为先生给后生改文的纪念也无不可，所以就随它去了。"（《沄沁致长虹》，《高长虹研究文选》）高长虹在回信中说，他所谓的"为什么"即"无必要"的意思——《漫云》中没必要有周作人的文字，因为周作人"常好说那样依违两可的话，很容易发生恶影响"。②

回张谅甫的信：《烽火》中的文章用"萝葡"、"吊膀子"这样的词谩骂共产党，高长虹却在《又来凑一次热闹》中将《烽火》与《广州文学》、《幻洲》等其他

---

①　《戏赠杜甫》（李白）："饭颗山头逢杜甫，头戴笠子日卓午。借问别来太瘦生，总为从前作诗苦。"

②　许广平 12 月 20 日在给鲁迅的信中如此写道："在书局内看见狂飙，有长虹批评《漫云》中不应有二周的信，我也同此意思，我没高兴学写东西，就因为人们太高兴写的原故引起反感吧。"

南方出版的刊物一起称为"新气象",张谅甫对此提出批评,同时对《狂飙》连同增刊捆绑销售的做法提出批评,"请以后增刊与狂飙分开出书"。(《张谅辅致长虹》,《高长虹研究文选》)高长虹在回信中如此写道:"我所说的新气象,只是说南方近来出版物很多的意义,只是简单的叙事,中间并无批评";"增刊,我本来主张不加价的,但书局因为营业的关系,加价了。分开出售,我可以同书局商量一下。这是两方面的事,我当然不便于独断。"

12月1日　在"西湖"作《与岂明谈道》、《如何提倡世界语》、《〈父与子〉》,发表在12月19日《狂飙》周刊第11期《走到出版界》栏。

《与岂明谈道》引用南欧北欧例子,驳斥周作人《南北》中的话,并对周作人赞美《十二个》的做法提出批评:"岂明赞美《十二个》,而意在言外则蔑弃中国之创作。……岂明赞美外国作品,其别一意义,则借之以否定中国现在之作品。/……然而岂明自谓老人,而无老人之宽大,乃有婢妾之嫉妒,对于我等青年创作,青年思想,则绝口不提,提则又出以言外的讥刺。"

对此,周作人在引用了上面文字并在关键字词下加了着重号后驳斥道:

这是所谓自由批评吧,但是这种"深刻"的说法也是"古已有之"的,看雍正乾隆的上谕便知。不过古时皇帝是不准人说他,现代"青年"是不准人不说他,有这一点不同罢了。二十世纪这个年头儿,世界进化总是进化了吧,但我等老人却是更苦了;以前以为只要不干涉青年的事就是宽容了,现在才知道宽容须得"提"他们,而且要提得恭敬,否则便是罪大恶极,过于康先生,苦哉苦哉!

"意在言外","别一意义","言外",从言语文字外去寻求意义,定为罪案,这不是又有点像古时的什么"腹诽"之律么?呜呼,自由批评家乎,君自言是民主思想,然此非莫索利[里]尼之棒喝主义而何?君自言反对英雄,然此非吴佩孚之酋长思想而何?呜呼长虹乎,我者?(末二字意不甚明白,故仿为之,亦有兴趣,犹今人之仿尼采也。)(周作人:《老人的苦运》,1927年1月22日《语丝》第115期)

《如何提倡世界语》:高度评价胡愈之、鲁彦等世界语学者的工作,认为

"在可能的范围内,世界语学者起而作一种倾向和平的工作,倾向利他的工作,则极有价值。"

《〈父与子〉》介绍屠格涅夫的《父与子》。

12 月 5 日　在《狂飙》周刊第 9 期发表诗歌《给——》5 首,收入同名集子为第 29—33 首。

第 29 首共 22 节,每节 4 行。写"我"走遍天涯,却"遇不见一个可爱的女子",只好"重温旧梦"——回忆与妻子在一起的情景。

第 30 首共 15 节,每节 4 行,记录了与石评梅及其父亲石鼎臣的交往情况。

第 31 首共 9 节,每节 4 行。写"我携带着真理与美情"在路上行走,希望得到"你"的爱。

第 32 首共 5 节,每节 3 行。希望"变做了女工"的小姑娘来拯救自己。

第 33 首共 10 节,每节 4 行。写"我"一直在外面苦苦寻找。

△　作《一个二十九岁的青年同一个三十岁的青年攀谈》,发表在 12 月 26 日《狂飙》周刊第 12 期《走到出版界》栏。郁达夫说自己已满三十岁,正在危险时期,高长虹以一个未满二十九岁的青年的身份对郁达夫提出劝告:"三十岁不是一个危险的时期,反之倒是一个盛壮的时期呢。得了,我不再废话了,让我们一同发一次不驯的脾气,叫吧:到盛壮去!"

12 月 12 日　在《狂飙》周刊第 10 期发表文章诗歌《给——》5 首①,收入同名集子时为第 34—38 首。

第 34 首共 4 节,每节 4 行。写一朵鲜花遭遇萧瑟的秋风,"来年呵,我候你在春风下"。

第 35 首共 3 节,每节 5 行。回忆去年秋天与"你"邂逅的情景。

第 37 首共 18 节,每节 4 行。写自己希望的爱人是什么样子的。该诗告诉读者,高长虹常在诗中创造自己的爱人:"我爱的那个女人,/她便是我自己,/她已存在在我的心中,/她将降生在我的诗里。"

第 38 首共 4 节,每节 4 行。写"我"与"你"心心相印。

---

①　后收入《中国现代文学补遗书系·诗歌卷·1》(孔范今主编,明天出版社,1991 年 7 月)。

第 36 首描写了一个"疯狂的妇人"：

一缕游丝，
在风中飘荡，
雪似的白发，
披在她的脸上。

地车不停地运转，
风琴不断地鸣弹，
我常看见她走来走去，
晚霞中或在朝阳初上。

一个老年的妇人，
一个疯狂的妇人，
她有处女的清洁，
她有上帝的镇静。

她在万目中走过，
不把一人来瞧盼，
她有她永恒的职业，
终日了游荡，游荡。

她有丰富的家产，
她有媳妇与儿郎，
人们都说她病了，
看富贵如云烟。

湖色的绸袄染上了灰黄，
灰黄的发髻像云中的月亮，

嘴里吸着纸烟一卷，

骄傲地她端坐在洋车上。

我想起我老病的母亲，

我想起我夭殇的女儿，

我想起我的姐姐与妹妹，

我想起古往今来的女人。

我每次看见了女人，

我便忘不了那人，

她是我们幸中的幸者，

她又是我们不幸中的不幸。

该诗中所写的这位女人，颇类高长虹在《〈给——〉的女主人之一》（《长虹周刊》第 5 期）所写的这位女人：

这个女人，她约莫有五十岁的年纪，头发像蒲公英的花朵，她没有普通人的普通生活中所必有的感觉。我看见她是一个疯子，人们也说她是一个疯子。是了，她是一个疯子！从握手到接吻，我同她，都没有过，我有时用了最冷淡的眼睛看她，我有时又尊重她是一个上帝。两者都证明我同她的关系止于视线相逢罢了。而两者又都证明她不是我的普通所说的爱人。

但是，当我把这个女人装在我的诗里，当她变成了一首诗的时候，我接触到最传奇的恋爱了。她不是一个年老的疯妇，而是一个自然，或者竟至说女性的自然了。家庭不能够装饰她，财产不能够装饰她，一切风俗习惯都不能够装饰她，除了那惟一能够装饰她的高天和厚地。

12 月 19 日　在上海《狂飙》周刊第 11 期发表《艺术与时代》，曾收入《时代的先驱》。该文由 8 部分构成："艺术的起源"、"艺术是人类的行为"、

"人类与个人"、"什么是好的艺术"、"时代与艺术"、"时代如何划分"、"艺术的水平线"、"原始文学与民间文学",表达了高长虹对艺术的一些看法。

同期发表了北京师大武新宇给高长虹的赠诗。诗歌高度评价高长虹:"他的骨头如铁一般硬,/闪闪发光的是他的眼睛,/当他开始说话的时候,/整个宇宙都为他颤动"。(《武新宇致长虹》,《高长虹研究文选》)

12月22日 作《自画自赞,自广告》①、《新时代的消息》、《由泰戈尔而至〈雨天的书〉》、《青年作者将是世界作者》、《我们的性生活》、《我走出了化石的世界,待我吹送些新鲜的温热进来!》②,前4篇文章发表在12月26日《狂飙》周刊第12期《走到出版界》栏,后1篇文章在次年1月9日《狂飙》周刊第14期,曾收入《走到出版界》。

《自画自赞,自广告》说自己"受人们的闲气也受够了,所以现在不妨遵照某先生的赠言来自画自赞,而且也不妨来自广告":

> 已出版的《心的探险》一书,也并非如以虚无为实有云云者,此鲁迅批评其自己的《野草》也。反之,这里的却是现实的,也是时代的,也是未来的,也不妨说是"永久的"。也是我自作自编的,并非如坊间所传由何人所选定者③。鲁迅倒同我商量过说想去掉几篇,我因无大关系,所以便由他去。去掉的有几篇是他所不能领会的作品,也有几篇是不好的,我是实行——并非主张——宽容的人,当然无甚不满意。况且去掉的好作品我仍可以收到别处去。

《新时代的消息》为《沉钟丛刊》十五种要在一年内出版而欢呼。

《由泰戈尔而至〈雨天的书〉》认为周作人对泰戈尔的态度是对的,并借

---

① 后收入《1913—1983鲁迅研究学术论著资料汇编》第1卷(中国社会科学院文学研究所鲁迅研究室编,中国文联出版公司,1985年10月)。

② 后收入《1913—1983鲁迅研究学术论著资料汇编》第1卷(中国社会科学院文学研究所鲁迅研究室编,中国文联出版公司,1985年10月)、《论战中的鲁迅》(傅光明主编,京华出版社,2006年5月),又节选收入《鲁迅〈故事新编〉(供内部学习参考)》(山东大学中文系,1976年12月)。

③ 《〈未名丛刊〉和〈乌合丛书〉印行书籍》对《心的探险》有如此介绍:"长虹的散文及诗集。将他的以虚无为实有,而又反抗这实有的精悍苦痛的战叫,尽量的吐露着。鲁迅选并画封面。"

用其中的几句话暗示人们不要阻断异己分子"向上的机会"。

《青年作者将是世界作者》"希望旧时代的朋友们也到新时代来",认为"青年作者将是世界作者了"。

《我们的性生活》对《广州文学》第 3 期上"艳丽的情歌"提出批评。

《我走出了化石的世界,待我吹送些新鲜的温热进来!》全文为:

> 鲁迅近来在几个定期刊物上给《狂飙》及我个人大登其反广告①,我真不明白一个人的思想何以有时竟混乱到这步天地。我对鲁迅是从始至终不得不以同情相与的,虽我有时忍不住气也不免要攻击他一些。我决不是"严霜"宁可以说是新的"热风",这倒是鲁迅心里一概明白的。只是彷徨者有时便不免变成完全的黑暗,不是彷徨于艺术的明暗之间,而竟至彷徨于艺术与名利的明暗之间了。这其实是我已有预感的,我所以开始攻击他者,正是想预先给他一种警告。
>
> 我始终是最明白鲁迅,而且是最同情于鲁迅的一人,我知道他有时发昏,但毕竟有时还可以觉醒。鲁迅用启事所做成的,将来总有一天要用眼泪去洗掉。
>
> 鲁迅有时竟不免退居到无灵魂的世界,唉,唉,这个自命为中国的灵魂的发掘者!他有时倒真能够认识真的灵魂,但有时又不免敌视这灵魂了!鲁迅一生充满了矛盾,羡慕新的时代,而又不毅然走进新的时代,厌恶旧的时代,而又不毅然退出旧的时代,他有时竟又帮助了旧的时代来袭击新的时代了,然而他却忘记了他没有这样力量。《狂飙》是住在科学与艺术的世界的,区区一纸启事,虽可以淆乱一时的耳目,久后大家都会明白的。
>
> 全平有一次对我说,我对于鲁迅与郭沫若的批评不免感情作用,我是不得不相当地承认这话的。虽然也因为沫若是健者,不妨直言,鲁迅颇有衰老之感,所以常给他一些过分的同情。却不料鲁迅有时竟将友

---

① 鲁迅 11 月 20 日作《所谓"思想界先驱者"鲁迅启事》,送登《语丝》、《莽原》、《新女性》、《北新》四种刊物。

作仇，暗加中伤，乃竟至这次老羞成怒，反说我别有作用。我一生不愿意要人了解，然而毕竟有些太难说了，这离奇的事实所给与我的酬报！

狂飙运动，已在《〈狂飙〉周刊的开始》一文中约略说及，即科学运动，艺术运动，思想运动，即建设的文化运动是也。因为是文化运动，所以主张大联合。鲁迅必欲从《莽原》排斥出狂飙分子，然不能根本地破坏《狂飙》的文化运动，且也不必这样也。鲁迅虽欲以"个人名义"来压迫文化运动，然此实不可能，别一方面，则又证明彼对于纸糊的权威者的假冠，仍有不能忘情者。

我的说话，虽带感情，然实仍是批评。所谓思想界先驱者，亦只说明过去。将来如何，自然要鲁迅自己负责，我如何能代为预言？

若夫其他琐事，如狂飙社以直报怨，则鲁迅不特身心交病，且将身败名裂矣！我们是青年，我们有的是同情，所以我们绝不为已甚。

从《颓败线的颤动》一文产生后，鲁迅艺术上的一条新路开辟了，勇壮地走去，正可以发掘艺术的真金。为什么"偏不"，"偏不"地来同我们无聊呢？我的老友，请你再思再想，不要一误误到底了吧！

我懒得说话，过几天再同读者相见吧！我也在发掘中国小说家的灵魂呢！

12月26日　在上海《狂飙》周刊第12期发表《科学与时代》、《德荣译〈取消社会心理学〉附记》①、《给——》两首②。

《科学与时代》曾收入《时代的先驱》。该文告诉我们，高长虹的批评文章引起了人们反感："即如我的批评，在我未实行以前，有几个朋友是赞成我的批评的，但到我略经实行之后，他们的态度便不免变了，因为知道有困难，所以越要奋勇地做去，但又有思想上的朋友因思想上的不同而几至误会为我的文字都是为他们一二人而发的了。从前对《狂飙》抱好感的人，也有用相反的眼光来看的了。"在该文中，高长虹还表达了他对"旧时代"的鲁

---

① 据上海《狂飙》周刊第14期《正误》可以知道，《取消社会心理学》是"著"而非"译"。
② 后收入《中国现代文学补遗书系·诗歌卷·1》（孔范今主编，明天出版社，1991年7月）。

迅、周作人等的看法:"中国毕竟还是中国,所以我们否定那一类思想,那一类作品,有时便引起实际上的敌意,用手段来破坏我们的工作,用暗示来挑拨别人的反感,我们不但不愿意在新时代上也传染上这种气息,而且我们也不愿意眼看着旧时代之临去而添一尾巴。旧时代是给过新时代以这些贡献的,我们不应用进化论,而应用'相对论'也给它以相当的报酬。况且所谓时代的新旧者,完全是由艺术与思想的本身而划分的,并不牵连及任何个人,而任何个人又都有出入于新旧时代的自由呢?"认为新时代的趋势是:"我们纯然用人类的态度去建设中国的新文化同时也是世界的新文化,我们将集合地,或单独地,批评地,互助地,而绝对非党同伐异地,去建设新的科学,新的艺术,新的思想。"

陈德荣的《取消社会心理学》在《民铎》上发表后没有任何反响,高长虹便征得陈德荣同意,在《狂飙》周刊重新发表,并写附记进行"批评"。在附记中,高长虹"完全同意"取消社会心理学这一"提议",并认为社会、制度、风俗、习惯等这些"看不见"的东西都"只是一个空想的产物","我们研究人类的生活,其实研究的只是人类的行为。除此而外,便都是节外生枝,得不到结果。"

《给——》收入同名集子时为第39—40首。

第39首共8节,单节6行,写"绿云间"飞着的一双孤燕,双节每节5行,写与孤燕同命运的"我"。

第40首共9节,每节4行。诗中有为了友谊而牺牲爱情的诗句:

> 我几次想向他哀求,
> 唉,你归还了我吧,
> 她是我的,唉,我也是她的,
> 你呵,为甚做情场的恶霸!
>
> 唉唉,我是个短命鬼,
> 唉唉,我是个负心人,
> 为了一点点友谊,
> 唉唉,我牺牲了爱情。

12 月下旬　作《名字的退化或进化》、《〈猛进〉第五十四期目录预告》、《Gogol 启事》、《一人对话》、《赠小老头及其傻瓜》、《断续之声》、《特别声明》,前四篇发表在次年 1 月 16 日《狂飙》周刊第 15 期,后三篇发表在次年 1 月 30 日《狂飙》周刊第 17 期,均在《走到出版界》栏。

《名字的退化或进化》拿周作人的笔名——启明、岂明——做文章。

《〈猛进〉第五十四目录预告》:"预告"《猛进》第 54 期的三篇《几何》、三篇《逻辑》全为徐旭生一人所作。

《Gogol 启事》模拟鲁迅的《所谓"思想界先驱者"鲁迅启事》作此文。

《一人对话》全文为:"L:启事登出来了。/仍然是 L:'所以!'/又来一个 L:启事又登出来了。/L 本人:'所以!'"。

《赠小老头及其傻瓜》用诗歌不点名地谩骂周作人。

《断续之声》声称自己将坚持目前的工作。

《特别声明》"对天明誓":"我决不敢自命在指导人,更不敢自慢去要人受我的什么影响。更不是什么'中国的绥惠略夫'。"从内容可以看出,该文是针对鲁迅的《〈阿 Q 正传〉的成因》的:"此后十五年,长虹'走到出版界',不也就成为一个中国的'绥惠略夫'了么?"

1927 年　民国十六年　丁卯　三十岁

1 月 9 日　在《狂飙》周刊第 14 期发表《从民间来》、《答仲平》,曾收入《时代的先驱》。

诗歌《从民间来》说自己"生长在民间",要"回到民间去"。关于该诗,高长虹在《在南京》(《长虹周刊》第 10 期)中如此写道:"严格一点来说,我过去的创作,只有《从民间来》的第二首诗好一些。这已是二年前的创作了。在这个题目底下,我是要写一卷长诗的。可惜那时只写了两段,便被一些琐碎的事件打断了。现在我的自觉,觉得这部长诗大概还须三四年才能动手来写。客观的条件是很重要的。除了这部诗外,写诗不写诗,都于我的艺术工作没有多大关系。"

诗歌《答仲平》与柯仲平唱和。柯仲平的诗中有"长虹你张弓,/钢箭落那里"这样的语句,高长虹在和诗中说"我有千枝箭,/大半未曾放"。

1月初 坐船到达北京:"我睡在统舱的茶房间,三面环我而扰攘的,是那些大吃饭主义者水手。这些朋友们只知道金钱,我被他们剥夺得很苦。因为我知道他们都是苦人儿,所以我自然看他们是朋友。他们虽然有时也狡诈,然大体仍是极真实的。"在这种环境中,高长虹"拿起了我的惟一侣伴,这本《柚子》来看了。我于是觉着那三面环我而扰攘的,不只是一些可爱的人,而且是一些可爱的小孩,而且每一个小孩的手里都拿着一本《柚子》。于是,我自己忽然变成一个小孩了。这里是一个新的世界,充满了新的生命,新的气息,新的欢呼,这个统舱的茶房间!"(《每日评论·〈柚子〉和它的核子》,《世界》周刊第 5 期)

1月 13 日作《寄到八道湾》①,发表在 1 月 30 日《狂飙》周刊第 17 期《走到出版界》栏。高长虹到北京后,看了周作人发表在 1 月 8 日《语丝》第113 期的《又是"索隐"》,"本来想从辽远的南城到府上拜访你去,又怕碰见那位冤枉的疑古玄同或又来一个什么日本人,殊多不便",于是给"岂明老弟"写信求和:"俗话说得好:不怕官,只怕管。我也认错了吧,为的是我们的那个孩子所谓《狂飙丛书第二》(按:由北新书局出版)者"。在这篇文章中,高长虹为自己的行为辩护,说自己攻击周作人是"给老牛抽一鞭子,并喂它一把青草。"

1月 14 日 作《请疑古玄同先生自己声明》、《"疑威将军"其亦鲁迅乎》②、《介绍珴珈》,前两文发表在 1 月 30 日《狂飙》周刊第 17 期《走到出版界》栏,全收入《走到出版界》。

周作人在《又是"索隐"》说《南北》中的"'疑古将军'即是疑古玄同的

---

① 从《人类的脊背》起,以《人类的脊背》为题收入《模范书信文读本》(林英编,光华书局,1934 年 3 月)、《现代书信文选》(笑我编,仿古书店,1936 年)、《1913—1983 鲁迅研究学术论著资料汇编》第 1 卷(中国社会科学院文学研究所鲁迅研究室编,中国文联出版公司,1985 年 10 月)

② 后收入《1913—1983 鲁迅研究学术论著资料汇编》第 1 卷(中国社会科学院文学研究所鲁迅研究室编,中国文联出版公司,1985 年 10 月)、《鲁迅档案:人与神》(何梦觉编,中国工人出版社,2002 年 1 月)、《论战中的鲁迅》(傅光明主编,京华出版社,2006 年 5 月)。

徽号",高长虹在《请疑古玄同先生自己声明》要钱玄同"自己声明",并说自己"有真凭实据,证明'疑威将军'即岂明先生之自画自赞,但现在则暂不宣布"。

《"疑威将军"其亦鲁迅乎》全文为:

> 大家都知道鲁迅是一个头少帽多的人,然则,"疑威将军"这一顶帽子或者也是鲁迅之帽吗?待我们掠一些证据看来。
>
> 鲁迅为思想界权威者,则诚哉"威已有之"了。此其一。
>
> 鲁迅在《〈阿Q正传〉成因》一文中,谓有人疑惑他做狗首领。夫鲁迅之有人的手,之有人的脸,而又会说人的话,而又会写人的字,乃公众所相信,而非鄙人所得而诬赖者也。此鲁迅之非狗明矣。吾人虽非专门狗学家,然狗之为物,有目共睹,未见其有所谓"领袖制"也。然则即使退一万步说,即使鲁迅自己愿意变狗,亦只能做一普通狗,而不能做领袖狗即狗领袖也。此已足证明鲁迅为一多疑之人,而亦即所谓"疑之何焉"了。此其二。
>
> 呜呼,"疑威将军"果真鲁迅之第四顶纸冠乎?吾人且拭目待其所谓《疑威将军者鲁迅启事》以决之可也。

《介绍珴珈》认为广州《珴珈》第2期的超华的《肉的故事》是"一篇真实的肉的描写的小说,因为它描写出肉的心理的变化。"

1月16日 在《狂飙》周刊第15期发表《猫眼睛》、《老时代》,曾收入《时代的先驱》。

《猫眼睛》全诗为:"唉唉,功成无名,/自然之子,/时间之神呵!"

《老时代》全诗为:"老时代/睁着惊疑的眼睛,/监视着我们。/唉唉,颓败线的颤动呵!//稚云卧重峰,/唉唉,息息与生生。"

1月中旬 作《多数是对的》、《时间里的过客》、《阶级与思想》、《艺术的内容与形式》,曾收入《走到出版界》。

《多数是对的》认为"最大多数之最大幸福这一句话仍然是有价值的",而周作人是一个"低能儿"。

《时间里的过客》认为新青年时代已经过去,现在已进入一个新时代:"现在的新的作者,便都是从那个寂寞的时代走下来的旅客,在述说他们所看见的与所经历的一切。"

《阶级与思想》认为吴佩孚和张作霖都属于旧士人阶级,"军阀的葬钟早已敲过"。

《艺术的内容与形式》认为艺术的新的内容"来自实际的生活",艺术的新的形式"来自科学"。

1月19日 在《晨报副刊》第1508号发表《她,第三次丈夫的第三个妻子》,收入小说集《实生活》时改题为《她,第三个丈夫的第三个妻子》。故事梗概为:一个商店老板死了两个妻子,又与死了老公的弟媳住在一起。弟媳在商人走后,不但与商人的儿子乱伦,还与商人的表弟通奸。因生育而死前,弟媳看见了商人的第二个妻子,"正如第二个妻子死时曾看见的第一个妻子"——他们都因生育而死。关于该文,高长虹曾如此写道:"我在写那篇《她,第三个丈夫的第三个妻子》短篇小说时,我已经有意地想试验一下这种新的表现方法①。我那时写得很仓促,所以他是没有成功的。但在那篇小说中,的确有一种新的风格,这风格同上面所讲的新文艺的表现法至少是相离不远。"(《每日评论·最新的文艺从生理出发》,《长虹周刊》第11期)

1月下旬② 为张稼夫路费事给张申府写信,问题得到解决:"当时,张申府由于在北京从事党的地下工作,受到北洋军阀的跟踪和通缉,住在北京苏联大使馆里。我在使馆找到他,把高长虹的信给他看了,向他借了路费才得以到武汉,从此,走上了革命的征途。"(张稼夫:《我和"狂飙社"》)

---

① 该方法用高长虹在该篇文章中的话说即是:"新的文艺,不是像自然主义记录生理的现象,而是要从生理出发,而去表现行为。一切的行为的表现,都要他成为生理的,从生理到生理,是艺术所应该去工作的范围。"

② 张稼夫在回忆文章中说是"1926年底",当指农历。高长虹到北京的时间是1927年1月初,1926年的除夕是公历1927年2月1日,故笔者认为高长虹为张稼夫路费事给张申府写信当为1927年1月下旬。

△① 作《诗人的启事》,曾收入《时代的先驱》。全诗58节,每节3行。下面的一些诗句很可能是针对与"月亮诗"有关的"流言"的:"法律和谣诼同宗,/传说也常把真实欺蒙,/我的真实,我永远收藏在心中";"用别人的闲话解释我的语言,/用别人的传说判定我的罪状,/再加上,唉,'这是应当!'"该诗还表达了高长虹的悔恨之情:"杀人者我也,/我自作自承担,/愿听受天下人审判。"

1月26日 在"北京"作《"天才"一下子》②、《写给〈少年歌德之创造〉》、《再寄八道湾》③,发表在《狂飙》周刊第17期《走到出版界》栏。

周作人在1月22日《语丝》第115期发表《老人的苦运》和《素朴一下子——呈常燕生君——》,前文批驳高长虹在《狂飙》第11期发表的《与岂明谈道》中的观点,后文在批驳常燕生的同时,以一节的篇幅"论高长虹之骂人"。高长虹看见这两篇文章后作此文,对周作人和鲁迅进行攻击。文章由"一鼻孔出气的人有两张嘴"、"我原来是天才"、"两面等于一面曰所谓一面之辞也"、"大鱼与小鱼"、"鲁迅梦为皇太子"五部分构成。

《写给〈少年歌德之创造〉》写自己看见《现代评论》的《少年歌德之创造》后"很喜欢","因为那里述说的是我自己"。

《再寄八道湾》说自己"现在也不想同谁决斗,请勿为我担心",并说"外带女裤一件,备新年服用,请查收"。

1月28日 在"北京"作《所谓自由批评家启事》④、《答周作人》⑤,前文发表在《狂飙》周刊第17期《走到出版界》栏,全收入《走到出版界》。

---

① 根据诗中的"'我不认识长虹'"可以推知,该诗写于看见周作人的《素朴一下子——呈常燕生君——》(1927年1月22日《语丝》第115期)后——周作人在该文中说:"高长虹是什么人,我不很知道"。

② 其中的《一鼻孔出气的人有两张嘴》后收入《鲁迅档案:人与神》(何梦觉编,中国工人出版社,2002年1月)、《论战中的鲁迅》(傅光明主编,京华出版社,2006年5月)。

③ 文末未标明写作时间,文中有"现在是所谓腊月二十三晚上了"这样的语句——1926年的腊月二十三是公历1927年1月26日。

④ 后收入《1913—1983鲁迅研究学术论著资料汇编》第1卷(中国社会科学院文学研究所鲁迅研究室编,中国文联出版公司,1985年10月)、《论战中的鲁迅》(傅光明主编,京华出版社,2006年5月)。

⑤ 后收入《模范书信文读本》(林英编,光华书局,1934年3月)、《当代尺牍选注》(谭正璧编,光明书局,1935年)、《现代书信文选》(笑我编,仿古书店,1936年)。

《所谓自由批评家启事》模仿鲁迅的《所谓"思想界先驱者"鲁迅启事》作此文,声明自己并非"自由批评家","《走到出版界》也并没有什么战略,只是有人来咬时便踢他一脚,如此而已。《语丝》所载《〈走到出版界〉的战略》,《新的世故》两文,也都是鲁迅断章取义,蝎子撩尾,别有作用,自打自招。"

《答周作人》主要针对周作人在《素朴一下子——呈常燕生君——》(《语丝》第 115 期)中的一句话——"高长虹是什么人,我不很知道"而写,简述自己的经历,并希望人们在批评他时,"批评我的文字,批评我的思想,不希望他批评我是什么人。"针对周作人文中的"或者从前敷衍他的人们也应当分一点责任"①的话,高长虹在文中问:"这所谓从前者是什么时候,所谓敷衍者是怎么一回事,是一些什么人,应当分一点什么责任?"

1 月 29 日　在"南冰洋之北,北冰洋之南"作《女士与文学家的心》,发表在《狂飙》周刊第 17 期《走到出版界》栏。全文为:

女士! 如其有一个文学家看见这"女士"两字,他的心里感到一些不光明的忏悔时,那便可以证明中国人是有灵魂的!

读者当然不明白我所说的是什么话。但在别一方面,人家也许又要给我造谣说,得到什么天眼通了。

也是真的,有一些琐碎而重要的事实,真的不容易瞒得我过去。

1 月 30 日②　《狂飙》周刊出至第 17 期停刊。

1 月底③　作《取消批评工作》,曾收入《走到出版界》。高长虹在《狂

---

①　此处的"敷衍他的人们"很明显指鲁迅。从此话可以看出,在周作人看来,高长虹现在攻击鲁迅是鲁迅自己养虎遗患。

②　实际停刊时间应是 2 月中旬左右。理由为:本该在 1 月 23 日出版的周刊第 16 期发表了向培良的《鸣呼岂明》,该文写作于 2 月 7 日,意味着第 16 期的实际出版时间应在 2 月 7 日之后,依此类推,第 17 期最早也得在 2 月中旬。

③　文中未标明写作时间,根据文中的下面这句话断定该文的写作时间为此时:"有人写小说的时候,时常在那里骂人。"从这段话可以推知,此时的高长虹已看见了鲁迅发表在《莽原》半月刊 2 卷 2 期的《奔月》,该期《莽原》出版时间为 1927 年 1 月 25 日。

飙》第6期发表了《批评工作的开始》，宣称自己将开始"批评工作"，"但是，直到现在，我还一篇批评也没有做出。我现在的心情是决难来开始这个工作的。而且，我现在的意见且已同那时有些不一样了"，于是高长虹决定"取消批评工作"。在文章末尾高长虹这样写道："遥望未来，我心燃烧！回念过去，我心凄寒！我将有无希望看见那复燃的过去的寒心？"

1月　《狂飙汇刊》第一册由光华书局出版、发行，编辑者狂飙社，"每册实价大洋九角"，为上海《狂飙》周刊1—13期的汇集本。

春①　在北京照了一张全身像，该相片作为封面画印在1928年10月13日《长虹周刊》第1期。

1月底2月初②　狂飙社的经济状况糟糕透顶："想起一九二六年之冬季来，那是第一次我们接受到经济封锁的策略，我们是不得不三个人只借到二元钱来做我们的新年五天的生活费用！"（高歌：《情书四十万字·归来到我的乐园吧》，北岳文艺出版社，1993年）

2月初　作《冬夜》③，曾收入《时代的先驱》。全诗由三部分组成：第1部分由3节构成，每节5行；第2部分由4节构成，每节5行；第3部分由6节构成，每节4行。此诗很可能是看见1月15日《语丝》第114期后所写。在该期《语丝》上，鲁迅发表《新的世故》全面清算高长虹，周作人发表《南北释义》说明《南北》中的"南北"到底指谁。鲁迅在《新的世故》中如此写道："至于被利用呢，倒也无妨。有些人看见这字面，就面红耳赤，觉得扫了豪兴了，我却并不以为有这样坏。说得好看一点，就是'帮助'。文字上这样的玩意儿是颇多的。'互相利用'也可以说'互助'；'妥协'，'调和'，都不好看，说'让步'就冠冕。但现在就姑且称为帮助罢。"高长虹在诗中的答复是："我所希望的，/不是利用与帮忙，/不是嘲笑与赞扬，/只是些林立的工

---

①　高长虹在《长虹周刊》第1期的《倍多文与华格纳》中如此写道："本期封面画是一九一七年的冬春之际作者在北平时的照像"；在《长虹周刊》第2期《最后几行》中如此写道："第一期的封面画是编者一九二七年的照像，错印作1917年，顺便更正。"根据高长虹的经历可以推断，该相片当照于农历1926年的冬天、公历1927年的春天。

②　1926年"冬季"的"新年五天"即公历1927年1月31日至2月4日。

③　后收入《新文学里程碑·诗歌卷》（唐金海、陈子善、张晓云主编，文汇出版社，1997年12月）。

厂,/削平了割据的人间。"周作人在说明他的《南北》"是针对讨贼军通电宣传汉口南军仇杀北人而发的"后写道:"'道','酋长思想',本来都是一个'隐',而这回长虹先生又'索'不出:甚矣'自由批评'之不易也。"高长虹的答复是:"人间本自多酋长,/我是酋长中之王,/大家都死干,/剩下好世界,/留与众儿郎。"

　　△　作《镜的自白》,曾收入《时代的先驱》。全诗 13 节,每节 3 行。此诗当与高长虹与周氏兄弟的冲突有关:"言语或也是蛮性的遗留,/何以它不能说明它自己,/却常招引来误会与争斗?"

　　2 月 10 日　在《小说月报》18 卷 2 期发表《死的舞曲》,曾收入《时代的先驱》。全诗共 79 节,每节 4 行。诗中充满了悔恨和幻灭之感。从诗中的"昨日的蜚语呵,/今日可正射中了我身"可以推断,写作此诗时的高长虹已经听说了与"月亮诗"有关的"流言"。

　　2 月 12 日　作《新青年时代的喜剧》①,曾收入《走到出版界》。该文由三部分构成,分别是:《郭沫若上唱》、《鲁迅上唱》、《周作人,郁达夫上唱》。前两唱的诗句直接转引自郭沫若的《女神之再生》的合唱部分。

　　2 月 15 日　在"北京"作《思想上的反动派》、《游离艺术与劳动艺术》、《政治与批评》,曾收入《走到出版界》。

　　《思想上的反动派》认为颂扬希腊文化、整理国故的人是"思想上的反动派"。

　　《游离艺术与劳动艺术》认为"过去的艺术大抵是游离艺术,因为过去的艺术家大抵是游离者的缘故","劳动艺术将要由劳动家去创造"。

　　《政治与批评》认为政治不能解决劳动问题,"因为政治家不是劳动家";反对不能创作的人"来批评我们的创作",认为这些人不懂艺术。

　　2 月中旬　作《科学这样说》、《派别》、《经济与艺术》、《从北京寄到广州》、《我之政治谈》、《再谈批评》,曾收入《走到出版界》。

　　《科学这样说》认为宗教和哲学都是"蛮性的遗留","科学代替了宗教,政治,权力来统治世界的时候将要来了;那时每一个人都是一个科学家。"

---

　　①　后收入《百家论郭沫若》(王锦厚、秦川、唐明中、肖斌如选编,成都出版社,1992 年 9 月)。

《派别》认为世间只有古典派和现在派,真理、有永久生命的艺术作品、科学、劳动、生活等都是"现在派"。

《经济与艺术》为狂飙社成员的作品未得到重视鸣不平:"那些褊狭的观察者,他们如何而能够说《献与狱中的一位英雄》(按:柯仲平发表在《狂飙》第1期的诗歌)不是一篇无产阶级的战曲? 他们将如何来批评《漩涡》(按:高歌发表在《狂飙》第6期的诗歌),如何来领会《狭的囚笼》(按:高沐鸿发表在《狂飙》第9、11、14期的书信体小说)?"

《从北京寄到广州》内有"广州复何有,/广州有一丑,/名叫不成话,/醉卧炮台下"这样的诗句,可知此诗是针对鲁迅的——此时鲁迅已到广州。

《我之政治谈》说自己只愿到"和气一些,克己一些"的商店买东西,"但我有权利不赞美商店","除了克己之外,我也有权利不受商店的小惠"。

《再谈批评》针对朋其(黄鹏基)告诉高长虹"战争结束了时,还是把批评工作做一做好了"的劝告,高长虹说自己不愿进行他原来计划的批评工作,现在打算"建设一个科学的艺术学":"材料,我将大半取之于外国的。中国的,我只取之于历史的与朋友的,与虽不认识而却不以敌意对我的朋友的。"

2月21日　在"中国"作《〈青鸟〉与〈曙光〉》,曾收入《走到出版界》。该文介绍象征主义剧本《青鸟》(梅特林克),希望人们能将其朋友凡尔哈伦的《曙光》"早一些译到汉文里来"。

2月　为挽救《狂飙》周刊到太原筹款,无果而归。(《高长虹生平与著作年谱》)

△　第4个集子《光与热》①由上海开明书店出版。高长虹9月份在西湖时,"有一个女子,看见了《光与热》,听说很高兴的。要买一本来让我写

_____

①　2001年11月,中国戏剧出版社出版的《中国现代名家名作文库·高长虹卷·光与热》(姜德铭主编)收录的作品为:《游离》、《生的跃动》、《最后的著作》、《闪光》、《精神的宣言》、《震动的一环》、《一个神秘的悲剧》、《现实的现实》、《草书纪年》、《诗人的梦》、《给——》、《凝望》、《黄昏》、《弦上》、《花园之外》、《论人类的行为》、《论杂交》、《评胡适哲学史大纲》、《天才破坏论》、《韦痴珠与韩荷生》、《批评工作的开始》、《艺术与时代》、《科学与时代》、《死的舞曲》、《从民间来》、《答仲平》、《附仲平赠》、《猫眼睛》、《老时代》、《冬夜》、《诗人的启示》、《镜的自白》。

几个字"(《曙·9 月 15 日》)。

　　3 月 4 日　作《我的旅舍在那里》,曾收入《走到出版界》。该文希望自己住在一个穷人家里,"我的邻居,我愿意它们是一些工厂,它们建筑在我的面前。我的左边,是一个实验室。我的右边,是一个综合的艺术院,从戏剧到音乐。我的背后,唉,让它是一个图书馆吧。而且让它是一个科学的图书馆吧。我找到这样个旅舍时,我至少也能够给我们的出版界以一些新的贡献了。"该文在旅舍下面还设想了一个作为医院的地窖,里面住着自己讨厌的周作人和蒋光赤。

　　3 月 8 日　在"白都"作《建设在民间》、《穷人的世界》、《德谟克拉西的倾向》,曾收入《走到出版界》。

　　《建设在民间》认为只有"把科学建设在民间",才能既反抗帝国主义,又不会养成新资产阶级。

　　《穷人的世界》表达了对历史进程的看法:"穷人们起来以后,便都学会了阔气,羞与其他的穷人为伍了。这是穷人的退化。退化的穷人们组成了特殊阶级,作威作福;然而食肉者鄙,于是而灭亡,而有别一队穷人们取而代之。历史便是这出乏戏的复演。"兼及鲁迅:"所以,《乌合丛书》中不阔气的作者鲁迅①忽然阔气了,便大登其阔人的广告来破坏《乌合丛书》。"

　　3 月中旬②　作《让我把安娜介绍给维特》、《同情与赏鉴》、《古代的三大杰作》、《思想的地方色彩》、《一个灵魂便是一块骨头》、《实验教育》、《有永久价值的时评》、《中国的美国人》、《〈查拉图斯特拉〉与〈资本论〉》、《〈结婚的爱〉》、《黄祸与酋长思想》,曾收入《走到出版界》。

　　《让我把安娜介绍给维特》认为《少年维特之烦恼》中的绿蒂"没有真实的血性,是一个只有风趣的女子",维特为这样的女子去死不值得,于是把《安娜·卡列尼娜》中的安娜介绍给维特。

　　《同情与赏鉴》修正自己在《批评工作的开始》中的观点:"当我写那篇

---

　　①　鲁迅曾如此评价《乌合丛书》:"分立了一种单印不阔气的作者的创作的,叫作《乌合丛书》。"(《集外集拾遗·〈未名丛刊〉与〈乌合丛书〉广告》)

　　②　所列 11 篇文章都未标明写作时间,根据文章内容和它们在《走到出版界》的位置及高长虹该段时间没其他文章推断出来。

《批评工作的开始》的时候,虽然故意板起了面孔连批评的同情都加以否认,可是在实际上,同情与赏鉴毕竟是分离不开的。"

《古代的三大杰作》认为《离骚》、《水浒传》、《石头记》"是中国古代的三大杰作":"《离骚》代表了民族的,《水浒传》代表了阶级的,《石头记》则是性的与妇女的"。

《思想的地方色彩》全文为:"同样的我,每住上海,则思想倾向阶级斗争,一回西湖,便又倾向和平,每住北京,则又常悲观现在梦想未来。"

《一个灵魂便是一块骨头》批评周作人、成仿吾对法兰士的推崇:"法兰士以灵魂的冒险而成为批评家了。中国的周作人闻风而慕之,于是而一读尼采,曰:此殆为酋长思想欲? 成仿吾闻风而慕之,于是而'读尽一切书',曰:惜哉无险可冒!"

《实验教育》幻想自己能建一所学校:"校址当然是地球了。组织是感情;校名是人类的联合。/如何入学? 一封信便够了。但不及格的,恕无复信。/经济的条件是完全没有,换句话说,便是,生活完全由学校担负。入而复欲出校的,随时任其自由。其他一切,总而言之,都是自由的。/开学日期,至时宣布。"

《有永久价值的时评》全文为:"《申报》的时评没有时间性,是属于新闻而又超于新闻之时评,是即有永久价值的时评也。"

《中国的美国人》全文为:"中国的美国人是中国人,而不是美国人。美国人不懂艺术,美国人之艺术批评都很可笑。然中国人之不懂艺术者也颇不少,故称之曰中国的美国人。"

《〈查拉图斯特拉〉与〈资本论〉》希望人们能将这两本书翻译出来。

《〈结婚的爱〉》认为很风行的《结婚的爱》不会有什么好影响:"短视的性科学家还没有看见人类的普遍的性生活,所以'思想'还占着优胜的地位。不明白人类的普遍的经济生活的人,也无从去建设真正的性的科学。"

《黄祸与酋长思想》由威廉第二的"黄祸论"谈到周作人的《南北》:"本来大家都是人,原不必分出什么界线。蛮性的遗留却偏给人分出界限来。于是而中国分出南北,而北方人的思想于是而成为酋长思想,于是而我的思想便失掉了所有的内容,而仅只成为酋长思想。"

3月23日　在《晨报副刊》第1540号发表《这只是一个梦》,曾收入小说集《实生活》。该文正如标题所言,犹如梦呓,不知所云。

3月下旬　在"春天来了的北京"作《戏答》、《也是戏答》、《埃及古歌译呈刘处士》三首诗,曾收入《走到出版界》。

《戏答》共11节,每节4行。该诗针对鲁迅:"与她和好有一年,/生了个小儿叫草原,/满望小草成灌木,/妖精翻脸出真相。"该诗当与鲁迅的《奔月》有关:鲁迅以小说中的逢蒙影射高长虹,高长虹作诗"戏答"。

《也是戏答》由四部分组成,分别为10、4、17、15行。该诗针对鲁迅和周作人:"与一贵妇曾订交,/成婚一年便离弃了"、"老道家住八道湾,/八道中把一道忘"。

《埃及古歌译呈刘处士》全诗为:"得恋安知非祸?/失恋安知非福?/恋于得失之外,/一切福中最福!"

在北京期间很可能与与冰心见过面:"如其怕我上当的时候,我已经上当一年又加一个半年了!"(《情书五则·Ⅳ》,《长虹周刊》第1期)该情书写于1928年9月10日,由此可知高长虹与冰心的见面当在1927年3月左右。并曾与冰心商量过合办周刊事——高长虹在抒情长诗《献给自然的女儿》中这样写道:"我也蓦然,/想到此去办周刊,/奇迹新发现,/名之曰自然。//只望你早来编撰,/别让我一人当关,/更不要心已应允,/启事袖底藏!"不过,需要说明的是,高长虹与冰心的见面即使有、也只有这一次:"你的一顾的爱,我已虚位以待你者两年了。"(《情书十则·Ⅳ》,《长虹周刊》第7期)

4月6—8日　郭沫若在九江到南京船上阅读《狂飙》:"在船上还读过一些《狂飙》——是一位宣传员带的书籍——中有长虹先生者骂我'浮夸骄傲',我觉得颇中肯綮。不过骂我为'浮夸骄傲'的长虹先生也好象不见得沉着谦恭。我们是同病相怜的人呀。然而浮夸骄傲,我觉得,比沉着谦恭倒还要好一点。我们的东方文化就是过于沉着谦恭了。自己的老婆总是'拙荆',自己的儿子总是'豚儿',自己的家乡总是'贱地',自己的祖国总是'敝邦',自己的面皮总是屁股。我是不愿意把自己的面皮当成屁股的,也不愿意把别人的屁股当成面皮……"(郭沫若:《革命春秋·脱离蒋介石以

后》)

　　4月10日　在《小说月报》18卷4期发表《献给自然的女儿》,现作为"集外同题作品"附录于同名集子后面。共6节,每节4行。此诗当是高长虹打算离开北京前所写。由于"她"不愿出来,高长虹只好"留作诗儿告别","自去走天涯"。

　　4月18日　在《晨报副刊》第1554号发表《献给自然的女儿》两首,未收入文集,现作为"集外同题作品"附录于同名集子后面。第1首4节,每节4行;第2首两节,1节2行,2节4行。第1首每节均以"我愿永久向着她低头,/一切都是自然安排就"结尾。

　　4月　高歌、向培良应潘汉年之邀赴武汉主持《革命军日报》①副刊《革命青年》的编辑工作(董大中:《狂飙社编年纪事》)。

　　5月10日　在《小说月报》18卷5期发表《献给自然的女儿》,现作为"集外同题作品"附录于同名集子后面。共10节,每节6行。写自己在梦中与"她"相见,却忘了告诉"她":"我要走了,明天。"

　　5月中旬　在"上海"作两首《献给自然的女儿》,收入同名集子时为第2、3首②。第2首共6节,每节5行。写自己因思念恋人而借酒浇愁、夜不成眠。第3首共4节,每节6行。希望爱人保护自己,能与爱人"有儿童的博爱与天真"。

---

　　①　《革命军日报》:大革命时期主要由共产党人负责编辑的国民革命军总政治部主办的机关报。1926年7月,邓演达率国民革命军总政治部随军北伐。8月,在湖南衡阳正式创办《革命军日报》,由总政治部宣传科科长郭沫若兼任主编;1927年1月,由共产党人潘汉年任主编;四一二政变后,共产党人杨贤江由上海到达武汉,继任该报主编。编辑兼书记主要有杨逸堂、邱学训、罗伯先、刘百川、徐文台、米世珍等。北伐军攻占武汉后,迁武汉出版。该报主要报道国内外新闻、军事动态、部队建设、军队政治工作、北伐战况等,并设有副刊。由于邓演达除担任总政治部主任外,还兼任国民党中央农民部长,所以该报还经常报道有关农民运动以及邓演达等国民党左派对农民土地问题看法的文章,对推动当时农民运动的发展起了积极作用。蒋介石发动四一二政变后,该报积极主张讨蒋,"杀到南京,打倒蒋介石";对许克祥等反动军官发动"马日事变",主张坚决镇压;对武汉政府中的反动分子诬蔑攻击工农运动和共产党的言行,给予批驳;主张国共继续合作,反对武汉政府"分共"。由于《革命军日报》在政治上受共产党和国民党左派的影响很大,因而也受到武汉政府内以汪精卫为首的国民党右派的忌恨,1927年武汉七一五反革命政变后,该报被勒令停刊。
　　②　第3首后收入《山西文学大系第6卷·现代文学·上》(王世杰、王春林、许并生编选,山西人民出版社,2005年1月)。

6月19、20日　作《写给〈给——〉》，作为序言收入诗集《给——》。该文零星地记下了高长虹对恋爱和创作的一些看法："经济产生争斗，而恋爱产生诗歌。艺术需要恋爱化，而经济却需要艺术化"、"恋爱是自由的，天真的，不能够被任何事物所束缚"。在这篇文章中，高长虹告诉人们，他这本诗集并非是写给某一个人的，叫读者"不要从某一首诗还原到某一个人"："我初写的时候，还只为一事一物。后来，那些不属于通常叫做恋爱的，我也都写了。"该文还告诉我们，他正在写另一部爱情诗："别一个新建筑，已在《献给自然的女儿》的题目下去开始，去完成了。而且，恋爱也是没有止境的。"

6月24日　在"西湖"作两首《献给自然的女儿》，收入同名集子为第5、6首，第5首发表在7月30日上海《良友》第17期，曾被收入《高长虹文集》下卷，题为《昨夜我梦见你》，第6首发表在9月1日杭州《国民新闻》①副刊《野火》第73号。第5首反复吟唱昨夜梦见恋人的情景，以"昨夜我梦见你"为单独一节，接着一节用3行写自己梦见恋人的情景，如此反复12次。第6首共4节，分别为3、4、4、3行。写世界上的一切都为"我们"所有，全世界都异口同声地"为我们祝福，欢颂"。

6月27日　写作《留别中国》之《中国》，内含两首诗歌，发表在7月1日杭州《国民新闻》副刊《野火》第16号，后又发表在1928年1月1日《新生命》②1卷1期（再版时删去）。第1首说自己离开中国时，"我将要更爱你，/我将原谅了你的一切过错，/而只想着你的美质。"第2首说自己如今"唱着和乐的歌颂"给大家听。关于该诗的写作和发表情况为：

---

①　《国民新闻》:1927年3月创刊于杭州，发起者有郑炳康、项慈园、程季英等，这些办报人基本上是一些军人，报纸得到了政府的大力支持，蒋介石亲自通知浙江财政厅拨给其办报经费，后来该报由国民党浙江省党部提供经费，月补助费1200元。

②　《新生命》月刊:1928年元旦创刊于上海，戴季陶、陈果夫、周佛海、陈布雷奉蒋介石之命创办，主要撰稿人有周佛海、戴季陶、梅思平、萨孟武、潘公展等。旨在"阐明三民主义，发扬三民主义精神"，"研究建设计划，介绍和批评各国的学说制度"；反对共产主义学说，研究知难行易学说和实业计划，与国民党内反蒋各派辩论，为蒋介石复职制造舆论。设"论说"、"研究"、"国外思潮介绍"、"世界政治经济状况评述"、"研究资料"、"文艺"、"通信"等专栏。1930年12月停刊

《留别中国》，我自去年秋天写起，本想积久写成一卷，临行时出版。不料直到现在（按：1928年9月24日），只写得不到十首，而且再连一首都写不出了。这也不能不说是一种人生的大悲哀。到我留别中国的时候，我的留别中国的艺术的心才早已他去了！……

《留别中国》有两首发表在《新生命》第一期。事前友人申府问我要稿，谓有一种月刊如何如何，缺文艺稿，请他代找。我当然离官场的臭气有三万六千尺远，又因朋友要稿，管他什么刊物，当时又没有别的稿子，随便拿了几首诗给他。因前两首是《留别中国》，便都用了《留别中国》一题。后来才种种闲话，都从此处来。别一方面，则又听说戴季陶意谓乱天下者此诗，大不赞成。果然，再版时已删去了。悠悠之口，在所不论。诗的价值，必有定评，季陶将何以处于文学史呢？（《每日评论·留别鲁迅》，《长虹周刊》第1期《每日评论》栏）

6月27日　在"上海"整理完成抒情长诗《献给自然的女儿》，收入同名诗集时为第一首。该诗共200节，每节4行，176—184节为五言诗，其他各节以白话诗为主。该诗以从北京回上海的行程为线索，记叙自己沿途的所见所感所想。

该诗的创作情况为：

这卷诗的第一首便是在海上写的。从手稿上最先赏鉴它们的，便是那几个水手朋友。他们弹着洋琴，唱罢宁波小曲子之后，便常来围住作者争看新写的诗稿。有笑的，也有赞美的。作者也借此骗他们的酒喝。（《献给自然的女儿》（广告），《世界周刊》第9期栏，未收入文集）

创作该诗时的情况为：

我的梦反对我的思想。因为梦是历史的，而思想是地理的吗？所以，每次我的梦和我的思想吻合了时，我是说不来地满足呵！这也必须一个人的行为在十分圆满的时候，如像被灵感笼罩着的时候。人的一生有几次能遇到呵！所以我非常宝爱我今年春夏之交那一段的生活了！我那时,美中不足的只是我反常地穷,而且终于伤损了我的美。我的诗,在那个时候,只是它神出鬼没,达到所有的限际,演出无穷的变化,而我只是,跟定了它。如其我那时的经济不妨碍我时,那我现在的生活决不会是这样形态了。我那时,同样精采的制作,我将不是一套,而是三四套。我那时完全地知道这个,能够这个,需要这个,可是我那时如买一本应用的书,我还须卖两本我自己的书:而且那时,竟没有一个人愿出一百元钱买我的一部版权,没有一个人慷慨地帮忙我！当我的恋爱与艺术富丽堂皇,飞升到极顶的时候,那个经济上的我,却偏是一个乞儿,而又不是来求助于那个幸福的我,却是特地来搅乱那恋爱与艺术！以致我到了海上,我的所有也便都停放在海上。我便像成了一个完全的乞儿！（《曙·1927 年 10 月 19 日》）

6月29日　在"西湖"写作《献给自然的女儿》,发表在9月1日杭州《国民新闻》副刊《野火》第73号,收入同名集子时为第7首。共6节,每节6行。诗歌询问"我的同行者,／如何两分开?"

6月　三弟高远征在太原进山中学从事革命活动,被阎锡山通缉,转移到武汉参加革命工作。（《高长虹生平与著作年谱》）

7月2日①　作《论诗》,发表在7月5日杭州《国民新闻》副刊《野火》第20号,未收入文集。对诗歌、民众、改革之间的关系提出如下看法:"诗歌,民众,改革,融洽无间地默会契合,然后才能去完成真正的人生的改善。"

7月4日　作《诗的形式》,发表在7月8日杭州《国民新闻》副刊《野火》第23号,未收入文集。认为诗的形式是"没有一定的形式"和"诗的自然形式"。

7月5日　作《聪明的孩子,天才,超人,神》,发表在7月12日杭州《国

① 收入《高长虹全集》第3卷时未按照《凡例》规定将落款"按年月日先后"顺序调整。发表在《野火》上的文章的落款均未调整,以后不再说明。

民新闻》副刊《野火》第 25 号,未收入文集。文章特别强调教育在成长中的作用:"在许多的孩子之中,而有一些是聪明的孩子,在一些聪明的孩子之中,而有几个成功天才,在几个天才之中,而又有的被叫做超人——这些其实都只是教育的结果。"

7 月 10 日 在《小说月报》18 卷 7 期发表《献给自然的女儿》,现作为"集外同题作品"附录于同名集子后面。共 36 节,每节 3 行。因"没得我爱人的音信",所以"我今天不能起程",于是写下了这首凄凉的诗歌:"时间呵,时间呵,它快来到,/我的心儿呵,心儿呵,/请为我唱一曲凄凉调。"

7 月 11 日 作《关于释迦牟尼》①,由《释迦牟尼的新进时期》和《释迦牟尼的烦恼》两部分构成,第二部分先发表在 7 月 19 日杭州《国民新闻》副刊《野火》第 31 号,后与第一部分一起发表在 11 月 30 日上海《良友》第 21 期。文章介绍了释迦牟尼的生平及烦恼,文末还表达了对释迦牟尼的看法:"佛的思想,是博大的,美的。然而不是真理。释迦牟尼虽然原极健全,而他终是一个变态的人。在艺术上,是一个伟大的作家。用科学眼光去看,他是一个误谬,偏激的空想家。他爱人类,却给人类以死灭。也如他过的是独身生活。他过的不是完全的生活,他没有明白完全的生活。经济的、思想的烦恼曾招引这个青年趋向光明的路,但中途被性的烦恼障蔽了,他走到光明与黑暗的中间。"

7 月 12 日 作《西湖》,发表在 7 月 21 日杭州《国民新闻》副刊《野火》第 32 号,第 1 首未收入文集,第 2 首又以《留别中国》为题发表在 1928 年 10 月 13 日《长虹周刊》第 1 期。第 1 首共 6 节,每节 4 行;第 2 首共 4 节,每节 4 行。第 1 首写自己在西湖想念远在哈尔滨的"那个人儿";第 2 首写自己将"采些异乡花草"、"写些异国情调":"便到生与世俱尽,/犹有死神相召!"

7 月 12 日、8 月 13 日、8 月 28 日 作《留别中国》之《西湖》,发表在 1928 年 1 月 1 日《新生命》1 卷 2 号(再版时删去)。共 123 行,写自己到西

---

① 后收入《1926—1945 良友随笔》(程德培、郜元宝、杨扬编著,上海社会科学院出版社,2004 年 1 月)、《左手如来右手基督》(陈忠纯、高健编,团结出版社,2007 年 6 月)。

湖后的见闻和感受。

7月19日　在杭州《国民新闻》副刊《野火》第31号发表《诗的作法》，共4节，每节5行。该首诗连同另一首诗后又在次年12月8日《长虹周刊》第9期发表。

7月　高歌在武汉七一五政变①后回到上海。（《高长虹生平与著作年谱》）

8月1日　高远征参加南昌起义②，9月在转赴广州途中与敌遭遇壮烈牺牲，时年21岁。

8月15日　在杭州《国民新闻》副刊《野火》第57号发表《献给自然的女儿》，未收入《高长虹全集》。全诗为："榆林知友有信还，/要我的科学早完篇，/可是，只有这一支笔儿，/在为她画图像！//他说他们曾狂爱，/知否阳生春又来？/少安别焦待，/须臾和华遍地开！//爱是永生天地人，/科学只比马牛羊，/只是这未奏了的情曲，/如何写得完？"

8月31日③　在杭州《国民新闻》副刊《野火》第72号发表《献给自然的女儿》，收入同名集子时为第4首④。共14节，1、13、14节每节4行，2、8、

① 七一五政变：是年7月15日，武汉国民党汪精卫集团不顾宋庆龄、邓演达等国民党左派的坚决反对，召开国民党中央常务委员会扩大会议讨论"分共"问题。汪以政治委员主席团名义报告《容共政策之最后经过》，悍然宣称中共中央7月13日《对政局宣言》是"破坏本党容共政策之最大表示"，共产党既然退出国民政府，"则在国民革命军中、各级政府机关中，亦无须存在"。会议通过"取缔共产党"案，正式和共产党决裂。随即在武汉大捕共产党人，在育才学校、文化书社等处一日即捕20余人。

② 8月1日凌晨2时，周恩来、贺龙、叶挺、朱德、刘伯承等指挥各路起义军向驻守南昌的国民党军队发动进攻，经过四个多小时激战，占领全城。当天上午，中共前委在南昌召开有共产党和国民党左派人士参加的"国民党中央委员及各省区特别市和海外各党部代表联系会议"，成立"中国国民党革命委员会"。会议通过《联席会议宣言》和《中央委员宣言》。8月2日，武汉政府下令进攻南昌起义军。8月3日，起义军开始撤离南昌，南征入粤，经江西瑞金、会昌，转进福建长汀、上杭，于9月下旬到达广东潮州、汕头地区。随即被优势敌军击散，一部分退至海陆丰地区，加入了东江地区农民的武装斗争；另一部分在朱德、陈毅率领下转战于湘南，开展游击战争。1928年4月下旬到达井冈山地区，与毛泽东率领的部队会师，合编为中国工农革命军第四军。南昌起义打响了武装反抗国民党当权派的第一枪，是中国共产党独立领导武装斗争和创建革命军队的开始，保存下来的起义部队成为工农红军的骨干之一。

③ 该诗在《高长虹全集》后的落款为"二六"，1928年版《献给自然的女儿》无落款。

④ 后收入《山西文学大系第6卷·现代文学·上》（王世杰、王春林、许并生编选，山西人民出版社，2005年1月）。

9 每节 2 行,3—6、10、11 节每节 3 行,第 7 节 5 行。写自己住在湖心的楼上思念远处的恋人:"波浪呵乘风,/为我载一只船儿,/我将远行! //行行至远道,/可还须绕一个弯儿,/送我到青岛!"

9 月 4 日　梦见妻子、父母、大伯父,觉得自己辜负了他们。(《曙·9月 5 日》)

9 月 5 日　给儿子高曙写信,表达了对儿子的思念之情:"你成了我一切想念的最后的一个想念",为自己离开儿子而后悔,并简单地回顾了自己的一生。(凡是引文出自当天的文字均不注明出处,下同;9 月 5 日至 10 月 21 日写给儿子高曙的信曾以《曙》为题结集出版,以后不再说明)

9 月 6 日　给儿子高曙写信,说自己病了。

9 月 7 日　给儿子高曙写信,主要回忆家人和家乡食物。

9 月 9 日　给儿子高曙写信,对西湖"环湖皆兵"的现状不满,并谈到自己的生活现状:"日到中秋分外穷,去年的中秋,我连月饼的影子都没有看见,今年,唉,是很穷的,我又穷得要生气。"

9 月 10 日　中秋节夜晚,默然地与朋友坐小船在西湖上"漫游"。(《曙·9 月 20 日》)这天,高长虹过得"很不舒意":想念儿子、想念自己爱着的"她们"。(《曙·9 月 11 日》)

9 月 11 日　与一个朋友一起登葛岭,游紫云洞。给儿子高曙写信,谈到孩子的教育问题:"我有一个朋友,什么都比我好,才是一个可爱的人呢。我时常在想,如其我能把你托负给她时,我便什么都不忧虑了。你没有看见过那样更爱小孩子,更明白小孩的心理的人。"

9 月 12 日　给儿子高曙写信。第一部分谈到对达尔文进化论的看法,并引申到西湖驻军;第二部分谈孩子的教育问题。

△　在"西湖"作诗歌《献给自然的女儿》,收入同名集子时为第 8 首。共 4 节,每节 4 行。诗人看见眼前的"桂花含蕊",想到别处的"桂花满枝",便叹"便到花开了,/人儿又何在?"

9 月 13 日　下午游葛岭,作《献给自然的女儿》两首,收入同名集子为第 9、10 首。第 9 首共 2 节,每节 4 行,希望恋人能大胆地袒露自己的心声:"恋爱别藏在心头,/人别幽居在小红楼";第 10 首共 12 行,写涨潮的情景。

关于后一首诗,高长虹在同日给儿子曙的信中这样写道:"我坐在抱朴楼前,巧遇着钱塘潮来了,像我们那里的下山水的河头似的行着,颜色同普通的波浪一样,形状像一条长蛇。远处望不清高低,据老道说,有六七尺高,十数年来没有这样大的潮了。从前曾有过一丈多高呢。他们都用这潮来证明潮神是有的。"

△ 给儿子高曙写信,先谈自己"要研究教育","教出所有的失学失养的生命",接着谈自己下午游葛岭和作诗的情况。

9月14日 给儿子高曙写信,认为这一天"是一个可纪念的日子",自己将有"一个大的举动"。夜,与几个朋友在隔壁的楼外楼喝酒,"喝了很多很多的酒。唉,两月来没有这样喝酒了!"

9月15日 给儿子高曙写信,谈到自己"有两个节目":"菊花开罢别西湖,梅花开罢别中国。"同时谈到自己太穷,"无处不受它的妨碍"。

9月16日 给儿子高曙写信,谈到自己病得不能到城里买件衣服穿。

9月17日 给儿子高曙写信。

9月19日 给儿子高曙写信,认为现在的时代是"自然竞争","必须进化到别一个时代"。谈到南方、北方口味的区别,并对楼前操练的士兵感到惋惜:"费工夫学了而才去送命,而且无代价地去送命,兵士有工作或有知识时,是不会干的!"

9月20日 给儿子高曙写信,为仍未收到妻子寄来的月饼感到"悲哀":"在我的直感上,她是一个还没有发见言语与手的人类。我没有接到她一封信过。"

9月21日 睡到下午一点多钟才醒来,饭馆的伙计为他发黄的脸色而惊讶。给儿子高曙写信,谈到自己的身体状况和不知该到何处去的情况。

9月22日 给儿子高曙写信,谈到想给儿子照相、买衣服,谈到自己的祖父,谈到想给自己买衣服却钱不够。

9月23日 给儿子高曙写信,认为"佛书是最好的童话",并说因自己即将出国,所以,"看见中国的任何现象,都使我悲哀"。

9月24日 给儿子高曙写信,从乡村女人的朝山进香谈到正确的做法:"我们须用原子论,相对论去代替它们,请神们退位,让人类来做主脚跳上新舞台!"并对书局只管赚钱而不重视儿童读物表示不满。

9月25日 从城里回来后给儿子高曙写信,为买到一本《悲多汶传》而兴奋不已,并谈到了自己读后的感受:"他完全是我自己,是我自己,是我自己的一部分!时代之于我是一个空虚,犹之乎枷锁之于自由的天使!只有自然是我们的环境!此外,民族也,个性也,世纪也,何有于一个顶天立地的人呢!我的惟一的快乐,便是,在别人中发见自己!这成功了我的别一个快乐:我忘记了人我的界限!创造而已!人类的创造,一个整体的工作,何曾有完结的时候?"

9月26日 夜给儿子高曙写信,回顾自己四年来的写作历程:"它们在记载着历史的苦辛,它们曾经伤过我的心,将来也仍然要的",并对自己做了如下评价:"他用了最坚苦的努力去斗争一切,去忍耐一切,去收获一切。"

9月27日 给儿子高曙写信,信中谈到了贫穷对自己生活及事业的严重影响:"只因为没有钱,所以我穷。我受了环境的监禁,我不能到广州,到南京,到汉口,我不能纡曲于九疑,舒缓于潇湘,漂渺于峨眉,溯长江而跨黄河,而登华岳之巅与故人把晤。长白山与珠江,都常出没于我的梦中。这需要多少钱呢?不过曰:月百元足矣!然而我现在每月拿不到五十元。我不能常到乡村中居住。我必须有一个新的生活的方式。几个月了,我没有能够买几本我急需的书籍。我在自杀,因为我没有方法使我自己生长。我需要的是一个地球,而我却把自己关在地球上的一座楼上。天文台同我的距离既远,化学实验室又只能形诸想象。看来我仍然是痛苦的!"

9月28日 给儿子高曙写信,谈到了自己喜爱的一些人物:孔子、释迦牟尼、歌德、罗素、罗兰、梅德林克、泰戈尔、爱因斯坦、涡逊等。

9月29日 给儿子高曙写信,告诉儿子自己的思念之情。

9月30日 给儿子高曙写信,谈到妻子采来玉簪花插在自己案头的事情。

9月 第5个集子《给——》在上海出版。该诗集的广告为:"恋歌四十首。各处散见的给——都收在这里,除'藏诸名山'的几首不算外,这可以说是《给——》的全本。"(《长虹周刊》第2期)次年1月18日,柯仲平在给高长虹的信中如此评价该诗集:"《给——》中的几段,那是一切奇变里,有一条光华亦惨黑的,飞动着的神龙……"次年2月20日,柯仲平再次在信中说:"《给——》中的好些段,实在似变幻不息的云里一条游动着的神龙。"(《仲平致长虹的信(四封)》,《高长虹研究文选》)

关于该诗集,高长虹在给儿子曙的信中这样写道:

> 我敢说,有性灵的女子一定会爱她呢。我是够了,这一本书我原是为优美的女性而创作的,可是,如其那些同我有相当的相同的成分的男子而才不爱这一本书,那也是我所不能想象的事吧!(《曙·10月1日》)

> 传说讲的,海棠是一个相思的女子掉下来的眼泪所化生的。这故事非常恰合于我的那一个朋友;她在想着的便是我。我也想她已三年了,呵! 然而这只是一个无名的悲剧,没有几个人知道其中的秘密。我呢,唉,我是一个负心人了!
> 便是这一个无名的朋友。我在我的诗里曾为她画了几幅极美的像。你将来读我的那本《给——》时你如看见最美的诗,你便可知道那是为谁而写的了。那正是属于海棠类的,是诗样的海棠,是海棠样的情调,我的一个创作中断了,被别一个创作(按:《献给自然的女儿》)。(《曙·10月13日》)

关于高长虹的这类爱情诗,石评梅的表弟张恒寿1986年2月19日在接受采访时说:

> 他写过很多朦胧的爱情诗,人们似乎觉得他有所指,或有什么事实做依据,其实未必。因为他这个人好空想,他往往借生活中一些人和事的影子,来寄托他的某种缥缈的理想。正如屈原与李商隐等人的诗中描写的那样,很难确定他实指的是什么,他诗中的形象都是虚构的,象征的,不是具体纪实的。这也就是人们常说他的"单相思"。(张谦:

《我所了解的高长虹——几位老同志谈话纪要》）

10月1日　给儿子高曙写信,谈到了诗集《给——》的情况。

10月2日　给儿子高曙写信,谈到了自己对蒋介石和冯玉祥的看法:"近来蒋介石也说要研究五年政治经济学,我希望他研究十年经济的科学,二次再来时,别再那样杀人不眨眼地英雄! 冯玉祥也来求一些学问,坚守住劳工的阵地去建筑实业。"

10月3日　给儿子高曙写信,说自己不愿早一点到上海去,而愿把"一个人心灵上的西湖的秋色写在纸上给一个小孩子看"。

10月4日　给儿子高曙写信,认为"与其做一个为家庭所爱的小孩,宁可被家庭所淡漠视之",并简单地介绍了自己的一生。

10月5日　给儿子高曙写信,先谈人与环境的关系:"人都受经济的支配,而经济又须受空气的支配";接着谈自己对婚姻的态度:"世间既然有离婚那样的事,结婚本来便可以不必";并进而谈到与妻子的婚姻:"我同你的母亲也常商量过这个离婚问题,她总是拼命地反对。我也知道只要我一横心她也许不至于会真的拼了命。只是,我不能够做这一件事情;而且,不是为了我自己。我来是自然来的,所以我也将返于自然。我不愿蛮干一件事,无论它对于我有多少好处。自然是变化的,我也将随之而变化:由生而变化到死。而且,在那个艺术的我,他是早已离婚的了,因为他是一个表现主义者,真理也这样说:如其人类想建立科学的恋爱学,他必须抛弃了婚姻,如像经济学之抛弃金钱,如像教育学之抛弃考试与学位。"

10月6日　给儿子高曙写信,谈自己打算,说自己想出国。

10月7日　给儿子高曙写信,说自己"现在已经做好了计划","以后决不再陷在这样生活里"。

10月8日　给儿子高曙写信,谈自己的恋爱生活。

10月9日　给儿子高曙写信。

10月10日　给儿子高曙写信

10月11日　给儿子高曙写信,叙述自己最近一两年的情况。

10月12日　给儿子高曙写信,为自己"缺乏几个经济上的朋友"而感到遗憾;谈自己对佛教故事的看法:"非常美"、"简直没有一点势力的成分"。

10月13日 给儿子高曙写信。其中讲了一个毛鬼神的故事:"我小的时候,常听祖母讲毛鬼神的故事。它想叫谁家穷的时候,它便把那家的财产偷偷地搬运了出去。后来我知道毛鬼神是没有的了,但是我也知道了那帝国主义倒同毛鬼神很相像呢!"

△ 在"西湖"作《献给自然的女儿》,收入时同名集子为第11首。共6节,每节4行。写"我"与"你"总是阴差阳错。在同一天给儿子高曙的信中说到该诗:"今天我又写了一首《献给自然的女儿》,大概快交卷了。我的诗思又已来潮,我将再写几首得意的诗。让它起于春者,止于晚秋好吗?"

10月14日 给儿子高曙写信,回忆自己的童年生活,谈自己的打算。

10月15日 给儿子高曙写信,说自己打算写一部小说《大团圆》。

10月16日 给儿子高曙写信,说自己打算将计划中的小说标题改为《我们俩》。

10月17日 给儿子高曙写信,说自己打算离开西湖到上海,并希望回家看儿子与妻子。

10月18日 给儿子高曙写信。

10月19日 与二弟高歌一起登南高峰,给儿子高曙写信。

10月20日 给儿子高曙写信,谈到狂飙社:"我想着那些'小弟弟们',竟至无言可说。看来我还得做些繁难的事情。友谊与教育,已无所致其用了。我还须发明一个新的科学。时候已经快到了,我已得结束了我的种种的公案。"并说在三四个月后,"必将出版我的周刊"。

△ 柯仲平作《〈革命与艺术〉自序》,其中提到高长虹:"发表理论的文章,我从前简直不愿写。就是我的好友长虹劝过我写批评,我也回答创作没时间,虽则他接着说'批评也是种创作'。"(《柯仲平文集·文论卷》,云南人民出版社,2002年)

10月21日 给儿子高曙写信,说自己22日就要离开西湖——给儿子的书信体散文就此结束。

10月 再次给张稼夫以帮助:"大约在1927年的9、10月间,我在武汉的兵运工作结束后,根据党组织的指示,去上海接党的关系。我到了上海以后,由于地下交通站被敌人破坏了,没有接上关系。这是我第一次到上海,人生地疏,举目无亲,只好又去投奔高长虹。因为他给我写过信,所以我就径直跑到霞飞路附近找到了他。从他口中我才知道,地下交通站已被破坏,王之铭同志(我党组织在上海的地下联络员)被敌人抓去,打得死去活来。后来,他又借给我30元钱,给我解决了路费,才使我安全回到了武汉。"(张稼夫:《我和"狂飙社"》)

11月17日　作《留别中国》之《上海》,发表在1928年1月1日《新生命》1卷2号(再版时删去)。

12月25日　作《小说》、《破例买〈语丝〉》、《幸而他失败了一半》,发表在1月8日《世界》周刊第2期《每日评论》栏。

《幸而他失败了一半》与鲁迅有关:

> "一个天才如其找到了一个爱人,又当了教授,那便完了!"一个艺术界的朋友曾同我这样讲过。不料后来那个朋友果然找到了爱人,又当了教授。
>
> 幸而他失掉了一半。
>
> 在我则以为一个人可以有爱人,也可以当教授,而仍不失为"天才"。若说我呢,因为我不是天才,所以也不当教授。

高长虹晚年曾在《一点回忆——关于鲁迅和我》中这样写道:"鲁迅寻常很喜欢讲一个人一娶了太太,当了大学教授,就什么都完了。大学教授,对于一个喜欢战斗的人不是很合适的职业。我当时又以为,鲁迅的性格也不适于教授的职业,所以不加赞成。"

12月26日　作《放火救人》、《看了辛酉剧社的〈桃花园〉之后》、《恋爱的方式》、《高等幽默》、《陆小曼何不演剧》、《反跃进》、《〈玫瑰残了〉》,前6篇发表在次年1月8日《世界》周刊第2期《每日评论》栏,后一篇发表在次年1月15日《世界》周刊第3期。

《陆小曼何不演剧》谈到蔡元培请高长虹看京剧事:

感谢蔡子民，郑毓秀诸君给我以机会得看陆小曼的京戏①。我是认真有京戏癖的，虽然不以为它在艺术上有什么价值。陆小曼的扮，做，唱，都是非常之好的，罗曼一点说，胜过所有的戏子。

我于是想，陆小曼何不演剧？这剧，对京戏而言，当然是欧剧了，如能认真来演欧剧，一定会有很大成功呢！

至于徐志摩呢？除台步，道白，做派都不好外，其余的也还很好。

《〈玫瑰残了〉》表达了对欧阳山《玫瑰残了》的喜爱之情："《玫瑰残了》是今年出版的小说里边最好的一种：客观地说。主观地说：如不是有几句我不喜欢时，这本书我是句句都喜欢的。"并表达了对文艺的看法："到心的扰乱到极致时，新文艺便成功了。"

12 月 28 日　时在西安省立第一中学的柯仲平写信，信中谈到了高鲁冲突："在榆林时，看着你和各方面开战，我曾得一梦，梦很奇：我问你：'《狂飙》为甚拿到长安来出版？！'你说：'受种种压迫……'我们都有些在壮勇中凄然呢！"信中还谈到高长虹的出国问题："接你片纸，虽只两行，如读隔世飞来的万言友爱书！你就要出国，不知我们还有见面的一日否！现在，倾我全生命的热诚送你出国，虽则我们仍同在一地球上！若出书能得些钱，极愿你向他们取着一点小帮补！"（《世界》周刊第 7 期，《仲平致长虹的信（四封）》，《高长虹研究文选》）

12 月 30 日　作《建设科学》②，发表在 1 月 15 日《世界》周刊第 3 期《每日评论》栏。认为"建设科学"是"劈头来一件大难的事情"："第一，因为大多数人没有科学的知识，而又没有钱建设科学。第二，因为大多数青年没有研究科学的适当的地方，而又没有钱研究科学。"

12 月 31 日　作《小东西启启的故事》，发表在次年 1 月 15 日《世界》周刊第 3 期，收入小说集《实生活》。小说中的小孩子启启对哥哥骂他是一个

---

①　12 月 6、7 日，天马剧艺会在夏令配克电影院组织了两场票友演出，第一场中有陆小曼、翁瑞午、徐志摩、江小鹣演出的《玉堂春》。

②　该文在收入《高长虹全集》第 3 卷时有书名号，有误：该文是高长虹初次发表的文章，而不是自己或他人过去的文章。

"没出息的小东西"很生气,希望自己快快长大,于是给自己戴上假胡子。

12月 高远征牺牲的消息传来,高长虹与高歌悲痛欲绝。高长虹埋怨高歌不该让高远征参军,为此兄弟一度失和。高歌一气之下躲到西湖写作去了。

冬 作《〈寄小读者〉》,发表在1928年6月25日《申报·艺术界》,署名"佚",1928年11月27日写了这样一段跋语后发表在12月1日《长虹周刊》第8期:"本文是我去年冬天写的。预先说好在《申报·艺术界》发表。不料稿寄去后,不但不发表,去信要,而且不退还,而且无复信。今夏从北平回来,忽然听说此稿已在《艺术界》登出,但换了一个人名。此文不至遗失,也算幸运。至文中所云,过去思想的记录,不再考较了,我希望他没有失却一个批评家的态度。"文章认为冰心的《寄小读者》"是一本充满了潜伏的爱的泄露的抒情的通讯,甚至说是一本高尚的而又变态的情书一束。"冰心则"是一个好爱人,是古代的一个模范的皇后,中古的一个罗曼的佳人,是一个诗人,而又不只是一个诗人。她在望着月亮,但还没有移动她的脚步,她不勇敢,而却镇静,她也许是不会迷途的,如其能够时,我们自然希望她有更多的勇敢,脱却所有的束缚,而显示出一个觉悟到自然的人,越能适应更大的环境,便越是伟大。"

是年 儿子7岁,由于年幼无知,用剪刀将裤子开了一个口子,其母将孩子打了一顿:"但她忽又想起,自己公婆早已去世,丈夫又一去不归,身边只有这一个孩子,哪能这样责备,便将孩子抱在怀中,自己痛哭起来。"(高曙:《高长虹的家世和青少年时代》)

1928年 民国十七年 戊辰 三十一岁

1月1日 《世界》周刊创刊,与张申府合办。

1月3日 作《留别中国》,发表在2月5日《世界周刊》第6期,未收入文集,曾作为佚文收入《高长虹研究文选》。

1月6日 作《补白·鲁迅挑战》,发表在1月15日《世界》周刊第3

期。全文为：

听说鲁迅在《语丝》挑战①了。《世界》的"地盘"太小，所以我借这点空场子简单吆喝他几句：——

一，我现在正在写小说，想换一点旅费看我的孩子（?）去，所以没有闲空，不应战。

二，鲁迅赢得输不得，有气无量，所以不应战。

三，《语丝》是狄克推多的《语丝》，鲁迅有文便登，《世界》是德谟克拉西的《世界》，我骂了人，要受同仁的反对，所以不应战。

四，鲁迅或许又想当教授，没的凑巧了，又怨我破坏了他的名誉，所以不应战。

但是，如鲁迅有必战之理，我也可以谅解，请少安勿躁，待我办一个《长虹周刊》了却来！但这是笑话。因我预备进实验室，孩子般的游戏，恕我不能奉陪了！

1月8日、15日　在《世界》周刊第2、3期发表《长虹的著作十种两种已出余续出》，无署名，未收入文集。该广告介绍已经出版的《光与热》、《给——》，"续出"的《献给自然的女儿》、《时代的先驱》、《曙》、《从荒岛到莽原》、《走到出版界》、《梦与预言》、《到乐园去》、《留别中国》——后三种未见出版。

1月15日　作《革命的心》②，发表在3月1日《新生命》1卷3号，曾收

---

①　指鲁迅在1927年12月31日《语丝》4卷3期发表的《吊与贺》。《语丝》在北京被禁之后，有署名"孔伯尼"者作《吊丧文》，内云："效《狂飙》之往例，草《语丝》之哀辞，当仁不让，舍我其谁?"鲁迅由此联想到上海《狂飙》停刊时，常燕生作《挽狂飙》，内云："当这与'思想界的权威者'正在宣战的时候，而突然得到如此的结果，多心的人也许会猜疑到权威者的反攻战略上面"，鲁迅遂作此文。鲁迅在抄了这两篇文章后写道："《语丝》本来并非选定了几个人，加以恭维或攻击或诅咒之后，便将作者和刊物的荣枯存灭，都推在这几个人的身上的出版物。但这回的禁终于燕京北寝的讣闻，却'也许''不'会猜疑到权威者的反攻战略上面'去了罢。诚然，我亦觉得'思想家究竟不如武人爽快'也！但是，这个，我倒要向燕生和五色国旗道贺。"

②　后收入《山西文学大系第6卷·现代文学·上》（王世杰、王春林、许并生编选，山西人民出版社，2005年1月）。

入《实生活》。小说由七部分组成,分别是:《梦》、《他从梦中回来》、《梦的实现》、《她的回忆》、《他的回忆》、《古屋新生》、《革命的心》。小说的主要内容为:革命诗人刘天章从监狱出来后,从上海坐船到北京去看自己的恋人张燕梅,北京每天都有捕人的消息,他们最后结伴离开了北京,踏上了革命征程。从具体内容可以看出,该篇小说是根据自己与石评梅的交往片段铺排而成:第5部分较真实地记录了自己与石评梅的交往,其他部分则不过是一个"梦"——希望变成现实的"梦"。

1月18日 柯仲平来信,询问高长虹出国后谁留在上海编辑《狂飙》,并说自己打算在西安出一份刊物,同时又说自己暑假"不能不离开西安"。(《世界》周刊第7期,《仲平致长虹的信(四封)》,《高长虹研究文选》)

1月22日 在《世界》周刊第4期发表《论白蛇》,并在《每日评论》栏发表《初版的〈琪碳康陶〉及其他》,两文已佚,篇名来自《贡献》第9期广告。

1月 第6个集子《献给自然的女儿》(诗集)由上海泰东书局出版,6月再版,次年3月第3版。该诗集的广告为:"这便是所谓'健康的诗歌。'在艺术与人生上,都达到极致。第一首是在海上写的;正是中国最混乱的时候,吟边韵外,颇多所触发,这又是所谓'音乐的批评'。"(《长虹周刊》第2期)该诗集出版后,高长虹给柯仲平寄去一本,请柯和他爱人丁月秋"批评",柯在2月20日回信中如此写道:"这是努力着,艺术与科学并进,新的宇宙观与大爱的人生态度融和成韵调的一部分结果。——当然,这只是一部分,而且是开始不很久的。还在前进着。/在生命表现为艺术而成律动时,情与理便混融着,不能分化的互怀着,而所谓思想者也只是感情历史的一部分结晶。再加一句:你执着正热望的恋爱作中心而扩展而演进。——合上两小段,就是我对于《献给自然的女儿》的解释。/这已经不感到过于概念底的了。前几段中,觉着有几行的音调有些涩,越读下去便越觉痛快,如喝汾酒,我问,酒家! 这酒还有吗? 再有再给我打来,再给我打来!!"(《世界》周刊第9期,《仲平致长虹的信(四封)》)在巴黎的阎宗临得到该书后,3月27日作《关于〈献给自然的女儿〉》(《长虹周刊》第4期,《高长虹研究文选》),认为该诗集"是一个穿破一切神秘的匕首"、"并没有科学与艺术的分别"。

2月5日　作《一个兵回到他自己的家里》,发表在12月8日《长虹周刊》第9期。小说写一个伤兵好不容易回到家里,妻儿在不知道是何人时不敢开门。

2月7日　作《〈柚子〉和它的核子》,发表在本该在1月29日出版的《世界》周刊第5期《每日评论》栏。叙述自己两次读鲁彦的《柚子》的情景。文章开头如此写道:"一天,我给《柚子》的作者写信说:'请寄我一本《柚子》,我吃了留下核子好给它的读者。'①"

2月8日　高歌梦见高长虹:"是我一个人在我的房里正在看一本我现在想不起名字的书来,突然,C来了,一个具有极大快乐和极大高兴的脸子的C,要不是他的姿势在表现出他是C来,我真要不知道他是那一个了。我一见他,我就想起他正在做他的重要工作——我不能不对他这突然来有所疑问了。"(高歌:《情书四十万字·初春的苦恼》,《高歌作品集》下卷,北岳文艺出版社,1993年)

2月15日　作第1则书信体小说《春天的人们》,发表在本该在2月12日出版的《世界》周刊第7期,4月份出版了单行本(下同,不再说明)。告诉"亲爱的人儿"(为原信称呼,下同)昨晚梦见她的情景。

2月16日　作第2则书信体小说《春天的人们》,发表在本该在2月12日出版的《世界》周刊第7期。回忆去年与"亲爱的"见面的情景,并对前天所寄的几幅画做说明。

2月26日　在《世界周刊》第9期刊登广告《献给自然的女儿》,无署名,未收入文集。广告对该诗集的评价为:"在暗淡,阴郁,破碎的旧生活中,这些诗歌开辟了一条光明,和悦,健全的新路。"

△　作《母亲的故事》②,发表在10月20日《长虹周刊》第2期。故事梗概为:开始写饥饿的孩子围着床上的母亲哭泣;中间写夜晚母亲找不到自己的孩子;结尾写孩子们停止了哭泣并从世界消失,母亲则又生了孩子。时

---

①　该句话现以《致王鲁彦(残简)》为题收入《高长虹全集》第3卷。
②　后收入《中国散文精品·现代卷·上》(姜德明主编,北方文艺出版社,1992年)、《警醒人生海语》(孙硕夫选编,吉林文史出版社,1997年1月)。

在法国的已燃(阎宗临)看后,12 月 29 日作《读了〈长虹周刊〉之后》,认为该小说"确是启示出人类的福音。一切,都装在里边。"(《读了〈长虹周刊〉之后》,《长虹周刊》第 18 期,《高长虹研究文选》)并在 12 月 30 日给高长虹的信中如此称赞该小说:"真是说不来的好法。它比那篇黑的条纹都进步的多。虽然在音节上不如那些美。"(《长虹周刊》第 18 期,《已燃(阎宗临)致长虹》,《高长虹研究文选》)

2 月　第 7 个集子《时代的先驱》由上海光华书局出版,同年 10 月再版。该集子的广告为:"上篇论文八篇,以诗人的情绪,运科学的方法,发挥大胆独创的思想。下编诗歌八首。是震撼一代人心的著作。"(《长虹周刊》第 2 期)该书出版后,《土拨鼠》周刊的觉非于 6 月 17 日作《〈时代的先驱〉》(《长虹周刊》第 6 期,《高长虹研究文选》)介绍该书。该文对上篇的论文只简单介绍了《论人类的行为》和《论杂交》,在评价下篇的诗歌时,觉得高长虹"异常的悲哀,但他对于生并不想逃"。

3 月 2 日　高歌听说高长虹病了:

> 我一听到这消息时,一副悲哀到极点,痛苦到极点才能够形成的脸子在我的心里耸立起来了。我的眼睛像秋天的早树似的在潮湿了。我真想马上跑去看他去。
>
> 我的哥哥,一个伟大的孤独者!
>
> 更怕孤独也长存的呀!
>
> 他没有朋友,而他尤其没有爱人!
>
> 孤独成伟大吗? 也是伟大成孤独呢?
>
> 愿他的爱早日降临他!
>
> 爱呀,为了他是一个伟大的孤独者呀,
>
> 早早的降临他吧! 早早的降临他吧! (《我的日记》,《高歌作品集》上卷,北岳文艺出版社,1993 年)

3 月 3 日　为柯仲平的《海夜歌声》作《后记》,发表在本该在 2 月 12 日出版的《世界》周刊第 7 期。《后记》高度评价《海夜歌声》,认为该书的出版,"在中国的诗歌史上开辟了一个新的时代,而这时代是以世界纪年的","新艺术的真的开创者,不是《女神》,也不是《野草》,而是《海夜歌声》"。

3月5日 作《无产者》、《谈犬》,发表在本该在2月19日出版的《世界周刊》第8期《每日评论》栏,未收入文集,曾作为佚文收入《高长虹研究文选》。《无产者》认为:"二十世纪所认为最重要的事件,便是科学,艺术与劳动的联合,这也是二十世纪的历史上最重要的事件。"《谈犬》写了一个狗变鸭子的故事。

△ 作第3则书信体小说《春天的人们》,发表在本该在2月26日出版的《世界》周刊第7期。向"亲爱的爱"解释自己没有写信的原因:"我到乡下旅行了几天",告诉所爱的人不要到上海来,自己要马上辞掉职务,"我将立刻找你去,当我的旅费预备充足的时候。"

3月6日 作第4则书信体小说《春天的人们》,发表在本该在2月26日出版的《世界》周刊第7期。向"爱的心"叙述自己的近况:"我现在正是到了一个最忙的时候,我要尽情地,尽情地再忙它两个礼拜,然后我心满意足地离开上海。"

△ 夜作第5则书信体小说《春天的人们》,发表在本该在2月26日出版的《世界》周刊第7期。告诉"爱的人儿"自己未能到野外走走的原因:自己平素顶顶喜欢的五个学生,来到自己房里,"数说许多许多极有理由的理由",要自己留在上海,由于自己坚持要走,他们便"失望地去了"。

3月7日 作第6则书信体小说《春天的人们》,发表在本该在2月26日出版的《世界》周刊第7期。告诉"远方的人儿",自己的恋爱遭到了人们的强烈反对:"已经很有几次了,我接到过几封匿名信,他们在说你是一个妖精。我知道,有一封信还是一个女子写的。他们很不赞成我同你发生什么关系,而且以为我完全是做梦,简直是真的在扮演着一段妖怪故事。"自己却全然不顾这些。

3月8日 作第7、8则书信体小说《春天的人们》,发表在本该在2月26日出版的《世界》周刊第7期。第7信鼓励"亲爱的"不要顾及旁人的反对,与自己坚定地走到一起;第 8 信告诉"我的爱",自己不顾同事劝阻坚决辞职。

3 月 13 日　作第 9 则书信体小说《春天的人们》。告诉"我不得见面的爱人"自己几天未写信的原因:"我好几天了总在筹划着到南京一走,我便回北京去。"

3 月 14 日　作第 10 则书信体小说《春天的人们》。告诉"亲爱的朋友",自己"想到军队里去"。

△　晚作第 11 则书信体小说《春天的人们》。

3 月 18 日　作第 12 则书信体小说《春天的人们》。告诉"我的亲爱的"自己读了来信后的感受:"我越发感到我们的寂寞,也越发淡忘了我们的寂寞",并说自己近来是"越发穷了","我简直没有一点弄钱的方法!"

3 月 19 日,作第 13 则书信体小说《春天的人们》。告诉"亲爱的"自己到大世界看兰花的情景。

△　"夕照中"作第 14 则书信体小说《春天的人们》。告诉"亲爱的":"翻开五千年的载籍,人生遇合,像我们这样美满的,能有几起?"

3 月 20 日　作第 15 则书信体小说《春天的人们》。告诉"最最亲爱的",自己的事情已大致结束,"旅费也在三五日内便可以到手",自己去买了一双淡黄色的皮鞋,并又去看了兰花。

3 月 21 日　作第 16 则书信体小说《春天的人们》。给所爱的人取名为"生生",告诉"我亲爱的生生"自己去年离开北京回上海的原因:"我们的学校又闹风潮,十二金牌召岳飞,我终于便回到上海了。"

3 月 22 日　作第 17 则书信体小说《春天的人们》。告诉"我的生命的生命"自己一天的行踪。

3 月 23 日　早上作第 18 则书信体小说《春天的人们》。告诉"亲爱的",自己不愿做事,想去看电影。

△　夜作第 19 则书信体小说《春天的人们》。告诉"我的亲爱的王后",自己去看了一场电影。

3 月 24 日　作第 20 则书信体小说《春天的人们》。告诉"亲爱的"自己梦里和她在一起。

3月25日　作第21则书信体小说《春天的人们》。告诉"你奇迹的创造者",自己没有动身的原因:"看不见一个晴天的日子",不知道所爱的人将怎样"欢迎"自己。

3月26日　早上作第22则书信体小说《春天的人们》。告诉"亲爱的人儿",同事为自己饯行,并叙述了一连串的梦。

△　夜作第23则书信体小说《春天的人们》。告诉"亲爱的",因筹款不顺利,为了减少自己的痛苦便又喝酒了,并在睡觉之前看了用10个铜板买的《九种奇情听月楼》。

3月27日　作第24则书信体小说《春天的人们》。告诉"亲爱的人",自己因喝了酒,并看了《九种奇情听月楼》,头天做了一个粗俗的梦,还有一个噩梦。信中还叙述了《九种奇情听月楼》的故事梗概。

△　已燃作《关于〈献给自然的女儿〉》,发表在11月3日《长虹周刊》第4期。为看见"虹哥"(按:狂飙社"小弟弟"对高长虹的称呼)的诗集《献给自然的女儿》而写的一篇书信体评论文章。认为该诗集"是一个穿破一切神秘的匕首。他以最高的诚意,来做一个归根结底的说明。"并认为高长虹的思想上有两个很重要的概念:"1.要使人类是动的。2.要人类有行为的自由。"

3月28日　作第25则书信体小说《春天的人们》。告诉"亲爱的人"自己遇到的一件不顺心的事情:"昨日,因为我们的书店里①接到九角钱的一张汇票,我到邮局取去了。也因为时间晚了些,邮局的职员已在穿马褂,所以他很不以为然,像不想拿出钱来的样子。又遇得我身边偏没有带得角子,只能找他铜板。钱终于拿到了。我很想在那时报复他一场,当钱到手的时候。"

△　夜作第26则书信体小说《春天的人们》。告诉"我早思暮想的人"自己四年来的奋斗历程。

3月30日　作第27则书信体小说《春天的人们》。告诉"我将看见的

---

①　高长虹在《春天的人们》中说"我"是一个大学的校长,一不小心就在此处泄露了自己的真实身份。

人",不要再寄信来,自己后天晚上就要乘奉天船北上,并愿意照来信中所说:"暂且和各方面通统脱离关系,过几天最自由,最统一的生活"。还在信中对当时上海文坛发表了自己的看法:"上海最近的文坛虽然像很热闹的,其实都是虚张声势。"

3月31日 作第28则书信体小说《春天的人们》。告诉"最亲爱的":"我们见面的期限只有十天了"。

△ 晚作第29则书信体小说《春天的人们》。告诉"我的惟一的生命",在告别宴上听说自己认为最有希望的科学家因天花转热病而死后痛苦异常,草草地结束了告别宴回到了家,并说自己已买好了船票,"明天是一定会走了的"——高长虹的书信体小说《春天的人们》就此结束。

4月1日 高歌早上从西湖出发,当晚即在位于上海宁波路76号的《世界》周刊社给还在西湖的恋人利那写信,其中谈到高长虹及狂飙社情况:"C的精神还好,并不如人们所说的那样不好。你也放心。他大概四五号就动身了。《世界》已决定改出月刊,从十一期起。十期已付印。九期已出版。""给C的花。一见面我就用我的右手给与了他了。你知道我的右手是一双什么样的手呵。他的沈静的微笑里给我的热烈的快感,现在,我转给你吧。他和我说起花来,他还告诉我这里有很好兰花,也许明天他引我看去。我们还要看电影去。你要来时,那就更好了,我们三人便一同去。"(高歌:《情书四十万字·生活在藩篱里》)

4月3日 作《〈坟〉的作者还没有死吗》,发表在10月13日《长虹周刊》第1期《每日评论》栏。全文为:

　　客:又有人骂你了,你知道吗?

　　主:为什么?

　　客:因你写了《留别中国》的诗却还没有出国。

　　主:谁?

　　客:一个无赖的文人。

　　主:谁?

　　客:还写过一本著作叫《坟》。

主:那他还没有死吗?①

4 月 5 日　作《少数与多数》、《她写一部〈安娜〉》,发表在 10 月 13 日《长虹周刊》第 1 期《每日评论》栏。

△　计划成立狂飙出版部:"《狂飙丛书》。将有一种很精致的本子出现,由出版部印。出版部也只在实际上印书,年内拟五六种,并不大闹。"(《情书四十万字·生活在藩篱里》)

△　高歌给情人利那写信:"《世界》以后改月刊,篇幅与四期周刊同。但在校对发行上则便当的多了。/《狂飙丛书》。将有一种很精致的本子出现,由出版部印。出版部也只在实际上印书,年内拟五六种,并不大闹。/现在还预备出叫《民间》的周刊。"(高歌:《情书四十万字·生活在藩篱里》)

4 月 6 日　上午 11 时离开上海前往北京。在与高歌相处的这几天时间里,"因事物的烦乱,使我和 C 没有看得成兰花,也没有看得成电影。"(高歌:《情书四十万字·生活在藩篱里》)

4 月 10 日　到北京,住在"我们从前就住着的那个小巧精致的院子"。(高歌:《情书四十万字·生活在藩篱里》)

4 月 11 日　高歌梦见高长虹:"我梦同他在一个地方,大受人们攻击,自然是我们俩,我们便携着我们的手走开那个地方,来找我们各人所找的人来了。"(高歌:《情书四十万字·生活在藩篱里》)

4 月 12 日　高歌在给情人利那的信中谈到高长虹和狂飙社情况:"我要辩〔办〕理出版部的事务——更其是狂飙的事务。我知道我是不会弄好

----

①　此文很可能针对《"醉眼"中的朦胧》(1928 年 3 月 12 日《语丝》4 卷 11 期)中的这段话:"旧历和新历的今年似乎对上海的文艺家们特别有着刺激力,接连的两个新正一过,期刊便纷纷而出了。他们大抵将全力用尽在伟大或尊严的名目上,不惜将内容压杀。连产生了不止一年的刊物,也显出拚命的挣扎和突变来。作者呢,有几个是初见的名字,有许多却还是看熟的,虽然有时觉得有些生疏,但那是因为停笔了一年半载的缘故。他们先前在做什么,为什么今年一齐动笔了? 说起来怕话长。要而言之,就因为先前可以不动笔,现在却只好来动笔,仍如旧日的无聊的文人,文人的无聊一模一样。这是有意识或无意识地,大家都有些自觉的,所以总要向读者声明'将来':不是'出国','进研究室',便是'取得民众'。功业不在目前,一旦回国,出室,得民之后,那可是非同小可了。自然,倘有远识的人,小心的人,怕事的人,投机的人,最好是此刻豫致'革命的敬礼'。一到将来,就要'悔之晚矣'了。"

的,然而我之外没有别人。我能不让 C 走吗! 虽然我也不能留着在这里,然而我能因我的不能留而丢开而不管吗! 况且,我的 C 对于狂飙的辛苦也写〔实〕在受的太大太多了。况且我的已有四五个〔月〕不问狂飙的事而专推在我的 C 身上了。别的朋友不在上海——你大概知道是些谁吧——有在的,唉唉,又不愿动手,好像他们的手腕是纸做的似的,一用劲汗水会湿坏了。有的——是的,上海也没有几个人,一要说了。C 一人编辑,一人校对,一人发行,自己又得垫钱出来。落得自己要走时受了困难。"①(高歌:《情书四十万字·生活在藩篱里》)

4 月 12 日　高歌给情人利那写信。内云:"C 这几天该到京了,照通由上海到北京的所需的日子算。但现在的北方很不平静,不知此不平静会不会真的降临他,甚至有碍于他的旅途。他好走险路,较之我。他的此次回京,在社会这面是不平静,在他个人面是无以逆料其为顺风或逆风也。我愿他早日去,是要他早得一结果,彼此都可相安。但事实究如何出现,如何继续的出现,谁也不能说定的呀!"(高歌:《情书四十万字·生活在藩篱里》)

4 月 21 日　在太原的高沐鸿写诗歌《送长虹远行》(《长虹周刊》第 2 期,《高沐鸿诗文集》上册),送高长虹出国,祝愿他一帆风顺。

4 月　书信体散文《曙》②作为《狂飙丛书》第二第四种由上海泰东图书局印行,次年 1 月再版,为高长虹的第 8 个作品集。该集子的广告词为:"这是一九二七年的秋天作者在西湖写给一个小孩子的连续信件。有风景的描写,有生活的纪录,有时代的感想以及其他。曙是这个小孩子的名字,也是未来时代的象征。"(《长虹周刊》第 2 期)

△　第 9 个集子《春天的人们》③由上海光华书局印行,次年 1 月再版。该集子的广告词为:"书简体小说。写一个教育家脱离了学校生活,想进工

---

①　言行先生的《一生落寞,一生辉煌——高长虹评传》作为事实引用了该段话(页 217);在《高歌小传》中也作为事实引用了该文(《历史的沉重》)。

②　其提要后收入《中国小说提要·现代部分·下》(郭启宗杨聪凤主编,江西人民出版社,1985 年 8 月)、《中外小说大辞典》(周振甫、林辰、孙绳武主编,现代出版社,1990 年 2 月)。

③　后收入《百年百部争议小说·沉沦》(张韧主编,吉林摄影出版社,1996 年 3 月)、《隔绝的残春》(冯牧、柳萌主编,时代文艺出版社,1996 年 6 月),前 3 部分后收入《山西文学大系第 6 卷·现代文学·上》(王世杰、王春林、许并生编选,山西人民出版社,2005 年 1 月)。

厂，又想去从军，终以时代的缘故，决定偕其爱人先作十年的世界旅行。这是他同他的爱人未团聚之前的通讯。时候正在春天，便叫做《春天的人们》。"(《长虹周刊》第 2 期)结合高长虹经历可以知道，该小说是写给冰心的。需要说明的是，小说中所写内容，凡与"我"有关的部分，基本上都有高长虹的影子；凡与"我"所爱的人有关的部分，则为高长虹所希望的——实际上，冰心并未爱过高长虹，也未给高长虹写过什么情书。

5 月① 在北京创作《那个人》，曾收入小说集《青白》。小说由七部分组成。写青年小说家谢与同拿起笔准备写小说，结尾时谢与同"丢开了笔，拿起他所写下的稿子撕了个粉碎。从此以后，他并且想，他不会再写一篇小说了。"在这篇文章中，谢与同写了自己对小说创作与现实生活之间的关系的看法："小说没有不是作者的自传的，或者说是一种广义的自传"，"无论想象力如何丰富的作家，如其他离开了实际的人物，再说得近些，如其他没有见过一个女子，那我们便在他的小说里将看不到关于女子的描写。一本小说里边的主人翁，我们如精细地分析起来，正可看出她生的是王小姐的面貌，穿的是刘太太的服装，理着张姑娘的头发，以及其他。即便不必都是，但由小说家们会坦白地证明，小说中的人物最大多数的便是这种碎玉式的人物。谢与同更是最先来宣布这种秘密的一个人了。"

6 月 第 10 个集子《实生活》(短篇小说集)由上海现代书局印行。该集子的广告词为："小说五篇。第一篇《革命的心》，是以时代为背景的恋爱故事，清新生动。末篇《结婚以后》，本系《家庭之下》的一部，现在让他独立了。"(《长虹周刊》第 2 期)

6 月或 7 月② 在北京作《青光》，曾收入《青白》。该文内容杂乱无章，大致线索可归纳为：大学生王辰匀希望与大学生刘海珊一起到国外留学，但由于王辰匀没钱，"话不投机，没有谈到几句便冲突了"，王辰匀到刘海珊所在的学校去找她，却未找到。

---

① 该小说末尾未写写作时间，根据第一部分末尾落款为"一九二八，四，三〇，夜见月晕而写此"推断该小说写作时间为 5 月。

② 未见此种说法，根据作品的内容可以知道，该小说写的是在北京的事情，故推定为 6 月或 7 月。

7月26日　高歌收到高长虹来信,说"三五天"内将回到上海。(高歌:《情书四十万字·生活在藩篱里》)在北平期间,几次托上海的朋友转信给时在湖南的向培良,要他到上海来正式挑起狂飙演剧运动这副担子。(《关于演剧文字上的答辩》,《长虹周刊》第4期)

7月30日　回到上海,计划两个月后到日本。(高歌:《情书四十万字·生活在藩篱里》)

7月31日　看望高歌,"关于过去的事谁都没说一句话",对狂飙社的现在和未来却谈了很多:"我们说我们现在要做的和我们的将来。我们决计好生做我们的狂飙运动,在不久我们要有一次较大的集会。P(按:向培良)也已写信叫他来。N(按:柯仲平),B(按:高沐鸿)都要来;但B来的要迟点,因为他离这里较远。我们应用分工合作的办法来做我们的运动——科学的,艺术的运动。我们要P来是要他做我们戏剧的那一部。我和C,一天总见好几面,我们住的很近。他益发苍老了,白发也更添的多起来。"(高歌:《情书四十万字·生活在藩篱里》)

7月　第11个集子《走到出版界》由上海泰东书局印行,次年3月再版。该集子的广告词为:"大家都知道这是那本成为问题的书,大家却又都没有看见过这本书。这书所引起的问题,有人说是文坛上的左倾风潮,有人又说是出版界的清党运动。真价还别有所在。此书不特以其历史的意义而永存,其生命且还在将来。"(《长虹周刊》第2期)该集子以"惠子相梁,庄子往见之"作为卷头语,借郭沫若《〈文艺论集〉序》(《郭沫若全集》文学编第15卷)中的诗歌代序——与郭诗略有出入。

该集子出版后,赵景深在《文学周报》上发表《长虹的真面目》。全文如下:

　　长虹的《走到出版界》,居然也发印单行本了。其中有一段关于我的,我应该说几句话。

　　首先自然是恭录原文"我有一次在《申报》上看见赵景深介绍一本书,说那是中国第一本什么集,并且引证了几个外国的文学家来装潢那本书的作者,说得像煞有介事者,批评的丑态真的无奇不有呵!"(P·

5）所谓《申报》即《申报》的《艺术界》，一本书即焦菊隐的《夜哭》，什么集即散文诗集。

大约长虹的《心的探险》（亦即《杭州与我无缘》的《心的探险》）也是一本散文诗集，所以与《夜哭》争首席了。

其实不然，后来我才知道长虹与焦菊隐怀有宿怨；为了恨菊隐，因而连带的恨菊隐的《夜哭》，我不过是做了负罪的羔羊。其实，菊隐虽是我的朋友，我那篇文章却做得极其公允，该称赞的称赞，该指摘的指摘。后来长虹只看到称赞的方面，便骂我是"批评的丑态"；菊隐又只看到指摘的方面，便写信给调孚，说我骂了他。究竟是骂是捧我愿看过我那篇批评的人给我一个判断。也许这篇文章还要收入我的论文集内，书名暂不宣布，恐怕又被人家借用了去。

不久菊隐也能谅解我并无恶意了。他便来信说明长虹所以恨他的缘故，是因为他"居然到燕大（去年）代常乃德历史班，到班上驴头不对马嘴，被学生当面赶跑了，周刊上批评一段、他老羞成怒，遂藉《弦上》发泄，小气，如此人终不会有何成就的！"（一九二六年的信）

读者诸君请看，这就是长虹的真面目。唉！"批评的丑态，真是无奇不有"，还是回赠给长虹罢！

伯言在《民众副刊》上发表《走到出版界》进行驳斥：

高长虹君从前在《狂飙》上零碎发表过批评文章，现在是收集成书了，书名就叫做《走到出版界》，上海泰东书局出版。

这本书的内容，是一个大胆的批评，在中国的文坛，所特有的产品。可以说，自从有了长虹的这些产品后，中国的文坛才有了批评，才有了一点生气。然而一般人的成见太深，思想太平稳了，他们住的世界是在守旧的黑暗里，他们还认不清楚这是一线的光明。所以赵景深便持着反动和无聊的口吻说：长虹的《走到出版界》也居然发印单行本了。赵景深的居然二字，你看下得多么巧妙，多么卑鄙！

谁会相信赵景深的妄论呢？我真不相信长虹的《走到出版界》不

会没有发印单行本的价值！我觉得赵景深那样一概抹杀的精神太十足了！难道说《走到出版界》中批评了几句你赵景深，就因此挟嫌中伤，而一概抹杀了这本书的价值么？

　　我对于长虹的创作，至今尚未理解。但他的批评，我是相当佩服的。等着更有闲暇的机会，我是想详尽地来介绍一下这本书。现在特在这里提出警告，请那些厚诬《走到出版界》一书的人（如赵景深之流）注意！

　　这两篇文章在12月22日《长虹周刊》第11期转载时，高长虹12月7日在末尾写了这样一段文字："新识的朋友光临君拿了一期《文学周报》给我看。我早想将这篇文字转载了来，这时，我便问光临君说：'你还要不要这份报？'／'不要了；我是专为看这段文字才买来的。'他回答，于是我撕下来便在这里转载了。"

　　8月1日　刘和邦读了高长虹的诗歌后赋诗一首①，发表在10月27日《长虹周刊》第3期。该诗称赞高是"艺园的理想者"、"心灵的探险家"。（《给未识面的友人长虹君》，《高长虹研究文选》）

　　8月5日　作《〈红心〉是我的〈浮士德〉吗？》，发表在10月13日《长虹周刊》第1期《每日评论》栏。

　　8月初　回到上海的高长虹同陈凝秋说"大家努力去做"狂飙演剧运动。但由于以下原因未能成功："第一，必须培良到上海，然后才能正式做，否则不能正式做。凝秋等不到培良来，又因为生活问题，我也知道他还有别的缘故，回哈尔滨去了"。于是高长虹只好等待机会："这以后，便不是不做，是要等到做的时候。别一方面，我又已同朋友们说了，在今年内，各试作一剧本，预备明春公演。凝秋去时也有明春再会上海的约定。因他是熟演员，不必需要从头来练习。"（（《关于演剧文字上的答辩》，《长虹周刊》第4期））

----

　　① 该诗"最先也是在《泰东日报》上发表的，后来由承他抄寄了我，周刊第3期已经发表出去了。"（《大连〈泰东日报〉的两封信同我的附识》，《长虹周刊》第7期）

8月10日　月初从西安前来的柯仲平打算前往北京，"但当我们到黄浦滩看船时，才知道我们是受了广告的骗，船是十五日才开行而广告上说的是今天。我们便到北四川路吃广东馆去了。"同席的有高长虹、高歌和另外三人。（高歌:《情书四十万字·生活在藩篱里》）

8月中旬①　上海、北京狂飙出版部正式成立，分别位于上海四川路194号惠新洋货店二楼和北京宣武门外广安里19号。关于上海狂飙出版部，高长虹曾如此写道:"狂飙出版部所坐立的地方，在上海几乎可以说是最闹的闹市了。所以选定了这个地点的缘故:一，这一带的街道最阔大整齐;二，这里的建筑最雄伟;三，这里最接近近代的文明;四，这里最富有动的美，可以鼓励起人的一种新精神。狂飙出版部并且预备了在大马路外滩一边开设门市部，一年内或者未必能实现，但也可知道狂飙出版部在用什么步骤前进了。"（《出了那股毒气便好了》，《长虹周刊》第7期）

8月20日　作《我们需要的是建设行为的逻辑》，发表在10月13日《长虹周刊》第1期《每日评论》栏。针对杨杏佛在中国科学年会上的讲演"生活革命与科学精神"发表自己的看法:"我们需要科学变成生活，我们是需要那行为的逻辑!"

△　给"亲爱的"（为原信称呼，下同）写情书，发表在10月13日《长虹周刊》第1期。呼唤"亲爱的"早早出场:

　　那时候我还是一个小孩子。我听说那一天镇上唱的早戏是《渭水河》。文王上场了。姜子牙却久久不到。文王没有法子，便一个人把说话的时间拉长了慢慢地等着。我小时候也很爱看戏，可惜那一次没

———————

①　《高长虹生平与著作年谱》、《高长虹年表》、《狂飙社编年纪事》均认为上海狂飙出版部成立的时间是4月，北京狂飙出版部成立的时间是5月，笔者认为8月中旬的根据有二:一、《两个月以来的狂飙出版部》中有这样一句话:"狂飙出版部，上海和北平两处，成立已满两月了。"《狂飙出版部》不定期刊第3期的出版时间11月13日，《两个月以来的狂飙出版部》的写作时间应该在这之前，由此可知出版部的成立时间至迟当在9月上旬。二、高长虹在真实性很强的自叙传中篇小说《神仙世界》中如此写道:书店开了半个月后近真与王静和吵了一架，并"几乎变成仇人了"，加上"这几天书店的生意坏得出轨"，王静和便到了一茶社神仙世界，回家后写了一信，落款为"九月二夜二时"，由此可知出版部成立的时间当是8月中旬。

有去看,现在想起来还觉得是一件憾事。

　　不敢当,我不是文王!但是,我在后台已经等候好久了。我的子牙还没有到,她也许嫌她现在太年青。

　　8月21日　在"公园"作《吴稚晖姓孙》,在"愚园路旁"作《又因陆小曼而谈起徐志摩》,发表在10月13日《长虹周刊》第1期《每日评论》栏。

　　8月22日　作《〈春痕〉》,发表在9月21日《狂飙出版部》不定期刊第2期《批评与感想》栏。文章认为冯沅君的《春痕》"不能说是小说,只可归入普通散文一类。其所表现的艺术的情绪,比较《卷葹》更少。"

　　8月23日　作《战士冰淇淋》、《艺术超越政治》,发表在9月21日《狂飙出版部》不定期刊第2期《批评与感想》栏。前文与鲁迅有关:"从某处听说鲁迅对革命咖啡又发议论了。我不喜欢咖啡,当然同我没有关系。我只是想起:我第一次吃冰淇淋是在北平中央公园鲁迅的茶座上的,那时他是一时的战士,所以我曾问及他关于女子的脸子的意见。"后文认为"真正的艺术是没有主义,或者更好说是超越主义的,不但是超越政治上的主义,而且超越于艺术上的主义。"

　　8月24日　作《一般的逻辑》、《最好的童话》、《再来一次未来主义的运动》,发表在12月1日《长虹周刊》第8期《每日评论》栏。《最好的童话》认为最好的童话是"大人们也喜欢看的童话"。

　　8月26日　作《武者小路实笃的〈母与子〉》,发表在12月8日《长虹周刊》第9期《每日评论》栏。认为武者小路实笃的作品"讲学的分子太多,表现的分子太少"。

　　8月27日　作《中国被这些鬼们谋害了》,发表在12月1日《长虹周刊》第8期《每日评论》。文中的"鬼们"指政客们。

　　8月29日　作《诗歌与剧本》,发表在12月1日《长虹周刊》第8期《每日评论》。认为诗歌与剧本不如小说好卖,"实是向来如此"。

　　9月2日　认识神仙世界(按:茶楼名)的女招待吴桂珍,开始了长达近三个月的交往——11月30日终止。(《模特儿的故事》,《长虹周刊》第8期)

9月2日 作《"道"与"说"的用法》，发表在10月20日《长虹周刊》第2期《每日评论》栏。对张友松翻译小说中别扭的语句提出批评。

9月5日 给"我的心"写情书，发表在10月13日《长虹周刊》第1期。希望"我的心"能慎重地对待自己："从那次通信引起一点无谓的麻烦之后，我便不想再给你写信了。只要你不是一个小孩子，那你便须负那种责任。你不能够把人们都当做陀螺来随便玩耍。你尤其不应该同我玩耍，在我那次的通知以后。"

△ 夜又给"我的心"写情书，发表在10月13日《长虹周刊》第1期。其中说到了请冰心与自己一同办刊物①：

《红心》，我想同 Outline 一般大，小道林八开，用八十磅的，更为厚些，减去四页，只用二十四页，或再加四页添足三十二页，两张纸恰好。这样算起来，每期总有三万字上下。若出周刊，每月三四十二万字。还须给《狂飙运动》撰稿，一个人是万万办不来的。都因你现在不肯出来！刊物中最可宝贵的，又是一个周刊被搁浅了。我不愿意要月刊。便只有出隔周刊了。我同旬刊，半月刊的感情最坏。隔周刊，这被隔的自然是你的那一周。隔月刊更寂寞得利害。那一周，你自然会有来填满它的时候。我只努力我的。也是一种创举，我们还没有看见这样新鲜的刊物呢！你如说，读者会不喜欢去看，虽就是你说，我又如何能够相信？

我想每期多有些插画。自然的照像也好。也许可以每期有你的一幅小照。我的照像也好。总要热闹一些，像一个花花世界。他的颜色，总要时常是红的。他将跟着我走遍地球，他将充满了地球，地球也将充满了他。我将到东京，南洋，到印度，到欧罗巴，到亚非利加，到冰洋的两极。便是没有太阳的地方，也将有我们的《红心》。

---

① "当年狂飙社的高长虹，个人办了一个《长虹周刊》，志在给冰心女士一读。"（[马来西亚]温梓川，《暨南文艺研究会·槟榔社》，《文人的另一面》，广西师范大学出版社，2004年）

9 月 10 日　给"我的真诚的心"写情书,发表在 10 月 13 日《长虹周刊》第 1 期。叙述自己对冰心的暗恋过程:

　　这几天我又听到以后人攻击你的话了。不知道为什么缘故,我总是不愿意听的! 记得:我从前有一次因为攻击你的人太多,有那种情绪在差遣我,我给一个最好的朋友写信,请他无论如何不要攻击你①。你自然知道这是一种什么心情的说明。所以有不懂的人,要说这是我为你说人情,那才真是比他所胡猜的我的行为更为滑稽,我没有工夫去理会他了。是——唉,我的信,那个朋友没有接到,我们却先见面了! 他同我谈起了关于你的话两次。他最先是说:"这一向,你的情花开得很好呵!"可是,第二次,他才又说,你只是一个好母亲,我不要以为怎么了不得。我知道,唉,什么事情都是无可挽回的,是没有办法的呵! 此后,我将更为达观一切,我更为不再姑息我自己了!

　　是的,简直还有人为我担心——我真感激他们对我的好意——怕我上当。我想,如其怕我上当的时候,我已经上当一年又加一个半年了(按:高长虹 1927 年春到北京与冰心见面,距写信时恰好一年半)! 他们的话也未必全错,这话又说回来了。我有时,在某种意义上,也知道我确已上当了。我只是不愿意那别一个人也上当,所以我还是不声不响。

　　△　给"我的快活的心"写情书。

9 月 17 日　作《行为的现在主义》,发表在 10 月 20 日《长虹周刊》第 2 期《每日评论》栏。对自然主义提出自己的看法:"理想的自然主义,不只是单纯的理想的描写,象征的表现的分子可以尽量加入。"

9 月 18 日　作《党报之空虚》,发表在 10 月 20 日《长虹周刊》第 2 期

---

　　①　时在北京的向培良在 1926 年 12 月 26 日上海《狂飙》周刊第 12 期发表《冰心胡说些什么》,批评冰心的《中西戏剧之比较》是在"胡说":"冰心什么也不懂,想说几句漂亮话说不出来,终至于弄成一大堆胡说也。"此信中"最好的朋友"当指向培良。

《每日评论》栏。认为任何一种党报都空虚、没有内容。

　　△　作《尽量写人所能看见的》，发表在 10 月 13 日《长虹周刊》第 1 期《每日评论》栏。

　　9 月 21 日　在《狂飙出版部》不定期刊第 2 期发表《出版部的消息》，内含《协社是经济的新运动》、《小书局加入协社》、《协社贷金》、《世界周刊社股金移交狂飙出版部》四则消息，无署名，前三则未收入文集。

　　9 月 22 日　作《立刻》，发表在 10 月 20 日《长虹周刊》第 2 期《每日评论》栏。认为"生命的意义在于立刻"："每一种情境都是一种特殊的情境，一放过去，便再不能收回他了。"

　　9 月 23 日　作《经济中心与劳动中心》、《以电影代替小说》，发表在 10 月 13 日《长虹周刊》第 1 期《每日评论》栏。

　　△　作《都说得对》、《给人》、《创造》、《洋装书与中国人的眼睛》，发表在 10 月 20 日《长虹周刊》第 2 期《每日评论》栏。

　　9 月 24 日　作《留别鲁迅》，发表在 10 月 13 日《长虹周刊》第 1 期《每日评论》栏。与鲁迅有关的部分为：

　　　　《战士冰淇淋》一文发表后，一定又有人说，我又骂鲁迅了。其实不然。鲁迅是我的朋友，昔日是，今日是，明日仍是。又非如郁达夫，周作人只见过两面的朋友，而是时常见面，又共过事的朋友。旁人我还轻易不骂，何至又来骂他？不过，大家别得久了，不谈话不好，谈话又不好，所以也偶尔写点短文，算是借此通一点消息。

　　　　今年的头一个月的头一天，我的《留别中国》的传闻便流布开了。后来也竟然传到鲁迅耳中，误认作事实。大概又是一个后来，知道自己上当，不便招承，便来写文对于我之非实际的留别中国致其憾怨。虽然大可不必，但我也不妨认为是朋友们的好情分。

　　9 月 27 日　在"上海"作《我来为世界辟一条生路》，副标题为《你在苦难中的人类呵，我援救你们！》，发表在 10 月 13 日《长虹周刊》第 1 期，相当于《长虹周刊》的发刊词。内云："总之，科学论文，诗歌，戏剧，小说的创作与翻译,图画及像片,艺术的,以至于历史的,地理的,人物的,世界的消息与实际的记载,朋友们的重要的来往信件,日记,还有情书,还有英,法,日等各样文字,我的与关于我的,这里都有。"下面的话是对冰心说的:"只有你,向隔了吗,我的最亲爱的? 你为什么反给我以疏远与冷淡? 你愿意我长此独行了去吗? /我等候着你,我爱,我还没有走远!"

△ 作《救火的人最勇敢》,发表在10月20日《长虹周刊》第2期《每日评论》栏。

9月28日 中秋节,请新近才认识的罗西(欧阳山)和新近到上海的高沐鸿等五个朋友到市政厅看袁牧之演戏,"原想看过之后,请每人写一点批评或感想,在本刊发表,为大家添一点生趣,也藉此引起一些人对于演戏的兴味,至少也使它成为一个问题。一面也算是对于演员的一点小帮助,热闹些,可以增加些豪兴!"(《看了袁牧之演剧之后》,《长虹周刊》第1期)

关于此次看戏,高歌次日在给情人利那的信中如此写道:"在坐的有C,顺便告诉你,我们都是他请去的。若在往日,夜里这一次,我是不去的了,但,现在我和C间像是隔着什么似的,我们谁都觉着很生气,——就说是为了通通我们的气吧,所以这便是我再去的第二个原因了。他的神经是太的过敏了呵! 比如我要不去,他会以为我是在拒绝他的情谊。"(高歌,《加里的情书》)

9月29日 作《看了袁牧之演剧之后》,发表在10月13日《长虹周刊》第1期。看了袁牧之饰演的丁西林的《酒后》后,批评剧本"没有印象,没有刺激,所有剧本中所必须有的,这个剧本通统没有"。说自己"愿把我的全力交付给演剧运动,尤其是中国的演剧运动"。认为演剧要想获得成功必须具备五个条件:"第一,须选择好的剧本,更须有新的创作;第二,须有好的剧场;第三,仅有的好演员须聚在一处,通力合作,献身艺术,牺牲一切;第四,须有预定的观众;第五,须有好的导演和布景。"

△ 作《世界被愚人们领导着》,发表在10月20日《长虹周刊》第2期《每日评论》栏。写自己的一次照相经历,认为照相师"都是一个父亲的孩子,总要把我身体上的所有的活力关闭起来,然后为我的肉架照相。"

9月30日 作《我宣布了这篇小说的名字》、《〈二诗人〉,〈迷羊〉,〈神仙世界〉》，发表在 10 月 20 日《长虹周刊》第 2 期《每日评论》栏。

9 月 30 日、10 月 1 日　先后给张申府、柯仲平写信，连同来信以《通信二则》为题发表在 10 月 13 日《长虹周刊》第 1 期上，现以《复信二则》为题收入《高长虹全集》第 3 卷。

张申府 9 月 11 日在给高长虹的信中就拟议中的《狂飙运动》月刊谈了自己的看法："中国今日糟到这个局面，我们既感觉到这个，便不能不问。只是我们的问法，是在思想上下手。我以为在纲领中，有两条必须标明。一是对中国负责任，拿旧话说就是要以天下为己任。次则是不利用现成势力，绝不妥协，绝不迁就。外则可标明对于劳动的重视，同时说明劳心劳力并无二致，劳心劳力旧日之敌视，一部分根于错谬的心物二元论，纯是谬见。再外当然要说对于科学艺术的态度，如何根据科学法的精神以平衡一切从事一切，如何建设'人的艺术'或由实生活而来的艺术，非个人的，是大众的；但是由个人反映出来的。"并奉劝高长虹："我觉着最好你两年内来干这件事，两年以内再不想出国，更不必写什么情书。老老实实地大家共同把责任担起来"。还特别强调："尤有一点：我们必须紧张，奋勇直前，自强不息。罗曼提克，绝对不要。'非全则无'，根本反对。"（《崧年致长虹》，《高长虹研究文选》）高长虹在回信中赞同张申府的观点："来信所说各节，都极精到。我此后只望你实做。狂飙运动的实做的'哲学'，我目前几以为可以以'立刻'二字尽之。'"并特别强调"劳动运动"在狂飙运动中的重要地位："劳动，即先从出版、印刷方面做起。劳心不能算劳动，我的意思是这样。"对张的奉劝，高长虹说："我说得透亮：大家干，我干，大家不干，我不干。我干，只干我个人的。我干，也只有待时而干。或者，我干，又将以如何如何的方式去干。"

柯仲平 9 月 13 日在给高长虹的信中说自己"想结束一下前期的生活而要蓄最大的弹力往明日开发"。（《仲平致长虹的信（四封）》）高长虹在回信中为此感到高兴："你能整顿起你的生活来，你做，是最好的。"认为狂飙的"内在生命"是"一和谐，二迅捷，三深远。"说明自己在狂飙运动中特别强调"劳动运动"的原因："一可以根本地消灭了知识阶级与劳动阶级的界限，二可以实地经尝一般劳动生活的真象，三即以此为创设新的时代的基础。"

还说到了演剧和出国问题："培良还没有来，所以演剧运动还没有正式开始。旧历年底或年初，我想在上海演一次剧。我那时会回国来的"，"我这次是走定了。我只是还不能够毅然地远走。有事，我是立刻可以回来的！从东京到上海，怕比从北平来还便当些。"

10月2日　作《倍多文与华格纳》，发表在10月13日《长虹周刊》第1期。文章介绍该期的两幅图画及音乐作者：根据倍多文的乐曲作的图画《欢乐呵，你天上的神的火花》、根据华格纳的管弦短曲作的《西格佛利在人生的红热的铁砧上锻炼他的宝剑》。

10月3日　作《第一期校稿之后》，发表在10月20日《长虹周刊》第2期《每日评论》栏。交代了因时间紧迫致使刊物中有不少错字后，谈了自己的如下想法：

> 我很想办到：当我到东京时，这个刊物能够在东京印行，到巴黎时，能够在巴黎印行。这自然是很难办到的事，但如办到，则办得可比较好些。至少，这里的插图，不久是会在国外制版的。
>
> 我一两个礼拜便走，还不知道将由那一个信托的朋友替我暂且做这些劳苦的工作。好在我现在还没有走远，我又把这个周刊看作是我的一切行动的中心。我一定要他生长，健壮。如忽然发生问题，我便立刻回国。

10月7日　作《演剧运动》、《刊物与行程》、《沉默的怜悯》，发表在10月27日《长虹周刊》第3期，后两篇发表在该期《每日评论》栏。

《演剧运动》继续提倡"狂飙的演剧运动"："在最近三个月内，如果大家认真努力，小剧场是可以建筑起的，至少有五六个剧本是可以练习好的。则在旧历年的前后，来几次公众表演，未必不可以为普通的观众一新耳目。在上海，艺术如想得到一般人的了解，固然是很远的事。然而他们很容易接受一种新的影响，容易使他们同艺术亲近。"

《刊物与行程》介绍《长虹周刊》的出版情况及自己的行程：

　　起先我想，我的《周刊》第一期出版之后，我便可以动身去日本了。结果却不然。我虽然用尽了我的力在催迫，然而第一期终于在今天还没有赶出。印刷厂说，至迟明日下午是出来了。如果最后这次靠得住时，《周刊》算是迟出了一天。恰恰相反，我是要他早出一天的。我因此，必须再多住一个礼拜把我的刊物完全放在我的计划的下边。如其这一个礼拜五《周刊》的第二期能够出来，我至迟礼拜日可以动身了。否则，我也许还得再停一个礼拜。

　　我有时不得不悲哀，我被这些琐碎的事件瓜分了。可是，有时又因为我不能时常把这些琐碎的事件带在我的身边，我更获得更大的悲哀。

　　如其经过五期之久，我的刊物每期都能够按期出版，并不能说是奇事，然而我会是意外地高兴。因为那样，我便能够使自己相信我的刊物已走上安全的道路，或者我可以安全地为他搬家了。

　　是的，动身了吧，我和我的刊物，都安全地动身了吧！并且，我同我的刊物，我同我的行程，长生了吧！

　　从这段话可以看出，《长虹周刊》第 1 期原计划在 10 月 7 日出版，但该期标明的出版时间为 10 月 13 日。

　　10 月 8 日　作《我为什么不做一个救火员呢？》、《肉体美》、《我不喜欢法郎士》、《哥尔几》，发表在 10 月 27 日《长虹周刊》第 3 期《每日评论》栏。

　　《我为什么不做一个救火员呢？》介绍自己近一段时间的情况："昨天，恰遇得'光陆'在映一副片子，题名《救火队员》。为调解一点我近日来的疲劳，在生活上添一点色素，我去看去了。我近日也许是忙，但也许不是。我每天睡不到六个钟头，每天不止须出去六次。这是我的生活的常态，我很喜欢我自己。我一礼拜需要写出来的文章也不算少。"

　　《肉体美》写自己在影戏院看了贵妃出浴的人体表演和两个外国女子的跳舞后，对于真的肉体"得到一种较普遍的反感"，"几乎以为连那肉体的美也是没有那么一回事，是艺术家们想象的产物。"

　　10 月 9 日　作《双十节的前夜》、《一个邮差对我说》、《越鞭越不走了》、《未来同我在梦中接吻》、《避免随便谈话》、《人所不能够知道的》，前 4

篇发表在 10 月 27 日《长虹周刊》第 3 期,第 5 篇发表在 12 月 1 日《长虹周刊》第 8 期,第 6 篇发表在 12 月 8 日《长虹周刊》第 9 期,均在《每日评论》栏。

《双十节的前夜》写三件事使自己非常失望:"第一,一家书局说定了今天给我四百元钱,却只拿出三十元来。第二,周刊照出版日期已经延迟三天,不但今天仍不能印出,并且须迟到礼拜六日,我只得索性把出版日期退后了一个礼拜。第三,制得几块铜版也都过期无货,并须十二日才有,又将影响及第二期的出版时日。自然,这些事更使我联想到其他,其他,其他。"

《未来同我在梦中接吻》写梦见儿子的情景。全文为:"昨夜我梦见曙,我的真正的小朋友。他一看见我,便跑来抱住我接吻了。我一时在无可言说之中,深深地感到这未来时代的热情,活跃,与亲切。/'你还认识我吗?'我问他。/'怎么能忘记了呢?'他用了反问来回答。/只要前面是光明的,那怕我一生都同鬼打架,总快乐!总满意!孩子们!少年们!我最真诚,最真诚地祝福你们!/是的,我已把一切都托付给那些少年,更是那些孩子们了!/早上起来时,我又有点苦涩。"

《避免随便谈话》希望人们少说多做:"在一个人,随便谈话的时间越少,他越有做创造者的可能。在中国,尤其是的,阻挠科学的不仅是生活的不安,尤其是生活的随便。"

10 月 10 日 作《双十节纪念的也许是这个》、《别人的房子》、《黑夜的世界》、《他的痛苦》、《我完全轻视死》、《最大的苦闷》、《最不愉快的日子》、《我的天堂》,第 1 篇发表在 10 月 27 日《长虹周刊》第 3 期,第 2—6 篇发表在 11 月 10 日《长虹周刊》第 5 期,第 7、8 篇发表在 12 月 8 日《长虹周刊》第 9 期,均在《每日评论》栏。

10 月 12 日 作《愿意》、《时间的问题》、《科学上的黄金时代》,发表在 12 月 8 日《长虹周刊》第 9 期《每日评论》栏。

10 月 13 日 《长虹周刊》第 1 期出版,为高长虹的个人刊物,主要刊登高长虹自己的文章和与高长虹有关的文章。1—18 期在上海出版,19 期起在北京狂飙出版部出版,14—17 期为合刊,登载高长虹根据法国作家雨果小说《悲惨世界》改编的剧本《苦人们》(目前未见),目前所见最后一期为

22 期。刊物为 16 开道林纸印刷,18 个页码,每期 18000 字。1929 年 8 月 19 日,高歌在给情人利那的信中如此写道:"C 周刊一再表明是和狂飙运动一致的,但不言而知的那是 C 周刊呵!"(高歌:《情书四十万字·归来到我的乐园吧》)张稼夫在《我和"狂飙社"》中也有类似观点:"尤其严重的是由于'狂飙社'的内部分歧,高长虹竟把《狂飙月刊》改为《长虹周刊》,造成并加速了'狂飙社'内部的众叛亲离。这样,狂飙社也就逐渐没落了。"

△ 在《长虹周刊》第 1 期刊登广告《从荒岛到莽原》、《青白》,无署名,未收入文集,现以《〈从荒岛到莽原〉广告》、《〈青白〉广告》为题收入《高长虹全集》第 3 卷。

△ 作《做事与年龄》、《真的才是美的》,发表在 11 月 10 日《长虹周刊》第 5 期《每日评论》栏。

10 月 13 日—11 月 3 日 在《长虹周刊》1—4 期连载中篇小说《神仙世界》①,起讫依次为:从开头到"我未必不是那个做到翻译中最好的方法还原译的第一人呢"、从"十七年初秋的一个晚上"到"他究竟将怎样继续他的下文"、从"健雄住在上海已经有两年的历史"到"他觉得大概这便真是那所谓神仙世界了"、从"一天,健雄去得晚了一些"到末尾。小说写小说家李健雄被神仙世界女招待吴桂珍迷住,经常到那儿去喝茶,引起妻子王静和不满,最终导致婚姻破裂,共同经营的书店也只好关门,李健雄最后离开上海前往日本。关于该小说,除专门谈小说女主人公吴桂珍的《模特儿故事》外,高长虹还在多处提到。

在 9 月 10 日给冰心的"情书"中如此写道:"我在写一篇小说。你完全不是我的小说中的主人翁。然而我终免不掉这里边同你开一点玩笑。我只同你一个人开玩笑。不妨孩子一点,不至于弄错吧?我是反对在艺术品上鬼画符的,那是最卑劣的行为。"(《情书五则·Ⅳ》,《长虹周刊》第 1 期)

---

① 在将《神仙世界》收入《高长虹全集》第 2 卷时有如此说明:"该书原载《长虹周刊》第 1—4 期,由上海狂飙出版部于 1929 年初印行。单行本未见,本书据《长虹周刊》。"笔者对《神仙世界》是否出版了单行本感到怀疑,理由是:1929 年 6 月 22 日《长虹周刊》第 21 期、1929 年 8 月 24 日《长虹周刊》第 22 期的《本刊著者的著作》罗列的 13 种著作中,其他 11 种均有价格和出版社,惟独《神仙世界》和《科学艺术与革命》没有——到目前为止,这两本书的单行本均未见。

在 9 月 30 日作的《我宣布了这篇小说的名字》(《长虹周刊》第 2 期《每日评论》栏) 中如此写道:

> 我写这篇小说,不须说了,完全没有我自己在里边。可是,一般人的偏见,一定还会劈头就断定这又是我的自传。因此,我简直的好久,好久,不愿意宣布出它的名字。一个月内,我时写时辍。一个月内,也已有不少人已知道我在写小说。他们只是不知道这篇小说的名字叫什么和它的内容是怎样。我保留它也有一个月之久。我不愿意有人拿我做谈资去说他们的笑话。我本来想,到我正式宣布它时,我已在国外了。笑话将不再使我听到。后来,因为《长虹周刊》的飞跃突进而实现,我又想到最早我也必须待至《周刊》被读者看见时,在他们的震惊之下,也解救之以这一点欢忻。
>
> 我完全在试验一种新的小说的体裁。要它是写实的,同时又要它是表现的,同时又要它是通俗的。我的时间不让我充分地拨付给我的试验,这也许使我的作品不免有些草率。我也许偏爱了一般的观众。
>
> 有些人也许一看见这篇小说的名字,便会有些不规则的想头被引了起来,我也许还会陷入这些不规则的重围之中。那我须预先请你们郑重一些,把民众看得起一些,除了自己的生活外,把别人的生活也尊视一些,在自己的表面的生活之下,还须去接触生活的内容。一切都是平等的。在艺术的面前,这个更是真理:一切都是平等的。
>
> 我终于因为给《长虹周刊》作宣传,我在《申报》上要提前宣布这几个字:《神仙世界》了! 诗歌的呢,迷信的呢,卑俗的呢,或者还是笑话呢,由你们看去!

在 9 月 30 日作的《〈二诗人〉,〈迷羊〉,〈神仙世界〉》(《长虹周刊》第 2 期《每日评论》栏) 中如此写道:

> 我早已想试验一下中国人有没有胆量穿了中国衣服到外国去。冒险是我的日常生活。当我听到郁达夫写了一篇叫做《二诗》人的小说讽

刺诗人逛大世界的时候,我忘记了我那时大概也曾动过这个念头:试试诗人有没有逛大世界的胆量。《神仙世界》与此事并无何等因果关系,不过联想起来,便不须试验而可答道:诗人有那种胆量,因为他有他的生活!

《迷羊》一书,有不少人当已读过。较之《茶花女》,有不及而无过之。假如去掉书中感伤的分子而只余情节,读者将喟然于还不如看《九尾龟》之痛快。这便是全书的价值反尽在这感伤的一点!《神仙世界》的主人翁同《迷羊》的主人翁相去几何,没有比较的必要。所可说者,近真决非《迷羊》的作者一流人物,或且非一般自命为时代的代表者所能及得上。则读者或又以为这书的主人翁是一理想的人物。然而我敢保证这里的人物确是实际的人物,说他是理想,是由于局视或小视了现实的缘故。

在 10 月 9 日作的《双十节的前夜》(《长虹周刊》第 3 期《每日评论》栏)中如此写道:"我这几天,正在被一件工作烦恼着,我不得不完成我的《神仙世界》。我不但是不能照我所理想的那样满足地完成他,更坏是我没有写出他的相当的成片段的时间。"

在 11 月 15 日在给冰心的信中如此写道:

我扔下了胡思乱想,我第一次出去便到了一个女朋友的房里。"你恋爱了吗?"她劈头便问我了。我说:"没有!"她说:"我听说是你恋爱了。谁,那一个?"我说:"有,就是神仙世界的那个女孩子!"她不相信这会是真的。于是我对她详细地述说怎样怎样神仙世界确有那样一个女孩子,而且还有许多小说家,哲学家,思想家,诗人,都曾经去看过呢!她于是相信了,她说:"你真是同她恋爱了吗?"我这才又辨正道:"没有,我是说神仙世界真的有这样一个女孩子,她做了我的小说的模特儿。"她接着便问:"那你是同淑女恋爱了吗?淑女又是谁呢?"我没有回答,却也答道:"你说淑女可爱不可爱?"她说,她看见那像是一个死人,不动也不说话。(《情书十则·IX》,《长虹周刊》第 7 期)

在 11 月 27 日给史济行的信中如此写道:"《神仙世界》是一篇很潦草

的作品,我本意也是为多数人写的,换句话说,就是想为他多招揽几个读者,在《周刊》发表,也只是想为《周刊》增广一些销路。自然,他不会是一个坏的作品,可是他也不会是什么好的作品。《周刊》出版后,见了朋友们,无论旧识与新交,十之七八都谈说《神仙世界》,我知道他们中计了。"(《长虹周刊》第 8 期)

在 12 月 22 日作的《在南京》(《长虹周刊》第 10 期)中如此写道:"我请特夫为我的《神仙世界》作封面画。他说他想画成像但丁游地狱的样子,画出几层的地狱。我觉得这种装饰倒极合适我的身材。那位女主人,就说是我的比特里斯了吧!特夫,你就是我的浮极而了吧!我,就是《神仙世界》的男主人李健雄君了吧!"

10 月 13 日、14 日、16 日　给"亲爱的"、"亲爱的"、"我的亲爱的心"写信,以《情书三则》为题发表在 11 月 3 日《长虹周刊》第 4 期上。

第一封信说自己决定 20 日动身到日本长崎,然后到东京;并谈到了将计划中的《红心》改成《长虹周刊》的原因:"在发稿前几天,我决然干脆把他叫做《长虹周刊》了。免得被人说假冒招牌,免得自欺欺人说谎话。你不会为这个触发什么的,我完全没有一点坏的意思。我无时不在向那最好的,最好的一方面想。你如不明白这个时那你才冤枉。"但从信中一段话可以看出,高长虹爱上冰心实在是单相思:"明天,我想寄你一份。只是,说来真好笑,日久生疏了,竟不知道该寄到什么地方去。那也许还是不寄得好。当你找见他们时,你将会更快乐。你将是一个最热心的读者,每一次《周刊》出版时,你也许是那个惟一在等候的人!我知道什么是我的幸福!"

第二封信谈自己的打算:"要把我这十年的努力集中在某一个事件上呢!然而我也许还须待至二年以后。"

第三封信主要写了四件事:一、15 日因一个老朋友来谈起别一个老朋友近日的一件非常的遭遇①,高长虹为此"痛心了好久好久",所以没写信;

---

① "非常的遭遇"当指石评梅去世:石评梅1928 年 9 月 18 日猝患脑膜炎,9 月 30 日去世。在 11 月 5 日给冰心的情书中,高长虹再次说到了当时的感受:"半个月前,我听得我的女友某君的死耗,我于感念她之余,我也无理由地几次联想到你呢!人还是把现在看重一些才好。看得远也许跌得快,生命之外,还有什么是更好的凭藉。"(《情书十则·Ⅰ》,《长虹周刊》第 7 期)

二、报告临院起火的情况;三、《长虹周刊》出版后反响不错;四、自己20日不能动身了,因自己"不愿意太早地扔开出版部"。

10月17日 作《黎明晖与杨耐梅》、《权与利》、《我也许仍在演悲剧》、《孩子们怎么活?》,第1篇发表在10月27日《长虹周刊》第3期,后3篇发表在11月17日《长虹周刊》第6期,均在《每日评论》栏。

《黎明晖与杨耐梅》认为当时中国优秀的电影演员黎明晖与杨耐梅演的电影"同美国影片相比较,还差得很远,更不必去比德国。电影之黎明时期,仍在将来。"

《权与利》认为人们做事"必须先去掉权与利的观念,然后才能做好";"狂飙运动,无论去做小事,大事,决定摈弃权与利的成分,要做到为科学而经济,为艺术而劳动!"

《孩子们怎么活?》认为应该有书、画给孩子们看。

10月18日 作《为什么介绍莫索利尼》、《英国警察要向我开枪了!》、《党外之国民党观:我不能不为国民党危!》,发表在10月27日《长虹周刊》第3期,后两篇发表在该期《每日评论》栏。该期刊登了莫索利[里]尼的五幅画:《莫索利尼和他的爱狮》(封面)、《在前线当哨兵时之莫索利尼》(插图一)、《在特利坡里行宗教典礼之莫索利尼》(插图二)、《进军罗马纪念日莫索利尼祝贺黑衣党》(插图三)、《行抵特利坡里之莫索利尼》(插图四),《为什么介绍莫索利尼》交代自己急于介绍莫索利[里]尼的原因——一位英国警察曾差点对高长虹开枪:"列宁与英国警察相遇,不是列宁对英国警察放手枪,便是英国警察对列宁放手枪。打死一个英国人,也照样是一种屈辱! 不如莫索利[里]尼,空手站在一旁,而使英国人不敢正视! 这是人的真正的尊严!"

关于英国警察开枪一事,高长虹在《英国警察要向我开枪了!》中如此写道:

昨天我在四川路的拐角上候电车,老半天才到了。不料不开门还罢,旁边竟走来一个英国警察。他一到门上,门立刻便开了。我便立刻要上去。这位警察却捉住我的手要我退后。我立刻拒抗,但已退了下来。警察威武地看我,手枪斜侧地向我作势了。我的眼睛也照样盯住了他,只除是一双空手。后面的一个朋友,立刻把我的手拉了一把。一个不认识的人也立刻拉了我一把。

"要查,如何能够上去呢?"旁边有人低声在说。

我于是看见那位警察上了电车,劈头便向一个小孩子把枪对准了看。

我那时便走了,不知道以后又有什么怪像,也不必要知道了。

外国的空气紧张着,我越发紧张地感到了!

怎么一回事?怎么办?英国警察向我开枪了!

《党外之国民党观:我不能不为国民党危!》认为国民党没有"整个的生命"、"自我意识"、"活的组织",所以"不能不为国民党危"。

10月中旬①　小说集《青白》出版。10月13日《长虹周刊》第1期有该书预告(无署名,未收入文集):"《青白》是一本客观地描写时代真象的短篇小说集。第一篇那个人,第二篇《青光》,第三篇《红心》,都是作者夏间在北平时的创作。《青光》一篇,作者甚为满意,自谓与《革命的心》,是自己的短篇小说中最完整的。平装穿线订本,已在装订。北平宣外,广安里19号狂飙出版部印行。"《长虹周刊》第2期有"发售特价"的广告:"……平装穿线订本,现已出售。实价二角。凡在十一月十五日前直接寄信狂飙出版部购买者,特价一角五分。邮票通用。"第3期在广告末尾增加"各书局代售"字样。

△　向培良痛别新婚妻子来到上海参加狂飙演剧运动:"我现在已经结婚,刚结婚不久又跑到上海,工作着。"(向培良:《被遗忘者》,《英雄与人》,启智书局,1929年)

10月20日　作《以时事作内容》,发表在11月3日《长虹周刊》第4期

---

①　《高长虹全集》第2卷对该集子的出版说明为:"该书作为《狂飙丛书》,1928年8月由北京狂飙出版部印行。"在10月13日出版的《长虹周刊》创刊号上有该集子的广告:"平装穿线订本,已在装订",10月20日《长虹周刊》第2期的广告为:"平装穿线订本,现已出售"。由此可知,该集子的实际出版实际时间最早也得10月。

《每日评论》栏。提倡立意要把艺术建设在民间的人，"必须使这艺术是真的，好的民间艺术，而且必须建设在民间。有时取材于时事，也可为成功上之一助。"

10月20日、10月27日、11月3日、12月8日　在《长虹周刊》第2、3、4、9期发表《本刊编者的著作》，无署名，未收入文集。该广告介绍已经出版的7种著作：《给——》、《时代的先驱》、《献给自然的女儿》、《曙》、《春天的人们》、《实生活》、《走到出版界》。

10月21日　作《最后几行》、《再论余美颜和俞眉艳》、《电影里的〈浮士德〉》，第1篇发表在本该在10月20日出版的《长虹周刊》第2期，后两篇发表在11月3日《长虹周刊》第4期《每日评论》栏。

《最后几行》介绍该期刊登的9幅歌德的插画和第3期将要刊登的莫索利[里]尼像。

《电影里的〈浮士德〉》谈到了罗西（欧阳山）约高长虹看电影《浮士德》事："昨日下午，罗西来约我今天下午看卡尔登映《浮士德》去。我对于《浮士德》自然是想看得很，两三个礼拜以前，在影片公司的窗外早看见他的广告了。不料到开映的时候，我竟然被厄于卡尔登的高价三天了没有去看，似乎已打算忍痛把他扔开了。也因为去年在夏令派克看漫郎摄实戈的片子，牵强附会，令人不快。所以有时不好的内容不愿去看，有时取材于艺术上的名作更不便去看。但既有朋友来约，便不是看《浮士德》，也没有不去的道理。却偏遇今日下午与培良约定了商量狂飙小剧场的进行，在时间上不免冲突。终于提前，在昨夜一同看去了。"

10月22日　作《〈长虹〉去不了豫，晋，秦！》、《关于演剧的文字上的答辩》，前一篇发表在11月10日《长虹周刊》第5期《每日评论》栏，为《长虹周刊》不能寄到河南、山西、陕西而感到遗憾，后一篇发表在11月3日《长虹周刊》第4期。

高长虹在《长虹周刊》第1期发表了谈戏剧的《看了袁牧之演剧之后》后，左明在《戏剧周刊》第12期发表《读了〈长虹周刊〉》，对高长虹"愿把我的全力交付给演剧运动"这句话非常感兴趣，希望能与高长虹携起手来，"实际作演剧的运动"：

　　我认识长虹是由他的朋友也是我的朋友陈凝秋的介绍。长虹先生，老实不客气的说：你第一次给我的印象，是一个不走时运的文人，至多也不过是一个钻在书本里讨生活的学者，虽然以后我们也常常会见；可是我一直没想到你会说出"我愿把我的全力交付给演剧运动"这样一句话来，先生，好啊！我望你永也不要忘了你的勇壮的志愿，并且一刻也不要延迟的实行起来。"全力"，注意，是要以全力交付给演剧运动啊！这是你自己说的："……爱听痛快话，那末来，我们实做痛快事，空言是一种游戏。"我知道先生绝不会做游戏，我只有等着先生实做痛快事，我愿做先生的同志，只要不嫌我的微细与浅薄。

　　由于左明对高长虹的观点表达了不同看法，高长虹在《关于演剧的文字上的答辩》上写道："有些没要紧的人们，没有事干，知道我不好说闲话，便拿嘴巴子四处游行了给我说坏话，吵得空气污浊，我不知道受了多少这些小人们的害。更不知道有多少人上恶当，还来埋怨我，钻在闷葫芦里没出路。我也常招呼：'好汉们，写在纸面上，公来公道，别尽管放冷箭！'唉，唉，没得回响！不须解释，聪明的人们如何会不知道我的笔头岂止比十万狼牙强？所以，我看了明君在戏剧周刊上《读了〈长虹周刊〉》一文，无论论调如何，敢在文人的门前来卖文，已经是一位勇士了！所以我，也无论论调如何，终高兴在这里答辩答辩！"高长虹在"答辩"的同时，声称要独立开展狂飙演剧运动。

　　看了高长虹的"答辩"后，左明作《好泼皮的长虹》，在"答辩"了高长虹的"答辩"后提出了这样的批评："长虹先生，你的勇敢我是很佩服，不过勇敢得近于英雄主义我就有些不赞成了。你知道现代的觉悟，是要集团的，社会的，个人英雄主义的迷梦，早已被许多事实给我们打破了。你说'狂飙的演剧运动，是要从自己做起，自己重新训练演员尝试剧本，以及其他，都是要从自己做起……却并不想趁火打截，人家取得荆州我们坐，拉拢一些已有成绩的朋友来演一两次剧，便算是狂飙的演戏运动。'长虹先生谁个在趁火打劫？拉拢一些已有成绩的演员来演一两次比较好的戏，这又何尝不是一种有意义的工作，一定要自己作起，自己能不能作？何时作起？即如作起来了，也得到相当的成功那么狂飙的演剧运动成功了,离中国整个演剧成功还有多远呢?假若我们真正是为了演剧运动,不想独占什么虚荣与美名,那么已有成绩的演员为什么不可以拉拢呢?而且还要通通拉拢,这是多么经济而有力的运动呢?个人英雄的迷梦快醒来吧!演剧运动不是长虹先生个人可以很快的而有力的干起来的!你办的个人周刊也许就是英雄主义的特征吧!"在说到高长虹误会自己意思的原因时,左明如此写道:"长虹先生,你也许受够了小人们的害,上够了恶人们的当,满腹牢骚没处发泄罢!可是你为什么又找到牢骚还是过于你的我呢!发泄罢!大家发泄了就没事了,不过在这一点上我可以看出来你有些胆怯了,风声鹤唳草木皆兵,所以我向你表示好感与亲近的文字,你都当成了你的敌人而加以攻击,长虹先生,你怯了,因为怯,所以才有这样可笑的滑稽剧呢!"(《长虹周刊》第 8 期,《高长虹研究文选》)

10 月 23 日 作《同拿破仑比拳头》、《变本加厉》、《征求科学的朋友》、《革命与民众》、《厨子》,前两篇发表在 11 月 3 日《长虹周刊》第 4 期,后三篇发表在 12 月 8 日《长虹周刊》第 9 期,均在《每日评论》栏。

《征求科学的朋友》认为:"有科学,中国便有救,没有科学,中国便没有救。当然,这里说的科学包含经济的科学在内。我以救中国为我的责任吧!现在的和未来的科学的朋友们,我们以救中国为我们的责任吧!"

10 月 25 日 作《这几句话我还没有说》,发表在 12 月 8 日《长虹周刊》第 9 期《每日评论》栏。全文为:

> 翻开鲁迅译的小说来看,有几句是:"称为谟泰拉司的一个黑人部落,所以成为好战的部落的理由,并不因为这部落的喜欢战争;这不过是不喜欢劳动的结果。"
>
> 我对于中国现代的某种情状,也早有同样的观察与解释,趁此说了吧:中国人之喜欢暴动,是因为他们不喜欢劳动的缘故。

△ 高歌给情人利那写信:"我们相隔的很远。好笑的是出版部住在我们的中间。B(按:高沐鸿)住在西门里。我住在马浪路——里名西湖坊。P(按:向培良)住在北四川路的北头,靠近虹口公园。关于演剧,现在正在

进行,结果总不会坏的,因为我们是在宁缺不滥的选择演员。最先只是小小的开演,观众是一些朋友。但如能在明春有一次较大的公演,那我们是如何的乐意的。"(高歌:《加里的情书》)

10月26日　作《〈四骑士〉空有其名》、《太小的身边》、《太劳了没有什么好处》,第一篇发表在11月17日《长虹周刊》第6期,后两篇发表在12月8日《长虹周刊》第9期,均在《每日评论》栏。

《〈四骑士〉空有其名》认为电影《四骑士》"空有其名":"全体零零散散,没有主干。没有多的动作,情节也平凡得很。"

10月27日　作《旁观者清》,发表在12月8日《长虹周刊》第9期《每日评论》栏。

10月28日　作《危机》、《〈王中王〉》、《也来试译》、《想学各种语言》、《不必以》、《取消自我》,前3篇发表在11月17日《长虹周刊》第6期(其中的后两篇发表在该期的《每日评论》栏),后3篇发表在12月8日《长虹周刊》第9期《每日评论》栏。

《也来试译》说自己打算通过英译本《Gas》翻译凯泽(德国)的表现主义名剧《煤气》,并认为表现派的剧本,"不好懂,更不好演,但也有介绍的必要。"

10月28日　晚上请两个朋友一同去看圆月,然后到神仙世界去看吴桂珍。还有余兴,又去看电影《万王之王》,"看得很满意":"上半的耶稣,的确很痛快,很有侠士风度。是一反抗者,不同于一般人观念上的主师。"(《每日评论·〈王中王〉》,《长虹周刊》第6期)

10月28日、31日　给"定阅《世界》周刊满期者"、"最可尊敬的朋友"、杜逵写信,以《通信三则》为题发表在本该在10月27日出版的《长虹周刊》第3期上。

第一封信希望定阅《世界》周刊(已停刊)的读者能够转而定阅《长虹周刊》:"我以最忠诚的态度,特再为诸君赠寄二期,算不得什么。诸君如愿看这个刊物,自然以后欢迎诸君继续定阅。如不愿看,则再寄二期之后,我也不必多麻烦了。"第二封信希望读者"盛情地来看来买"《长虹周刊》,并对流通处朋友的辛劳表示感谢。第三封信谈到了到南京演剧的问题:"狂飙运动的演剧运动现正开始,在可能的范围里,极希望得到你的助力!"

10月29日 作《热情的生成》、《神秘的街》，发表在11月17日《长虹周刊》第6期，后一篇发表在该期《每日评论》栏。

《热情的生成》认为社会缺少热情："我们不少人在追求热情，在创造热情，而又都觉得世间还没有热情——或者主观一点看，只有自己是一个有热情的人，而又没有可向之发展的地方，倒常被冷却了。"

《神秘的街》写上海北四川路有很多妓女。

10月31日 作《酋长的红运》，发表在11月17日《长虹周刊》第6期《每日评论》栏。文章说自己喜欢酋长："我每见书上关于酋长的记述，影片上关于酋长的演映，我总常会动心。便使这是不对的，我也无法隐瞒它。何况酋长们又时常同女子们有缘分，不但是忠勇好男子，还时常是恋爱中的幸运儿呢！"

11月1日 以编者名义写了一段话，发表在11月3日《长虹》周刊第4期最后一页末尾，目录未列，署名"编者"，未收入文集。该段话为："邓肯的生平《当代》第二期曾有一简略的介绍，望读者参看。本刊本期关于她的〔文字〕一篇，因篇幅有限，不及登载，请读者待至第五期出版后再看，是一篇富有逸趣的记载。"

△ 作《我为〈文学周报〉登广告》、《败兴的酋长》，发表在11月17日《长虹周刊》第6期《每日评论》栏。

《我为〈文学周报〉登广告》说赵景深在《文学周报》上骂自己的"唯一理由是"："我不是一个外国人，不能供给他点翻译的材料。"

《败兴的酋长》全文为："今天同培良又去看《漠中情血》，票价一元，人仍然很拥挤。我看得很失望，因为这里的酋长，他才不是我想象中的那位酋长。/我们更加迫切了要在五年之内，在电影界做起狂飙运动来。"

11月2日 作《模特儿的故事·1》，发表在11月10日《长虹周刊》第5期。该文为自己的小说《神仙世界》发表后没什么影响而抱憾："我想不到我们的小说对于这个世界竟会一点影响都没有。我看不见有一个人似曾相识地凝视我的脸。一件艺术作品，它竟然会不如王羲之，唐伯虎的几个字更为实用，我将她做了模特儿，竟会对于她的名誉没有一点增加。我今天看见她招待的熟客，仍然是一些商人样式的人。无怪乎她在一旁看见我写文章倚马可待，她才竟视若无物地向着某处轻笑。"从下面这段话可以看出，高长虹与吴桂珍交往的一个重要原因是为自己的小说创作找"模特儿",并且现在已经厌倦了:"我的失其效用的模特儿君,你的浅薄的美已被我写尽,我只有厌恶你了!"尽管如此,高长虹仍舍不得离开,非常在意吴桂珍的一言一行。

11月2日、3日　给"我的心"写情书,以《情书二则》为题发表在11月17日《长虹周刊》第6期上。第一封情书表达对冰心的思念之情:"我得不到你的信。可是,前天我在梦中得到了。你一切都坦白地说,我一面读一面在赞叹,真是磊落的人物呢!我记不起信中的词句了,否则,我会给你抄在这里看。/有一次,我梦见到一个学校去寻你,有一次又梦见你在公园里行婚礼,这两次印象对于我都很清新,忘不掉。"第二封情书希望得到到冰心明确答复:"只要你亲口亲笔对我说一声'我爱你',我便会用了我的完全,完全来爱你。"同时又觉得自己和冰心不会结合在一起,"即便结合在一起,也未必如我所想象的那样和谐美满吧!那便还是各人保留着各人的自我好,省得互相对不住,在这个世界上又失掉了两个人的相互尊敬。我虽不是罗曼派,但有一种罗曼的纯爱被我邂逅了,我也不会胆怯躲避她。环境是各人有各人的环境,自我是各人有各人的自我。强同固然不可能,也不必要她强同。保留着自由,保留着尊重,随所遇而变迁,不也是人生的化境吗?"

11月3日　作《听觉的遗失》、《舆论》、《劳动》,发表在12月8日《长虹周刊》第9期《每日评论》栏。

11月5日　给"我的心"写情书,发表在11月24日《长虹周刊》第7期《情书十则》栏。冰心对高长虹说的几句话,"经过三次的转述,已经传到我的耳边了。我不知道这是不是你说话时的用意。我对于那几句话,除了完全赞成你,完全对你表示同意外,也没有其他意见。""我也为你想,某种情况,对于你确是十分地难处。但我希望你驾轻就熟,裕然处之。但你如不愿这样时,你当然也是应该。"

11月初①　狂飙演剧部在宝山路天通庵附近成立。

11月6日　黎明时给"我的心"写情书,以《情书一则》为题发表在11

---

①　高长虹在1929年2月6日写作的《狂飙演剧运动说略一》中说:"狂飙演剧部成立至今已有三个月了",加上高长虹11月6日前往南京,故推断成立时间为11月6日前。

月 10 日《长虹周刊》第 5 期。告诉冰心,自己天亮后就要到南京去,因送行的人中没有冰心,便"婉辞了一切送行的人们"。

△ 高歌给情人利那的情书中谈到狂飙演剧运动的一些情况:"N(按:柯仲平)有消息要来上海了。这对于我们的演剧运动是好的一个消息:这便是说,他来了我们有二个基本做戏剧运动的工人了。S 也要来,他是一个演员,我也愿他是一个正式的工人,如果能够。愿意加入演剧的人很多,只是卓越的太少。我们是不打搅人的,但如果是一个卓越的,我是要设法招他来的。其实呢,既是卓越的,则不是我们招,而是我们互相招呢!"(高歌:《加里的情书》)

11 月 7 日 夜到南京,住在下关江边的一家旅馆。(《情书十则·Ⅱ》,《长虹周刊》第 7 期)

11 月 8 日 在"江边"写作《邓肯同邓南遮的恋爱》,发表在 11 月 10 日《长虹周刊》第 5 期。文章叙述邓肯如何"抵抗"邓南遮的一次追求。

△ 作《什么是一个科学家》、《人的代表》,发表在 11 月 24 日《长虹周刊》第 7 期《每日评论》栏。

△ 给吴桂珍去信。(《模特儿的故事》,《长虹周刊》第 8 期)睡觉时,梦见冰心"神秘"地看着自己笑。(《情书十则·Ⅳ》,《长虹周刊》第 7 期)

△ 给"我的心"写情书,发表在 11 月 24 日《长虹周刊》第 7 期《情书十则》栏。希望冰心退还自己写的诗和情书①:

---

① 冰心说自己是如此处理追求者的信件的:"我很早就决定迟婚。那时有许多男青年写信给我,他们大抵第一封信谈社会活动,第二封信谈哲学,第三封信就谈爱情了。这类信件,一看信封也可以看出的。我一般总是原封不拆,就交给我的父母。他们也往往一笑就搁在桌上。我不喜欢到处交游,因此甚至有人谣传我是个麻子。"(肖凤:《冰心传》,北京十月文艺出版社,1987 年,页 191)鲁迅 1929 年 5 月 26 日给许广平的信如此写道:"丛芜因告诉我,长虹写给冰心情书,已阅三年,成一大捆。今年冰心结婚后,将该捆交给她的男人,他于旅行时,随看随抛入海中,数日而毕云。"冰心的结婚情况是:吴文藻 1929 年 2 月 24 日学成回国、稍作安排便乘车到上海去见冰心父母、在上海举行订婚仪式后回到北平,6 月 15 日举行婚礼。在《世纪情缘:冰心与吴文藻》(王炳根,安徽人民出版社,2000 年)中,作者说明二人是"乘车南下"却未说明以何种方式回到北平。《冰心传》(肖凤,北京十月文艺出版社出版,1987 年)、《冰心评传》(万平近、汪文顶,重庆出版社,2000 年)中也未对此加以说明。如果是"乘船北上",那么将鲁迅信中的"今年冰心结婚后"改为"今年冰心订婚后"即可;如果是"乘车北上",那么韦丛芜的话便存在"戏说"成分。不过,从这"戏说"也可看出,当时知道高长虹给冰心写情书的人一定不少。

我已有一百次想对你说：退还我的诗和信！我给你写的诗是我最好的诗，我给你写的信也是一切信中最甜美的信。但是你如愿意烧毁了它们时，我还会替你点火呢！我曾说过了交给你。我不愿意有任何要索，尤其是对于你。可是，我也不愿意我纳闷。我爱坦白甚于一切，我爱她甚于爱一切的女人，虽就是你！你如愿意烧毁了我的诗和信，那你便须说明白了你要烧毁她们。那怕你便不爱我，我也只愿意你说明白了不爱我。这又如何是可能的事？最坏的是背后的道白，比在袖筒里说话还令人难堪。那末，你便是不愿意用嘴说话，你何不用手代嘴，退还了我的诗和信呢？

可是，你如说，你有不退还它们的理由。那我也可由你去，我也不必要索还她们。你既然保存了我的恩物，你便不会遗失了我的恩情。那我也许须认不是，我不该因为几句闲话便冷淡了你。

11 月 9 日　搬进南京市，给"我的心"写情书两封，发表在 11 月 24 日《长虹周刊》第 7 期《情书十则》栏。因得不到回信，高长虹已等得有些不耐烦了："我的确不愿意再同你通信了。你的一顾的爱，我已虚位以待你者两年了。至此而你才欲前而却，则我也许反被人误认为强求者呢！什么事情总以不乱真为主，所以也须有一个限度。一切都操之于你，你想怎样，你仍有那样力量。但沉默是反动的语言，我将因此走开。我愿意给你以永久的爱，但你如不表示欢迎它们时，则我将带着它们到别处去。"

11 月 10 日　作《出了那股毒气便好了》，发表在 11 月 24 日《长虹周刊》第 7 期。文章认为三年来中国的许多作品都是在发泄"毒气"："先有艺术运动，后有实际运动。果然实际上的毒气不久便爆发了！但那里没有《红日》，只有黑心！那是《莽原》和《洪水》乌合之后的私生子，不是《狂飙》的嫡宗！"

11 月 12 日　给"我的最后的心"、"我的最后一个的心"写情书两封，发表在 11 月 24 日《长虹周刊》第 7 期《情书十则》栏。从第一封情书中可看出高长虹对婚姻的态度："结婚它已去我远了"，"我愿意我是一堵墙，为你接受一切的是非。我愿意做你的无论什么，然而我不能做你的一个丈夫。

一个丈夫对于你能有一点必需？你将为了一个不必需的东西舍我而去？你将依违世俗，或将特立独行？当我为你受了一切的攻击之后，你将怕受人的攻击？"第二封情书报告自己到南京六天来的情况。

11 月 13 日　给"我的最后的，最后的心"、"我的最后的心"写情书两封，发表在 11 月 24 日《长虹周刊》第 7 期《情书十则》栏。从第一封情书中可看出高长虹爱慕冰心与他正在进行的"试验"有关："我在需求一种新的试验，新的创造。如其我要是仅只需要一个什么情人来时，那我便俯拾即是，用不到一点踌躇。可是这种试验与创造，我已到最后一次，最后一次了！如其这一次我的试验又将失败，我又没有创造得成功，我便将永久抛弃了这种计划，我将不再追求这种方式的生活。我要它是出于自然而又入于自然的呢！我要那奇迹不在天上，而是实际的呢！我要它不是假冒的，不是矫揉造作的呢！"第二封情书告诉冰心自己决定至迟 17 日离开南京，"象征地，我同时也必离开你。……我一走出南京，我便会又是一个自由的人。"

△　作《争名与争利》、《去掉"长虹"两字》，发表在 11 月 24 日《长虹周刊》第 7 期《每日评论》栏。《去掉"长虹"两字》全文为：

> 有一个朋友为我给狂飙出版部问人招股，那人说，要他认股不难，必须把《长虹周刊》上这"长虹"两字去掉。那人说："为什么拿了我们的钱给他个人办刊物去？"
>
> 这人的话说得很对。无论我的刊物所代表的是什么，拿了别人的钱为我个人办刊物，我不大愿意。所以，《长虹周刊》的资本，从头便是由我个人拿出来的。但因为是我个人刊物，便为没有拿出钱来的必要，却也不很对。刊物有刊物的读者，狂飙出版部是协社的组织，则每一个读者都拿出钱来加入协社，原是应该的事。这样看来，如其这人的话说得完全对时，他应预先声明他是决不看这个刊物的。至于刊物上用不用"长虹"这两个字，却没有关系。
>
> 我也说了吧：去掉"长虹"两字不难，待我改掉名字时再看。

△　在《狂飙出版部》（不定期刊）第 3 期发表《两个月以来的狂飙出版

部》、《狂飙出版部协社入社章程》，无署名，未收入文集。

《两个月以来的狂飙出版部》全文为：

狂飙出版部，上海和北平两处，成立已满两月了。这两月中所做出来的成绩：1，当然是上海出版的《长虹周刊》，2，便是北平出版的小说集《青白》了。在印刷中的有《革命与艺术》，论文集，《黑暗里的红光》，独幕剧，《草书纪年》，寓言集，我们自然要竭力要这几部书快点出来。《狂飙出版部》不定期刊现在是已出到三期，《狂飙演剧部》第一期也已在印中。《狂飙运动》月刊，亦已付印，其他在计意中的书报，自然都须一一让他们实现出来。

出版界的信用，也许向来便不大好。狂飙出版部决计要为出版界树立一点新的精神，信托两字，无论如何要做得到。起先，为慎重起见，资金都先由狂飙运动者拿出，也有最熟托的朋友，愿意从热狂中赶忙来加入协作的。现在狂飙出版部，已有稳固的基础，已有那种真诚的自信，可以招呼各方朋友们的加入了。在这里，正式发表了入社章程，狂飙出版部极盼望各方的朋友们以最高的热诚来加入协作，来担任这文化的生命上第一步的工作，为出版界开创一新时代！

《狂飙出版部协社入社章程》全文为：

第一条　本社定名为狂飙出版部协社。

第二条　本社由著作者，读书者联合投资出版各种出版物，以最经济的方法，作文化上的贡献。

第三条　本社股额定为一万元，分生产，消费两种股分，生产每股五十元，消费每股五元。以后随时均可增加。

第四条　本社社员直接向出版部或流通处，购买本社印行的出版物，价目照成本核算，每书自六折至八折不等。此外别无股息。

第五条　本社每年所获赢余，除开支外，作十成分派：以二成充公积金,以三成举办文化事业,以二成作职员酬劳金;余三成,按购书价值多寡摊还社员。

第六条　本社招股委员会担任各地招股事宜。

第七条　本社每年终结帐,将一切进支存欠缮具报告书,在本社不定期刊发表。

第八条　本社暂设职员二人,担任社中各项工作,不支薪金。

第九条　社员入社,须填明姓氏及通信地址连同股金交与本社,自收股金之日起,在本社不定期刊公开发表,不另发股证。

第十条　社员欲将股份转让他人,应向本社声明,俟得允许,即在本社不定期刊发表,便生效力。

本社招股委员会

沐　鸿　高　歌　向培良　张申府　罗　西　长　虹(以上上海)

柯仲平　张用五(以上北平)

张友渔　郭瑞庭　朱鹃华(以上天津)

武灵初　高成哲(以上太原)

罗石君　梁痴若　纪医凡(以上南京)

陈凝秋(哈尔滨)

王皎我(广州)

丁月秋(曲阜)

吴化霖(武汉)

本社职员

长虹　　郑效洵

11 月 14 日　在"南京"作《远离社会的狂飙运动?》、《红灯》、《打架,讲爱情》、《山西人经商》、《狂飙运动的成功》、《谦之走着看书》、《地与人》、《科学治国》、《前田河广一郎来华》,发表在 11 月 24 日《长虹周刊》第 7 期

《每日评论》栏。

《远离社会的狂飙运动》希望批评狂飙运动的人，"最好须同狂飙运动者有长期的结识，其次也须读过狂飙运动的出版物。没有经过这两种手续，随便向狂飙运动发一些攻击的论调，是不曾说得中听的。"

《科学治国》认为"实际上政府只是某一些人经营经济生活的机关"，为了改变这种现状，必须由相应的专家来管理国家。

11 月 15 日　给"我的真的最后的"写情书，发表在 11 月 24 日《长虹周刊》第 7 期《情书十则》栏。希望冰心能够"直接"告诉自己："只要你直接同我说，那怕就是你说'我不爱你了'，我都可以欢然承受起，我将欢然别了你走去。我自始至终不干犯一点你的自由。如其你说那样时你不免有些薄情，有些善变，有些眼光太小，有些缺乏勇敢，进取心，那是你的自谴自责的精神。我无论如何是不会见怪你的。可是，如其借了别人的嘴同我讲话，那我却不能够满足，无论那些话所代表的是什么意义。我完全没有想到会有这么一种事出现。我是明来明道的，我也欢喜的是明来明道。所以，有什么事情，如其我在那里遇见婉转时，我是不能不望望然而去了呢！"

在南京期间，"遇见几个朋友，他们都高兴谈到我的神仙世界，他们才都是曾经去过神仙世界呢。有那更熟习的，更知道吴桂珍在上海都是很有名的人物。"（《模特儿的故事》，《长虹周刊》第 8 期）

11 月 17 日　离开南京前给"我的最后的惟一的心"写情书，发表在 11 月 24 日《长虹周刊》第 7 期《情书十则》栏。该信写道："我此后将是一个无心的人了！我一定很喜欢是一个无心的人呢！倒要谢你作成我，完了我几年来的宿愿。我此后将只有行，行，行，我此外便再没有其他。《红心》，我已决定了要动手写了。我将一半是实录一半是虚构地写她。"但高长虹仍希望奇迹发生："我仍愿意留赠你一点这个小小的礼物，一只小小的锦囊，并且我愿意预先为你打开了她，你看那上边明明写的是：/'我爱，赶我来，我还没有走远！'"

信中所提到的《红心》曾收入《青白》。小说中的张红为了朱心特地来到北京，时间不到两个月，朱心留下一封信离开北京去了上海。一天，张红来到先农坛观耕亭读朱心留下的信；第二天，张红也离开北京去到上海。

在 1928 年 3 月 25 日写的书信体小说《春天的人们·二十一》中就已出现过"红心"字样："我要给他们以光明与生长,我愿意做一颗健全的红心。这红心的一半是属于你的。我们已经这样做了。我们将要到世界去。我们已是世界的主人。我们已是世界的红心。"

在 1928 年 8 月 5 日作的《〈红心〉是我的〈浮士德〉吗?》(《长虹周刊》第 1 期《每日评论》栏),高长虹这样写道:

> 《红心》是我立意要写的一部小说,或者说是我的一部未完成的杰作。构思起于一九二七年的春天,到现在已是一年半了。本想有一年可以写完。不料到现在还没有动笔。有人如说这是由于我懒得去写,那我便须宣布我实时时刻刻在努力中。这个作品的特点,与其说是在他的艺术的生活化,还不如说是在他的生活的艺术化更为恰当。他的一字一句而至于全文,而至于全文,我必须,我是必须完全生活过。我也许已经生活过他的十分之一了吗? 然而我一句都不能,我是连一句都不能动笔。我总在缺乏些,我是在缺乏那一个全体。
>
> 到我能够动笔时,也许是我死的时候了。我总感得这个作品的内容总时常是枯窘。
>
> 有朋友问我说:"什么是你的最大的一部小说呢?"我答:"是写完《从民间来》以后写的那一部。"又问:"什么时候才能写《从民间来》呢?"答:"写完《红心》的时候。"看来我的那部最大的小说没有生出的希望。

从这些文字可以知道,高长虹在 1927 年春天与冰心见面后就决定写《红心》,只不过由于要求"生活的艺术化"的高长虹,由于与冰心就那一次交往,所以直到 1928 年 11 月 17 日,高长虹才"决定了要动手写了"。由于没有更多事情可写,原本写成《浮士德》的《红心》最终只写了三千来字。

11 月 18 日　回到上海,打开积压的报卷,从大连《泰东日报》上看见铁弦与香冷关于高鲁冲突的通信,作《大连〈泰东日报〉的两封信同我的附识》,连同铁弦与香冷的通信发表在 11 月 24 日《长虹周刊》第 7 期。其中谈到了高鲁冲突:"铁弦君很留心我同鲁迅的笔战,我觉得这其实没有留心的价值。那次笔战的真象,也除了三两个局中人外,没有多少人能得详知。我自己便是向来没有从正面说出过它的原委,我那时是不愿意说出它,后来更没有顾得说出它。直到现在,我仍觉没有说出它的必要。但是,香冷君答复铁弦君的解释,却是错了的,不免倒果为因了。"

△ 晚上到神仙世界去看吴桂珍,并送给吴桂珍《长虹周刊》第4期一本。吴对高"非常之好":"她初为我打座时,她的笑容我掬不起来。我顺便握她的手,她忽然发怔了。她走时发怔地回望了我几次。女子们的手总不愿意让人家握。可是她第二次再来时,我严正地不笑不言,她反更加客气起来。走时,我给了他一元纸币,她很客气地向我道谢了。"(《模特儿的故事》,《长虹周刊》第8期)

△ 从茶楼出来后,看电影《佛祖得道》,由于17日坐夜车从南京回上海很疲倦,所以看电影时"不免像小孩子似的不住打瞌睡"。看完电影,写了一篇近400字的短文——《佛祖得道》,发表在11月24日《长虹周刊》第7期《每日评论》栏。文章认为释迦牟尼的生活最能体现尼采所谓从此峰到彼峰的精神:"乐到极乐,悲到极悲,苦到极苦"。

11月19日 吴桂珍一看见高长虹便说:"你的书里也有神仙世界!"为此高长虹感到很奇怪:"何以她直到现在才第一次看我的书。也许她只是第一次说到这个。我曾送过她三期了,我的一个女朋友还特别为她指点过,介绍过。她也曾说她看过,而且不懂的地方她问她的爸爸。她的爸爸在一个烟卷公司做点小事体。不知道何以直到现在,她还说,我的书里也有神仙世界!"(《模特儿的故事》,《长虹周刊》第8期)

11月20日 问吴桂珍自己的书里讲些什么,吴桂珍说她没有工夫看,回去还得缝衣服。高长虹说:"我的书里讲的是你!"吴听后,"作态地笑着走了"(《模特儿的故事》,《长虹周刊》第8期)。

△ 作《模特儿的故事·2》,发表在12月1日《长虹周刊》第8期。

11月21日 作《一个未来的物理学家》,发表在12月1日《长虹周刊》第8期《每日评论》栏。介绍一个傲慢的诗人王学膺已在学物理学,加上朱鹏华也"从写诗到数学",便认为"十年后的中国一定是科学的中国了"。

11 月 23 日　作《从武者小路实笃的个人杂志说起》，发表在 12 月 1 日《长虹周刊》第 8 期《每日评论》栏。从武者小路实笃的个人杂志说到自己的《长虹周刊》：

> 这几期的《周刊》，第一是缺乏论文。这也有我的难处。我对于思想论文，反感很深。我根本上是否认思想的价值的！我只能相当地承认它有它的用处。思想论文，它本身缺乏客观的真实性，是哲学的末流。我自己，但有一分奈何，不愿意写它。所以要写自己较满意的论文，便只有科学论文了。可是，我最近又工作太多，我完全没有做系统文字的闲暇。我已在竭力想法，我必使我的生活较适合于我的工作，我将多写科学论文，多写小说，同样也多写点介绍的文字，多收集些图画和照相，我必将使我的《周刊》较近于美与富，虽然它的精神永久是平民的。

△　作《模特儿的故事·3》，发表在 12 月 1 日《长虹周刊》第 8 期。从中可知道高长虹到神仙世界去找吴桂珍的部分原因是为了给创作寻找题材和灵感："我写完《神仙世界》的时候，我本不想再看见我的模特儿了。我那时想再写一篇小说叫做《艺术家和他的模特儿》，来收束这次的事件。我从一篇小说又新生了一篇小说。我从艺术的创作新生了一种生活上的真实情感。我相信这第二篇小说比头一篇许要真挚些。我只因为一些困难，始终没有开始这第二种的试作。我不愿意再看见她，也许是我怕更有第三篇小说的难题目发生。"接下来叙述了一次跟踪吴桂珍的经历。

11 月 24 日　作《我不愿意做一个丈夫》、《小说不是自传》，发表在 12 月 1 日《长虹周刊》第 8 期《每日评论》栏。

《我不愿意做一个丈夫》表达了高长虹对婚姻的态度："我永远地，永远地不能做一个丈夫。我不合适做一个丈夫，也不愿意做一个丈夫。那怕她是天的母亲，我愿意她爱我，我不能够做她的丈夫。假如她一定要一个丈夫，我愿意她不要爱我。/无论如何，我不需要一个妻子，如我不需要一种病痛。/我不是一个独身主义者。"结合高长虹前一段时间给冰心的情书可以看出,这则短文可能是写给冰心看的。

《小说不是自传》全文为:"如把我的小说看做我的自传,我宁愿他不看我的小说。在小说中找我,还不如在批评中找我较为方便。我的小说中,虽即是极像自传的描写,里边总有那最反自传的描写。"

11月26日 作《爱人的第一印象》,发表在12月1日《长虹周刊》第8期《每日评论》。

△ 作《大众文艺与革命文艺》①,发表在12月1日《长虹周刊》第8期。文章对郁达夫提倡的"大众文艺"②和创造社提倡的"革命文艺"③提出批评:"大众文艺,固然没有大众文艺的理论。革命文艺只也有革命文艺的政治理论,而没有革命的艺术理论。所以,同样是,革命文艺与大众文艺都没有他们的革命的或艺术的理论。革命文艺是不是大众文艺,大众文艺是不是革命文艺,乃至他们是不是文艺,都同样是有问题的。"甚至认为郁达夫提倡"大众文艺"是在与人"争地盘":"郁达夫因为有些文艺团体垄断了文艺界的买卖,所以大声疾呼用了'大众文艺'的名义来维持自己既得的权利。"

△ 作《〈给——〉的女主人之一》,发表在本该在11月10日出版《长虹周刊》第5期。对诗集《给——》中的主人公进行说明,可知该诗集并非写过石评梅一人的:"有几个女主人,我委实现在有一种苦衷,我不愿意说及她们,徒使她们伤感。这不仍然因为那些伤痕还新,那些历史还像是新闻吗?再呢,也许有人还会提出反证。比如,我说某一首诗的模特儿是一个女性化的男子,而且是一个有名的小说家,我不将竟被谤做造谣者吗?也许艺术还不会得到认识,而因此反被诬为骂人的技巧。"

11月27日 给史济行写信,连同史济行的来信以《通讯》为题发表在12月1日《长虹周刊》第8期,以《复济行》为题收入《高长虹全集》第3卷。

---

① 后收入《"革命文学"论争资料选编·上》(中国社会科学院文学研究所现代文学研究室编,人民文学出版社,1981年1月)。

② 1927年1月,郁达夫因发表政论《广州事件》引起创造社内部争论,从而声明退出创造社,1928年春秘密加入太阳社,9月在鲁迅支持下主编《大众文艺》。

③ 1928年,创造社成员在《创造月刊》、《文化批判》等刊物上提倡"革命文艺"。

史济行认为《长虹周刊》"常常延期,以及文字太单调","不如改为《狂飙周刊》,一方面多载先生与向慰问向培良高歌沐鸿罗西等作品"。(《史济行致长虹》,《高长虹研究文选》)高长虹解释了周刊延期的原因:"常常延期,大部分的原因是印刷局的耽误,起先由一家印刷局印,不能按期出版。后来由两家印刷局印,不料到第六期还没有出版,印刷局忽又发生风潮,以致第六期直至今日才能订出,又延期至十日之久。小部分的原因,是我太忙,也太不努力,所以稿件到第八期即这一期时,便有点不很充足。"并认为将《长虹周刊》改为《狂飙周刊》"是不可能的事":"我个人无论如何需要一种个人刊物。我在四五年前,没有办任何一种狂飙刊物的时候,我已先想过办个人刊物。到今日才办,我已嫌太迟。我常说,我只为了讲恋爱,也有办个人刊物的必要。这一点都不是笑话,至少我自己实在有这样的需要。你不看,《周刊》一期到七期不是有情书累累吗?这种事,第一个人来做时,不免惹人非笑,然他会是将来的人的常事。这只是说了一点不很重要的办个人《周刊》的原因。其他重要的原因还多。说来麻烦,也许有不大方便处。"史济行还打算在宁波开一个狂飙社分部,高长虹在回信中如此写道:"在宁波办狂飙社分部——当名宁波狂飙流通处——,我当然赞同,并且感谢你的好意。但此事有关经济,你如愿意,详情请来出版部面谈!"

11 月 28 日　作《就像看一个符号》、《旅行学校》、《偏激的论调》,发表在 12 月 8 日《长虹周刊》第 9 期《每日评论》栏。

《旅行学校》介绍自己希望办的一个旅行学校的特点:"第一个特点是,学生的一切费用都由学校供给。第二,他的校址是全世界。"成为这个学校学生的条件是:"第一,要聪明;第二,要壮健。第三,要没有家庭的及其他的负累;第四,要没有一切的习气。第五,要不吃烟,不吃酒。第六,年龄要在二十岁左右。"

11 月 30 日　作《发牢骚》①、《〈孤星泪〉:电影与剧本》、《模特儿的故事·4、5》,发表在 12 月 8 日《长虹周刊》第 9 期,前两篇发表在该期《每日评论》栏。

---

①　收入《高长虹全集》第 3 卷题为《发牢□》。

《〈孤星泪〉:电影与剧本》谈 11 月 28 日看《孤星泪》后的感受:"影片制得不很好,有不少失掉原作的精彩处。然而通体看来,尤其是不同小说比较,仍是痛快淋漓的。"并且更加坚定了将《孤星泪》改编成剧本的想法。

《模特儿的故事》叙述了告别吴桂珍的情景:"我对她说了从明天起我不再来那里。她的脸忽然变得很苦。我说:'我害冷!'她说:'里边并不怎么冷!'但是,我才说:'里边我嫌乱!'她便没得话说,走了。她的苦脸给了我一个长远的印象,我将不能够忘记这个。到我出去的时候,她正站在门的远旁,我慌忙中丢了她一眼,也立刻离开了那里。这最后的,最后一次的她,我无论如何,不能够看出同那个日常的她完全一样。我竭力为我解释:她计算她将失掉一笔买卖了。"

△ 给太原时期的狂飙社成员籍雨农回信,发表在 12 月 8 日《长虹周刊》第 9 期《通信九则》栏。声明自己不会再闯入籍的世界,并说自己没有批评过籍一句,并希望籍"做一个批评家":"这件工作,你是很能干的,干起来吧!"

△ 给柯仲平写信,发表在 12 月 8 日《长虹周刊》第 9 期《通信九则》栏。希望柯仲平能与爱人丁月秋一起到上海参加狂飙演剧运动。并报告了出版部的情况:"出版部的工作,我同效洵干了,出力不讨好。我们习惯养得还不坏,受人攻击,不介意。效洵觉得有点苦。我深以为比我年轻的朋友不该比我更悲哀。少年们应该有方法让自己欢乐些。/我们的前面,一处是印刷局,一处是书店。印刷局我望朋友们合力去进行,我帮忙。书店,由我负责,朋友们帮忙。印刷局至少须百人来做事。书店至多三个人。"

△ 给云南青年杜逵写信,发表在 12 月 8 日《长虹周刊》第 9 期《通信九则》栏。告诉杜逵:"你们的刊物,现代书局不愿出版了。这是与书局全部经济计划有关的,所以我的一两句语言是不会生效的,所以我也没有说什么。"并告诉杜逵:"青年们此后必须养成自己的实际的能力,知道自己对于世界应负的责任,而来实际地担当起。"此处的"实际的能力"当指演剧:"演剧,而且实做,是最青年的青年们的任务!"

△ 夜不想睡觉,给柯仲平再写一信,发表在 12 月 8 日《长虹周刊》第 9 期《通信九则》栏。信中介绍狂飙出版部招股程序:"第一,必须有比较坚

固的基础,才好向外面招股。所以,第一批的资本须先由狂飙运动者自己拿出。一面,各人也分头招呼各人的朋友有没有赞助这种举动的意思。这才到第二步的招股,正式发表招股的章程。"狂飙出版部的经济情况为:"我近来也很穷。书局据说也都穷,所以我又卖的两部稿子都没有卖出。这于我们的出版部却无大妨碍,出版部并不穷。房金虽不少,但由我与效洵担任去了二十元;剩下的便全算作出版部的开消,也无几。将来也许连这十几元都由我拿出,则出版部可以不破费一文钱。"自己的出国问题:"月前一部稿子卖了三百五十元,那时才动不得身。一半买书日用,一半作了《周刊》印刷费,完全用光了。现在勉强可以走,却又是没钱。"

12月2日① 给张青萍写信,发表在12月8日《长虹周刊》第9期《通信九则》栏。告诉张青萍自己目前没有能力拿出一笔钱出来帮他办刊物,很希望想办刊物的朋友们常来信,说说自己的计议,大家集合起来办一个较大的青年刊物。"

12月4日 在新雅茶室的一间小房里给卢汉写信,发表在12月8日《长虹周刊》第9期《通信九则》栏。对卢汉喜欢演剧表示欢迎:"如果我们有能力,得到一些朋友们的同情与帮助,其实老实说,就是我们如能筹到二三千元款,不久不久,我们一定会有一个演剧的大集团。你愿意是这里的一分子吗?"

△ 给向培良写信,发表在12月8日《长虹周刊》第9期《通信九则》栏。谈自己改编《孤星泪》②和开展狂飙演剧运动的打算。

12月5日③ 作小说《一个兵回到他自己的家里》,发表在12月8日《长虹周刊》第9期。故事梗概为:在战争年代,不想当兵的"我"也当了兵,战事失败后,"我"决定回家最后看一次妻儿。在火车站,受到另一些兵的盘查。回到家乡,发觉家乡已变得"荒废,寂寞,空虚"。"我"在夜中行走,从草门缝里发现了妻儿,他们却因为"我"是兵而吓得发抖。

---

① 落款为"长虹,2,11",但据前一封信的落款"长虹,30,11"和后一封信的落款为"长虹,4,12"可推知,该信的写作时间当为12月2日。

② 即雨果的《悲惨世界》,当时人们曾将其翻译成《孤星泪》、《哀史》、《苦人们》等名称。

③ 因原刊有些模糊,收入《高长虹全集》第3卷时误认写作时间为2月5日。

　△　作《给——》,发表在 1928 年 12 月 22 日出版的《长虹周刊》第 11 期,未收入文集,现作为"集外同题作品"附录于同名集子后面。共 6 节,每节 4 行。诗歌献给一位哈尔滨的"人儿"。

　12 月 6 日　给张申府写信,发表在 12 月 8 日《长虹周刊》第 9 期《通信九则》栏。因想到晚上又要到南京,高长虹刚从梦中醒来便给张申府写信,希望能与张申府继续保持目前这种友好关系:"再过二十年,我还可以保持住我们初识时的那种相互间的尊敬。"认为十年以内,张申府做科学的工作是"最合适"的,"狂飙运动所待于你的,也便是这个。"

　12 月 7 日　再次来到南京。

　△　在赵景深《长虹的真面目》后面作附识,发表在 12 月 22 日出版的《长虹周刊》第 11 期,署名"编者",未收入文集,现以《赵景深〈长虹的真面目〉附识》为题收入《高长虹全集》第 3 卷。

　12 月 8 日　在《长虹周刊》第 9 期发表诗歌《诗的作法》。由两首诗构成,第 1 首曾在 1927 年 7 月 19 日杭州《国民新闻》副刊《野火》第 31 号发表。

　12 月 9 日　在"南京"作《苦人们》,发表在本该在 12 月 29 日出版的《长虹周刊》第 12 期。介绍雨果的《苦人们》(即《悲惨世界》)和自己改编的设想。

　12 月 10 日　朱谦之给高长虹写信,发表在 12 月 15 日《长虹周刊》第 10 期①。说自己"近来越发了解你,我认你是个确能极端'表现自我'的人"。(《谦之致长虹》,《高长虹研究文选》)

　12 月 11 日　给声柏写信,发表在本该在 12 月 8 日出版的《长虹周刊》第 9 期《通信九则》栏。信中说自己到南京后太忙,没能到声柏那里去,便给声柏写信,称赞声柏"精干,活跃,清醒,勇敢。你真有那种新生的力。你真是实际所需要的选人。"

　△　作《新劳动运动的略说》②、《春醒》,发表在 12 月 15 日《长虹周

---

①　收入《高长虹研究文选》误写为第 13 期。
②　据落款可能为 11 月 12 日,但 11 月 12 日高长虹在南京,很忙,所以当为 12 月 11 日。

刊》第 10 期《每日评论》栏。《新劳动运动的略说》认为"最光明的劳动运动是要自己去劳动,自己先做成一个劳工"。

12 月 13 日　作《上海的特色:经济与肉》、《放火的人》、《理想中的黄金世界》、《〈反对革命家之略历〉》,前 3 篇发表在本该在 12 月 1 日出版的《长虹周刊》第 8 期,后一篇发表在 12 月 15 日《长虹周刊》第 10 期,均在《每日评论》栏。

12 月 14 日　作《外交有碍卫生》,发表在 12 月 15 日《长虹周刊》第 10 期《每日评论》栏。

12 月 15 日　在《长虹周刊》第 10 期发表《给——》4 首,诗歌内标明前两首为"旧作",后两首为"新作",身前未入集,现作为"集外同题作品"附录于同名集子后面。

△　《长虹周刊》第 10 期刊登了狂飙出版部小伙计袁学易(袁殊)的照相。袁殊成为狂飙出版部小伙计的经过为:"袁殊在北伐军 18 师时,有一次住扎在江西的一个小市镇,在那儿无意买了一本《长虹周刊》(按:当为上海《狂飙》周刊),行军途中细细地读了几遍,思想上发生了共鸣。自南京出院后,在街市上又买到《长虹周刊》,读完后就贸然写信给上海的高长虹,简述了自己的经历,要求参加狂飙社。没有想到高长虹竟回信同意袁殊参加,于是袁殊成为狂飙社的一名小伙计。"袁殊在出版部的情况为:"袁殊回到上海住在狂飙社出版部,地址是四川路老青年会惠星〔新〕公司的楼上。出版部一共只有三个人,头头是高长虹,两个小伙计一个是袁殊,另一个是比袁殊稍大一点的北京人郑效洵。生活上他们三个人同吃同住,小伙计吃住不收钱,但也没有固定工资。小伙计的工作是把出版的《长虹周刊》打包邮寄到各地。《长虹周刊》,的确名符其实,因为它完全由高长虹一人包写。出版部的经费只靠卖刊物得来的钱支持,常常寅吃卯粮,每有讨债的来催逼,高长虹就躲起来由小伙计去应付。慢慢地郑效洵对高长虹产生了不满情绪,但袁殊和高长虹的关系一直融洽。"袁殊晚年如此评价此时的高长虹:"高长虹这个人忙得很,当时已有 40 多岁了,还不成家(按:高长虹 1914 年结婚)。他书读得很多,也有才气;主要搞文学活动,有时也搞点政治投机。他常常一个人跑到南京去,告诉我们说是和阎锡山代表联系,帮助他们

开展文学活动,实则作点交易。出版部有时连房租都付不出,可高长虹照样买当时最昂贵的英国进口毛毯,他精神上要求讲究。"(曾龙:《我的父亲袁殊》,接力出版社,1994 年,页 50—51)

12 月 16 日　作《"昙花一现"》、《科学家的缺乏》、《南京与睡眠》、《三地主义》,发表在本该在 12 月 15 日出版的《长虹周刊》第 10 期《每日评论》栏。

《"昙花一现"》不赞同鲁彦对狂飙运动的看法:

> 鲁彦同我讲,狂飙运动只能昙花一现,但他的价值也正在此,他打开一个新的局面。他自谓这是一种定论。我则只觉得是一种新颖之论。我说,狂飙运动有艺术运动,有科学运动,有实际运动,纵然一种运动有时衰歇,别种还可以接续而上。他说,他知道的,但这也仍然是昙花一现,不会长命的。
>
> 我也感觉到,狂飙运动的文艺运动也许有时候不能保持原来一致的步调,但其他的运动还在开始,必可有充分的朝气。狂飙运动的确可以说是昙花一现,但他在时间上是十年二十年的问题,不是会一旦消灭的了。
>
> 鲁彦的批评,也自有他的独特见解,我极希望他的这篇文字早日出现,对于一般人了解狂飙运动的程度上一定会有所增益的。

△　六汗给高长虹写信,发表在本该在 12 月 15 日出版的《长虹周刊》第 10 期。

12 月中旬　在南京作《在南京》,12 月 21 日回上海后第二天加上一段说明性文字发表在本该在 12 月 15 日出版的《长虹周刊》第 10 期。文章记述自己在南京的见闻,认为南京除政治以外,"很少看见其他的工作",所以显得"空旷,荒漠,疲倦";决定在南京演剧:"我在改编《苦人们》作一剧本,特夫预备扮华尔扬。我觉得他也许扮茹找会更好些。《苦人们》,我又想把他译作《伤心人》。这个书名不很好,也不很好译。我想在明年旧历正月里开演它。"

12 月 21 日　回到上海。

△　柯仲平给高长虹写信,发表在 12 月 22 日《长虹周刊》第 11 期。该信拉拉杂杂写了以下一些事情:谈自己对狂飙演剧运动的看法,希望能找到优秀的女演员;对创造社的作家"具有'无产阶级意识'就行"的观点提出批评;介绍在日本上野公园美术院举办的一次美术展览会:"正堂里辉煌着 Bourgeoisie(按:资产阶级)的很多作品……洽〔恰〕相反的,有 Proletariat(按:无产阶级)的美术展览会场在那里出现! 针锋相对,简直是在教场比武艺!"

12 月 22 日　作《所谓〈文艺生活〉》、《和尚,娶妻和有产》、《蒋光赤和沈茅盾》、《为章太炎缓颊》,发表在本该在 12 月 15 日出版的《长虹周刊》第 10 期《每日评论》栏。

《所谓〈文艺生活〉》就《文艺生活》①第 2 期发表的《所谓文艺家出国问题》对自己的误解进行辩解。其中写到了鲁迅:

　　　最先在文字上讲到我的出国问题的是鲁迅②,其次便是这位 K·S·氏了。我愿来为这两位认识的或不认识的朋友的文字作一详细的比较。

　　　恍惚记得鲁迅讲到我的出国问题时,是借了戴季陶作陪的。K·S·的这篇文字,则也先以刘海粟作陪,用意,态度都一致。都从《留别中国》讲起,而认诗作启事,看法很一致。都没有讲到事实,一致地是感情的讥笑。鲁迅和 K·S,K·S·和鲁迅,我给你们一个共同的目标,你们都携手了吧!

　　　为时间上的经济,不说了。但是,我还必须登在郭沫若氏的"塔"上,用鲁迅氏的"呐喊"的声调对大家声明这一句:

_____

①　创造社出版部发行的一种小报。
②　高长虹认为鲁迅讲到他出国问题的话可能指下面这段话:"我们常听到所谓文艺家将要出国的消息,看见新闻上的记载,广告,看见诗;看见文,虽然尚未动身,却也给我们一种'将来学成归国,了不得呀!'的豫感,——希望是谁都愿意有的。"(《文艺与革命》,1928 年 1 月 28 日《语丝》4 卷 7 期)

　　"《留别中国》是一首诗,不要认错了!"

　　《和尚,娶妻和有产》对和尚们既能娶妻又想占有庙产的做法提出批评。

　　《蒋光赤和沈茅盾》对蒋光赤批评茅盾发表自己的看法,认为他们"都一样是不知道什么是文学"。

　　12月23日　作《〈党人魂〉是革命艺术吗?》、《编遣会议①与时局》、《上海之夜》、《看了南国剧社演剧之后》,发表在本该在12月15日出版的《长虹周刊》第10期,前两篇发表在该期《每日评论》栏。

　　《〈党人魂〉是革命艺术吗?》认为以俄国革命作题材的《党人魂》不是革命艺术,只是想"借这种题材来引起一般人的注意"。

　　小说《上海之夜》写画家林森用半个月时间画完一幅画后,将模特儿海青辞退了。过了几天,发现自己很想再见这模特儿一次,到处寻找却找不到。

　　《看了南国剧社演剧之后》写看了慕名已久的唐叔明演的《苏州夜话》和《湖上的悲剧》后,认为她演得不错,"但是没有人们所说的那样好"。

　　△　在籍雨农给高沐鸿并转高长虹的信后写《附识》并将其发表在12月29日《长虹周刊》第12期,署名"编者"。籍雨农11月3日给高沐鸿和高长虹写信,对狂飙社成员的主张提出批评:"我以为你们的主张,实在离

_____

　　①　1928年7月13日,蒋介石、冯玉祥、阎锡山、李宗仁、杨树庄(陈绍宽代)之裁兵方案,即"军事整理案"及"编遣部队之裁遣方法",在北平签字。8月14日,国民党二届五中全会通过《整理军事案》,提出"军令政令,必须绝对统一","裁兵,为整理理财之第一要务"。12月19日,国民党中央政治会议通过《全国编遣会议组织条例》。12月25日,国民政府公布了《国军编遣委员会条例》,规定编遣委员会为整理全国军事而设立。1929年1月,全国编遣会议正式在南京召开,会议正式成立军队"编遣委员会",以蒋介石为委员长,会议通过了《国军编遣委会进行程序大纲》。因蒋介石积极推行消灭异己的政策,李宗仁、白崇禧、冯玉祥先后于1929年3月、5月与蒋介石之间爆发蒋桂战争、蒋冯战争。7月18日,打败了桂系、冯系军事力量的蒋介石呈请国民政府,召集各编遣区办事处正副主任委员及编遣特派员于8月1日续开编遣会议,以完成编遣实施计划。8月1日,编遣实施会议在南京召开。8月6日,编遣会议闭幕,通过《编遣区修正案》。该修正案打破了1929年1月编遣会议上确定的四个集团军按比例编遣的原则,蒋介石以中央名义控制的编遣区进一步增加,实力进一步膨胀,冯玉祥、阎锡山、李宗仁等地方实力派的力量进一步削弱。

生活太远了";并提出自己的主张:"我以为文学的任务,至少必须具有下面三个条件:一,叙述人生;二,批评人生;三,指导人生"。高长虹接信后,因籍雨农的草书"不能完全认出来",故没在《长虹周刊》第 9 期发表,只在该期作了简单答复。后来籍雨农将他的信发表在山西武乡县的《铁骑》上,高长虹将其在《长虹周刊》第 12 期转载,并加上附识:"艺术离不开实际生活;而实际生活不便是艺术。技巧要离开实际,根本上就没有那末一回事①。我所说的技巧的本身,是指'怎样以技巧去表现实质'说的。"

12 月 24 日 作《离婚案件》,发表在本该在 12 月 22 日出版的《长虹周刊》第 11 期《每日评论》栏,未收入文集。对上海市社会局发布的 11 月份离婚统计数据发表看法,认为"离婚的案件越多,社会便越进化。最自由,最科学的社会,便是离婚最自由,两性的关系最科学的社会。"

12 月 25 日 作《张惠长的商用飞机计划》,发表在本该在 12 月 22 日出版的《长虹周刊》第 11 期《每日评论》栏,未收入文集。介绍张惠长的商用飞机计划,认为飞机商用非常划算。

12 月 26 日 作《自然都这样做了》,发表在本该在 12 月 1 日出版的《长虹周刊》第 8 期《每日评论》栏。

△ 作《最新的文艺从生理出发》、《图画和统计表》、《然而集》,发表在本该在 12 月 22 日出版的《长虹周刊》第 11 期《每日评论》栏,未收入文集。

《最新的文艺从生理出发》认为:"新的文艺不是像自然主义记录生理的现象,而是要从生理出发,而去表现行为。一切的行为的表现,都要他成为生理的,从生理到生理,是艺术所应该去工作的范围。"

《图画和统计表》认为图画和统计表的价值远远大过书籍:"科学的书,都将他用统计表的方式写出来。小说,也可以根本取消,用图画和演剧等代替他。"

《然而集》全文为:"鲁迅出版了《而已集》之后,我最友谊地说:'赶快

---

① 该句引文转引自《雨农致沐鸿并转长虹》(《高长虹研究文选》);该句在收入《高长虹文集》下卷为:"技巧要离不开实质,根本上就没有那么一回事。"

出一本《然而集》吧!'但有朋友又说:'《然而集》之后,又该是一本《所以集》了!'"

12 月 27 日 作《上海之夜·第二篇》,发表在本该在 12 月 22 日出版的《长虹周刊》第 11 期,未收入文集。小说写"我"爱上了一个女子,两次跟踪终于找到了她的住址,但她对我很冷淡,不愿见我。

12 月 28 日 作《上海没有一个女子不可以到手》、《上海北平贫民最近统计表》,发表在本该在 12 月 22 日出版的《长虹周刊》第 11 期《每日评论》栏,未收入文集。

《上海没有一个女子不可以到手》针对朋友的"上海没有一个女子不可以到手"的话发表自己的看法:"我不是说上海什么都好,我只是说,在中国,比较地是上海什么都有。'上海没有一个女子不可以到手',即便这话是真的,也不必便是上海的缺点。"

《上海北平贫民最近统计表》是根据上海和北平公安局调查贫民户口统计而编制成的统计表。

12 月 29 日 作《关于插画》,发表在本该在 12 月 15 日出版的《长虹周刊》第 10 期。介绍该期的三幅插画:《(袁)学易像》、《〈神仙世界〉封面画》、《〈神仙世界〉封面画作者赵特夫》。

△ 作《住在上海剪取大连国事新闻》、《罗西发起诗刊》、《大学生拉车》①,发表在本该在 12 月 22 日出版的《长虹周刊》第 11 期《每日评论》栏,未收入文集。

《住在上海剪取大连国事新闻》转载了 12 月 24 日、25 日大连《泰东日报》(日人报纸)的四篇关于蒋介石派与江西派(李宗仁,李济琛等)冲突的报道。

《罗西发起诗刊》介绍罗西打算联合国内诗人办一诗歌刊物的计划,并欢迎人们加入:"读者有愿加入的,想通信,我可以转交。"

《大学生拉车》对贫富悬殊的南京表示极大不满:一些人"朝寒食而夜元宵",自己的一位毕业于北京大学的中学同学为了生存却不得不去拉车。

---

① 原刊有些模糊,后两篇文章收入《高长虹全集》第 3 卷时误认写作时间为 12 月 20 日。

　△　在法国的阎宗临作《读了〈长红周刊〉之后》，发表在 1929 年 2 月 9 日《长虹周刊》第 18 期。文章回忆高长虹在 1925 年初就有创办《长虹周刊》的打算，并对《长虹周刊》给予高度评价："不要在坐在公园的凳子上，思索你们的未来，还是多睁开你的眼才好，睁开些，再睁开些！有谁不感觉到周身的空气是多么沉闷啊，他窒息了我们的呼吸，在过去，在现在，怕的还在未来！我又不说《长虹周刊》便是修身，齐家，治国，平天下的经典，我是说在你们走着这条不平而又无尽的路上，敢不敢整起你们的力量，劲力地改变改变你们周身的闷气？"

　12 月 30 日　作《虚无主义和理想主义》、《三条件》、《广州暴动》、《〈夫妇〉寿命不长生殖器太多了》、《平民的与发明家的福特》，发表在本该在 12 月 22 日出版的《长虹周刊》第 11 期《每日评论》栏，未收入文集。

　《虚无主义和理想主义》认为虚无主义和理想主义常是殊途同归："那些虚无主义者，十之九是从理想主义转变的"，号召人们"击碎虚无主义，击碎理想主义，到健全的实际来，用实际的知识去创造那新的实际。"

　《三条件》认为"无论做一种什么新的运动。必须有三个根本条件，而组织和策略还不在内"。这三个条件为："第一，这种运动必须确合实际的状况。第二，从事这运动的人必须明白这运动而忠实于这运动。第三，从事这运动的人必须自始至终保持着最低限度的经济生活。""这三个条件，第一是建立在科学的基础上，第二是所谓人的问题，第三是要他时常保持着经济的地位的稳定。"

　《广州暴动》全文为："特罗斯基说：'广州暴动是纯纯粹粹的盲动，是绝对的军事冒险。'"

　《〈夫妇〉寿命不长生殖器太多了》对"莽原旧友"荆有麟、金仲芸创办的《夫妇》旬刊发表自己的看法："'夫妇'们敢说话，是他们的好处。但是，说话要再精当些，是我的赠言。"其中还涉及到鲁迅："《莽原》旧友，鲁迅呢，是背道而驰，《未名》呢，是两条平行线拉长，永远相交不在一点。"

　《平民的与发明家的福特》为群益书社出版的《福特传》做广告，并说自己是一个新福特主义者："什么是一个新福特呢？第一，他是平民，第二他是发明家，第三，他有全世界最高的富，而他自己很穷，第四，那便是说，总起来说,他是一个有资本的,有资本力的工人。"

△　阎宗临给高长虹写信,发表在 1929 年 2 月 9 日《长虹周刊》第 18 期。信中谈到了对高几篇作品的看法:"《神仙世界》我自己不觉着怎样。/你的长篇小说,我还是以未完成的《家庭之下》好的多。你能够再写吗? 我实在盼你早日写成那部。/《母亲的故事》真是说不来的好法。它比那篇《黑的条纹》都进步的多。虽然在音节上不如那些美。"

12 月 31 日　作《自由批评》,发表在本该在 12 月 22 日出版的《长虹周刊》第 11 期《每日评论》栏,未收入文集。对文艺界和政界对自由批评的态度发表自己的看法,并说自己要坚持"自由批评":"我个人有那种自由批评,我须保持他,用自由,用生命! 我能够把我的批评做得更公平,更博大,更沉得住气,我便永久具有我的批评的真精神与生命!"

12 月　第 13 个集子《游离》(短篇小说集)由上海泰东图书局印行,次年 9 月再版。

△　第 14 个集子《从荒岛到莽原》(合集)在上海出版。10 月 13 日《长虹周刊》第 1 期有该书预告(无署名,未收入文集):"《心的探险》改编。一天,北新书局的伙计问本书的作者:'《心的探险》来买的人很多,为什么不再版呢?' 作者说:'因为已经改编了。'最近即可出书。到北新买《心的探险》的读者,谓预备了到光华去买吧,而且书名也改了,是:《从荒岛到莽原》。封面有作者像。"

1929 年　民国十八年　己巳　三十二岁

1 月 1 日　作《救一救耶稣》①、《性病》,发表在本该在 1928 年 12 月 22 日出版的《长虹周刊》第 11 期《每日评论》栏,未收入文集。

1 月 4 日　在"第三次去南京的一早"作《时代的伤风》②,发表在本该

① 原刊有些模糊,收入《高长虹全集》第 3 卷时误认写作时间为 1930 年 1 月 1 日。

② 后收入《警醒人生诲语》(孙硕夫选编,吉林文史出版社,1997 年 1 月)。

在 1928 年 12 月 29 日出版的《长虹周刊》第 12 期。文章认为自己的杂文犹如"时代的伤风"："时代精神保存在我的杂感里，打出来看看，要快些，久了时他会变旧。是的，它的时间性不免太重了。但是，我欢喜这个。"

1 月初 《狂飙运动》月刊第 1 期出版。《长虹周刊》第 1 期（1928 年 10 月 13 日）有该月刊广告（未收入《高长虹全集》）："《狂飙运动》月刊是狂飙运动的机关报，由狂飙编辑所六人分类编辑：张申府，数学，物理；陈德荣，生理，心理；长虹，经济，教育；柯仲平，诗歌；高歌，小说；向培良，演剧。每期由编辑所编辑之稿件，又经出版部编辑沐鸿再行编辑一次，然后付印。可说是狂飙运动的全力的表现。第一期，十一月内出版。"该月刊共出版 3 期，高长虹未在该月刊发表作品。

1 月 6 日 作《〈苦人们〉的延期》，发表在本该在 1928 年 12 月 29 日出版的《长虹周刊》第 12 期《每日评论》栏。

1 月 8 日、15 日 在《世界》周刊第 2、3 期刊登广告《长虹的著作十种两种已出余续出》（后三种未见出版），无署名，未收入文集。全文为：

《光与热》

本书内容丰富。小说：《游离》，《生的跃动》，《最后的著作》，《震动的一环》，《现实的现实》；剧本：《一个神秘的悲剧》，是其重要的部分。《游离》二万多字，写青年的烦恼：生活的缺乏与力量的追求。《最后的著作》写老人的苦闷：一个成功的民众的领袖以理想的破灭与人生的厌倦而自杀。《生的跃动》写一青年因求人生的意义而失望，愤而从军。《震动的一环》与《现实的现实》，大致都写创造的破灭与创造的继续。《一个神秘的悲剧》写几个有毅力与热情的革命运动者终因能力薄弱而失败。其他如寓言，诗歌，批评，感想，杂记，这本书里都全了。实价一元。预定世界周刊者特价九折。开明书店发行。

《给——》

恋爱诗四十首。各处散见的《给——》都收入本书。除了《藏诸名山》的几首不算外，这可以说是《给——》的全本。实价三角半，预定世界周刊者特价八折。光华书局发行。

《献给自然的女儿》

恋爱诗十一首。大半是没有发表过的。第一首长约五千言,是作者一篇代表作品,写宇宙,人生,科学,艺术,民众思想与恋爱的联合。生命是世界的花,恋爱是生命的花,艺术是恋爱的花,诗歌是艺术的花,《献给自然的女儿》是一切花中的花。阴历年内出版,泰东图书局发行。

《时代的先驱》

分上下两编。上编是关于经济,两性,艺术,科学的论文八篇。虽没有系统的组织,但有不少是新的发现。下编是诗,如《从民间来》,《冬夜》,《诗人的启事》等,都是内容充实的作品。不久出版,光华书局印行。

《曙》 与一个小孩子的通讯。泰东印。

《从荒岛到莽原》 《心的探险》改编。光华印。

《走到出版界》

《梦与预言》 四年来关于思想,文艺与人生的记录。

《到乐园去》 恋爱书简。

《留别中国》 诗歌批评及其他。

1月9日 作《一个科学丛书的拟议》,发表在本该在1928年12月29日出版的《长虹周刊》第12期。文章建议出版一套科学丛书,其功用是:"第一,供给科学的读物;第二,补助科学的研究者的学费;第三,联合科学家来共同工作。"

1月12日 在"南京"作《〈十七年度中国文坛之回顾〉》、《爱理斯讲性》、《解剖学提纲》,发表在本该在1928年12月29日出版的《长虹周刊》第12期《每日评论》栏。

《〈十七年度中国文坛之回顾〉》认为赵景深发表在《申报·艺术界》上的《十七年度中国文坛之回顾》①的"回顾"不全面:"在十七年度,《春天的

---

① 在此标题下有两篇文章:署名"憬琛"的文章提到了向培良的《沉闷的戏剧》(剧本),高长虹的《走到出版界》(批评);署名"赵景深"的文章提到了狂飙社(社团)、《长虹周刊》(刊物)。后一篇文章在赞赏田汉的话剧创作及表演时,讽刺了高长虹:"不比长虹说了好几年的戏剧运动,弄到后来,与他那首'留别'中国的诗一样的滑稽,他终于还是住在上海乱喊乱叫"。

人们》、《实生活》、《青白》,至少这三本书,是我出版过的小说集。但是,我在《十七年度中国文坛之回顾》那一篇文字上,却一本也没有看见。诗歌,《给——》,《献给自然的女儿》两书,也没有人能否认他们的存在。"

1月13日 作《从无到有》、《时间的浪费》、《宽大》、《让每人都是军人》,发表在本该在1928年12月29日出版的《长虹周刊》第12期《每日评论》栏。

1月14日 作《杨宇霆之死①》,发表在本该在1928年12月29日出版的《长虹周刊》第12期《每日评论》栏。认为杨宇霆的死"别有原因","并且可以证明:旧而新犹可连,新而旧不可活。"

1月15日 作《飞行界的新消息》、《第一个狂飙书店将在南京成立》,发表在本该在1928年12月29日出版的《长虹周刊》第12期《每日评论》栏。

《飞行界的新消息》报告中国飞行家陈文麟将自备英国式飞机由汉堡飞回首都的消息。

《第一个狂飙书店将在南京成立》认为妇女解放的先决条件是"经济独立",狂飙书店同一般商业书店的不同在于:"要做成一种劳动的机关,为一部分解放的妇女开一经济独立的路径。"

1月17日 作《雪的世界》②,发表在本该在1928年12月29日出版的《长虹周刊》第12期。

1月19日 作《妥协也有办不到的!》、《题〈窄门〉》、《模特儿,爱人,性友及妻子》,发表在本该在1月5日出版的《长虹周刊》第13期《每日评论》栏。

1月19日 在"南京"给壮桥、蕴璞写信,发表在本该在1月5日出版

---

① 1月10日晚,张学良捕杀东三省兵工厂督办杨宇霆、黑龙江省政府主席常荫槐。11日晨,召集张作相等开重要会议,并组织临时高等军事会审,以谋叛、内乱罪,宣判杨、常死刑。同日张学良等通电,略谓:"杨常朋比,操纵把持,致使一切政务受其牵制。""溯自民国十三年后,屡次战祸均由彼二人怂恿播弄而成。""彼辈奸险成性,日甚一日,近更暗结党徒,图危国家。""非去彼二人,东省大局非徒无建设之望,且将有变乱之萌。"

② 后收入《警醒人生海语》(孙硕夫选编,吉林文史出版社,1997年1月)。

的《长虹周刊》第 13 期《通讯四则》栏。

在给太原壮桥的信中,希望壮桥加入狂飙运动,做分配流通的工作:"你做这种生活已四五年,则你当已有相当的经商的经验,那便换一个方式,你当能发挥你的所长。"

在给太原蕴璞女士的信中,希望蕴璞出来加入狂飙演剧运动:"你的职业,是你的艺术而不是你的生活。你的艺术比你的生活更可尊视。失却你的艺术,你的生活便像无花的果子。艺术是你的生命。"

1 月 20 日　在"南京"给邓天矞、史济行写信,发表在本该在 1 月 5 日出版的《长虹周刊》第 13 期《通讯四则》栏。

给邓天矞的信询问寻找模特儿的事情:"你应许了为我找的模特儿,不知现在有相当的被选者否? 这件事也许有点奇怪。固然,每一个小说家的每一篇作品中的人物,总有他的模特儿在。然把小说家当绘画那样认真地做人体描写,却是向来所没有过的。然而,经验不如实验,所以,我愿为文艺界开创一种新的方法。我的小说的材料,大抵得之实验,但那些实验,我还嫌他们是较近于经验的。"信末提到了邓天矞爱人、中国后期无政府主义代表人物之一的卢剑波:"剑波好吗? 多研究些经济的实况,少谈些主义,是我呈献给他的意见。"

给史济行的信商谈在宁波办狂飙流通处事宜:"第一,有托实的朋友愿尽这种义务,又有确定的住址,又能按月寄得书款回来,那便第二,出版部将本版书志寄去,第三,流通处接到书志,当即分发本地各书店销售:这样,流通处便算成立。"

1 月 22 日　开始看《茶花女》剧本(《〈茶花女〉和〈安娜〉》,《长虹周刊》第 13 期)。

△　作《民众教育》、《女子解放》、《乱世的人心:猜忌》、《〈茶花女〉和〈安娜〉》,发表在本该在 1 月 5 日出版的《长虹周刊》第 13 期《每日评论》栏。

《女子解放》认为"劳动的女子去舒服,舒服的女子去劳动,这便是女子解放。"

《乱世的人心:猜忌》认为"猜忌"是乱世人心的特征:"大概因为,乱世便是生活不安的时代,路狭便免不了相互排挤,成了习惯,更是疑神疑鬼,草木皆兵。人都不拿好心去猜度人,也不拿好心去对待人。人总想把别人踢倒,自己站起。人不愿意用自己的本领表示自己的本领,却只用比别人较有本领去表示自己的本领。这是反进化的,反互助的,它的结果仍然是乱世。"

1月25日　作《空气中的大元帅府》,发表在本该在1月5日出版的《长虹周刊》第13期《每日评论》栏。认为编遣会议后不应该成立大元帅府。

1月26日　作《〈舞女的白肉〉》、《创造社落后》,发表在本该在1月5日出版的《长虹周刊》第13期《每日评论》栏。

《〈舞女的白肉〉》认为小说《舞女的白肉》"文字倒很流畅,内容也还新鲜,的确使人总想一看便看完"。

《创造社落后》认为创造社在创造的时代已经落后了,"时代将在青年们的意识中觉醒,叫道:'起来,起来!'"

1月底①　回到上海。

1月底2月初②　作独幕剧《上海之夜》,发表在本该在1月5日出版的《长虹周刊》第13期,现收入《小剧场》③。故事梗概为:因过年要罚五元钱,诗人和学徒只好呆在家里;一个脱离党籍半年的共产党人被仇人告密,躲到这位诗人家,准备到广东去;一位舞女不爱少爷公子而爱诗人,因此要被收养她的母亲赶出家门,于是来到诗人家;一位女工到诗人家寻找一位每天在外轧姘头的女子,在门口发现一位冻僵了的婴儿。随着婴儿生命的复

---

①　在2月13日给杜逵的信中,高长虹这样写道:"我又在上海停了有两个礼拜"(《通讯十一则·I》,《长虹周刊》第18期),故推断高此时回到上海。

②　未写创作时间,根据排练时间推知,写作时间应该是此时。该剧曾进行过排练,用于"狂飙演剧部成立纪念第一次的试演"(《狂飙演剧运动说略一》,《长虹周刊》第13期)。

③　《高长虹全集》对该集子的说明为:"《长虹周刊》第一期载《本刊编者的著作》,其第十一种为《小剧场》,说明是'剧本集,实价二角,狂飙出版部'出版。同为二角的有《春天的人们》、《青白》、《草书纪年》,可见其篇幅相差不多。这本书没有找到。1928年以后作者在开展狂飙戏剧运动期间所写的剧本,现在见到三种,另一种根据雨果的《悲惨世界》改编的《苦人们》,发表在《长虹周刊》第14—17期合刊,无存,还有一种说他人说到,作者未提及。此处将已知的三个剧本,按发表先后收入。"

活,他们喊出了"穷人们的生命复活了"、"革命的生命复活了"、"人类的生命复活了"的口号。

2月初 "狂飙演剧部已经安设好固定的地址,已经练习起剧本了。"(《狂飙演剧运动说略一》,《长虹周刊》第13期)

2月6日 作《狂飙演剧运动说略一》,发表在本该在1月5日出版的《长虹周刊》第13期。文章介绍狂飙演剧运动情况。高长虹所做的工作为:"第一,我看什么时候演剧有成功的可能,我便决定了开始演剧。第二,演剧部的进行无论发生什么困难,我坚持了下去,非做到成功不可。第三,我担任筹款。第四,我集合演剧的同志。第五,我给演剧部以必要上的组织。第六,我在演剧运动中使其与全个的狂飙运动和谐一致。"向培良则担任"筹备演剧的一切工作"。

2月11日 作《扒手扒去了我的一个剧本,两篇小说》、《年改节》、《演剧与团体》,前两篇发表在本该在2月9日出版的《长虹周刊》第18期《每日评论》栏;后一篇发表在5月5日《现代戏剧》1卷1期,后又发表在8月24日《长虹周刊》第22期,未收入文集。

《扒手扒去了我的一个剧本,两篇小说》叙述自己的自来水笔在2月9日被偷后,因正是春节,买不到笔,使得自己构思中的一个剧本、两篇小说胎死腹中。

《年改节》提议将过旧年改成过节,"一年中有一些休假的日子,可以使生活有节奏",大家可以"在这个时候来演剧"。

《演剧与团体》认为"演剧是集团的动作",为了演剧成功,应打破各自为政的小团体。

2月12日 作《我的防御战》①、《我的武器丢掉了》,前一篇发表在本该在1月5日出版的《长虹周刊》第13期,后一篇发表发表在本该在2月9日出版的《长虹周刊》第18期《每日评论》栏。

力山在1月25日《青海》第7期发表《屠格涅夫致长虹》,讽刺高长虹对罗西的崇高评价。高长虹在《我的防御战》中强调:"我再说一句:罗西的

---

① 《高长虹全集》第3卷标明写作时间为2月21日,现据原刊改正。

小说比屠盖纳夫好。你们只要看了《玫瑰残了》,《桃君的情人》这两本小说,也只须看这两本小说,你们只要觉到那里不是时代的描写,而是时代的申诉,你们感觉到那里的热情,紧张,那便够了。"力山看了该文后,在 10 月 25 日《青海》3 卷 1 期发表《再论长虹先生与屠格涅夫》(后有"未完"字样),主要通过介绍屠格涅夫的《罗亭》、《贵族之家》、《前夜》、《烟》、《处女地》五部代表作品证明高长虹的观点是错误的。

《我的武器丢掉了》继续为自己的自来水笔被偷耿耿于怀。

2 月 13 日 作《小剧场,附设茶馆,书店,跳舞厅》,发表在本该在 2 月 9 日出版的《长虹周刊》第 18 期《每日评论》栏。文章设想在繁华路段建立一小剧场,附设茶馆、书店、跳舞厅。

△ 给杜逵写信,发表在本该在 2 月 9 日出版的《长虹周刊》第 18 期《通讯十一则》栏,现以《通讯九则》为题收入《高长虹全集》第 3 卷(该期的 11 则《通讯》含两封来信,高长虹的九封信全收入《高长虹全集》第 3 卷,不另注)。谈狂飙演剧事宜:"大抵,不出两个礼拜,狂飙演剧部要举行入京的演剧旅行了。我这次大概不去。你如有暇时,可以出来看看我们这第一次成绩。我的根本的见地:二年以来,演剧完全在试验时期。所以,我根本不希望大成功。尽试演的责任,是初期的狂飙演剧运动的工作。忠于试演:初期的狂飙演剧运动在这样宣誓。"

2 月 14 日 给宗昆、张友渔写信,发表在本该在 2 月 9 日出版的《长虹周刊》第 18 期《通讯十一则》栏。信中谈在安庆、天津开办书店事宜。

2 月 15 日 给廖道行、生白分别写信,发表在本该在 2 月 9 日出版的《长虹周刊》第 18 期《通讯十一则》栏。给廖道行信解释《长虹周刊》较贵的原因:"因图多纸好,所以定价不免贵些",并告诉廖道行狂飙出版部将出《狂飙运动》月刊。在给生白的信中,告诉《长虹周刊》愿发表他的调查。

2 月 16 日 给已燃、牟均、任之初分别写信,发表在本该在 2 月 9 日出版的《长虹周刊》第 18 期《通讯十一则》栏。

给在法国的已燃(阎宗临)的信中,告诉阎宗临自己不能立即出国的原因:"最近最近,我本计算狂飙演剧部开始了第一次的试演之后,我总可动身出国。不料又有狂飙印刷局,狂飙小剧场两件工程摆在面前。我如不去担当些责任,我够不上是一个狂飙运动者!"其中还谈到狂飙小剧场的事情:"有演剧界的朋友,听我说了要在三个月内在上海成立狂飙小剧场,便立即去信叫北平的七八个演剧的朋友们到上海来,说有小剧场要出现了。"

给做了十年商人的牟均的信中谈到了狂飙出版部的招股情况:"狂飙出版部的股本,如收足一万元,而又都是像你这样的来源时,狂飙出版部真尽到协社两字的功能了。"并告诉牟均,"旅行学校,我目前是没有法子办得起来。"

给任之初的信逐条回答人之初的提问:一、"如为实际的应用,则世界语可学。如为读书,则世界语学与不学无大分别";二、"我的作品,有些地方的确很难懂。但如求之过深,则好懂的也都变得难懂了";三、登载莫索里尼像,"第一,因为中国人太不干,而莫索里尼,则又无论在正面,在反面,都还可以给人以一点干的感动。第二,没要紧,《长虹周刊》想多登载些图画照像,莫索里尼,人都知道,所以顺便让读者们看一看他的像。超于这个以上的意义,没有的","吴稚晖近年来的言论不像从前了,总有可攻击处。然而如把这两年来的时代的罪案,先就思想界方面说,都推在他一人身上,是不公道的,是偏见";四、"我对于实际问题,不愿多讲,只愿实做"。

2月中旬①　作《狂飙演剧部的组织拟议》,发表在本该在1月5日出版的《长虹周刊》第13期。文章为狂飙演剧部的组织确定了以下三条标准:"第一,这种组织须能稳定狂飙演剧部的生命,使他能时常继续他所进行的工作。第二,这种组织须能给与狂飙演剧部的每一个人以发展其才能最大的便利。第三,这种组织须能使狂飙演剧部的行动与全个的狂飙运动和谐一致。"北平的朱XX、李XX夫妇来沪加入狂飙演剧部(《通信十一则·IX》,《长虹周刊》第18期),演剧部扩大到20多人。

2月23日　狂飙演剧团来到南京(高歌:《情书四十万字·归来到我的乐园吧》),由于闹意见,"长虹留上海,培良南去,仲平高歌在南京撑台"(韩起:《狂飙社论》,《流露》2卷1期)。

2月28日—3月3日　在南京演剧。演出剧目有两种版本:1."剧本有

---

①　未写写作时间。狂飙演剧部正式排演剧本是2月初,本文中又说:"狂飙演剧部正式开始排演剧本以来,已有两个礼拜的光景",由此可推知该文作于此时。

柯仲平的《战士的儿子》和《海夜歌声》(?)及长虹的《上海之夜》"(刘尚达：《两年来中国话剧运动之进展(二)》,1930 年 1 月 10 日《大公报》副刊《大公戏剧》第 101 期),2."剧目有《娜拉》、《在人间》、《风火山》等"(《塞克年表》,《喉狮——塞克文集》,文化艺术出版社,1993 年)。结合《狂飙演剧运动说略一》(高长虹)、《从人间来》(向培良)、《归来到我的乐园吧》(高歌)等文章可以知道,实际演出剧目应为:《战士的儿子》(柯仲平)、《海夜歌声》(柯仲平)、《上海之夜》(高长虹)、《从人间来》(向培良)、《娜拉》(易卜生)。《从人间来》的角色分配情况为:"祖父——马彦祥先生;祖母——丁月秋女士;三女——陈沉樱女士(只用了一个人);旅行者——陈凝秋先生;楼上的期待者——李剑英女士。"(向培良:《从人间来》,《光明的戏剧》,南华图书局,1929 年)由于演员不够,连不是演员的高歌也登台表演:"只是,丑的很。但是丑吧呀! 在没有人的时候,自己那能不打杂儿呢!"(高歌:《情书四十万字·归来到我的乐园吧》)此次公演"以剧本欠佳,几全失败"(刘尚达:《两年来中国话剧运动之进展(二)》)。

3 月 2 日　给剑豪写信,发表在本该在 2 月 9 日出版的《长虹周刊》第 18 期《通讯十一则》栏。信中谈到了恋爱、家庭事:"我觉得,恋爱这件事,根本便不要同家庭发生关系。第一。我们根本上不承认家庭有存在的价值。第二,家庭对于恋爱只有两种作用是:一,有障碍,二,没有障碍。即便是没有障碍,显然地,在恋爱上并不是一种必需。第三,恋爱最好是不要同经济,尤其是关于家庭的经济起什么纠葛。"

3 月 3 日①　作《雪林女士说——》,发表在本该在 2 月 9 日出版的《长虹周刊》第 18 期。苏雪林在《生活周刊》第 14 期(3 月 3 日)发表《读胡适之先生译的〈米格尔〉》,内云:"我的朋友某女士常说读了西洋文学可以教人发生上进的心思,读了中国文学只使人趋于堕落的思想。灵与肉,真与伪,光明与黑暗,崇高与卑陋,伟大与渺小,可以代表两派文学不同的面目。/我也说中国文学界好像佛经里的'火宅',一所墙壁圻坼,泥涂堕落的大宅子,里面百虫横行,粪溺流溢,死尸腐烂,浓血流离,走进去教人气都透

---

①　原刊有些模糊,收入《高长虹全集》第 3 卷时误认写作时间为 2 月 3 日。

不过来。"高长虹撰文认为中国"已有火宅般的文学内容";"拿中国文学来同西洋文学比较,我觉得在过去是不如,在现在是不相上下,在未来是过之";文学家应该承担起"善恶上的责任"。

△　给朱谦之写信,发表在本该在 2 月 9 日出版的《长虹周刊》第 18 期《通讯十一则》栏。信中称赞朱谦之的女房东:"外国人那样和蔼,热情,周到,真令人可爱。她们那样郑重,而又那样率真。她们的一个普通的女子,总亲热过我们中国的爱人——你也许不赞成这话——不,那末,我来说,她的发音也正确得很,漂亮得很",说自己的英语发音很差,又说自己很快就要出国。

3 月 8 日　作《我的那个朋友死了》,发表在 6 月 22 日《长虹周刊》第 21 期,未收入文集。文章表达了对死去的朋友的深深的思念之情:"我的那个朋友死了,死了已经好久好久了。我时常在想念她,我想,只要她还在活着来呵! 唉,晚了,她死了!"

3 月上旬　本该在 1 月 12 日—2 月 2 日出版的《长虹周刊》第 14、15、16、17 期合刊出版,该合刊发表根据雨果的《悲惨世界》改变的话剧《苦人们》,已佚。关于该剧,高长虹在 1 月 6 日写的《〈苦人们〉的延期》(《长虹周刊》第 12 期《每日评论》栏)中如此写道:

> 《苦人们》,在编演两方,都不得不延期了。这个,我很惭愧! 我本定一个月的工夫把它编成,但一个月的期限已过,而我还没有动手。我的这件工作,被几种必然的阻碍阻碍住了。在明年阴正开演,也不能照原来的计划实施。因为这个剧本演起来,在布景和人物两方,工程都不是简单的。演是一定要演,但时间是不能不往后移动一些。编吗? 我今天便动手!
>
> 我现在仍然没有充分的工夫把这件工作做得再完备一些。这个剧本在布景和动作两方,第一是复杂,第二是须完全能在舞台上做得到。所以,我现在,便索性只把它的分幕,分场和对话编出来。布景和动作,便待练习时参酌扮演上的便利添上去。这便留给导演者去做也可以。
>
> 我对于这个剧本的分幕和分场,我竭力要减少它的数目,但结果也许还太多。场面多,倒很合中国人看戏的习惯。只是在布景上困难些。

布景的时间太长,次数太多,结果,也许须分开两次演。这里的对话,我愿意完全采用小说里边原有的。我不愿增加一句,也不愿减少一句。我竭力要它在舞台上说起来很合适。

　　3月中旬　离开上海:"后来长虹骗了大家,他一个人跑掉了,跑到哪里去了谁也不知道,连和他最接近的演剧部柯仲平也不知道。出版部的房费欠了几个月了,没有办法,只好散伙。郑效洵回北京去了,我就搬到演剧部和柯仲平住在一起。"(曾龙:《我的父亲袁殊》,页51)根据现有资料可以知道,袁殊的回忆应该是对错参半:为了逃避债务,高长虹离开上海时没有告诉加入狂飙社不久的袁殊,却应当告诉了自己的二弟高歌和老友柯仲平。从高长虹离开上海后的旅行线路可以知道,高长虹离开上海的一个重要原因很可能是前往各流通处收账。

　　3月23日　作《逃亡与捕获》,发表在6月22日《长虹周刊》第21期,未收入文集。该小说由十章组成,分别为:《苏州到了》、《他是一个工人》、《夜》、《第二梦》、《罪恶之花》、《太湖谢绝了她的游客》、《小歌女》、《劳动的古血》、《塔的上下》、《从人市去》。小说的主要内容为:生在广州、长在北京、留学日本的白智君是一个新托尔斯泰主义者,在一个印刷所里做排字工人。因爱上了邻居的女儿,被也爱上了邻居的王向州诬告为共产党,不得不远走他乡,来到了苏州。夜里叫来一个妓女谈话,人来了却又不要。等那妓女走后,又梦见那妓女被一位老女人责骂,梦中来到那妓女家。天亮醒来后,正在给朋友写信,一位卖花的女人来到自己身旁,自己只好买了两枝花。下午本打算到太湖去,但太远了便没去。晚上来到一家饭馆,一个十二三岁的卖唱女孩没经自己同意就唱了两首歌。第三天到虎邱游览,一位商贩给自己讲解与吴王有关的历史后,卖给了自己12张照片。从虎邱出来后,来到北寺,登上了寺内高塔。晚上回到旅馆门口时,被王向州带来的警察抓走了。

　　3月24日、3月25日、4月20日、5月11日、5月14日、5月15日,写作《未有学校之前》,发表在6月22日《长虹周刊》第21期,未收入文集。主要观点有:"教育是要创造一种新的生活,用了教育的方法。真正的教育是革命","教育的工作在给将来的人类以科学和艺术的素养","新教育的教员,第一重要的是他须有真正的科学的或艺术的知能,第二是他须同学生们共同生活,第三,当然也需要他会讲话","教授的方法,特别注重旅行和实验"等。

3月30日　作独幕剧《火》,发表在6月15日《长虹周刊》第20期,现收入《小剧场》。故事梗概为:十年前,大儿子离家出走后,李有光搬到一个小村庄隐姓埋名;在二儿子也离家出走两天后,李家房屋被烧,李有光为了抢出他平常最喜爱的一座雕像(该雕像是留学法国时一个最好的法国朋友送的,代表着和平、真理和人间幸福)被烧成重伤,躺在床上。仆人和女儿到处寻找老人的雕像却不得。一位新闻记者来采访,却发现自己就是那位十年前离家出走的大儿子。最后,老人死了,雕像找到了,二少爷有信来了,女儿告诉哥哥:"我们到外面去,我们去叫了我们的小弟弟,我们到那外面的世界……"

4月5日　狂飙演剧部只剩下柯仲平、丁月秋、陈凝秋三人。(高歌,《情书四十万字·归来到我的乐园吧》)

4月13日　在"南京"作《劳动与和谐》,发表在6月8日《长虹周刊》第19期。文章强调劳动与和谐在狂飙运动中的重要地位:"狂飙运动的最基本的工作,或者说最独特的工作是劳动,最基本的精神,或者说最独特的精神是和谐。"

4月19日　作游记《晓庄学校的一瞥》,发表在6月22日《长虹周刊》第21期,后又发表在次年3月15日《村治月刊》2卷1期,未收入文集。记录自己与教育家武灵初、小说家鲁彦到晓庄学校去看小朋友曼尼女士、学礼先生并顺便参观学校和燕子矶的情景。该学校给作者留下的印象为:"图书馆里的书报太少,同学们讲话好开玩笑,寝室里被盖不叠起,袜子乱掷在被盖上,农艺室里有两个同学据案写字,农具闲散地躺在地下。"

4月23日　作《〈黑假面人〉》,发表在6月15日《长虹周刊》第20期。评论安特莱夫的作品尤其是《黑假面人》。

4月24日　在"焦山"作《爱的遗失》①,发表在6月8日《长虹周刊》第19期。小说梗概为:"我"与美丽的B相爱,B却与"我"的朋友张五川结婚。一天,张五川写信要"我""常去招呼他的夫人","我"却离开北平到了

---

① 后收入《围城内外》(刘屏、唐达君编,中共中央党校出版社,1997年3月)。

上海。一年后，"我"从上海回到北平，得知 B 已去了大连。"我"来到大连，找到张五川，得知 B 一个月前回南京时感染上流行感冒病死了，于是我到了南京，后又来到焦山。

4 月 24—25 日在"焦山"作《白蛇》，发表在 6 月 8 日《长虹周刊》第 19 期，现收入《小剧场》。该剧共五场，改写白蛇与许仙的故事，剧中的白蛇、许仙多了一个诗人身份，法海一度放过白蛇，也因为白蛇"肚里怀着这一个未来的诗人"。

4 月 26 日　作《写〈白蛇〉的前后》，发表在 8 月 24 日《长虹周刊》第 22 期，未收入文集。交代自己写《白蛇》时请了五个女朋友来做剧本的模特儿（全剧由五场构成，一场一个）："没有她们，我一定不会把我的作品写得逼真，写得淋漓尽致。"并说自己写完《白蛇》时"怅然得很"："第一因为我的创作欲没有满足。第二我问我自己：为什么我不拿日常的生活来做材料写剧本，而又来写这一段传说呢？"并说自己"此后必须多写民众生活"。

5 月 2 日　作《〈克兰丽蒙特〉》，发表在 6 月 15 日《长虹周刊》第 20 期。谈自己看了哥谛（按：戈蒂耶）的《克兰丽蒙特》的感想："这个'爱之宫'里也许什么都有，但只有一件东西却没有，那便是爱。"

5 月 8 日　晨七点多钟到泰安，"因为我这两天很疲倦，初到泰安又须看看市面，所以决定了次日才跑山"。"在旅馆停了片刻，我便到岱庙逛去"。下午走到泰山脚下："登山顶，时候太晚了。不登，又有些觉得空虚。于是我便决定了今天先登那最前面的一个峰。"（《跑泰山》，《长虹周刊》第 20 期）

5 月 8 日、10 日　作《跑泰山》，发表在 6 月 15 日《长虹周刊》第 20 期。

5 月 9 日　先到几家照相馆找风景片，未能如愿，"我知道，这一行，泰山的照片要在我的周刊上缺席了"；次到民众俱乐部，那儿正在开反日大会；后在一个轿夫的带领下登上泰山顶。（《跑泰山》，《长虹周刊》第 20 期）

5 月 10 日　下泰山，此时高长虹身上的旅费已经只剩下 10 多元钱。（《跑泰山》，《长虹周刊》第 20 期）

5 月 13 日　作《〈西哈诺〉》，发表在 6 月 8 日《长虹周刊》第 19 期。高度评价法国戏剧家罗斯丹的著名浪漫主义剧本《西哈诺》："全剧的结构，对话，情节都富有奇特的美。"并高度评价西哈诺这个人："他本身自然就是想象的产物,他是诗歌,音乐,恋爱,武侠四者集合的化身。"

5月14日 作《两个朋友的故事》,发表在6月15日《长虹周刊》第20期。写一个思想家和一个历史学家旅行到济南,住在一家旅馆里,闲来无事讲故事。历史学家说:"你的故事是我的生活。因为我一个月前刚在这里停留过一次。我没有了旅费,我到一家报馆里卖一部稿子,他收下了,但是我后来说到旅费时,他便说,他的最好的办法,是退还我的稿子,我于是又到一家当铺里。我的背心和衬衫换到八角钱,而有两角钱是那位日本老板的神经错乱。因为他同我讲价钱时,他用决定的口气说的是最多六角钱呢。"根据高长虹当时的情况,可推断这是高长虹到济南后的真实情况。言行先生将文中所写事情作为事实写进了《一生落寞,一生辉煌——高长虹评传》(页259)。

5月15日 在"济南"作《女子不能加入行健会?》,发表在6月15日《长虹周刊》第20期。对女子不能加入行健会的做法提出批评。

5月16日 在"济南"作《迎榇宣传车停济南时的写照》,发表在6月8日《长虹周刊》第19期。介绍孙中山灵柩由北平送往南京途中的"迎榇活动"①。

6月1日 给即将生产而又极需钱的柯仲平妻子丁月秋"寄五十元来做生产费"。(高歌:《情书四十万字·归来到我的乐园吧》)

6月3日 在"北平"作《最后几行》,发表在6月8日《长虹周刊》第19期。介绍自己三个月的行程:苏州、镇江、南京、泰安、济南、天津、北平,并说明《长虹周刊》停顿三个月的原因——在路途上印刷和经费都困难,并介绍第19期的

---

① 迎榇活动:1月14日,南京国民政府下令正式成立奉安委员会,以蒋介石为主席委员,孔祥熙为办公室总干事,下设总务、财务、文书、布置、警卫、典礼、招待、交通八个组。后来,考虑到奉安日卫生救护工作也很重要,又增设了一个卫生组。为了扩大宣传,国民党中央常委会决定组织两列迎榇宣传列车,一路北上,一路南下。北上的一路于5月10日从浦口出发,沿途每到一站就停下来进行宣传,张贴标语,播放孙中山先生的演说留声片,分发各种宣传品。在一些大站如徐州、蚌埠、济南、泰安、天津等地还召开迎榇纪念大会,放映有关孙中山革命活动的影片并演出文艺节目。迎榇宣传列车于5月22日到达北京,在北京中山公园社稷坛举行迎榇宣传大会。南下的一路5月25日晚从杭州出发,经上海,于31日上午抵达南京。5月22日举行大殓典礼。国民政府规定,5月26日至6月1日为迎榇奉安期,在这七天内,全国下半旗;全国停止一切宴会、娱乐;凡是国民党员、政府公务员一律左臂缠黑纱,军警刀柄缠黑纱;6月1日为奉安日,全国各地党政军警机关团体一律举行公祭典礼;奉安时(6月1日正午)鸣礼炮101响,全国民众一律停止工作3分钟,静默志哀;全国交通一律停止3分钟,路上行人均须驻足,肃立、静默3分钟致哀。

《长虹周刊》的内容:"这一期的稿子,都是在路上写的,材料比较是多方面的。"

6月8日 在《长虹周刊》第19期发表《真空》,该诗写于"在津浦车上"。

6月10日 高歌给情人利那写信。内云:"C(按:高长虹)来信说北平有大学讲师当,要朋友商议谁去,并且谁去合适"。(高歌:《情书四十万字·归来到我的乐园吧》)

6月15日 在《长虹周刊》第20期发表《科学方法对于政治手腕的革命》。文章认为各种生活中最根本的革命是"科学方法对于政治手腕的革命"。寻找科学方法的途径则是:"第一,是要建设科学,第二,是要行为的科学化。"

6月22日 《长虹周刊》第21期出版。上有一广告:"本刊现在也举行一种运动,叫做突破千卷{预定}运动。这种运动,也可以说是本刊生命上最重要的一次运动。一俟这次运动成功,本刊便像泰山一般坚稳,再不会受经济上的动摇。希望各界朋友同本刊的爱读者热诚赞助。"该广告未收入文集,现以《告读者》为题收入《高长虹全集》第3卷。

6月24日 高歌给情人利那写信。内云:"C(按:高长虹)在北京办起一个日刊①,我们计划抽稿费归出版部哩!"(高歌:《情书四十万字·归来到我的乐园吧》)

6月27日 高歌给情人利那写信。内云:"北平的一家报馆里愿出版一《狂飙运动》作副刊②,月出钱六百元。另外天津还有一个副刊叫《前线上》③也是狂飙的!"(高歌:《情书四十万字·归来到我的乐园吧》)

6月中下旬 到西北旅行了两个礼拜:"整日整夜,看见的是灰土和沙漠,听见的也是灰土和沙漠,乃至想像的,梦见的,也是灰土和沙漠变做人形打吵子。"(《北海漫写》,《长虹周刊》第22期)

6月29日 在"天津"作《演剧运动的现状》,发表在8月24日《长虹周刊》第22期,未收入文集。该文交代了高长虹提倡演剧运动的原因:"第一,就为的是演剧界热闹一些,第二是为给将来崛起的演剧家添一些机会,第三

① 到目前为止尚未发现该日刊。
② 到目前为止尚未发现该副刊。
③ 到目前为止尚未发现该副刊。1930年8月10日,高沐鸿编辑的太原《山西日报》副刊《前线上》发表了高长虹的《普罗列托利亚诗歌之一》,高歌信中的副刊《前线上》或为该副刊?

为了编剧本。"并在文末提出了自己的希望："1. 有真正的艺术家去努力于舞台设备。/2. 有演剧的天分的人去努力于艺术的修养。/3. 这些艺术家们完全以艺术的态度,和谐一致,去努力于演剧运动。/4. 此外一切事实上的困难,都只可认为是暂时的,可想法解除的。不要因一时一事的困难而尽弃全功。"

7月1日　在"北平"作《〈白蛇〉上演的时候》,发表在8月24日《长虹周刊》第22期,未收入文集。认为演白蛇的女演员应该具有"神异的美"："因为你的神异,所以你有时才能变成庸俗,而庸俗中还能保存你的神异";演许仙的男演员则给人"平庸"的感觉："他虽像很平庸,然而他也是富于情感的,只不过他的情感过于人间的,缺少伟大性和悲剧的质素。"

7月初　在中山公园举行座谈会："有女师大有名的马女士参加,当年他和几位北平艺专学画的学生(王XX、徐XX)及北京师范学校的音乐家老XX同志等有联系,似乎想开展文艺宣传,但没有进行什么具体活动。不久,他就到太原,组织演剧活动,只记得他要我在北京买几盘音乐唱片,买得是贝多芬的《月光曲》,后来他说《月光曲》和他演的戏剧内容不太吻合,不知道是什么剧本。"(张恒寿:《回忆长虹》)

7月上旬　回太原5天,山西教育当局委托高长虹办两件事："一,赞助筹办一新文化图书馆;二,举行一次艺术演奏会"。(《从娘子关进去从雁门关出来》,《长虹周刊》第22期)高长虹该次回太原时的情况为："住在柳巷的正太〔大〕饭店里,主要靠给当时的报纸和刊物上写文章挣点稿费来维持生活。我当时正在省政府成立的一个编译室里工作。正由于这种工作上的关系,我便同长虹认识了。在我的印象中,他对待青年很热情。有人说他谈起鲁迅来'没好气',我却从未听他谈过这方面的话。他性情孤僻,说话不多,不爱闲扯,但有问必答,为人直爽,不隐讳自己的观点,他的意见不管对与否都公开地讲,不是一个喊喊喳喳背后议论人的人。……他请我翻译了爱因斯坦五十寿辰作的八句诗,拿了马上去登在他的《长虹周刊》①上。他

---

①　在现存的1—12期、18—22期《长虹周刊》未发现该译诗(13—17期为合刊,刊登高长虹根据雨果的《悲惨世界》改编的剧本《苦人们》)。由此可推知,若冈夫没记错的话,他的译诗应发表在第22期以后,也就是说,《长虹周刊》不只出版22期。

的兴趣很广,有人说他高傲,目空一切,我的印象也不同。我曾问他喜欢谁的作品,他说他喜欢柯仲平的《海夜歌声》、冯至的《蚕马》、韦丛芜的《君山》、田汉的《苏州夜话》、罗西(欧阳山)的小说,陈凝秋(塞克)的表演等等。他还喜欢《佛本行经》、'梁祝'和'白蛇'的故事,对后者他还写了个话剧。"(冈夫:《忆长虹》)"在他住的正大饭店同太原的朋友们座谈了狂飙社的创作和出版计划,并合影留念。当我问及他同鲁迅的论争时,他没有说出有什么政治主张和文艺思想上的原则和重大分歧(实质上怕是有的,只是我当时还不懂),也没有明说或暗示狂飙社的朋友们要共同起来反对鲁迅。"(张磬石:《我与高长虹》)

7月15日 作《北海漫写》①,发表在8月24日《长虹月刊》第22期,未收入文集。认为"北海也有南方的风味":"你一听见声响,便可以想得见那草上的波纹呵!芦草变做美人儿,她们在临波微步呢!"

7月16日 在"北平"作《从娘子关进去从雁门关出来》、《艺术演奏会听琴速写》,发表在8月24日《长虹周刊》第22期,未收入文集。

7月上旬高长虹回太原时,有两位朋友请高长虹演讲,"固然是因为我居留的时间太仓卒,其实是,我也感到说话的困难",所以没有演讲,于是作《从娘子关进去从雁门关出来》。文章认为山西应有大批青年参加政治工作,"山西不但是更需要革命,而且需要是更革命的。"

《艺术演奏会听琴速写》认为古琴声音虽然复杂微妙,但音量太小,"不但不合集团的原理,就同古人'与众乐乐'的主张也显然相背。"

7月17日 作《评〈野蛮恋爱〉》、《跳舞家邓肯语录》,发表在8月24日《长虹周刊》第22期,未收入文集。

由于本来在一起的几个朋友已经走散,临时的朋友又没找到,便独自一人去看电影《野蛮恋爱》。文章叙述了该影片的故事梗概;认为该影片的主角"是一个最像的野蛮女儿":"她的身体强健,举止有力,表情热烈";影片"是最近于艺术的影片":"我从看电影直到如今,同样好的片子,还没有看到过十次。"

---

① 后收入《如梦令:名人笔下的旧京》(姜德明编选,北京出版社,1997年8月),节选收入《走遍中国·北京》(施曙华编著,上海画报出版社,2001年11月)。

《跳舞家邓肯语录》为摘抄的著名表现主义舞蹈家邓肯的"语录"。

7月19日　作《南海的艺术化》①,发表在8月24日《长虹周刊》第22期,未收入文集。该文对北平的四个公园进行了分类并高度赞美南海公园:"先农是下流人物传舍,中山装满了中流人物,北海略近于是绅士的花园,那末,南海! 让我赠你以艺术之都的嘉名吧! 只有南海,她像是一个少女,还没有属于任何一人,她也没有沾染上任何人的习气,她才是自然的女儿。处女的心,洁白的灵魂,未来的天国,艺术家们的乐园呢!"并希望南海公园也像上海的虹口公园一样每周都有音乐会。

7月　第16个集子《草书纪年》(散文诗集)由上海狂飙出版部出版。《分配》、《海滨的世界》②、《形与影》、《模仿的创造》、《四季》③、《恐怖时代》、《愚蠢的智慧》、《凤凰的再生》、《解放之后》、《诗人的梦》未见发表。

9月8日、11月8日　先后在"龙亭"、"中海"作诗歌《给——》,发表在本该在8月24日出版的《长虹周刊》第22期,未收入文集,现作为"集外同题作品"附录于同名集子后面。第1首共2节,分别为7、3行,写女友说"天下没有真情","我"则只有"当我等不见她的时候"才"默认她的话是真的";第2首共9节,分别为4、3、3、4、7、5、4、2、3行,该诗告诉我们,高长虹的情诗不一定与爱情有关:"当我没有一点工作可做的时候,/我便用了情语来精练我的生命。"

8月24日　《长虹周刊》第22期出版。上有一广告:"定阅本刊的诸君:请速将报费赐寄上海宝山路954号狂飙出版部是幸!"该期发表了一篇没标明写作时间的《空想的花》。该文开头有一段话,说这篇文章是一位朋友给他的:"我转录在下面,介绍给实际世界读者。"文章写一个孤独的村庄的人们过着快乐、满足的生活,但两次洪水的到来,毁掉了他们的幸福生活。

---

①　后收入《如梦令:名人笔下的旧京》(姜德明编选,北京出版社,1997年8月)。

②　后收入《新语文读本·小学卷2》(王尚文、曹文轩、方卫平主编,广西教育出版社,2002年1月、2005年1月)。

③　后收入《现代散文诗选》(珞旷编,湖南人民出版社,1982年11月)、《中外散文诗鉴赏大观·中国现、当代卷》(敏岐主编,漓江出版社,1992年4月)、《文章观止》(吴绪彬主编,中国国际广播出版社,1993年1月)、《二十世纪中国散文诗大观·上》(陈容、张品兴编,同心出版社,1998年8月)、《普通话语音与发声》(林鸿编著,浙江大学出版社,2005年9月、2007年7月)。

秋　　与冈夫(王玉堂)等到北京演出独幕剧《火》:"我们同住在王府井大街的东方公寓里,演出地点就在王府井大街南头东拐弯处的一个小剧场里。剧名可惜忘记了,记得剧中人物只有三个:老人、其女及一老仆。我在剧中扮演老人,其女是由一位姓陈的女同志扮演的,另一个记不清了,由陈楚樵为我们化得妆。剧词几乎全部都是老人的独白,剧情也并不复杂,但是演出效果却不错,五十多分钟,观众始终静悄悄得沉浸在一种抒情气氛的朗诵与吟味中。从经济上讲,当然是赔了,不过我们那时还赔得起。"(《忆长虹》)①

11 月　　在北平、天津组织人演出:"十一月三日有所谓'艺术旅行团'者,在平公演长虹的《火》及《当兵去》②。/演后又到天津去,除剧外又添了唱歌……等,似乎近于游艺会的性质了。/据说长虹在北平《民报》的副刊上说过:他的戏剧运动,正像小孩子学步走,有人还要笑骂,实在可笑。/天津公演的结果不知道,据说在北京平安电影院,只是晚六点到八点三个钟头,剧院的赁价就是一百多元,因之当然是赔本。"(刘尚达:《两年来中国话剧运动之进展(二)》,1930 年 1 月 10 日《大公报》副刊《大公戏剧》第 101 期)

关于此次演剧,张恒寿有如此回忆:

> 这一年从太原回北京时,偕来了郭森玉同志(当时为太原女师学生,解放后为北京电力部科长,60 年代病故),郭很有文学才能,平定三泉村人,和甄梦笔(现名甄华,曾任 19 兵团政委,兰州大学副校长,山西大学校长等职)是朋友。当时我和梦笔住在一个公寓,介绍他参加了演剧活动。记得在北平平安电影院,演了一次话剧,演的是他写的一个剧本,女主角演员是北京法大的学生任 XX,男主角即是梦笔,演剧的经费是我在暑假回阳泉时代他向商店捐募的。北京演完后,又赴天津演了一次,这次演剧的经费也是由我给他筹借的。当时以为他这次

---

①　结合高长虹的剧本《火》可以知道,王玉堂的回忆大体正确。有出入的地方有:该剧除老人、女儿、老仆外,还有一个作新闻记者的儿子;剧中老人一口气说了 800 余字,字数占全剧的八分之一强。

②　目前尚未找到高长虹的《当兵去》,1928 年 11 月 26 日《光华周刊》4 卷 3 期发表了董阳方的《当兵去》(落款为:"十七,八,八")。

来京,在文艺活动上可以有些成绩。但自他和鲁迅失和后,社会上对他多有批评,剧本内容也不够充实,所以没有发生大的影响。我和他的友谊虽好,但对他的主观性及个人幻想,也很难给予帮助。

天津演剧结束回到北平后,长虹仍住在王府井大街东华公寓,不知又住了若干时间,因生活无着,交不起房租,于是不辞而别,去了上海。

长虹离北平一段时间后,我才知道他已经走了。后来听梦笔说因他交不起房租,公寓就拿他的书籍作抵押,公寓的人希望长虹的朋友代他交付房租即可将书籍取走。于是我便代他交了房租,取回了书物。其中有英文版《资本论》三册,英文版《歌德诗集》一册,综合英文辞典两册,《资本论》第一册比较旧,可见他还是看过的,可惜他没有在这方面多下功夫。(张恒寿:《回忆长虹》)

在北京期间①,常风等人去拜访过高长虹,高给人留下的印象是:

人是中等身材,面色白净,瘦瘦的显得精干利索,走起路来步伐也是爽健利落的。言谈不多,但很有个性,很有见解。屋子中央的墙上,贴着他和"狂飙演剧队"的合影照片,他坐在正中间,从照片的形象上看,颇有点自命不凡的神气。(张谦:《我所了解的高长虹——几位老同志谈话纪要》)

秋或冬 《长虹周刊》改版:"记得他的《长虹周刊》后来由十六开本改为二十四开本,似又将'长虹'改为'长红'过,文章则不只是他自己的,首篇是张申府的。再后又改为三十二开的油印本,内容则记得有谈张国焘的,谈'铁的纪律'的等等,大概那时他的政治倾向有所变化了。一个时候他说要去探寻金矿(不是比喻),在上海时又要编辑辞典……"(冈夫:《忆长虹》)冈夫的回忆能够得到戈风回忆的部分证实:"1928年'狂飙出版部'停办后,

---

① 常风回忆自己见高长虹的时间是1928年,根据高长虹的行踪和狂飙演剧运动可以推断,时间当在1929年秋。

高长虹负气由沪北上,易名'长红',表示要由'区区诗人'转入实际'行动',即建立'行动学'和创造'新国际语'。"(戈风:《高长虹的著作》)

1930 年① 民国十九年 庚午 三十三岁

2 月 离开中国,狂飙社"就算正式停止了活动。狂飙同人也慢慢地都星散了"(《狂飙的再来》,《街头》第 11 期)。出国前,"没有忘记给自己的妻子一个最后的交待,他给她写了一封信,说自己要出国了,归期无定,让她改嫁他人,同时给她寄了一张二时像片留念。妻当然不可能按他的意愿行事,她不可能再嫁,她守着他们留下来的唯一的一个儿子,苦苦地熬煎着,整整熬了 38 个年头,直到 1962 年去世。那张像片她一直珍藏着,虽然'文革'被人打上红色的'X',但总算为我们留下了高长虹一生唯一的一个面影。"(言行:《高长虹传略》)行前,曾与张稼夫见面:"1930 年他出国日本的时候,曾给我写过一封信,那时我也在上海,接到信就赶紧买了毯子等旅行用品去送他,可是到住处时,他已经走了。"(张谦:《我所了解的高长虹——几位老同志他谈话纪要》)

出国后妻子情况为:"他于出国后,书信也中断了。他之一去不归,给妻子带来难以克服的痛苦。虽不至于没有饭吃,然衣物费用也大成问题。据说曙在七岁的时候,由于年幼无知,竟用剪刀将裤子开了一个口子。她发现后非常生气,竟将孩子打了一顿。但她忽又想起,自己公婆早已去世,丈夫又一去不归,身边只有这一个孩子,哪能这样责备,便将孩子抱在怀中,自己痛哭起来。她的一生,是艰苦的一生。但她坚强刚毅,自尊自信,节衣缩食,躬身力行,决心与孤子相依为命苦度终日。尤其在 1940 年分居以后,经济更趋困难。她是当时高氏家庭中唯一的下地劳动的妇女。不幸于 1960 年身染重病,

---

① 是年 3 月 2 日,中国左翼作家联盟(简称"左联")成立,出席会议有 50 余人,潘汉年代表党在会上讲话,鲁迅作了《对于左翼作家联盟的意见》讲演。大会推举鲁迅、沈端先、钱杏村、田汉、郑伯奇、洪灵菲为常务委员,周全平、蒋光慈 2 人为候补委员。

1962年3月2日与世长辞。"(高曙:《高长虹的家世和青少年时代》)

4月 高歌到安庆一所中学任教,并计划创办杂志《新人类》:"《新人类》到伏中开始办理①。除我们的信托的借款外,其他如白畤,申府,元风等处都有一些补助的。有学生要给我们帮助招股,但我因我们的事业更其着实起见,招股事到有相当时候再着手吧!"(高歌:《情书四十万字·学校生活之一页》)

5月5日 高歌梦见高长虹和其他一些狂飙社成员:"我们做了些什么来,事情多的很,工作多的很;也工作,也还游戏来! 有N(按:柯仲平),有G,有C(按:高长虹),有W(按:丁月秋),再加你和我,我们在一个大厅中,我们每个感情都是急待要暴发的,我们每个的意志都十二分坚决的……在C和N发言之下,我是首先忍耐不住暴发了! 我极端高声的呼喊起来,我们要组织! 我们要纲领! ……我还有呐喊的语言来,但是极度高音就先把我警觉了! 觉来我喉丝丝的痛! 我口干! 我心跳! ……睁开眼睛,房子'墨样'黑的! ——手里刚才握着什么来,身边刚才坐着谁人来……刚才,妹妹呀,你是看见的,刚才我们和C决裂了! ——妹妹,这不是梦呀! 事实也在这样告诉我们!"(高歌:《情书四十万字·学校生活之一页》)

8月10日 在高沐鸿编辑的太原《山西日报》副刊《前线上》发表《普罗列托利亚诗歌之一》,署名"长红"。该诗表达了对农民、工人的同情。诗中的"红君"有可能是"红军"的谐音:"母亲一生战乱,/更落得半世守寡,/遗言嫁猫嫁狗,/只有军官别嫁。//工人猫狗不如,/血泊里边生存! /身上穿仔军衣,/腔里跳仔红心! //原来你就是红君! /请进,请进! /早在候着你来,/这也是亡母遗命!"

是年 作诗一首,其中有这样两句:"最后的战争胎动,一体的人类待生。"(《拿出力量来》,《街头》第3期),未收入文集,现以《□□□□(残句)》为题收入《高长虹全集》第3卷。

△ 给高尔基寄去一篇俄译的诗,但"没有获得回响"。(《高尔基和他的金言》,《街头》第78期)

---

① 收入《学校生活之一页》中的情书到5月11日突然结束,该杂志的下落待查。

1931 年　民国二十年　辛未　三十四岁

3 月 30 日　曾加入狂飙社的袁殊在自己主编的《文艺新闻》第 3 号刊登《狂飙的国际进出——长虹在地球上行动,火力场的火力》。全文为:

> 　　狂飙在过去曾是一个文化战线上的集团,近两年来,似已销声匿迹,从前爱好狂飙的人,时在怀念,记者前于朋辈闲谈中得悉他们近况,亟需笔录记,藉慰悬望狂飙的读者。缘自 1928 年狂飙出版部因经济困难停办后,长虹即北去,留沪者仅仲平、高歌等。不久后,狂飙演剧部亦相继终止,而长虹则去日矣。至 1930 年春,书店中忽出现仲平所著诗集《风火山》,于是乃知仲平、高歌、尚钺等有"火力场"的组合①,但迄今未见有其它出版物。长虹留日已两载,并改"虹"为"红",或即系表示由诗而入行动也。最近长虹的工作是:一、建立行动学,二、由比较语言学进而草创新国际语。一位曾住在武汉八年的意大利人,在意报上称长虹为东方唯一诗人;东京某日国际作家举行谈话会,一俄人朗诵《草书纪年》一篇,某老哲学家跳起狂呼道:"Genius! Genius!"《草书纪年》已译有日、俄、国际语三种文字云。(《关于长虹在国外的资料二则》,《高长虹研究文选》)

4 月 15 日　《书报评论》1 卷 4 期《中外出版消息及其他》登载了高长虹情况:

> 　　狂飙社高长虹自从去国以后,消息久绝。近闻他在日本东京努力

---

　　①　该诗剧完稿于 1929 年 1 月 21 日,此时柯仲平正在参加狂飙演剧运动。从柯仲平 1930 年 5 月 3 日写的《寄给好友们》(《柯仲平文集·诗剧歌剧卷》,云南人民出版社,2002 年)提到的几位友人——周全平、丁月秋、林林、尚莫宇、楼适宜——可以推知,该诗剧的出版与狂飙社已没什么关系。

创作,起草一长至二百万字的长篇小说,现已写成七十多万字了。

5月11日 《文艺新闻》第9号刊登《五元日金一日 长虹在困窘中之苦斗》。全文为:

　　三号本报曾略谈狂飙及长虹的消息。最近长虹又有信致国内友人,道及他的生活,其中说:"……生活,不以为苦。但工作不能跃进……我一向怕听文学家泛滥的言词,因为骨子里是空的。不通讯,也是为避免接受他们虚张的感情。……一时不预备回,行日食五元主义已十日,成绩尚好,但常有绝食之虞。此处有学生三十余人,拟集百金赠我,因个人生活,不愿受助,谢却。但上海凡曾受助,或对我不无未尽,而对我工作有任何协力者,实久已在望。……"①

张磐石在《我与高长虹》中如此回忆高长虹在日本的情况:

　　1931年我由太原返回到东京时,出乎意外的接到朋友转来长虹给我的信,说他已来到东京,要见我。我当即到浅草区一公寓看望了他,这可能是张稼夫同志说的他结束了上海的摊子以后到东京的,那时我看他的精神很好,不仅未有人们传说的他潦倒或颓丧的表现,而且仍然追求进步,孜孜不倦,奋斗不息,衣饰还是西装革履,相当整洁,只是生活很清苦。我问他上海左联的情形时,他说好,他赞成,没有说他为什么没参加。最初,我发现书案上有已经编出的一部分字典,字迹很工整,也有从上野图书馆辞典字典中摘录的零星卡片。还见他桌上有郭任远著的介绍行为主义的书(书名记不得了)。他告我:他经常早饭后即到上野图书馆阅读列宁关于唯物辩证法的著作和苏联文学、苏联革命建设的书,晚上才回寓,女服务员说他有时回来的很晚,有时误了吃饭。我住在大岗山,我们相距甚远,但约有半年时间我们过从甚密,他

---

① 来信未收入文集,现以《致友人)》为题收入《高长虹全集》第3卷。

有时要请我去看苏联电影和讲一些日本左翼文坛的情况,给他译述一些瓦尔加编的"世界经济年报"(当时正是世界经济危机)、苏联五年计划进行情况等。给我影响最深的一次谈话中他说列宁同高尔基在政治上有不少严重的争辩,但在文学上意见很和谐,这对我后来从事文化工作颇有启发。他的生活很困难,据女服务员说他已欠了公寓很多钱,老板知他是位学者,一直未硬逼他清账,就这样他还说,他想同日本左翼文坛的藏原惟人秋田丙崔等接触一下,再到德国去(当时我也不安于日本,已约好随王炳南同志等去德国)研究马克思和社会主义革命。我当时也很穷,生活几乎难以为济。和我同住的好友王大奇君(山西沁县人,学工的)帮了他旅费。

赴欧前,曾告诉冈夫,冈夫曾酬赠他诗一首:"中间的两节忘记了,前后两节是这样的:国际钱行,/震动的一环,/巴黎进工厂,/柏林街头战。……//不能握手山中,/不能送别江干,/何处喝汾酒,/梦到'风火山'。"(冈夫:《忆长虹》)

"九一八事变①发生后,我离开日本到欧洲去时,曾接到那时的一个少年的狂飙之友的信,很恳切的希望狂飙将来还复活,希望将来还能为狂飙努力,服务。我那时给他的回信说,狂飙不复活了"(《狂飙的再来》,《街头》第 11 期)。

11 月　作《在南洋的海上》,发表在 1940 年 5 月 23 日《街头》(《大江日报》副刊,以后不再说明)第 53 期,未收入文集(凡发表在《街头》上的文章均未收入文集,以后不再说明)。

---

①　九一八事变:9 月 18 日晚 10 时 20 分,日南满铁路守备队柳条湖分遣队按照关东军司令部预定计划炸毁南满铁路沈阳北郊柳条湖一段铁轨,制造所谓"柳条湖事件",反诬中国军队破坏铁路,袭击日本守备队。11 时许,日守备队会同第二师团之第十六、二十九、三十联队大举进攻沈阳。驻沈阳北大营王以哲旅奉东北边防军司令部"力持镇静,不准抵抗"之严令,仓皇退走,营地被日军攻占。次日凌晨 3 时,日军第二师团攻入沈阳。6 时 30 分,日关东军宪兵司令二宫率大队日军入城,将政府各机关、银行占领,城内警察全部缴械,沈阳城完全被日军占领。此后,东北各地的中国军队继续执行不抵抗政策,使日军得以迅速占领辽宁、吉林、黑龙江 3 省。九一八事件爆发后,日本与中国之间的矛盾进一步激化,而在日本国内,主战的日本军部地位上升,导致日本走上全面侵华的道路。

1932 年① 民国二十一年 壬申 三十五岁

在柏林的情况为:

长虹还是在一九三二年的春天就到了柏林的。记者慕其名而由友作介方相识:一见面仅感到他带着艺术家与众不同的风味,并且他问我的第一句话是:"有什么著作发表过?"

后来听说他的经济情形很不好,他与恶劣环境奋斗的精神倒是可佩极了。他住在柏林的市中心,一间极狭小的房间内,且自炊于此书斋皆卧室内,即是说那里也是他的厨房了。差不多每天午后都得在普鲁士邦大图书馆内的东方部碰见他在翻阅中文的书籍。有时也在杂志部见他读英文的刊物。有朋友讲他想深入工人群众中去,说要到汉堡的海员队里去。他希望在那些地方得到些珍贵的材料。怕是他的德文程度太差的原故罢,不然为何他的这些计划都未实现。

最巧的是他所需要的最低度的每月生活费的来源了。这是位经营小生意的华侨,后来得到了替一家中国饭店搞广告牌的事,每月还有一定的小收入,他就拿起他的薪俸给长虹了。因为长虹教他读中文和英文,并且这位同胞也能识大义。但是总算是文人窘况时之巧遇了,也可算文人佳

---

① 一·二八淞沪抗战:九一八事变后,日本帝国主义得寸进尺,企图侵占上海作为继续侵略中国的基地。1932 年 1 月 28 日夜间,日本侵略军由租界向闸北一带进攻,驻守上海的 19 路军在全国人民抗日高潮的推动下,奋起抵抗,开始了淞沪抗战。在中国共产党领导下,上海日本工厂工人举行抗日同盟罢工,各界人民组织反日救国会,纷纷参加抗日义勇军、运输队、救护队等,积极支援前线。日军四易主帅,指挥官由海军少将改由海军中将担任,最后以前陆军大臣白川义则陆军大将担任,数度增兵后最后投入兵力超过三个师团七万人,并兼以海空军、战车助战。中国方面,蒋介石于事变发生后复出主理军事,以中央军第八十七、八十八师及税警团、教导团为第五军,由张治中指挥,于 2 月 16 日加入上海作战;之后蒋再调正在江西围剿共军的第十八军陈诚部入浙。中国军队在国民支持下,在江湾一带抵抗日军进攻至 3 月 2 日,由于日军在太仓浏河登陆,形成腹背受敌的局面,于是全面从前线后撤。3 月 3 日,日军占领真如、南翔后宣布停战。5 月 5 日,《中日上海停战及日方撤军协定》由中国代表郭泰祺与日本代表重光葵等在沪签订。

话。(倪墨炎编选:《高长虹在柏林》,《倪墨炎书话》,北京出版社,1998 年)

在德国研究马克思主义期间,曾到瑞士找在那里读大学的阎宗临资助他治病。阎宗临劝高长虹留在瑞士读书,高长虹不同意。(《高长虹生平与著作年谱》)

在 1940 年 4 月 4 日写作的《不说谎话》(《街头》第 6 期)中谈到了自己初到欧洲的两件事:

> 我初到欧洲的时候,一个青年朋友很高兴地告诉我说,罗曼罗兰有一次对他讲,欧洲的报纸没有一家不说谎话的。罗曼罗兰连报纸都不让说假话,他对自己的态度,更是可想而知了。
>
> 以后又遇见一个美国的女作家,她认识很多中国人,谈起来,她说,她以为孙逸仙夫人是最好的人。我问她什么缘故。她说,她相信孙逸仙夫人从来也没有说过一句假话。

1933 年　民国二十二年　癸酉　三十六岁

2 月 1 日　任白涛作《写在卷头》。其中提到高长虹:

> 对于曾经刊载过本书中的某某部分的《民铎杂志》,《新女性》,《椰子集》(《南洋日报》特刊),《野火》(杭州《国民新闻》副刊),《世界》,《晨光》(安庆《民国日报》副刊),以及他们的编者石岑,锡琛,馥泉,从云,长虹,高歌,乃至在排版时特别代我做过一次校正工作的于海诸位友好,谨致谢意。(《有岛武郎论文集》,神州国光社,1933 年)

3 月 30 日　从柏林给张申府回信,以《通讯·民自为战》为题发表在 1933 年 5 月 4 日《大公报》副刊《世界思潮》第 36 期,未收入文集。内云:

得复至快慰！……现日本进袭热河正急①，第二幕当在平津！中国出路，只有民自为战一法，事实也使民众必出此路！反战，即反帝国主义相互间的战事！因此种战争牺牲者总是各国民众！与瓜分中国的战争。而此种战争又必然发生。——且已经发生。阻止战争，是不可能的。使一般民众知道战争的真象，而反对它，而缩短它的期间，而削弱它的力量，而减少它的毒害，而使它不再发生，则不特可能，而且将是必然的事。民自为战，即是最有效的反战。……你之无宁□赞成二次大战与有条件的赞成反战，我想也是如此。二次大战，是人类最后的战争。此战争发生愈早，则战原消除愈快，而人类的和平时代，也愈早实现。你的意见如何，请再拜示！

在德国期间，观看过高尔基的改编作品："他的杰作《母亲》在德国曾被改作为剧本，我看过它的演出之后，情绪上，思想上，觉得很快乐，但没有艺术上的满足。有一次同一个朋友在德国看电影，也是由高尔基的小说改制的影片，很有力量，可是这力量不是行动的力量，却是情绪上的力量。看完后，我的朋友很喜欢，但我只能说：罗曼替克！"（《政治的新生·纪念高尔基》，长虹出版社，1938 年）

1934 年　民国二十三年　甲戌　三十七岁

是年　"在荷兰创办救国会，编印《救国周报》，于对日作战，略有陈

---

① 　热河抗战：2 月 17 日，日本关东军司令官武藤下令进攻热河。18 日，宋子文偕张学良到热河视察，宋向热河守军担保"吾人决不放弃东北，吾人决不放弃热河"；张学良要求大家誓守热河，雪九一八之耻；27 名东北军将领由张学良领衔从承德发出通电呼吁全国一致支援抗敌。23 日，日本驻南京领事上村就日军侵入热河事，向国民政府外交部部长罗文干面递日政府备忘录称："热河省内张学良军及其他反满军队之存在，不但与满洲国主权抵触，且与热河省治安恢复不能两立。"说日军进攻热河系"因张军等留驻热省内，不得已而出此"，其责任"应由中国方面负担"。并威胁说，如果张学良等部武力抵抗，"则难保战局不及于华北方面"。3 月 4 日，热河省政府主席汤玉麟放弃承德西逃。3 月 7 日，监察委员邵鸿基、刘莪青等以汤玉麟弃职潜逃，张学良失地丧师，动摇国本，向监察院提出弹劾。3 月 11 日，张学良通电下野。

述。"(《政治的新生·自序》)

△ 在荷兰作《变戏法歌》,发表在 1940 年 5 月 24 日《街头》第 54 期,未收入文集。说自己的戏法"能使中国变强国"。

1935 年 民国二十四年 乙亥 三十八岁

1 月 28 日 "在巴黎创刊《中国人民报》,对民族总动员,有较具体的意见","一二八时所作之《苦力之歌》数段,曾由安那(按:安娜·西格斯)于集会中朗读"。(《政治的新生·自序》)

2 月 12 日 在巴黎作《途中之歌》,曾作为附录收入《政治的新生》,未收入文集(收入《政治的新生》中的作品均未收入文集,以后不再说明)。在年满 37 岁这一天,高长虹不但想念"鲜血画成了猩红地图"的祖国,而且回顾自己过去并决心更加努力:"上行是,没有,没有,和没有,/下行是,努力,努力,和努力。"下面几行诗能够告诉我们高长虹这段时间在国外的一些情况:"这时便闯进了文化朋友,/一个个追问着争先恐后。/这个问:《中国》完成第几卷?/那个问:《行动学》已长成否?/第三个还没有开言,/展给我爱因斯坦的新著。"诗中的《中国》为高长虹创作的长篇小说,该小说每写完一章,就有人替他译成英、意、德、西班牙文。

春 在巴黎作《集中野营》、《中国》,曾作为附录收入《政治的新生》。《集中野营》"系闻德友 Witvogel(按:维特华格尔)被捕时所作,后以德法译发表。德译出于友人 Anna Seghers(按:安娜·西格斯)之手"(《政治的新生·自序》)。该诗认为"我们的敌人,/不来自边疆":"他戴着礼帽,/从银行的办公室里走出,/指挥着他的穿制服的仆役,/以支票和最后的微笑。"《中国》呼吁正义和牺牲一起"在中国人居住的地方,/巡行了去吧"。

夏 在法兰克福中国学院看到《塞尼察》(Senica)上有一篇文字讲到中国的新哲学:"大意说,中国还没有新哲学,原因是,中国人还没有消化了欧洲的学术上的滋养料。"(《实验的国防科学》,《科学时报》1937 年 4 卷 3 期)

夏秋 "旅行瑞士德国期间,草《行动,科学与艺术》一书,分上下两部。

上部论中国的民族意识形态,下部为国防政策。后译入德文,西友见者,不无重视。惟因种种缘故,除一二篇英,德译文零星发表外,全书终未公布。"(《政治的新生·自序》)

△　在日内瓦、瞿里希、日内瓦作《日内瓦》、《文西》、《来梦湖》,曾作为附录收入《政治的新生》。

是年　"负责旅法救国会工作"(《政治的新生·自序》)。

1936 年①　民国二十五年　丙子　三十九岁

9 月 20 日　加入"全欧华侨抗日救国联合会":"我认识高长虹先生,是1936 年在巴黎,是年 9 月 20 日,全欧华侨和留欧学生共同发起一个'全欧华侨抗日救国联合会'。该会设立宣传部,其成员为胡秋原、朱伯奇、高长虹、熊式一、王礼锡等,我本人亦叨陪末座。就这样,我同他有一度共事之缘。"(程思远:《怀念高长虹先生——贺〈高长虹文集〉出版》,《高长虹研究文选》)②关于王礼锡,高长虹在 1939 年 9 月 8 日作的《读〈去国草〉后感并悼礼锡君》中有如此评价:"礼锡君我常以为他是一个青年外交人才,在国外相谈时很不少。"

是年　在巴黎作《和平阵线》,曾作为附录收入《政治的新生》。战争来临之际,呼吁大家联合起来"建立和平阵线"。

---

①　是年 12 月 12 日,西安事变发生,后得以和平解决。事变的和平解决,推动了国共两党再次合作,团结抗日,中国由此实现了从国内战争到全国抗战的伟大转变。

②　言行先生在《一生落寞,一生辉煌——高长虹评传》有更详细的叙述:"大会主席是法国华侨代表王海镜。王海镜致开幕词后,陶行知、钱俊瑞、陈铭枢等讲了话,旅英东北籍学生代表王宝桓就东北的现状作了报告,来宾'英中人民之友社'的代表杨格夫人、'法中人民之友社'的秘书贡斯堂夫人都致了词。大会决定成立'全欧华侨抗日救国联合会',并选出 39 名执行委员组成委员会作为它的常设机构。大会还决定设立秘书处、宣传部、组织部、财政部、侨务部作为'救联'的办事机构。长虹被安排在宣传部。在宣传部 30 人的名单中,长虹排在第三位,他们是:胡秋原、朱伯奇、高长虹、宁匡烈、吴康、覃泽汉、李鸿一、周希放、陈雨仁、侯锡桢、王子云、周竹安、李嵋、曾竹韶、李去山、徐志海、陈跃云、彭信威、王启圣、秦丰川、王深林、温康兰、熊式一、王礼锡、尹世增、林威让、朱江户、王冷樵、汪守宗、程思远。大会还决定出版'救联'的机关报《联合战线》。大会发表了宣言,并致电蒋介石暨全国同胞,要求立即进行武装抗日。"(页 325—326)

△ 《北平新报》刊载了一篇署名"无可"的文章,题目《高长虹在瑞士》。全文为:

从巴黎友人通讯中,才知道现在瑞士的中国作家高长虹,最近得到了每年一千元的官费。据说他到德国住了几个月后,便跑到巴黎去。他在欧洲每日的生活真可够得上"普罗"的味儿,来到了巴黎,便住在拉丁区,一个"没有火"的小旅馆里。有时花几十生丁买一个面包,就在街上大吃特吃,那样竟也能够过得一天。他还给洋山芋取一个新颖得很漂亮非常的名字,叫做灰色蛋,真是穷开心。他正从事写一部名字叫做《中国》的长篇小说。当他每一章写完之后,就有人替他译成英、意、德、西班牙文。

他对于政治也很热心的干,从巴黎一度特地跑到荷兰去,大约为了想做一点救中国人的运动,而触犯了当地的行政当局,被荷兰政府把他驱逐出境。于是乎重返巴黎,住了没多久,便到瑞士去,靠着每年千元的官费在瑞士总可以马马虎虎的生活,而继续写他的作品了。① (马蹄疾:《高长虹旅欧轶事》,《高长虹研究文选》)

1937 年②　民国二十六年　丁丑　四十岁

2 月 1 日③　在巴黎作《实验的国防科学》,发表在 3 月《科学时报》④4

---

①　该文应该涉及到高长虹 1932 年至 1936 年的部分情况。

②　是年,卢沟桥事变发生,抗日战争全面爆发。

③　根据英语时间表达法可知,《高长虹全集》第 4 卷认为该文写作时间是 1937 年 1 月 2 日有误。

④　《科学时报》:由世界科学社主办,该社是中华民国时期的群众团体,1934 年秋在北京成立,由国民革命军第二中路军总指挥张伯英的军法处长唐嗣尧联合吴藻溪、王良骥等发起。《科学时报》创刊于 1934 年 10 月,16 开月刊,吴藻溪编辑。内容分社论、论述、最近科学界展望、科学史传、科学时事、科学杂纂、日常科学、大众茶话、专著、科学文艺和编辑后记等栏,不一定每月都有。材料大抵取于东京出版的科学、科学画报、科学知识,和英、美、法、德、苏联的专门书报,以介绍新自然科学的理论和实际为主要任务。《科学时报》随同世界科学社迁往重庆,于 1944 年间复刊。

卷 3 期,未收入文集。认为国防科学"才可以,也将要助成中国人民之 Ideology 上的统一","吵得很热闹的新哲学的建立的问题,是应当,也必须,也只能以实验科学的推广,尤其是国防科学的建立来解决"。文中提到自己在《中国新文化的个性》(佚)中约略讲过"为什么中国不需要新哲学,也不能有新哲学产生"的问题;并在文末如此写道:"时代在这样要求,但是,一九三七年,会不会是中国的国防科学年呢,这就要决之于国防科学的讨论者们自身的努力了。如我今年能够回到中国,我将为这个展览会尽一点筹备的责任。"

3 月　在巴黎作《欲归不得,俚歌解闷》,曾作为附录收入《政治的新生》。从此诗可知此时的高长虹非常渴望回到祖国。

1938 年①　民国二十七年　戊寅　四十一岁

1 月 4 日②　作《时代的全面》,发表在次年 1 月 21 日《抗战文艺》③3 卷 5、6 期合刊。诗歌号召大家团结起来,一致对付日本帝国主义。

---

①　武汉保卫战:1938 年 5 月,日本侵略军在攻占徐州、开封、安庆、湖口、九江等地后,以 35 万余兵力,沿长江南北两岸分兵五路西进,并以海军溯江而上配合陆军作战,正式展开以武汉为目标的进攻,企图占领武汉,控制中原腹地,以威逼中国政府投降。国民党军以 100 余万兵力,在武汉外围的皖北、赣北与鄂东等地阻击敌人,前后激战三个月。由于国民党采取片面抗战路线和消极防御的阵地战术,不发动依靠群众,广大官兵虽英勇奋战,予敌以重大打击,但未能制止敌之进攻。10 月下旬,日军迫近大冶、黄陂等地,对武汉三镇形成包围态势。国民党军于 10 月 25 日撤出汉口,26 日撤出武昌、汉阳。武汉保卫战历时四个多月,消耗了日军大量有生力量,使日本胁迫中国投降的目的没有达到。但日军侵入华中,使中国抗战进入了更为艰苦的战略相持阶段。

②　收入《高长虹全集》第 4 卷时落款为"一,四",该落款不完整,发表时的落款为:"三八,一,四"。

③　《抗战文艺》:中华全国文艺界抗敌协会会刊,1938 年 5 月 4 日创刊于汉口。"抗战文艺编辑委员会"编辑,编委会由当时文艺界抗日民族统一战线各方面的代表作家 33 人组成,他们是:王平陵、田汉、安娥、朱自清、朱光潜、成仿吾、老向、老舍、吴组缃、宋云彬、周文、郁达夫、胡风、胡秋原、茅盾、徐炳昶、姚蓬子、冯乃超、夏衍、陈西滢、张天翼、舒群、阳翰笙、叶以群、叶绍钧、适夷、郑伯奇、郑振铎、穆木天、锡金、钟天心、丰子恺、罗荪。该刊的刊期、出版地点、执编人屡有变动:在汉口出版期间为三日刊、周刊,姚蓬子、楼适夷、锡金等执编。武汉沦陷前夕出版的《武汉特刊》,由冯乃超、罗荪、叶以群、戈宝权编辑。1938 年 10 月 8 日,《抗战文艺》迁往重庆继续出版,始为周刊,后改半月刊、月刊。由老舍、蓬子执编,罗荪曾一度参与编辑。1946 年 5 月 4 日出至第 10 卷第 6 期终刊。

3月　在伦敦作《归路》，曾作为附录收入《政治的新生》。认为归路不在海、天、陆而在"民间"。

6月　到达香港："他漫无目的地在街上游荡，累了，就躺在街头，呼呼入睡。这时，有几个人走了过来，其中一个俯身一看，说：'呀，这不是高长虹么？这个山西佬怎么睡在这里？'说这话的是潘汉年。……潘汉年叫醒了高长虹，为他安排了住处。"（董大中：《高长虹在抗战中》，《人物》1998年第2期）

6月21日　作《用可胜之机，别忘匹夫有责》，曾收入《政治的新生》。为了尽量运用可胜之机，认为"必须促成这几个基本的主观条件"："一、民主政治，人才政府；二、确立国防外交政策；三、确立国防经济政策；四、民众的教育，组织和武装，和武装民众之战略上的布置，——'难民'当然也包括在民众之内。"

6月22日　作《需要民主政治和人才政府》，曾收入《政治的新生》。主张同法国、苏联等结成"知己朋友，患难之交"，并强调人才在推进民主化进程中的重要性："人才才是好宝贝，比金子，银子更值钱。"

6月26日　作《从国民参政会做起》，曾收入《政治的新生》。认为"国民参政会，是到民主政治的跳板"，"要达到抗战建国的目的，必须先实现国防民主政治"。

6月26日　作《〈差半车麦秸〉》，曾作为附录收入《政治的新生》。高度评价姚雪垠的《差半车麦秸》："姚先生不但选择了适当的内容，描写的技术也可以说恰到好处。很自然，毫无吃力处，而活跃纸上。我们现在需要的，正是这样作品。"认为文艺的职责是"描写一般人民的生活内容。人民才是民族的真正的代表者。民族文艺是在为人民服务"。

6月28日　在"香港"作《〈全民战争〉》，曾作为附录收入《政治的新

共计出版73期。《武汉特刊》共出4期。另有《文协成立五周年纪念特刊》、《文协成立七周年并庆祝第一届文艺节纪念特刊》各一册。《抗战文艺》是贯穿抗战时期始终的唯一的全国性大型文艺刊物。在动荡不安的环境中和来自经济、政治等方面的严峻压力下，它紧密依靠革命的进步的作家，吸引并团结爱国的拥护抗战的作家，为战时文艺的发展作出了重大贡献。特别在在宣传动员群众坚持抗战、团结、进步等方面起到了很好的作用。

生》。评价德国名将卢登道夫的《全民战争》(董问樵译,商务印书馆 1937年出版),认为卢登道夫的"全民战争"是法西斯主义的侵略战争,真正的全民战争是"革命的战争,为人民而战,人民作战,由人民而指导"。

6 月 29 日　作《参政:做什么?》,曾收入《政治的新生》。认为参政会最切要、最迫切的任务是"改革政治机构,提高行政效率",具体说来即:"参政会要负起开创的责任来,为事找到人,为人找到事,于改革政治机构,提高行政效率的工作中,兼收人力的动员,人才之力学的运用之效。"

6 月 30 日　作《寸土必争,抗战必胜的一个基本条件》,曾收入《政治的新生》。认为"寸土必争"是"保卫武汉,也是最后胜利的一个必需条件";为了保卫武汉,"除军事决策,除政治猛进,除经济定计外,最重要的就是民众之组织与武装,与军队结合而参加实地的战争"。

6 月　茅盾请高长虹撰写纪念鲁迅的文章。详情如下:

　　一九三八年的六月里,我在香港看到茅盾的时候,他说,"鲁迅的三周年纪念快要到了,《文艺阵地》预备出版一期纪念号。我们写的文字太多了,写来写去恐怕还是那么些话。你是深知鲁迅的,你写一点批评鲁迅的文字,也许要客观一些。"我对他说:"批评鲁迅,写一点文字纪念他,这事我时常想做。只因我从前看过他的书只有那么几本,近十年来他出版的书,我几乎和没有看过一样,所以总没有写。现在要从头来看也没有时间,一时也找不到这么些书。"这后一个问题,他立刻替我解决了。他愿意把他收存的鲁迅的著作都借给我看。我的困难,只剩下时间的了,我问他:"可否把这些书带到汉口去呢?"我说时,已经觉到这话很不实际。他也笑着答,带到汉口去很麻烦;在那里也可以找到,我也认为这话说得对,只从他那里拿了几本鲁迅的杂感集翻了翻。因为很快就离开了香港。到汉口后很少时间看文艺的书,也就是从那时以后,鲁迅的著作我还没有翻过一次。(《一点回忆——关于鲁迅和我(一)》,1940 年 8 月 25 日《国民公报·星期增刊》)

7 月 3 日　作《实现国防外交政策,时候还不大晚》,曾收入《政治的新生》。认为中国"应该马上开展反对法西斯主义的国际行动",中国"义不容辞和急不可缓的固有的责任"是"乘势,及时,在外交上促成中苏,中法国防互助关系"。

7月8日 作《以政治的新生纪念七月》,曾收入《政治的新生》。认为"纪念过去,把握现在而开示未来"的最好方法是"政治的新生",即抛开政见广纳人才:"在军事上曾建功立勋的前十九路军将领,在外交上曾有所树立的陈友仁,何以多住在香港? 宋庆龄,何香凝担任些什么工作,如何担任,和应如何如何? 新兴的政治人才如陈绍禹,眼光远大的毛泽东等,为什么总僻处西北? 某些部里何以无工作上的表现,乃至究竟什么些人在某部某部负责? 一般人所时常有的这些感想,也正代表着民意的趋向而在要求事实上的答复。"

7月10日 在香港《中国晚报》发表《纪念高尔基》,曾作为附录收入《政治的新生》。尽管自己不喜欢高尔基作品,但在文章中仍给予了很高评价:"在整个的苏联文学史上,在世界文学史上,没有他,没有他的著作,就像是没有到无产阶级文学的道路,上下就连不起来。除巴尔比塞和罗曼罗兰外,世界的文学家中,没有人可以同他比较。但巴尔比塞之重要特别是在反帝,反战,中国人民之友等实际行动,罗曼罗兰则在一般的文化思想,所以,高尔基是从阶级文学到人类文学的惟一的主脉。"

7月18日 作《保卫武汉及其必需条件》,曾收入《政治的新生》。认为保卫武汉的三个必需条件是:一、"须及时地实现集中全国人才的行政院部,确立各部的国防政策",二、"确定保卫武汉的基本战略",三、"必须立刻动员两湖,安徽江西,晋陕民众,确实武装训练他们能够分配到前方作战和成为有力的补充部队"。

7月23日 作《总动员保卫武汉》,曾收入《政治的新生》。号召"动员武汉的全体民众来保卫武汉":"民众是军事的基本。不宜再迟,赶快动员全体民众,便成政治的,军事的力量,保卫武汉!"

7月29日 作《晋冀察绥四省失陷的原因——如何收复? 如何发动驱逐战?》,曾收入《政治的新生》。认为晋冀察绥四省失陷的主要原因为:"不但国防空虚,政治颓败,而且主要将领竟至缺乏国防常识,政治感觉,大战已在目前,还以为可不发生,以致战事起后,随处现出手忙脚乱之象。甚至有少数将领,连起码的国防道德都没有,所以战略地带,日寇可不战而有,重要城市,就很快入了敌手。晋绥军力,本来不强,然主要将领,爱国有心。谁知连人物分配,都失其当,以致顾此失彼,而又失此。"并为收复这四省提出了如下建议:"如晋绥冀察四省的人民有志气,将领有决心,政府有计划,有给济,陕西宁夏有同情,有远见,全国舆论有声援,政治进展,抓得住力量,这样,四省的收复就不在远,而现在就是最适合的时候。华北战场,以晋绥为界,斩断日寇西进之路,以大军东向,在战略上占优胜地位的山西,发动驱逐战!"

7月30日 作《资财动员》,曾收入《政治的新生》。文章将资财分为非生产的和生产的两种:"非生产的,主要的是地下藏金和外国银行存款。生产的为工业,银行,农业,商业等资产。资财动员,两者并重,而对于前者,尤须付以特别的注意。"并对每一种资财动员提出了自己的看法。

8月1日 作《政治人才》,曾收入《政治的新生》。认为政治人才的四个基本条件是:一、牺牲精神,二、才能和善用自己的才能,三、集体行动的素养,四、责任心。并呼吁"从人民中训练,识拔政治人才"。

8月5日 作《改进政治机构所需要的行政工作分配》,曾收入《政治的新生》。建议成立经济部、重工业及军事工业部、民众组织部、航空和机械化部、财政部、交通部、外交部、内政部、教育部、科学部、艺术部以"改进政治机构所需要之行政工作分配"。

8月6日 为自己即将出版的《政治的新生》作《新生》,曾作为附录收入《政治的新生》。

8月7日 作《如何实现国防外交政策?》,曾收入《政治的新生》。认为中国的国防外交,"只要中国拿出独立民族的态度,远离依赖国联的轨辙,单刀直入,同苏法进行谈判,磋商互助条件,成功的可能,至少也有一半。"

8月8日 作《如何实现国防经济政策?》,曾收入《政治的新生》。认为国防经济建设最重要的是重工业和军事工业的建设,为了建设这两种工业,"首先要解决的是技术问题和资本问题"。

△ 为小册子《政治的新生》写作《自序》。其中说到了《政治的新生》所收文章的发表情况："此小册子正文，从六月写起，到八月初止，大半成于七月（发表于香港，广州，长沙，武汉的几种报纸）。为纪念七月，名之为《政治的新生》。"

8月9日 在《自序》后增加如下文字："附录一，《途中之歌》，录其足资记忆者。附录二，为有关文艺，文化问题的近作零星文字。《集中野营》之歌，系闻德友 Witvogel 被捕时所作，后以德法译发表。德译出于友人 Anna Seghers 之手。一二八时所作之《苦力之歌》数段，曾由安那于集会中朗读者，则未收入。"

△ 作《国防道德》，曾收入《政治的新生》。认为"国防道德就是爱国心和由爱国心而表现的行为"，"从今日起，建筑民族的国防道德，应列入为国防工程中最重要的一种。只有这样做，才能够在最后的呼吸之间获取最后的胜利"。

8月11日 作《民众的教育，组织和武装，和武装民众之战略上的分配》，曾收入《政治的新生》。认为"民军不是征兵，是人民武装"："在现代的战争，征兵已不够用，所以各国都从事于人民的国防教育和组织。中国对日作战，必须教育，组织和武装人民，更是显明易见的事。"

经潘汉年介绍到武汉参加"文协"①后，给在上海三联书店工作的郑效洵写过一张明信片，"上面只有'请速来'②三个字。但由于武汉沦陷，郑老未能赴约"（陈漱渝：《寻找高长虹》），《湖南人文科技学院学报》，2007年第1期）。

9月10日 在《战时文化》③1卷5、6期合刊发表《国防科学》，未收入文集。简单介绍了德国的"国防科学"和英法的"军事学，战争学"情况，认

---

① 1938年3月27日成立于汉口，全名为"中华全国文艺界抗敌协会"（简称"文协"）。会议选出郭沫若、茅盾、冯玉祥等为理事，周恩来为名誉理事，老舍主持日常工作。该协会的成立标志着文艺界抗日民族统一战线最终形成。"文协"在上海、昆明、桂林、广州、香港、延安等地建立了分会。

② 该三字未收入文集，现以《致郑效洵》为题收入《高长虹全集》第4卷。

③ 《战时文化》：1938年5月25日创刊于汉口，半月刊。张申府主编兼发行。张申府，柳湜、王亚南、杜君若等撰稿。旨在"加强抗战建国力量，提高一般文化水准，建设三民主义新文化，展开新启蒙运动"。报道国内新闻界、出版界、文化界动态，评介新出版的书报杂志，探讨战时文化建设理论，1939年1月10日迁重庆。共出版9期，1939年4月停刊。

为它们都具有"侵略性"。认为中国尽管还没有建立起"国防科学",却是"真正作防御战,真正能够建立国防科学的"的最合适条件的国家之一。《孙子》十三篇具有"最完善精切的国防科学","有名的孙膑赛马的故事是中国古代军事出类拔萃地以采用数学方法而制胜的又一例证","可惜这种种,在中国,几乎都失传了"。在列举了 22 种"欧洲新兴的国防科学"后,"约略"讲了以下 10 种"中国所需要和中国人所能为力的"国防科学:国防哲学、国防政治学、国防经济学、战略学、战术学、国防地理学、宣传学、民众组织学、运输、无线电。

9 月 22 日　在汉口作《中国文化的行动成分——从战时文化的发展到国防文化的建立》,发表在次年 1 月 10 日《战时文化》2 卷 1 期,未收入文集。认为"文化的发展是由于行动的分化,在分化的过程中而达到了自己的独立。"中国文化和欧洲文化在"遵循着这种客观的过程"的同时"有各别不同的景象":"例如欧洲的哲学是由宗教分化而来的,中国的哲学则来自古代的传说。欧洲的哲学以求知为目的,中国的哲学则以行动为目的。欧洲的传说的主人翁是神,中国传说的主人翁是人。""中国文化是在悠长的封建时代长成起来的,所以各时期各有其特殊的形态外,一直地在内容上都属于封建文化","无论是封建文化或者平民文化运动,中国文化之以行动为主要内容,文化之行动成分丰富,则是历史上一贯的现象。"在简单介绍了康梁所代表的维新运动、孙中山的知难行易学说、张申府和陈伯达所倡导的新启蒙运动等后,介绍了毛泽东的《论持久战》:"本来前中国红军作战,除政治作用外,特别以战略战术见长,而武装则不但不很精致,有时甚至不很完备。但把前红军作战的战略发挥光大,用之于对日作战,写成一本比较完整,有系统的著作,则自这书始。凡关于对日作战战略上的主要问题,这书里边都有答案,而且十分正确。一年来在华北狂飙突起的游击运动,可以说就是这书在事实上的具体的写照。"

10 月中旬　到达重庆,住在临江门 33 号"文协"会所。到重庆后与沈静的交往情况为:

当从前《狂飙》出版的时候,我看到"长虹"二字,理想他是一个美的诗人,有力量的作家。他写的那部诗《给——》,又何等飘忽,美丽。

自从我和他一见面,这理想完全打破了,他是山西人,身材矮,说话既不好听,面部是扁圆形,黄皮肤,几根稀疏的黄色鼠鬓,半旧的西装,和他的美而有力,如疯如狂的文章迥若两人。

自然,我们不能单论外表,文艺是精神事业,重在内容,我们之于长虹,也当重视他内在的素质。可是,狂飙运动是浪漫主义的,它终不能在现实社会站得住脚,所以狂飙社诸人,如尚钺、沐鸿、高歌、向培良、柯仲平等正也只如天际长虹,没有留下什么根蒂,便星散了。

长虹本姓高,从他的诗《给——》看来,似乎在山西乡间本有老婆,可是他撇下了她走向天涯。

《狂飙》停刊以后,文坛上有八年之久不见"长虹"的名字。他是出国去了,他到德国去,没有带多少钱,他怎样在那里活下去,支持八年,除了他自己,别人不容易知道,他也不告诉别人。

回国以后,他告诉我,仅仅说大部分时间费在图书馆里。他研究的,据说是经济,那这诗人,又使我们奇怪了,因为我们在他脸上,身上,找不出一些儿经济家的意味来,他依然是个文人。

他回国时,中日事变已经起了,他经过意大利,英国,而到香港。在香港曾和孔祥熙的公子令嘉联络,想到西北去开矿。他到了重庆后,重庆的文人,并不怎样重视他。他有不租房子宁住客栈的脾气,独身男人确实是住旅馆来得便当。但开支相当大,经济非常拮据,在各处副刊和刊物上写写稿,总是应付不了。他在渝也曾几次去找孔令嘉,还想计划开矿,可是终没有弄出一个结果来。

他年已过五十,头发大部分斑白,戴银脚白玻璃片眼睛,我的朋友取笑他,说他是"侏儒",又说他已呈现"龙钟老态",坐在椅子上一个身体不自觉的摇幌着,这便是衰老的现象。

他为人是厚道的,给人的印象是一个长者,学者;说得不客气一点,是一个流落不羁的文人。我和他曾在重庆嘉陵江对岸江北的中山林上,绿槐树下,泡茶靠坐着,静静的闲谈,他对文学的见解是不错的,但一种狂飙的力量,在他身上,却连一点气息都找不出来了,一句话:"他

老了！"（沈静：《记长虹》,《高长虹研究文选》）

11月25日　下午出席中华全国文艺界抗敌协会举办的第二次诗歌座谈会："出席者有老舍、蓬子、方殷、厂民、高长虹、鲜鱼羊、程铮、李华飞、袁勃等,讨论抗战诗歌的任务。"（《中华全国文协昨开诗歌座谈会》,11月26日重庆《新华日报》）高长虹的发言为："刚才诸位对于抗战诗歌的意见和批评,说得很多很好。我对于诗的意见,是一般人还不能准确的把捉中心事实来描写,不能具体的来描写。还需要成为更大的运动诗是给大多数人民来看的,民众是民族的动力,抗战最基本的力量。因此,诗即要为他们而写,或为此种动力的表现,形式与内容都要以此作准则。现在诗歌运动很热烈,正是艺术动员的现象。在技巧方面希望大家互相推动,使诗歌发展,同时,可以把时代推动。"（《我们对于抗战诗歌的意见》,《抗战文艺》3卷3期,未收入文集）。

12月1日　作《新中国是一个新天下》,发表在12月17日《抗战文艺》3卷3期。诗歌欢呼中国站起来了："像一个壮年的人,/同侮辱永诀了,/来接受欢迎。"

12月3日　在《抗战文艺》3卷1期发表《展开沦陷区域的文化工作》,署名"虹",未收入文集。主要观点为："沦陷区域里的文化工作的目的在于发动和扩大沦陷区域里的抗战力量,使敌人'平静的'后方成为战场";"在沦陷区域,文化工作的对象除了我们的亲爱的同胞以外,还有敌伪的士兵";"粉碎'王道文化'——是沦陷区域里的文化工作者当前迫切的课题";"一方面是粉碎敌人的'王道文化',一方面还要积极地展开我们的文化工作"。

12月6日　作《国防经济建设和中苏国防互助》,发表在本该在12月1日出版的《中苏文化》①3卷3期。文章就国防经济建设的重要作用、标准、

---

①　《中苏文化》：中苏文化协会主办的综合性刊物,1936年初创刊于南京,1937年11月迁至重庆继续出版,卷期另起,抗战胜利后,《中苏文化》随政府迁回南京继续出版,直至中华人民共和国建立后停刊。《中苏文化》系综合性杂志,长期的负责人是王昆仑、侯外庐。它以介绍苏联情况为主。但其中的文化作品（诗歌、小说、报告文学、散文、翻译文学）、文艺理论文章和文艺研究论文也很多,都是关于抗战文艺运动各方面的总结性文章,极具史料价值。该刊遵循中苏文化协会的宗旨,祝贺苏联在斯大林的领导下所取得的社会主义建设伟大成就,歌颂中苏两国人民之间业已存在的伟大友谊,期待巩固和扩大中苏两国的合作。

需要的力量、中苏国防互助的可能性和可行性发表了自己看法。

12 月 16 日作《空军是胜利的保障》，发表在 1940 年 2 月 1 日《中国的空军》①第 29、30 期合刊，修改后发表在同年 4 月 22 日《街头》第 22 期，未收入文集。高度评价空军在保家卫国中的重要作用："空军是民族先锋，／空军是中国新生，／空军是力量和科学／她将要击溃敌人。"

12 月 20 日　作《戒绝赌博和赌博的心理》，发表在 1941 年 2 月 18 日《蜀道》②（《新蜀报》副刊，以后不再说明）第 362 期。文章认为在抗战建国时期，"必须动员全副的人力来从事于抗战建国的事业"。查禁赌博不是根本办法，根本办法是"把民众都组织起来，每个人都担任一份抗战救国的工作，叫人人都发挥积极的作用。"

该年，高歌已到重庆，但三年多一直未与高长虹联系。其情况为：

> 抗战爆发后，高歌只身到了重庆，隐去高歌旗号，以其字普荪为名，靠自食其力维持生活。抗战期间，他先后在重庆市禁烟稽查处，粮食局和一个鲁姓上海人开的私营"工矿公司"任会计。其时，他同也在这个公司做事的同乡贺郁亭以及在"人寿参茸局"做事的同乡任尔富过从甚密。每个周末，他几乎都到任尔富那里聊天、看报或打麻将。年节更是年年必到，从三十晚上一直盘桓到过了"破五"。此时高歌已 40 多岁，头发已花白，但精神很好，谈笑风生。他一直是单身，就住在工作单位或宿舍里。他总是穿一身干净的料子西装，显得风流潇洒。他中等身材，瘦长脸，留着背头。他脾气极好，与人为善，跟谁都合得来。他不愿提家庭、长虹和狂飙，别人提及他也会拿话岔开。其时长虹曾在重庆呆过三年多，经常在报刊上发表文章，他应该是知道的，但他没有和哥哥联系。（言行:《高歌小传》,《历史的沉重》,百花文

---

①　《中国的空军》:1938 年 2 月 1 日创刊于武汉，国民政府军事委员会航空委员会政治部出版，是我国第一份国家级的空军刊物。《中国空军》初为旬刊，后改为半月刊，由《中国的空军》出版社发行。在武汉共出了 15 期，第 16 期迁到重庆继续发行。

②　《蜀道》:《新蜀报》副刊，1940 年 1 月 1 日创刊，姚蓬子主编。该刊声称:本刊"篇幅不大，不用长文。文章虽好，倘与抗战无关，决不刊登。倘与抗战有关，无论说酒谈梦，均极欢迎。"

艺出版社,1996 年）

1939 年　民国二十八年　己卯　四十二岁

1 月 1 日　在重庆《今天》旬刊①第 16 期发表《参加一个青年集会的感言》,未收入文集。对青年集会时"演讲的都是文化界的朋友,没有一个青年"而感到遗憾,并对青年提出了如下希望:"青年们必须积极地活跃起来,帮助抗战,巩固国防,学习领导。今天到实际行动中来学习,以预备担负明天的领导。"

1 月 12 日　在《青年向导》②第 28 期发表《外交的新阶段》,未收入文集。认为我们现在外交上的重要工作"当然是建立同其他国家间的国防互助关系,同时即推动国联实施对日的经济制裁":国防互助"不但是有原则上的根据,有反侵略的国际组织,而且在事实上,日本对华的侵略战争,无非为实行她的国防计划,把中国领土改成她的国防区域以准备对英美法荷和苏联的大战。所以中国的对日抗战,把它的价值估量得最低,也与英美法荷和苏联有关系联带的国防意义";对日实行经济制裁的"机运"已经成熟:"直接地是由于罗斯福国际政策在美国的抬头,间接地也由于欧洲局势的混乱",为了促使美国对日本实行经济制裁,我们在政治上应展开同情犹太友人的国际宣传,"以与罗斯福取平行的行动"。文章的结尾为:"中国自己必须伸起手来,同我们的朋友握手,世界另一面的另一个好汉,美国的大总统罗斯福!"

---

①　《今天》旬刊:1938 年 4 月 11 日在长沙创刊的综合性刊物。该刊设有国际政治经济特辑、战争之页、通讯、艺术之页、世界与中国、纪念蒋百里先生特辑、中国和日本等栏日。主要撰稿人有吕振羽、翦伯赞、陈和焜、司马谷、黄绍组等。武汉沦陷后,1939 年 1 月迁往重庆出版。1939 年 3 停刊,共出版 21 期。
②　《青年向导》周刊:1938 年 7 月 7 日在重庆创刊,主要撰稿人有陶希圣、张恨水等。刊载政论性文章,设有文化列车、青年信箱等栏目。1940 年 1 月出至 2 卷 7 期后停刊。

1月16日　在《时事类编特辑》①第30期发表《迎击敌人的新攻势》，未收入文集。认为抗日战争进入相持阶段后，应该"布置自己的力量，迎击敌人的新攻势"：一、"必须把兵役运动发展成普遍的民众武装运动，要把西南西北十省筑得坚固像金城铁壁，使敌人秋毫无所犯"；二、"必须发动一个广大的国防经济建设运动，以供应武装行动的需要"；三、"中苏关系必须有进一步的推进，要与苏联结成革命的联盟，确立国防经济的互助关系"；四、"科学家们必须团结起来，再不要分什么门户之见了"；五、"艺术界也必须全体动员，全面动员"；六、"青年团的工作必须成为大家讨论的重要问题"。

2月4日　作《欧局紧张中的中国国际义务》，发表在3月1日《翻译与评论》②第4期，未收入文集。认为欧洲政局日趋混乱、战争危机日趋紧张的主要原因在于："欧洲的民主国家不肯进取，而只退守，不肯以一致的行动制止侵略，而牺牲弱小以求自己的旦夕苟安。结果当然是适得其反。"在欧洲政局又到了周期性危机时，"中国不应当是战争必发论者，也不应当是妥协和平论者，而应当是战争危机必然论者和斗争的和平可能论者。中国不单是应当这样持论，也应当这样实行。中国也能够这样实行，因为中国已有一半在实行这个理论。"并在文末发出呼吁："为和平而奋斗吧！欧洲！你不是孤立的，为和平而奋斗的英雄们都在帮助你了！/奋斗吧，西班牙，中国与你同在！奋斗吧，法国，你明日的西班牙！和英国，你昨日的中国！"

2月11日作《国民大会，民主运动中最重要的关节》，发表在次年5月6日、7日《街头》第36、37期，未收入文集。注明"是预备在一次座谈会里的讲稿"。内云："国民大会的问题，在整个的民主问题中间，应该说是最重要的问题。宪法制得不好，国民大会还可以修正它。要是宪法制得好，国民大会不好，宪法仍然是一纸空文，不能发生政治的功效。国民大会的好坏，是

---

① 《时事类编特辑》：原名《时事类编》，中山文化教育馆发行，1933年8月10日创刊于上海。初为旬刊，后改半月刊。1935年2月迁南京，南京沦陷后迁重庆。1937年9月改本名，期数另起。共出5卷101期。有时论撮要、国际时事漫画、世界论坛、学术论著、科学新闻、人物评传、文艺、文坛消息、新书介绍等栏目。杂志主要内容为翻译的世界各国报刊对当时国际形势、时事的评论、分析。

② 《翻译与评论》：上海杂志公司主办。编委会由吴茂荪、侯外庐等人组成。发行人为重庆支店陈白蘋，通讯处为重庆莲花池正街12号附3号。

从什么来决定呢？首先,是从国民代表成分的好坏来决定的。""国民大会里的代表分子,无论那一业那一界,都不能少,农民不能代表大学教授的意见,大学教授也不能代表农民的意见。这道理是很平等的。要各业各界的同胞们都有代表选举出来,参加国民大会,事实很明白,一定得先有结社集会的自由。"

2月16日　在《新蜀报》①副刊《文锋》发表《论历史剧》,署名"虹",未收入文集。认为:"写历史剧要发掘历史的真实 Truthof History 这句话却是一个有价值的启示",并用包哥廷在十月革命廿周纪念所贡献出来的《带着枪的人》The man with gun 加以说明。文章结尾如此写道:"中国人民在抗战,中国人民在制造历史。在过去的十九个月的艰苦的斗争中,我们有了无数的英雄的历史了,在今后的长期的斗争中,将有更多的更动人的英雄的历史。今日的剧作家们,这些便是你们最好的写作题材,历史剧的宝贵的新题材。"

2月25日　在《抗战文艺》第3卷第11期发表《文艺作品的总检阅》,署名"虹",未收入文集。高度评价抗战20个月以来文艺界取得的丰硕成果:"仅就剧本一部门而言,据说:抗战后所产生的长剧和短剧,总数达五百以上。此外如诗歌、小说、速写、报告等等也都有着惊人的庞大的数量。"同时认为"在今日我们就应该从速地举行一个抗战以来的文艺作品的总检

①　《新蜀报》:1921年2月1日,由四川泸州人、少年中国会员陈愚生在重庆发起创办。陈愚生任社长,刘泗英任总编辑,穆济波、邓少琴等任编辑。其宗旨是宣传新文化。报纸发行数月后,因同情学生抵制日货宣传,触怒当局被查封。未几,张澜推荐沈与白继任社长,经理宋南轩,编辑贺植君、董厚陶,日出四开土纸竖排报纸一张。以后充实内容,改用新闻纸印刷,出版两大张,发行多时达20000份。1922年5月,周钦岳、陈毅从法国勤工俭学归来,受《新蜀报》沈与白聘请,任编辑和主笔。以后又将总编辑一职委周钦岳担任。周办报思想明确,拥护共产党,为争取民族解放而奋斗。他积极整顿,革新版面,充实新闻,深为群众所喜爱。办报初期,报馆有3个主要笔杆子:陈毅、萧楚女、漆南薰。陈毅是周钦岳挚友,一直支持周。萧楚女负责社论和时评,文章很受读者欢迎,《新蜀报》称他为"第一功臣"。1925年春,萧楚女被迫离开后,报社又聘请著名经济学家漆南薰继任主笔。1927年"三·三一"惨案中,漆惨遭杀害,周钦岳被通缉离渝。1935年秋,周钦岳由日返回报社任总经理。他任命杨丙初为总编辑,漆鲁鱼为主笔,萨空了为经理,金满成主编副刊,陈凤兮主编社会服务版,深受群众欢迎。1945年5月,《新蜀报》内部张骏武力劫夺《新蜀报》,周钦岳被迫登报辞职离去。从此该报落人国民党之手,成为官办报纸。解放后由重庆军管会接管。其副刊《蜀道》、《十日国际》、《七天文艺》、《文锋》等副刊,多由文化界进步人士主持。

阅"："严格地作一次检查工作,对于某些不健康的作品,如可能治疗的则加以治疗,否则就得加以排斥。"

3月4日 作《献金》,发表在3月19日《新蜀报》副刊《文锋》。诗歌呼吁人们尽其所能贡献自己的力量:"富人献金和献钱,/穷人献的血和汗,/叫花子献的是廉耻,/诗人逆耳献忠言。"

3月5日 作《诗是苦力》,发表在《新蜀报》副刊《文锋》,署名"虹",未收入文集。认为诗歌应该描写战士:"凯旋歌过尘起,/战士卸却军装,/光荣归于苦力。"

3月8日 作《几句话》,发表在8月22《新蜀报》,未收入文集。由长短不等的8则短文组成。

3月9日 在《国民公报》①副刊《文群》发表论文《艺术与民主》。呼吁文艺工作者为民主而斗争:"艺术作家不但须参与抗战的斗争,而且必须参与民主的斗争,和根本改善民生的斗争。这个三位一体的斗争就是行动的枢纽,时代进行所循的轨道。艺术作家们应是新的民主政治的动力的构成分子,所完成的作品也应是新的民主政治的动力的构成分子,为实现新的民主政治而付出所有的力量。"

3月13日 作《艺术的三个原则》,发表在4月2日《新蜀报》副刊《文锋》,未收入文集。文章认为"艺术是一种行动",艺术行动的运动法则是"行动——艺术——行动"。

---

① 《国民公报》:是四川发刊较早的一家民营报纸。1912年4月22日在成都出版,于1935年5月15日停刊,共出版7925号。1936年8月1日在重庆复刊,刊期续前计算,至1950年2月26日自动停刊,共出版12721号。这家报纸开始由李澄波、康心之等6人集资筹办,原为《大汉国民报》。1912年3月11日,成都大汉军政府与重庆蜀军政府合并,全川统一,报纸改名为《中华国民报》,4月22日,又与《四川公报》合并,择其"国民"和"公报"4字,取名《国民公报》。社长汪象荪,编辑陈少松、沈峰,经理谢翼谋、向竹贤,发行人谢翼谋。报纸在五四前后,曾登过介绍马克思主义和布尔什维克主义的文章。《国民公报》还有一个名义上的董事会,董事于右任、张群、邵力子、李伯申、曾通一、康心如、康心之7人。创刊第一任总编辑为张季鸾推荐的《大公报》驻川特派员杜协民。由于报纸系金融界集资所办,故内容偏重金融和经济新闻,每日辟有"经济版",发表市场行政及经济动态及有关评论。1944年后,不少中共地下党员和进步人士,先后进入报社主持笔政,报纸有了鲜明的政治态度,逐步由中间立场走向进步立场。报纸销路逐渐上升,最高达到日发万份,报社也由亏转盈。1949年11月30日重庆解放后继续出版。1950年初,编辑部成员联名上书重庆军管会申请接收,资方也提出捐献。2月16日自动停刊。曾辟有《战火》、《文群》、《星期周刊》等副刊。

3月15日　在《新蜀报》副刊《文锋》发表诗歌《摆酒宴送壮丁》。为欢送壮丁摆酒宴："如把盘中物都换成枪弹,／如叫座上客都背起枪杆,／酒宴好留着欢送壮丁,／欢送壮丁时好摆酒宴。"

△　作《火焰》,发表在3月30日《新蜀报》副刊《文锋》。诗歌认为树木变成的煤比铁石"多一点火焰",诗人的心"比煤炭易燃"。

4月7日　作《田野》,发表在4月16日《新蜀报》副刊《文锋》,未收入文集。批评了田地空着农民却不能耕种的现实,呼吁"耕者应有地土,／田野应还农夫"。

4月15日　作《农民和婴孩》,发表在4月21日《新蜀报》副刊《文锋》,未收入文集。诗歌希望农民"从我的诗中醒来,／来把时代创造。"

4月26日　作《建立西北国防经济》,发表在次年4月26日《街头》第26期,未收入文集。就甘肃、陕西、宁夏等地的国防经济建设发表自己的意见。

5月4日　在《新蜀报》副刊《文锋》发表《中国文化在苏联》,未收入文集。认为5月份在莫斯科举行的中国抗战艺术展览会意义"十分重大",并且认为"中苏文化的进一步结合就是给中苏革命的进一步的结合开一条先路"。

6月28日　作《纪念西班牙》,以《诗二首》为题发表在次年4月19日《街头》第19期(另一首为1940年4月18日作的《号召》),未收入文集。认为西班牙虽然战败了,但"不愧英雄强豪",中国应向西班牙学习。

8月13日　在《新蜀报》副刊《文锋》发表《驶机者》,未收入文集。诗歌认为"谁若不做驶机者,／不知步行时安全。"

8月14日　作《七月危机》,发表在8月27日《国民公报·星期增刊》,未收入文集。"七月危机"指该年7月英国同日本在东京谈判时英国承认日本占领中国事①。在这种情况下,文章认为我们的外交原则应该是:"以表现革命民族的精神,坚持独立国家的立场为中心工作"。为此必须完成

———————————

①　7月24日,英日东京谈判达成初步协议,签订《有田—克莱琪协定》,要点是英政府完全承认日本在中国造成的"实际局势";"英国知悉在华日军为保障其自身安全维持其占领区内公安目的,应有特殊之需要。同时知悉凡有阻止日军或有利于日军之敌人之行动与因素,日军均不得不予以制止或消灭之。"表示决不干涉日军在中国的侵略行为。

三件工作:"第一是巩固内部的团结","第二是养成反攻的力量","第三是提高国际的警觉"。为完成这三件工作,必须进行"政治改革"。提出了十六项政策:"一、肃清汉奸","二、消灭贪污","三、戒绝烟赌","四、流通资金","五、建设国防工业,国防经济","六、建立近代化国防军","七、改善民生","八、以建设代赈济","九、完成西北西南干线铁路","十、实现国防经济互助的外交政策","十一、普及国防民主教育","十二、推广科学化运动","十三、保障艺术作家的生活","十四、修明法律,以工代刑","十五、举行人口调查,奠定民治基础","十六、巩固民族团结,蒙古新疆出兵参战"。

8月15日　在《新蜀报》副刊《文锋》发表《民主阵线发展的阶段》,未收入文集。认为民主阵线、反侵略阵线、和平阵线是"一个阵线有三个发展的阶段",中国可以从这三个阵线中得到不同的帮助:"我们的〔从〕民主阵线可以获得较多较好的军火帮助,从反侵略阵线可以获得军火制造的帮助,从和平阵线可以获得一个自由幸福的新中国。"

8月22日　在《新蜀报》副刊《文锋》发表《艺术行动》,未收入文集。认为要正确认识艺术,"必须从行动学的观点出发,知道艺术是一种行动。"

9月2日　作《欧洲混战和亚洲的曙光》,发表在10月1日《国民公报·星期增刊》。指出在欧洲混战的情况下,"中国不仅是具有反侵略的力量,而且还要是和平的曙光。在欧洲混战的现在,中国决定了民主政治的提前实现,中国前进了。"中国应该在坚持独立自主的基础上,联合世界上一切爱好和平的人与日本侵略者作战,尤其是要联合苏联与美国:"在政治上我们同苏联更接近,在经济上,我们同美国更关切。"

9月8日　作《读〈去国草〉后感并悼礼锡君》,发表在9月27日《大公报》①,未收入文集,曾作为佚文收入《高长虹研究文选》。文章对王礼锡的

①　《大公报》:1902年6月17日创刊于天津法租界,创办人英敛之。该报是目前仍在出版的历史最悠久的报纸之一。抗日战争期间,曾设有天津、上海、汉口、桂林、重庆、香港版。与《申报》、《新闻报》等大报相比较,它的政治色彩较为浓厚。上世纪二十年代以后,《大公报》主要由吴鼎昌、张季鸾、胡政之经营,而主要由吴鼎昌投资。《大公报》曾标榜"超党派"、"为新闻而新闻",以民间报纸的姿态出现,事实上《大公报》在历次政治事件中都有明显的观点和态度。《大公报》的"政论"闻名报界,其"社评"是研究中国近代政治发展的重要史料。

早逝表示哀悼,并对他的古诗给予高度评价,认为"有新内容的古体诗,其价值在流行的大鼓之上。"

9月26日 作《艺术为什么可代替宗教》,发表在次年3月10、17日《国民公报·星期增刊》。分析艺术可以代替宗教的原因:"在宗教中的信仰有两种情绪是最主要的情绪,一种是崇高的情绪,一种是恐怖的情绪……凡是好的艺术作品,其中一定有情绪的一面,实际上起着代替宗教的作用,而宗教也越变得形式化,对社会也越无足轻重,或为维持其存在而转到别的方面去。如教育,慈善事业乃至经营企业等。"并希望艺术发展、壮盛以"完成代替宗教的历史使命"。

10月7日 作《抗战文艺和它的发展条件》,发表在次年1月23日《蜀道》第23期。认为抗战文艺应当写得"确有内容",这样才能"叫人能喜能怒能哀能乐,能感动而影响及日常的行动"。为了达到这一目的,应当具备以下条件:"第一,必须提高文艺作品的报酬标准到作者能赖以继续其创作工作;第二,必须给作者较多的写作自由,叫他以作品反映现实而不至与现实冲突;第三,必须给作者以生活自由,叫他自愿地去经验生活,从生活中吸取养料以滋养他的艺术创作。"

10月24日 作《诗和小说》,发表在11月12日、19日《国民公报·星期增刊》。认为诗和小说的区别在于:"诗的性格是热情的,小说则比较是经验的。诗的杰作多数是罗曼的,小说的杰作,多数是写实的"。正因为如此,诗和小说应互补:"小说里应注入热情,诗也应引用写实的作风。"并且,诗人和小说家应精诚团结,"为民主树先声,垂模范"。

11月2日作《负债》,发表在次年5月29日《街头》第59期,未收入文集。写自己到一小饭店吃饭,发现东西很脏。

11月4日 作《把你的武器拿起来》,发表在次年1月14日《蜀道》第14期。诗歌呼吁人们为民主时代的到来"准备好你的武器":"传播真理,/扼死沉默,/你我创造宪法,/宪法将保卫你我!"

12月25日 作《树起国防艺术的旗帜》,发表在次年1月7日《蜀道》第7期。在抗战时期,为了团结人民,打击敌人,应当树起曾经树起过的"国防艺术的旗帜"。国防艺术的内容,"不但要摈绝一切与抗战无关的,一切都归于抗战,而且要为抗战保证胜利,要提高人民对世界环境的警觉,要创造新中国的象征。战绩的描写,英勇的故事,仍很重要,但一样重要的,还有民众的组织,新军的建立,国防经济的建设,以及其他。尤其是'宪政'政治,是现阶段中最重要的国防内容,也是最重要的国防艺术的内容。国防艺术要为全民造成总反攻的精神条件。"

1940 年　民国二十九年　庚辰　四十三岁

1 月 8 日　在《蜀道》第 8 期发表《五月五日》。诗歌描写战火中的重庆:"路像猿猴脱甲,/路旁余烬未歇",但就是在这一篇狼藉的废墟上,高长虹从来往救护的青年身上看见"新中国在生长"。

1 月 11 日　在《蜀道》第 11 期发表《不做奴隶》。认为抗战的目的是"不做奴隶",为了取得抗战胜利,"大家就应当有真认识,真觉悟,真正相亲如兄弟。"只有对那些甘愿做奴隶的人,"才可以歧视,甚至视之如敌人"。

1 月 13 日　作《胜利的艺术——抗战上加民主》,发表在 1 月 19 日《蜀道》第 19 期。认为抗战已进入第二个阶段,即"民主的阶段","艺术作品的中心内容,应当是民主的和为民主的,形式应当是真正大众的。"

1 月 16 日　作《老百姓需要政权》,发表在 1 月 21 日《蜀道》第 21 期。强调抗日政权的重要性:"没有这个东西的时候,老百姓们是绵羊。有了它,他们是狮子。"

1 月 27 日　夜 7 时半,与姚蓬子、王平陵、老舍、胡风等 26 人一道在汇利饭店参加《蜀道》就"如何保障作家战时生活"为题召开的座谈会并发言:"凡是有稿费的杂志,应该顾及作家的生活,提高他的稿费,这个原则是不成问题的。没有稿费的杂志只能算是例外。"(1 月 31 日《蜀道》第 31 期)

1 月 28 日　作《文艺生长着》,发表在 2 月 4 日《蜀道》第 35 期。认为从 1939 年 5 月起,"文艺就像是到沙漠里旅行了一趟,现在又回到大陆,看见了绿草,树木,人烟。"但还不够,还要叫文艺更快地生长起来:"理论批评建立了,作品的内容普遍了,现实化了,出版的条件改善了,文艺由长成而到壮盛,作家以作家主体的人民天职,以作品推动团结,促进进步,象征胜利。"

1月29日 在《蜀道》第29期发表杂文《一点回忆》。回忆自己十多年前与一个朋友的谈话:"二次欧战的发生对于中国解放是一个有利的条件",认为现在欧战爆发了,"对于我们的解放事业,这是一个有利的条件"。

1月30日 作《作家自己的精神食粮》,发表在2月11日《蜀道》第41期。为了作家写出更好的作品,应当增加稿费以便购买书籍:"作家自己的精神食粮的多少好坏,是要影响到自己为大众所创造精神食粮的。"

2月4日 作《我只拿起了镰刀和锄》,发表在4月5日《街头》第5期,未收入文集。说自己"不愿再写诗书,/我只拿起了镰刀与锄"。

2月12日 作《红星诗:给少年们》,发表在2月14日《蜀道》第44期。诗歌希望少年们继续前进,现在还不是休息的时候:"要把苦难打败,/那失却的快乐/将二次回来。"

2月17日 在《蜀道》第47期发表《诗和韵》。文章认为"音节就是一句中字与字间的节奏","韵就是一首或一段诗中句与句间的节奏",诗的形式和内容都有音节:"没有音节的形式,不能表达有音节的内容;没有音节的内容,也不能形成有音节的形式。"

2月22日 作《火焰车》,发表在2月25日《蜀道》第55期。诗歌描绘了人们齐心协力推动火焰车的场景。

3月2日 作《论中国诗》,发表在3月22日《蜀道》第78期。评价艾青的诗集《他死在第二次》:"抒情诗在这里,不但未绞杀,反而壮大起来,向前发展了",认为《吹号者》是"本集中最好的诗",而《他死在第二次》中的人"是理想中的人,不是行动中的人","再加上无韵,用语欠中国化,欠大众化",所以艾青还需继续努力:"前面还有大广场,诗人还得和他的广场赛跑。"

3月4日 在《蜀道》第63期发表《春天的歌》。诗歌欢呼祖国春天的到来:"今年的春鸣民主,/来年的春鸣胜利。/自然以鸟鸣春,/我们以春鸣岁。/便先掷出这歌声,/把敌人的胆量打碎。"

3月7日 作《保障作家生活运动要再接再厉》,发表在3月11日《蜀道》第68期。重申在《七月危机》（1939年8月27日《国民公报·星期增刊》）中提出的"保障艺术作家的生活"的观点。方法为："先获得作家们的民主权利，再用宪法加以保证，使所获得的权利巩固，不受任何的侵害。"

△ 作《什么是诗》，发表在3月20日《蜀道》第76期。认为诗的条件是："分行写，押韵，有音节，有诗意。"内容比形式重要，但也不能因此忽视形式："内容好的无韵诗，散文诗，比徒具形式的有韵诗当然好，就像孙膑比庞涓好是一样。可是孙膑如可能的话，他是会治愈他的脚疾的。"

3月10日　作《纪念中山先生》，发表在3月12日《蜀道》第69期。高度评价孙中山的三民主义是"行动的科学"，遗憾的是这一理想未变成现实。为保证三民主义理想的实现，"行动的科学"必须具备三个条件："它必须是革命的，必须是中国的，必须是自然科学的"。

3月11日　夜作《新星》，发表在3月31日《蜀道》第84期。高度评价曾克的作品《沁河之流》、《矿山》、《奔》，说她的作品是"沙漠中的绿洲"。并在结尾如此写道："我只指优点，对于一个少年作家，不算过火。太阳的脸也可有黑点，在夜间时，我褒奖新星的光明。"该文发表后不久，高长红便带着发表《新星》的报纸到化龙桥"私立重庆复旦中学"来找曾克。经过为：

　　当传达室的校工把简单的会客条递给我，高长虹的大名一映进我的眼帘，我有些儿惊呆了，几乎有点儿不相信自己的眼睛。我一时真不知道该怎么办？战时的私立中学，没有什么教师接待室。我住的女教师宿舍，是和女同学同在一幢楼上，不便把男客人带进去。我镇定了一下，先向校工嘱托：请招呼客人在传达室稍候，我很快去见他老人家。后三个字我说得特别重。

　　…………

　　传达室门口，熙熙攘攘挤着一些人。有取书报信件的老师、同学，也有来访的客人。这天的雾特别重，到午后还没有消散。人和人对面才能看清面孔。我从未见过长虹先生，只好挤进人堆，边挤边问："哪位是高老师？"

　　连问了几声无人答应，我径直穿过人堆走向传达室。只见传达室里空无一人,也没有看到通知我的那个工友,我又转向人堆问:"请问哪位是高老师?"

仍然没听到回声。我正无所适从想返回宿舍时,却突然有一个低矮身材的老者,从人堆外站到我面前。这人穿着十分朴素,不是着意蓄留胡须,但,面颊上却显出没修整的胡髭。一件已半旧的深蓝色粗呢短大衣和一双经过修补的皮鞋,增添了他相貌的苍老。

他仍然没有开口,却老相识一样坦然地递给我一张折着的报纸。我打开一看,在刊登《新星》的报头上,用毛笔写了几个醒目的字:"我约你谈一谈,如允,就出去走走。"

他的有点神秘的行动,惹得人们好奇的注视。……

我特别坦然地、彬彬有礼地和他一同走出校门。

他带着我朝市内方向走,仍然一句话也没有说,像闹意见的俩父女。就这样他前我后花了快两个钟头的时间,徒步走到上清寺。他径直把我带进一家小旅馆,原来这就是他栖身之地。这是一间只有五六平方米的一楼角落的房子,屋门没有上锁,推门就可进去。房间阴暗漆黑,又发出霉味。后墙上一个不大的窗子,被背墙完全挡实,日间又停电。他点燃了一支蜡烛,看来这是他常使用的照明器。这时我才看清整个屋子:一张三屉桌,一张铺着草席的硬板单人床,被子还没有叠起。我一路上心里的忐忑不安,一下子变成了辛酸不解!? 出于对这位老作家的各方面的不了解,仅有从作品上体现到的尊敬,我不敢流露出怜悯。

停了一会儿,他让我坐在桌前的椅子上,冲了两杯热茶,自己也坐下来对我说了第一句话:"请喝茶,这是特级龙井,对客人的最好招待。"浓重的山西口音,听起来很亲切。

我一面说谢谢,一面打开杯盖品了两口,空气马上变了。他向我介绍自己从事文学创作的道路,特别强调说:"我是文艺的殉道士,这文艺是为大众、为人生、为真理的。"他询问了我的身世。当他听到六年前我不但看到过他主编的《狂飙》、《莽原》等革命文学刊物,而且是他的亲密战友"狂飙"老将柯仲平的学生时,他用拳头敲击着自己的已出现少许谢顶的头自责地说："看看,你又错了！六年前播下的种子,当然该收获了,怎么还称是少年呢?"他从自语转向了我："请你不要在意,我完全以为你是刚刚步入文坛呢。"

"从写作上我确确实实还是少年学步,我真心感谢你对我的鼓励和期望。"

他的谈话兴趣一下子转到了对老战友柯仲平的身上。他如同发现新大陆一样,要我把所了解的柯老师 1930 年被捕入狱、1934 年出狱后这一段也是他最关怀的情况,对他讲述。

…………

两三个小时,全在谈柯老师的坎坷经历中过去。他刚刚转了话题,鼓励我继续到抗日前线去。

我感觉天已很晚,要告辞回校。他送我走出小旅社,并径直带我走进一家临街的、他好像十分熟悉的大众饭馆,化三角钱买了两份猫儿头的盖浇饭,解决了晚饭问题。

天黑了,我需要按时回校执行女管理员的任务,婉谢了他要送我回校的盛情,在两路口上了公共汽车。握别时,他又从口袋里掏出一张报纸给我。回到宿舍我才打开来,上面写着一行字,要我抽空看看《蜀道》创刊以来他发表的文章,还要听我的意见。(曾克:《长虹永灿》,《新文学史料》,1991 年第 3 期)

3 月 15 日　作《纯真的焰苗》,发表在 3 月 26 日《蜀道》第 80 期。诗中作者"把火把点燃","照出红色的道路",要"为时代的歌音,／铸造诗形"。

3 月 19 日　作《论小说大众化》,发表在次年 1 月 6 日《蜀道》第 326 期,后又发表在 1943 年 1 月 15 日重庆《今文月刊》①2 卷 1 期。认为小说必须具备三个条件:一、"必须写人",二、"写人必须写行动",三、"必须写时代

---

①　《今文月刊》:综合刊物,1942 年 10 月创刊于重庆。主编颜悉达、汪应文、陈叔渠,发行人王君一,发行所文信书局。32 开,土纸本。每期 55 页。内容以时政、文学、艺术、学术等方面文章为主。

的行动"。小说大众化的条件是：一、"尽量采用大众的口语来丰富小说的用语"，二、"描写大众的行动，如不能说必须，最少也得说，最好是用大众的语言"。小说是否大众化，"不在乎你写的是什么，只看你是为谁们写的。如是为大众写的，便是写特殊人物，仍然是大众的。如不是为大众写的，便写的是大众，也不是大众的。"

3月20日作《增进中美关系》，发表在4月15、16日《街头》第15、16期，未收入文集。从中国向美国借款成功①谈到中美关系，认为中美关系"应当看做是太平洋东西两岸一个民族的结合问题，是中美两国人民携手共进以恢复远东和平，世界和平的问题"。认为美国的人民"必须挺身而起，帮助中国的反侵略战争，停止对日本侵略战的供应，要求政府对日本禁运军火，并实行经济制裁，先恢复了远东的和平，欧洲的和平才有恢复的可能。世界有了和平，美国才有和平。"

3月21日　作《悼蔡孑民先生》，发表在3月24日《新蜀报》蔡孑民纪念刊。认为蔡元培的死，"给与中国新文化的损失，是比过去那一个文化先进的死所给与的，要更为浩大。"蔡元培虽然死了，但"他的行动不死"，"以美育代宗教"的理论不死。我们"追悼蔡先生，要纪念他的行动，要光大他的学说"。

3月24　作《国防和文艺：民主抗战》，发表在4月30日《蜀道》第109期。认为国防有三种主要内容："第一是抗战；第二是民主；第三是制胜"。现在，"时代的新内容已经生长起来了，这就是民主"，所以作家最大的任务是"写政治，写民主"。

3月25日　夜作《组织大众通讯》，发表在4月3日《蜀道》第87期。提倡"组织大众通讯"，认为其好处有："一，可增加描写兵士和大众生活的作品；二，可养成兵士和大众的作家；三，可收集兵士和大众的语言。"文中还提到自己与一个兵士的交往过程：

---

① 3月8日，美国进出口银行宣布，该行董事会已批准对中国政府贷款2000万美元。同日，美国总统罗斯福向报界发表谈话，称美国医药援华委员会已收得捐款55万美元，将悉数购买药品捐助中国。9日，蒋介石致电罗斯福，对美援华表示衷心感谢。

有一次,在一个地方,我曾接到一个兵士的信,还附有一首相当长的诗。信里说明他的生活经历。他提出个问题来是:没有到过外国,能不能够学诗呢? 附的那首诗,也仿佛是信。我照他信上的地址找到他时,他高兴得什么似的。我立刻邀请他到我的寓所谈话。

现在我只记得,这个青年只有十八九岁,仿佛是高小毕业,在军队里已经是一个很小的官。他的诗写得不很好,可是性情很好,可以看出来是爱好文艺的。我离开那地方以后,还接到过他的几次来信。可是,很可惜,我以后把这种通信就中断了。这次算我交代了我近十年多来对于文艺的最后一次的薄待。

3月29日　夜作《发刊词》,发表在4月1日《街头》第1期,未收入文集。交代了取名《街头》的原因:"名义定了用《街头》,老百姓们还是社会的真正的柱石,《街头》首先应该是给他们看的";交代了《街头》的主要内容:"《街头》的内容,应当有一点文艺,也有一点科学,一点政治的社会的意见和批评,和文化界的消息。数字以大众化为标准";交代了自己在其中的作用:"幸而梅林先生答应了给我帮忙,因此,我除了负阅稿和撰稿的责任以外,一切编辑事务,就都请他来担任了"。《街头》是高长虹主编的《大江日报》副刊,4月1日创刊,目前见最后一期为6月28日的第88期。

4月1日　作《科学和艺术的通路》,发表在4月2日《街头》第2期,未收入文集。以歌德和达芬奇为例,说明艺术家也可以是科学家,并在末尾得出这样结论:"苏联新作家阿莱克斯托尔斯泰加入科学所的事,也就没有什么奇怪的必要了。"

4月3日　在《街头》第3期发表《论战时宪法》,未收入文集。对战时公布宪法发表自己的看法。认为该宪法的"首要任务"是:"要能保障胜利,能切合人民的要求,奠定政治的基础。"

△　夜作《拿出力量来》,发表在次日《街头》第4期,未收入文集。认为政治是决定胜利的"首要条件","要想如期摘取成熟的果子,还须认真地来改革政治":"消灭官僚政治,实现民主政治! 消灭'人事'政治,实现科学政治!"

4月4日 作《不说谎话》,发表在4月6日《街头》第6期,未收入文集。提倡"不说谎话":"政治在现在,是一种科学,也是一种艺术。现在做政治的人也得这样:想的什么,就是说的什么,也就是写的什么。"

△ 夜作《还得爱自由》,发表在次日《街头》第5期,未收入文集。认为掉了一元钱的苦力哭泣的原因是"失掉了他的劳动"。

4月5日 夜作《几句话》,发表在4月8日《街头》第8期,未收入文集。由四则短文组成。

4月6日 夜作《抗战美术还得提倡》,发表在4月7日《街头》第7期,未收入文集。批评中国文艺社等三团体筹办的劳军美术展览会上展出的大部分作品与抗战无关,认为几个名望颇高的画家已经让位于赵望云、陈晓南:"前者的《集会》和后者的《雪中行军》,虽就推为最代表的现代作品,也不算是过火吧。"

4月7日 在《街头》第7期发表《几句话》,无署名,未收入文集。由三则短文组成。

4月8日 在《街头》第8期发表《援助归国反汪工友》,无署名,未收入文集。呼吁援助香港反汪工友回国服务团的代表,并希望政府"赶快实现民主宪政,赶快完成中山先生的革命政策"。

△ 《新蜀报》副刊《蜀道》第90期《文艺简讯》报道:"高长虹本月起主编大江日报副刊。"

△ 作《论平抑物价》,发表在次日《街头》第9期,未收入文集。认为平抑物价的根本办法是:"增加生产,稳定货币,商业国营",现在应当希望的是:"有钱人们立大志,下决心来增加生产,乃至最坏也少赚一点战争钱,少操纵一点物价"。

4月9日 在《街头》第9期发表《征求长虹著作》,无署名,未收入文集。全文为:"条件由应征者提出,投函本刊转。书名刊下:/一,《闪光》。二,《心的探险》。三,《光与热》。四,《时代的先驱》。五,《春天的人们》。六,《从荒岛到莽原》。七,《走到出版界》。八,《献给自然的女儿》。九,《游离》。十,《曙》。十一,《青白》。十二,《草书纪年》。"

△ 作《诗》,发表在次日《街头》第10期,未收入文集。

4月11日 在《街头》第11期发表《狂飙的再来》,未收入文集。简单回顾狂飙社解体后的情况,并提到恢复《狂飙》事:"中国已是狂飙的中国,世界也已是狂飙的世界了。需要狂飙运动,需要狂飙。因此,我在数个月前曾给一个狂飙旧友写信,希望他把狂飙复活的担子挑着后上。接到他的回信,说他还没有想到这事。这是因为,在现在的出版条件下,恢复狂飙不是一件很容易的事。"认为恢复《狂飙》需要以下条件:"一,必须有人愿负专责来筹备这事;二,必须有与狂飙共感同行的朋友们来共同努力;三,必须有出版家愿意为狂飙出刊准备受一点牺牲。"①

4月12日 在《街头》第12期发表《如何写作》,未收入文集。认为不应从书本中去学习写作,而应从行动中学习写作。

△ 作《拆掉他好了》,发表在次日《街头》第13期,未收入文集。对物价上涨感到不满。

4月13日② 作《纪念马牙可夫斯基》,发表在次日《街头》第14期,未收入文集。认为马雅可夫斯基"是苏联最有才能的诗人","也是世界的最富有狂飙气分的革命诗人","狂飙时代的中国青年诗人们,当能于马牙可夫斯基的纪念中,获取一些精神上的鼓励"。

4月14日 文艺界抗敌协会在中苏文化协会会堂召开第三次诗歌晚会,并纪念苏联诗人马雅可夫斯基逝世十周年,"到青年诗人及文化工作者四十一人,胡风主席。……继请高长虹,郭沫若等讲演"。(《文艺协会昨开第三次诗歌晚会纪念玛雅可夫斯基》,4月15日《新蜀报》)

4月16日 作《法国大革命》,发表在次日《街头》第17期,未收入文集。认为中国革命应从法国大革命中吸取经验教训:"拿它来学习,也要拿它来警戒。不要重犯它的错误,更不要继续犯她〔它〕的错误。我们现在有科学,便是雾气再重一点也没打紧。有时候,要把历史上的一些人物看得像些小孩子;人越长越大,人类也是。"

---

① 《中国公论》1940年第5期转载了《〈狂飙〉周刊的开始》(原载1926年10月10日上海《狂飙》周刊第1期),署名"阿莹"。

② 《高长虹全集》第4卷认为该文的写作时间为4月1日,有误。

4月17日　在《街头》第17期发表《一点消息》,无署名,未收入文集。称赞文协计划出版一部《中国艺术史》或《中国文艺史》:"抗战不忘历史,中国文艺界的努力,是可资模范的。"

△　作《解放不人道的劳动!》,发表在次日《街头》第18期,未收入文集。不满检察官删改真实反映现实的文章。

4月18日　在《街头》第18期发表《行动学社缘起》,无署名,未收入文集。交代行动学社成立的原因,行动学研究的对象、作用等。

△　作《号召》,以《诗二首》为题发表在次日《街头》第19期(另一首为1939年6月28日作的《纪念西班牙》),未收入文集。号召大家要团结起来共同奋斗。

△　夜作《青年政治》,发表在4月21日《街头》第21期,未收入文集。内云:"我们的政治责任,由四十以上的青年人多负一些,对于我们的民族说,这是很合算的事。"

4月19日　作《论民间文艺》,发表在次日《街头》第20期,未收入文集。对民间文艺的总看法是:"民间文艺虽然是老百姓自己的创作,可是,无论在用语上,无论在内容上,都只有很少的老百姓们自己的语言,反映很少的老百姓们自己的感情和思想。"

4月20日　作《中国和印度》,发表在4月22日《街头》第22期,未收入文集。认为中国和印度是患难之交:"这一个世纪,亚洲的历史和文化,续而未断,主要是中印,两大民族用苦难支撑着住的。"并高度评价尼赫鲁:"他不是被群众拥在前头的,他是走在前头的。"

4月21日　在《街头》第21期发表《最后几行》,无署名,未收入文集。内云:"读者如把你知道的民间传说,歌谣,向未经发表的,无论新旧,抄出寄来,本刊选载,与写作一样待遇。"

△　作《欧战扩大对远东的影响》,发表在4月24日《街头》第24期,未收入文集。认为欧战扩大对远东没有什么重大影响,关键是靠自己:"我们必须实现民主政治,加强内部团结,坚持抗战到底。"

4月22日　作《送邵大使到苏联去》,发表在4月25日《街头》第25期,未收入文集。在邵力子即将"走马上任"时,代表老百姓向邵大使殷勤嘱望,希望他能完成"中苏国防经济互助政策":"在我们的国防区域里,尤其是西北,用技术互助的方法,来建设我们的国防经济。"

4月25日 在《街头》第25期发表《防空洞里的标语》,无署名,未收入文集。

4月26日 作《白话文艺和新文艺》,发表在4月29日《街头》第29期,未收入文集。内云:"新文艺一定是白话文艺,白话文艺不一定是新文艺。新文艺的正确意义,是现代化的白话文艺。""从有新文艺以来,现代化的好处和欧化的坏处都有,也都在生长。现在要中国化,就是说,要把欧化的坏处去掉,叫它只往现代化的好处方面发展。"

4月28日 在《街头》第28期发表《朗诵诗的生长》,无署名,未收入文集。欢呼重庆兴起的朗诵诗,并在末尾如此写道:"《街头》为完成大众诗的生长,给朗诵运动以确实的援助与鼓励,将尽量发表大众诗,并推动和促成民主政治的实现。"

△ 夜作《国防宣传》,发表在4月30日《街头》第30期,未收入文集。内云:"科学宣传,必须由政府自己来做,才有广大效用。艺术情形不同,是一种人民的宣传,政府只应加以帮助给它便利的发展条件。"

4月下旬 曾克去找高长虹,但已搬走:

大约过了半个多月,我也在一天下午到上清寺小旅社去找他。一走进大门,正要拐向他的住室,就被一个中年旅社服务员样的人挡住了。当我问到高老在不在房间时,他有些惊奇地笑问我:"你可是他的亲戚?我们还想向你打问这个孤老汉的去处呢?好几天都没回来啦!"

"对不起,我还没见过他呢!是他的一个老乡托我来找找他。他会上哪去呢?"

"可能是穷得住不下去了,现在还欠我们五六元呢!这是个叫人怜心的怪老汉,在我们这住了几个月,没人知道他是干啥子的。出来进去连屋门也不锁,很少有人来会他。关在房里,除要几瓶开水外,啥子也不叫我们干。只是日夜白天看书写字……"茶房主动向我介绍着。

我感到他没什么恶意,但仍装着是不相识的人,很快返回学校。从此,在山城没有再见到他。(曾克:《长虹永灿》)

5月1日　在《街头》第31期发表《有诗为你们开道》,署名"红",未收入文集。号召"大家拉起手,/整队往前走"。

△　作《诗三首》,内含《新国家》、《快乐的边沿》、《为国家效劳》,发表在5月3日《街头》第33期,署名"红",未收入文集。《新国家》号召大家为了新国家的诞生进行"最后一战":"为叫小鸡走出来,/不怕把蛋壳挣坏。/为把它夺到手里,/还预备十次的死罪。"《快乐的边沿》认为我们已到快乐的边沿,"因此更要快乐地战斗,战斗时更要快乐地生活"。《为国家效劳》写"我的诗""见真理受了蒙蔽,/弱者为强者所欺期〔欺〕"时"就来大声呐喊"。

△　作《讲道理》,发表在5月4日《街头》第34期,署名"编者",未收入文集。内云:"老百姓讲道理的行为,必须来表扬。讲道理就是服从真理,遵守原则。这是智识分子应当做而多力有未能的,老百姓却做了。"

5月5日　在《街头》第35期发表《评〈五五宪草〉》①,未收入文集。对《五五宪草》的评价是:"《五五宪草》是思想的产物,不是行动的产物。它的思想是由法治主义和改良主义两者构成的。法治主义是宪草前半的来源,改良主义是后半的来源","《五五宪草》末了又变成人治主义的了"。

5月7日　在《街头》第37期发表《问答》,无署名,未收入文集。认为

---

①　《五五宪草》:即国民党立法院于1936年5月5日通过的《中华民国宪法草案》,共8章148条。这部宪法草案是国民党中央在1932年12月开始的筹备宪政活动的具体成果。它虽然要标榜实施宪政,却与"训政"时期实施的约法并无多大的差别。1939年11月,由于各抗日党派的强烈要求,国民参政会第四次大会通过了实施宪政案,并由蒋介石指定19名参政员(后增至25人)组成宪政期成会,其主要任务是讨论并修改1936年制定的《中国民国宪法草案》。会后由沈钧儒主持,救国会成员对"五五宪草"进行了研究,先后开了七八次研讨会,最后由邹韬奋等分别写出初稿,然后讨论修正定稿,题名为《我们对"五五宪草"的意见》,提交国民参政会宪政期成会,作为修改"五五宪草"的参考材料。随后,此"意见"与国民参政员另两个提案,由宪政期成会合并成《中华民国宪法草案("五五宪草")修正草案》,交由1940年4月举行的国民参政会第五次大会讨论。是年4月此"意见"由生活书店出了单行本发行,5月再版。

辩证法发展到极致是"自由"，"正确的理论是物质"，"科学的预言"最准确。

5月9日　在《街头》第39期发表《代表不选举，要得吗?》，署名"编者"，未收入文集。认为为了开好国民代表大会，代表必须经过选举产生。

5月10日　在《街头》第40期发表《要深切注意》，署名"编者"，未收入文集。就本期发表的《悼亡友》发表自己的看法，认为沉船滑车的案件层出不穷是"社会问题的反映"。

5月13日　在《街头》第43期发表《用宪法保障作家的权利》、《科学决定胜利》，署名"编者"，未收入文集。前文认为："在民主运动中间，作家们必须为生活和自由战斗。要争得生活的权利，争得自由的权利，还要争得用宪法上的明文来保障这些权利。作家们不只应在宪法讨论上参加自己的意见，还要参加国民大会代表选举运动，要求有推选代表的权利，以政治的方法，为自己争取生活，争取自由。"

5月13日　作《论科学决定胜利》，发表在次日《街头》第44期，未收入文集。内云："游击战争，现在是战争的中心，所以发动科学人才到游击区去，帮助作战，把有决定意义的迎头痛击，交把敌人，这在目前是一种最重要的工作。""一样是科学决定胜利，在游击区是技术决定胜利，在后方是民主决定胜利。"

5月14日　在《街头》第44期发表《文艺片言》，无署名，未收入文集。

5月18日　夜作《要叫生活是美》，发表在5月20日《街头》第50期，未收入文集。内云："与其做美的梦，而生活丑恶，不如矫枉这一点，多做丑恶的梦，而以生活同它搏斗。获得一分的胜利，生活上就有一分的美。"

5月21日　作《生活的道理》，发表在次日《街头》第52期，未收入文集。就婚姻生活发表自己的看法："新的两性结合，不只应是性格的结合，行为的结合，思想的结合，还应当是行动的结合"，"一夫一妻制仍然是两性结合的基本原则"。

5月24日　作《文明在生活里》，发表在次日《街头》第55期，未收入文集。呼吁人们讲卫生，不要用手在餐馆里随便摸东西。

5月29日 作《多买几架飞机》①，发表在次日《街头》第60期，未收入文集。再次呼吁多买飞机："富人们应当下最后的决心，把钱献给国家②，添制飞机，并给穷人们以腾空保国的机会。不要等到明年五月轰炸③的时候，用你自己的血肉偿还你的欠债！"

5月30日在《街头》第60期发表《民间文艺》，署名"编者"，未收入文集。全文为："本刊登出《征求民间文艺的启事》后，首先得到曾克女士的响应。她动员了她的学生们，迄各地流行的歌谣，传说，抄写了有百十，大抵都是未见过文字的（可惜地名未注明）。民间文艺的内容，与抗战无关，这是无可如何的事。就因这个缘故，本刊收到这些稿件后，没有能够立刻发表出来，在抗战时期，这也是无可如何的事。这两天敌人轰炸行都，××中学竟首遭其殃。小同学们流离失所，不免令人惨然。因此，从今天起，特为辟《民间文艺》一栏，把已收稿子，逐日发来，除给研究民族形式的朋友们一些参考资料外，也想给出外奔劳的小朋友们一点灵魂上的抚慰和鼓励。"

△ 作《诗的新任务》，发表在6月4日《街头》第65期，未收入文集。内云："中国新诗的发展，应当把它看做是世界诗的发展的最新阶段。诗的新任务是：政治的领导。"

---

① 101作战：5月26日至8月23日，日本陆海军航空队集结270架飞机，联合发动代号为"101作战"的空中进攻战，对四川进行日本称之为"挫败敌国民作战意志"的大轰炸。长达110天的"101作战"给大后方四川造成巨大灾难，但日机也遭到中国空军沉重打击。日方称："每次轰炸都发生与敌战斗机的激烈空战！"据《101作战概要》说：日方中弹机数海军312架，陆军75架，自爆机数海军8架、陆军8架，称这是"前所未有的航空作战！"

② 献机运动：1939年3月，中国空军出版社建议，将义卖献金捐款用作购买"义卖号"飞机充实国防力量。从此全国掀起了献机运动。重庆市首先成立了"献机委员会"来进行领导。1940年12月21日，《中央日报》发表《献机救国》的社论："献机是救国，也是保家乡"，指出这是积极防空、消除敌机轰炸的根本方法。1941年7月7日，中国航空建设协会总会为纪念抗战4周年发起"一元献机运动"，发表《告全国同胞书》："建设空军是每一个国民所应负的责任，一元钱的数量虽甚微，其优点则在普遍与深入，让每一个大时代的中国国民都有救国救民族的机会！"据统计，到1941年10月止，重庆各界参加献机运动，共募得现金150万元，有力地支援了防空建设，鼓舞了前方将士的斗志。

③ 五月大轰炸：1939年5月3日下午1时许，日机45架以密集队形空袭重庆，空军起飞迎战，击落其两架。36架侵入市空，投弹百余枚，其中燃烧弹一半。城内大火，毁房数百间，市民死伤近千人。次日，日机27架再度轰炸重庆。两日总计被毁房屋1200余栋，市民死亡4400人，伤3100人。

6月1日 作《把艺术救起来吧!》,发表在6月9日《蜀道》第140期。由于印刷条件更加困难,物价、书价涨得更高,文章再次提倡"保障作家生活":"推动民主运动!用民主的方法建立文艺的以至艺术的行政!用行政来保障作家的生活!这就是保障作家生活运动的现实的艺术。"

△ 作《偏爱》,发表在6月5日《街头》第66期,未收入文集。

6月2日 作《〈墨子〉中最美的故事》,发表在6月5日《街头》第66期,未收入文集。复述《墨子·公输》,并在末尾如此写道:"多么美的故事:要什么有什么!发扬春秋战国时代的文化,最合适的就是我们的时代。因为在我们的时代,也几乎是要什么条件有什么条件!"

6月6日 在《街头》第67期发表《难得的政治朋友》,署名"编者",未收入文集。希望"青年政治的朋友"艾登①总有一天能够上台执政。

6月8日 作《屈原的诗》,发表在6月10日《街头》第70期,未收入文集。如此评价屈原诗:"屈原的诗,是最近于欧洲诗,特别是近代诗的。同时,屈原的诗是最代表的中国诗。在他的诗中,美女象征君王,爱情象征政治,花草象征道德,学问,是中国诗作法中奇特的也是典型的例。"

6月10日 在《蜀道》第141期发表《纪念屈原》。该文是高长虹端午节在诗歌晚会举办的屈原纪念会上的发言。认为中国人用端午节纪念屈原,"是因为他以民族的心为心,民族的生命为生命的。"为了更好地纪念屈原,要"用积极的方法,用诗的方法纪念屈原",即:"大家都应当以民族的心为心,以民族的生命为生命,并把这个用诗来证明出来。"在艰难的现实面前,高长虹告诉人们:"我们不能像屈原那样,看见中国百事不如人意,便一死了事,便是中国命运里证明要亡国的,我们还要救活它。我们处的时代不是屈原的时代。屈原生在我们的时代,他不会自杀。我们的时代是人定可以胜天的时代。我|们|自己的心拿定了,我们的生命就活了。我们叫四万万同胞的心都拿定了,我们的民族的生命就活了。我们拿什么来完成这种

---

① 罗伯特·安东尼·艾登(1897—1977):1935年12月在内维尔·张伯伦首相内阁中任外交大臣,这时纳粹德国正在扩充军备,艾登主张英国迅速重新武装,张伯伦对阿道夫·希特勒过分乐观的态度激怒了艾登,于1938年2月20日辞职。第二次世界大战爆发时,艾登又进入张伯伦政府,1940年丘吉尔任首相时重新出任外交大臣。

任务呢？当然不是不可以拿别的东西，不过我们还是要用诗。因为诗，不但是意志的表现，灵魂的号召，比这还可以具体一些，诗还可以是政治的指南。"

△　作《肃清汉奸》，发表在本该在 6 月 8 日出版的《街头》第 69 期，未收入文集。呼吁肃清汉奸："同扩充空军以制止敌人的轰炸一样重要的当前行政程序，是必须认真肃清汉奸。在政治上有时候创造一点恐怖空气，算不是什么坏的行为。现在最必需的，就是给汉奸们一点恐怖的空气。只有用肃奸的恐怖空气才能够减少以至于替代了空袭的恐怖空气。对汉奸的宽纵就是对全体人民的虐杀和对敌人的帮助。"

6 月 11 日　在《街头》第 71 期发表《书和前进》，未收入文集。文章回忆了他与安娜·西格斯的一次谈话："德国的女作家安那塞格尔在一次谈话里，把这个问题提出来问我说：'为什么呢？'我当时觉得这是不大成问题的，特别是在塞克海尔。不过，我也照例地答复她说：'把中国写得仿佛太好的书，外国人不喜欢看，这是第一。第二，有前进思想的人在现在还不是多数。还有第三个理由，布克的书是用小说体写的。'前两个理由，是她完全同意的。后一个理由，她初听得好像生疏一点，但也立刻同意了。"

△　作《加强空防》，发表在 6 月 17 日《蜀道》第 147 期。认为加强空防的最好方法是"叫有钱人们拿出钱来，买飞机。……有不拿钱的，最轻的惩罚也应该是：把他从大重庆逐出去。"

6 月 12 日　作《战胜空袭》，发表在 6 月 16 日《国民公报·星期增刊》。认为面对日寇的狂轰滥炸，我们不能只是消极的躲避，还要防空："号召买飞机！人死没有什么，死也要死得悲壮。"

6 月 16 日　作《高尔基和他的金言》，发表在 6 月 18 日《街头》第 78 期，署名"编者"，未收入文集。认为高尔基死后留下的名言"不投降，就消灭了她"是对日作战的"最好的基本战略"。其中谈到他与外国作家的交往："罗曼罗兰，我同他只是通信的认确。巴尔比塞，在他主编的《世界》周刊上有过我的小说的踪迹。同高尔基，比这些都更要疏远，我只在东京时给他寄过一篇俄译的诗，而且没有获得回响。"

6月20日　在《街头》第80期①发表《一个好坏之间的好孩子》，未收入文集。叙述一个小孩子帮自己提箱子的事情，认为这个小孩子"是个好孩子，而生活在好坏的中间"。

△　作《要求五百架飞机》，发表在6月22日《街头》第82期②，未收入文集。呼吁："文化界最英勇的战友们，必须立刻拿起笔来，领袖言论，以造成一时的舆论。然后唤民众，提出要求，使富人觉悟，并反映成政府的政策，把五百架飞机的增购列入行政议程，指日实现。"

6月21日　作《智识分子在空袭恐怖中应负的责任》，发表在6月23日《街头》第83期③，未收入文集。认为知识分子在空袭恐怖中应担负起以下责任："知识分子们要更广大，更巩固地团结起来，积极活跃地行动起来，在空袭的时期中造成坚实不拔的精神堡垒，为万众揭起胜利的欢欣心情，做抗战柱石，和保护重庆的英雄！"

6月23日　作《空军必须生长》，发表在6月25日《街头》第85期④，未收入文集。呼吁大家齐心协力增强空军的力量。

△　作《诗》，发表在6月26日《街头》第86期，署名"红"，未收入文集。

6月24日　在《街头》第84期发表《妇女的不幸和幸福》⑤，未收入文集。呼吁妇女和男人在社会关系方面"绝对平等"。

△　作《空军文艺》，发表在6月26日《街头》第86期⑥，未收入文集。高度评价空军文艺："在战争消灭之后，航空事业不但还需要，且将是人类文明的象征。"空军文艺的三个条件为：一、"必须生活在空军圈内"，二、"必须有丰富的空军知识"，三、"还必须多少有一点飞行经验"。

6月25日　作《组织和知识》，发表在6月27日、28日《街头》第87、88

---

① 《高长虹全集》第4卷题注为第79期，有误。
② 《高长虹全集》第4卷题注为第81期，有误。
③ 《高长虹全集》第4卷题注为第82期，有误。
④ 《高长虹全集》第4卷题注为第84期，有误。
⑤ 《高长虹全集》第4卷题注为第83期，有误。
⑥ 《高长虹全集》第4卷题注为第85期，有误。

期①,未收入文集。内云:"空袭留给我们的损失,一部分是由于敌人,一部分也由于我们自己的无组织","在空袭期间,最重要的事,是把空袭和抵御空袭的知识都传布给人民知道"。

6月26日　作诗歌《铁人》,作为《诗三首》中的第一首发表在7月30日《蜀道》第186期。

6月28日　在《街头》第88期发表《行动学》②,未收入文集。该期发表了《行动学》第一章《行动和行动学》,末尾有"未完"字样,但目前尚未找到后续文字。

7月6日　作《快乐来自伟大的心肠》、《又要停住了》,作为《诗三首》中的第二、三首发表在7月30日《蜀道》第186期。

7月初③　到北碚参加文协谈话会:

　　高长虹从重庆来了,他原来住在张家花园文协里,这次来是想在这儿开文协谈话会,晚上住在我这儿。我陪他过江去找姚蓬子,商定二十七日召开文协谈话会,借通俗读物编刊社的地方,还请他们准备一餐午饭。北碚和在北碚附近的会员,能邀请的都请了,共到了二十人左右。大家情绪很好,吃的是北方大馒头和四季豆、茄子、粉条炖肉,倒也简单,也没有闹酒。

　　/高长虹——二十年代利用和侮辱过鲁迅,我对他没有好印象,但这次见到他原来是个貌不惊人、言语木讷、矮小干枯的小老头,并且听他说,他当年出国是当猪仔躲在底舱里,发现了就被赶上岸,这样一个地方一个地方地流浪,倒走了不少国家,可一事无成,现在都五十多岁了,仍孑然一身。我对他产生了同情。他还不失过去狂飙时期的狂妄,忽然异想天开,要文协作家签名发起募款,捐献三十架或更多的飞机。他居然以为作家有这大的号召力,这只能是最后说了一次狂飙式的梦

---

① 《高长虹全集》第4卷题注为第86、87期,有误。
② 《高长虹全集》第4卷题注为第87期,有误。
③ 《胡风回忆录》说得很含糊,董大中先生认为是7月5日前后(董大中:《〈胡风回忆录〉中的高长虹》,《新文学史料》,2010年第1期)。

话。更重要的是,他这等于说,敌人能够轰炸重庆,是因为中国没有飞机,客观上也就是为消极抗战、积极反共和压制人民的国民党开脱罪责。后来,听说他到延安去了。"(胡风:《胡风回忆录》,人民文学出版社,1993 年,页 200—201)

7 月 13 日　在《蜀道》第 171 期发表《没有治不好的病》,未收入文集。文章认为只要人们愿意捐钱,就能从苏联、美国买到飞机,就能"积极防空"。

7 月 14 日　在《国民公报·星期增刊》发表论文《战争与政治》。以法德战争为例,说明战争在决定胜负方面的重要作用:"在战争中,政治已经不一定是决定战争胜败的最后原因,而是由战争自己决定。"但高长虹同时认为:"可是在世界的另一面,真理仍然健壮地活着,而且生长。政治仍然决定战争的胜败。"

7 月 26 日　在"北碚写完"《一点回忆——关于鲁迅和我》①,发表在 8 月 25 日、9 月 1 日《国民公报·星期增刊》,8 月 25 日部分未收入文集,曾作为佚文收入《高长虹研究文选》。主要回忆与鲁迅的交往,是一篇了解高鲁关系、了解 1925 年鲁迅的一篇非常重要的文章。1938 年 6 月在香港时,高长虹就答应茅盾请求写作该文,由于"很快就离开香港,到汉口后很少时间看文艺的书",故没写。两年后写作此文的原因是:"现在又是两年以后了。这中间,关于我和鲁迅,还不免有一种传说留存在人们的记忆里,甚至在去年的新加坡的报纸上,还有人把以讹传讹的风闻当事实讲,说我是鲁迅的什么敌人,一九三〇年后在上海重归于好。一九三〇年我已离开中国,这种事实的反证比什么都更有力量。其实,我和鲁迅在《莽原》时期,是很好的朋友。《狂飙》周刊在上海出版以后,有过一番争执,不过以后我们就都把它忘记了。一九三〇年以后,他的光明的行动,我在国外也时常为之激赏,

① 后收入《鲁迅回忆录·散著·下》(鲁迅博物馆、鲁迅研究室、《鲁迅研究月刊》选编,北京出版社,1999 年 1 月)、《永在的温情:文化名人忆鲁迅》(钟敬文、林语堂等著,河北教育出版社,2000 年 12 月)、从"我同鲁迅第一次伤感情的事是闪光的出版"至篇末以《我与鲁迅伤感情的事》为题后收入《活的鲁迅》(房向东编,上海书店出版社,2001 年 10 月)。

庆幸。除这以外,人造的谣言都是没有□□处的。"

8月12日　作《保障作家们的名誉》,发表在9月6日《蜀道》第221期。认为《中国作家》刊载了汉奸穆时英①的译文是"丢失中国作家的荣誉"的事情;现在又发生了杜衡问题,"为了保全文艺界的名誉,我们把杜衡问题看得严重,这完全是正确的和必要的事。"

8月23日　作《写作初步》,发表在9月12日《蜀道》第227期,未收入文集。认为一个作家必须熟悉三件事:"一是语言;二是技巧;三是生活。"

8月25日　作《当前现实的反映》,发表在9月11日《蜀道》第226期,未收入文集。认为作家没有很好地反映空袭下的重庆情况,编辑没有及时发表这类文章。结尾如此写道:"为文艺担干系,为时代积虑处心,这是进步作家,也是进步编辑的己任。"

△　作《小说里要求活人》,发表在9月27日《蜀道》第241期。强调小说里要有"活人":"所谓活人,当然不是说实有其人,只是说若有其人。描写一个若有其人的人比描写一个实有其人的人要难得多。从十个乃至百个实有的人中创造一个若有的人,这是小说的正常写法。"

8月28日　作《展开批评运动》,发表在9月20日《蜀道》第234期。文章认为,为了使作家尽快成熟,在"继续推进保障作家生活运动"的同时,也要"改善文艺创作的内部条件",即"展开批评运动"。

8月31日　作《民间语言,民族形式的真正的中心源泉》②,发表在9月14日《蜀道》第229期。认为"民间语言,是民族形式的真正的中心源泉。"文章还提到了鲁迅、郭沫若:"特别是鲁迅,郭沫若的作品,三源泉的面貌,十分显明。"

9月1日　作《诗的语言和技巧》,发表在9月23日《蜀道》第237期。提醒人们重视诗的语言和技巧,高度评价力扬诗集《枷锁与自由》中的《我

----

① 穆立立在《穆木天冤案始末》(《新文学史料》,1999年第4期)中如此写道:"关于我父亲穆木天历史问题的传闻,主要是说他1934年被捕后,发表脱离左联声明。此事纯属子虚乌有,是由于国民党中央社造谣,然后以讹传讹造成的冤案。"

② 后收入《文学的"民族形式"讨论资料》(徐乃翔编,广西人民出版社,1986年5月)、《中国新文艺大系(1937—1949)·理论史料集》(徐迺翔主编,中国文联出版公司,1998年11月)。

的制服》,认为它的意境和情调"都很明显。"

9月2日 到北碚参加中华全国文艺界抗敌协会北碚分会:"开会了,到了不少人:陈子展,马宗融,初大告,胡风,向林冰,王泽民,一文,田禽,光未然,陈学昭,赵清阁,老向,王洁之,高长虹,以群,都由各处赶到。"(老舍:《致南泉"文协"诸友信》)

9月13日 作《增加呢还是提高》,发表在10月24日《蜀道》第264期。认为在物价飞涨的情况下,"作家们现在所要求的,不只是增加稿费,还要提高稿费。"使用方法除舆论、斗争的方法外,还求助于"良心的方法"。

9月16日 在《蜀道》第230期发表《献机劳军》。中秋佳节来临之际,因"前方吃紧,比往年更甚",所以提倡换一种方式劳军:一、"安定后方,这就是一种精神上的帮助";二、"大家从今天起,要下个决心,发个宏愿,把献机运动扩大汇合成一个五百架飞机运动还不算,还要把它发展成一个补充空军的运动,用一千架一千五百架,二千架的飞机,在大战起来的时候,飞到前方助战。"并在副标题和篇末如此写道:"胜利从今年的中秋算起。"

9月23日 作《把诗解放出来》,发表在10月27日重庆《新华日报》①。在其他诗人争着写政治诗的时候,高长虹"只愿把民主给诗,/并为它做前身。"

9月27日 作《现代战争的特点》,发表在次年1月27日《蜀道》第344期。认为现代战争的特点是以毁灭对方来防御自己,其结果是两败俱伤,所以,"人类永久和平的时代来了"。

9月29日 作《怀念泰戈尔》,发表在10月12日《蜀道》第254期。诗歌称赞泰戈尔"像颗亚洲的心"。

10月2、3日 作《夜·一》、《夜·二》,作为《凿石头的工人及其他》的

---

① 1938年1月11日创办于汉口,是中国共产党在抗日战争时期和解放战争初期,在国统区唯一公开出版发行的报纸。同年10月25日在汉口沦陷后迁至重庆继续出版,直至1947年2月28日被国民党强迫停刊。社长潘梓年、总编辑华西园(即华岗,继华之后任该职的有吴克坚、章汉夫、熊复)、总经理熊瑾玎。周恩来为该报题词:"坚持长期抗战,争取最后胜利。"

第 2、3 首发表在次年 3 月 10 日《中苏文化》8 卷 2 期①。

10 月 4 日　作《这社会得换一幅面孔》，发表在 10 月 8 日《蜀道》第 250 期。诗歌描写重庆人成天为防空警报弄得提心吊胆，希望这社会"换副面孔"。

10 月 12 日　作《有一个诗人》，作为《中国是诗国》中的第一首发表在 11 月 15 日《蜀道》第 284 期。诗歌号召人们行动起来，团结抗敌，争取民主。

10 月 13 日　作《打倒奸商》，发表在 10 月 21 日《蜀道》第 261 期。文章认为为了控制物价，"最切实际的，没过于打倒奸商！"

10 月 17 日　作《民族形式的作品举例》，发表在 11 月 7 日《蜀道》第 277 期。认为"民族形式应当具有三个最根本的条件"：一、"它应当是大众语的"；二、"作品中人物的语言，必须是大众的语言"；三、"在描写作品中人物的动作时，要尽量用他能够懂得的语言；有时候语言感到不够用时，不能不创造新的用语，但也必须要它是大众能懂得的，是一种新的大众语言"。西北战地服务团所编的几个话剧便是这种作品的"代表"。

10 月 23 日　作《重庆好像在啼哭》，发表在 11 月 22 日《蜀道》第 289 期。诗歌描写重庆下雨时的情景，要人们时刻牢记"打倒日本帝国主义"。

10 月 25 日　夜作《夜歌》，发表在 10 月 28 日《蜀道》第 266 期。诗歌提醒人们"五月轰炸"虽然已经过去了，"可是它还没有走远"。

10 月 29 日　在《蜀道》第 267 期发表杂文《论齐心合意》。认为"中日间的矛盾还是抗战最主要的动力"，我们要团结起来，一致对外："大道理管小道理，内部团结起来了，一经团结起来，团结就成了动力，整个的抗战机构就都动作起来了"，"离开了团结，抗战和胜利，都有变成第二的危险。"

△　作《号召诗国复活》、《中国是诗国》，作为《中国是诗国》中的第二、三首发表在 11 月 15 日《蜀道》第 284 期。前一首希望人们把赌博的时间拿来读诗歌："赢得是一切，/输的没有一点，/中国是诗国，/我们要她复

---

① 该文在《高长虹全集》第 4 卷的题注"原载《中苏文化》第 8 卷第 3 期（1941 年 3 月 10 日）"有误。

活。"后一首认为"中国是诗国,/人间的诗,/比地下藏煤还多",为使诗国富庶,"必须先去叛徒"。

10 月 "文协"组织的"诗歌座谈会"改为"诗歌晚会",由艾青、高长虹、常任侠、力扬负责召集。(《高长虹生平与著作年谱》)

11 月 4 日 作《条件反射》,发表在 11 月 14 日《蜀道》第 283 期。郭沫若在 9 月重庆《文学月报》2 卷 1、2 期合刊发表《"无条件反射"解》后,人们开始注意这个术语,但"究竟条件反射是什么意义,也许知道的还不十分多",高长虹近半年来"箱子里常有一本英译本巴夫罗甫的《条件反射》",故借此机会简单介绍与条件反射有关的一些知识。①

11 月 7 日 作《政治盲》,发表在 11 月 13 日《蜀道》第 282 期。呼吁作家关注政治:"看看以准备反攻,号召民主作为主题的作品"。

11 月 16 日 作《再讲一件小事》,发表在 11 月 20 日《蜀道》第 288 期。写了两件与自己稿子有关的事情:一、"以前在上海的时候,有一次给一个副刊寄了一篇稿子②,好久没有发表出来,去信问也没有回信,只好自认晦气,把稿子当做遗失了。谁知几个月以后,竟会在那个副刊上看到那篇稿子,只是署的名字不是自己了";二、"两个月前,随手写了几篇杂感文字,一时没有什么地方好寄,就给一个副刊寄去了。不料过了几天,就在那个副刊上忽然看到一篇谩骂的文字。我当然没有答复的必要,只是可惜自己的稿子走到荒郊里去了。谁知过了些时,听一个少年朋友说,在那个副刊上曾看到过我的一篇稿子。当时也没有找来看,想着,由它去算了吧。不料昨天忽然又看到一篇,署名却只剩了一个字。这样继续下去待三篇发表时,大概连一个字都没有了"。

11 月 18 日 作《敦厚和诗》,发表在 11 月 29 日《蜀道》第 295 期。认为"诗人不只是有爱,他也有憎。但是,憎是为了爱,才是诗人的憎。憎侵略者,是为了爱被侵略者;憎剥夺者,是为了爱被剥夺者。"

---

① 同年 10 月 10 日,郭沫若又写作了《关于"无条件反射"的更正》发表在 12 月重庆《文学月报》2 卷 5 期。

② 此稿当指发表在 1928 年 6 月 25 日《申报·艺术界》的《寄小读者》(署名"侠"),高长虹加上一段跋语后发表在同年 12 月 1 日《长虹周刊》第 8 期。

11 月 20 日　在《时事类编特辑》第 58 期发表《论民族形式》，未收入文集。文章将艺术分成以下九个部门："这里边我们可以把诗，小说归并成一种语言的艺术，绘画、雕塑、建筑归并为造型的艺术或美术，音乐划分为声音的艺术，舞蹈为动作的艺术，演剧为综合的艺术，电影为科学的综合艺术"，并分别论述了它们的"民族形式"。对"民族形式"的定义为："所谓民族形式，它的正确的意义是创造民族的新形式，不是说采用民族的旧形式。"仍然强调文艺的民族形式的中心源泉"在大众的口语里边"。

11 月 24 日　晚 7 时出席中华全国文艺界抗敌协会举办的第二次诗歌晚会并发言："到会者会员及非会员来宾七十余人。艾青主席，讨论题目为'诗的语言'，发言者徐迟、长虹、任钧、王平陵、蓬子、老舍，及非会员等，各人抛出了关于所谓'诗的语言'的意见。"（《研究部报告》，1941 年 3 月 20 日《抗战文艺》第 7 卷第 2、3 期合刊）

11 月 25 日　作《再论诗的语言》，发表在 11 月 30 日《蜀道》第 296 期，未收入文集。内云："诗歌的语言问题不是诗的惟一的重要问题，但它是重要问题里边的一个"；诗的语言的特点有"声音美"、"简练"、"明确性"三个特点；"民间诗同语言的关系，更是很密切的"；"向大众学习语言，是丰富诗的语言的首要的方法"。

11 月 26 日　在《蜀道》第 292 期发表《正眼看人》。由于"文艺形式的讨论，盛极一时"，"理论，批评和创作都把它们的活动偏向到形式一方面去了"，该文强调人们应重视内容："现在要文艺有新的发展，就是决定于这样的事实：创作者必须要正眼看人……必须耐心看人，重视他，理解他，从他学习，叫他做创作的师表。"

11 月 29 日　作《如何用方言写诗》①，发表在 12 月 12 日《蜀道》第 306 期，后又发表在 1942 年 11 月 25 日《抗战文艺》8 卷 1、2 期合刊。主张"不只是白居易写诗应该叫老妪能解，就是老妪写诗，也应该叫白居易能解。"为了达到这一目的，"写诗的人要学习各种方言，从那里边精练出大众都能懂的语言来，用以写诗，叫老妈子都能理解"，同时，要教育老妈子读诗、写

---

①　收入《高长虹全集》第 4 卷时漏掉了落款为"十一月二十九日"。

诗,使她写的诗"'白居易'也能够懂得"。

12月1日 参加"文协"组织的"戏剧晚会",议题是"怎样发扬戏剧的现实主义"。

12月6日 在《蜀道》第301期发表《论错误》。因错误是"人人时常遇到的厮熟的朋友中间的一个",所以,"不要讨厌它,只要认清它,它不会是为害的。"

12月25日 作《一九四一年的思想抗战和政治反攻》,发表在次年1月3日《蜀道》第324期。罗列对抗战有利的五种思想,"把它发展起来";罗列对抗战有害的五种思想,"把它肃清";罗列制胜的五种基本条件,"叫人民知道,并且实行起来";罗列抗战胜利的五种死敌,"万众一心,起来把它扑灭"。

是年 高长虹老家分家,妻、儿在家经济更加困难,其妻是"当时高氏家庭中唯一的下地劳动的妇女"(高曙:《高长虹的家世和青少年时代》)。

1941 年① 民国三十年 辛巳 四十四岁

1月5日 作《准备总反攻》,发表在1月11日《蜀道》第330期。在新年来到之际,呼吁各行各业的同胞们"准备总反攻"。

1月11日 作《凿石头的工人》,作为《凿石头的工人及其他》的第1首发表在3月10日《中苏文化》8卷2期。诗歌描写了一群修路的凿石头工人,他们仿佛是中国的脊梁,正在为建设中国而辛勤劳动:"斧头如风轻舞,/錾子把石面钉住,/仿佛像水上蜻蜓,/鸣声也如响斯应。"

1月22日 作《休息在空袭的时候》,发表在2月3日《蜀道》第350期。诗歌认为空袭反而给人们带来休息机会,但在警报解除的时候,"他们

---

① 1月4日,新四军军部及所属部队9000余人奉命北移,6日行至茂林地区时,突然遭到国民党军队7个师8万余人的包围袭击。新四军被迫还击,血战7昼夜,终因寡不敌众,弹尽粮绝,除1000多人突围外,其余大部分壮烈牺牲。军长叶挺被扣,副军长项英遇害。是为皖南事变。事变发生后,中国共产党对国民党主要当权者反共反人民的行径进行了有力的揭露和斗争。

的脚步又沉重起来,/脸上又挂起忧愁。"

1 月 23 日　作《狂飙的再来》,发表在 2 月 3 日《蜀道》第 350 期。面对死气沉沉的现实,坚信"总有一次狂飙要来"。

1 月 30 日　作《一点感想》,发表在 2 月 1 日《蜀道》第 349 期,未收入文集。

2 月 1 日　《新蜀报》副刊组织作家艾青、欧阳山、高长虹等撰写文章,纪念该报创刊 20 周年。(《高长虹生平与著作年谱》)

2 月 4 日　作《防空洞里的重庆》,发表在 2 月 14 日《蜀道》第 360 期。诗歌写人们成天都担心敌机空袭。

2 月 7 日　作《几句话》,发表在 2 月 13 日《蜀道》第 359 期。由 9 则长短不等的短文构成。

2 月 15 日　作《几句话》①,发表在 2 月 26 日《蜀道》第 369 期。由 12 则长短不等的短文构成,作者在落款中注明"稿费劳军"。

2 月 22 日　作《几句话》,发表在 3 月 14 日《蜀道》第 382 期。由 4 则长短不等的短文构成。

2 月 27 日　作《几句话》,发表在 3 月 8 日《蜀道》第 378 期。该文批评话剧《雾重庆》缺乏人性的描写:"漠视戏中的人性,这就等于漠视了观众的人性。"

3 月 1 日　作《几句话》,发表在 3 月 7 日《蜀道》第 377 期。由 9 则长短不等的短文构成,有两则分别介绍海明威和巴夫洛夫。

3 月 1 日　作《几句话》,发表在 3 月 9 日《蜀道》第 379 期。由 4 则长短不等的短文构成。

3 月 4 日　作《几句话》,发表在 3 月 20 日《抗战文艺》7 卷 2、3 期合刊。略论杜甫、白居易、苏轼、曹操、李白及中国的小说、剧本:杜甫诗的特长是"丰富的人民气质";白居易的诗歌"写法描写少而议论多,是一种概念化的诗,因此,连讽刺诗都写成一种讽喻诗了";苏轼的作品"在艺术上最成功的,是词,和很少的赋";曹操的诗"是英雄诗,政治诗和哲学诗的综合";李

---

① 后收入《警醒人生海语》(孙硕夫选编,吉林文史出版社,1997 年 1 月)。

白是很有天才的诗人,他的政治诗写得不很好,"只能说是一种罗曼的政治诗";中国的小说和剧本,"比诗晚生得很远",剧本很不成熟,"还须向欧洲人学习",小说"一开头就是现实主义的,而且是高级的现实主义的",所以,"只要能把传统的优点发扬起来,已经可以惊动世界的了。"

3月4日　作《在公路上》,发表在8月8日《蜀道》第465期,未收入文集。写两个从未离开过家乡的农民离乡背井前往工厂做工,不厌其烦地在公路上问路。诗的末尾如此写道:"逃避兵役?/生活贫困?/城市的引诱?/是那一个原因/凿开混沌的心,/把青年的农民们/从乡村赶走?"

3月9日　作《要是衣服会说话》,发表在3月22日《蜀道》第389期。诗歌写一件衣服回忆自己与一个人朝夕相处六天的情景,后来因这人到乡下,留在旅馆的衣服被老板亲戚偷走,自己又重新回到了拍卖场。

△　作《箱子里的异闻》,发表在4月9日《蜀道》第402期。诗歌写朋友临死前将箱子交给"他",里面装着一本没有标题和署名的长诗稿、一把解手尖刀、一封没有地址的信,"他"感到莫名其妙。

3月23日　作《胡逊》①,发表在4月2日《蜀道》第396期。诗歌提倡反叛精神:判官枉法徇情,将阳寿未尽的胡逊抓到阴间,胡逊破口辱骂,最后在阎王的亲自审理下,终于发现胡逊的冤屈,"阎王大发雷霆,/连判官都受了处分。/小鬼送胡逊还阳转世,/胡逊是这个英雄的名字。"

4月6日　作诗歌《石刻》,发表在4月20日《蜀道》第411期。

4月10日　在《蜀道》第403期发表《夜雨》。春雨来临,老农感到高兴,因为"孩子当兵去了,/麦子得让它长成";作者脑里涌出诗歌:"这不是水,是火!"

△　作诗歌《给英勇的战士们》,发表在4月17日《蜀道》第408期。

4月16日　作《国府路》,发表在8月15日《蜀道》第468期。诗歌描写国府路被炸后的惨象。

4月　"长虹"出现在老舍为汉藏教理院太虚法师的题诗中:"大雨洗星海,长虹万籁天,冰莹成舍我,碧野林风眠。"诗后附说明:"三十年四月,

---

① 后收入《中国新文艺大系1937—1949·诗集》(公木主编,中国文联出版公司,1996年)

集当代艺术家笔名成小诗。大雨诗人孙大雨;冼星海音乐家;长虹、冰莹、成舍我、碧野,均写家;万籁天剧导家;林凤眠画家。写奉太虚法师教正。"(叶德:《老舍与佛教二三事》,《法音》,1984 年第 1 期)

　△　离开重庆,只身徒步奔赴延安。行前发生的一件事很能说明高长虹的是非爱憎:

> 1950 年,我在华北革命大学政治研究班学习时,同班中有一位阎树林同志,抗战时期曾担任过第二战区驻重庆办事处主任的职务,他谈起当时在重庆的山西人来曾说:高长虹要从重庆赴延安时,二战区办事处送给他路费伍百元国币,不料他拿起票子来,一下摔在地上,大声说,谁要你们的这些刮地皮钱! 一摔手走了。阎是把高当作怪人来讲这件事的,可我听了之后立刻引起了从前对他的尊敬之心,几十年前,他的蔑视权势,不为金钱地位所诱惑的革命形象又在我的面前出现了。有此一事,我觉得一切文人俗士对他的轻视侮蔑,都算不了什么,他虽有各样缺点,但不愧是一位有气节的文学家。(张恒寿:《回忆长虹》)①

5 月 28 日　作《论屈原》,发表在 6 月 25 日《中苏文化》8 卷 6 期。在这篇近万字长文中,高长虹称屈原"是中国最大的诗人",其原因在于:"不止是中国最早的一个诗人,他也是中国最代表的政治诗人,和最独创而难于被人学习的诗人。"接着以屈原的命运和诗歌成就为线索,分析了屈原时代诸侯相争的政治状况和文化状况。将屈原的诗歌特点归纳为五方面:一、"采用了当时的楚语写诗,开创了诗的一个新的形式";二、"他把诗从兴,比,赋的民歌发展为抒情诗";三、"诗从他起首才运用入丰富的想象";四、"屈原虽是贵族,然而在他的诗里还时时发现一种人民的情绪";五、"他不

---

①　张恒寿 1986 年 2 月 19 日在接受张谦采访时的说法略有不同:"抗战期间(约 1939 年初)他在重庆生活十分困难。当时二战区驻重庆办事处主任阎云卿先生曾奉命送他五百元大洋资助生活,可他当场就把五百元钱扔到地上,还愤怒地斥责说:'谁要你们这些刮地皮的臭钱!'说罢扬长而去。阎先生曾多次谈及此事,对于长虹宁肯饿肚不吃嗟来之食的贫贱不能移的正气与硬骨,不胜赞叹。"(张谦:《我所了解的高长虹——几位老同志谈话纪要》)

但在他的诗里最后总要归结到楚国,而且他有对于楚国的真知灼见的预言"。文章末尾指出学习屈原的意义:"以前的端阳节,是属于屈原的,今后的诗人节①,它也是属于诗人的,纪念屈原,也要鼓励自己。学习屈原的爱国精神,也要学习他的人民情绪,用诗来唤醒民众,铲除贪污,克敌制胜。也要在诗里采纳人民的语言,来教育培植人民中的屈原。"

6 月 28 日　在"西安"作《论文艺反攻》,发表在 7 月 30 日《黄河月刊》②2 卷 5、6 期合刊。该文"为《黄河》七七纪念作"。文章分析抗战对文艺所起的作用:一、"给与文艺作家们的帮助是精诚团结",二、"文艺为抗战而服务";总结抗战文艺的发展过程:一、初期,"文艺主潮是报告";二、武汉广州失败以后,"以文艺内容的政治化做主潮";第三个时期的抗战文艺要"以号召反攻为主要题材,以士兵和人民大众为创作的主要对象。"谢冰莹在《编后》中如此写道:"伟大的抗战,到今年的七月七日,整整地四年了,为了检讨过去,策励将来的文艺工作者的任务,所以特请高长虹先生写了这篇《论文艺反攻》,长虹先生是读者所熟悉的一位老诗人,最近由重庆来,路过西安到中条山去。《七七》这首诗,既通俗又实际,别具风格,读来感到异常亲切。"

---

①　关于"诗人节",常久在《"诗人节"的由来》(《新文学史料》第 3 辑,1979 年 5 月)中如此写道:"1938 年 8 月以后,先后汇集到重庆的诗歌工作者渐渐多起来,于是在研究部下设立了一个诗歌组,主要负责推动当时的诗歌运动,主持人是方殷。诗歌组召开过多次座谈会,讨论过诗歌大众化,诗歌的语言形式等等问题。与会者有时多至二三十人,其中有厂民(即严辰)、老舍、何容、安娥、长虹、魏猛克、袁勃、臧云远……等。不知是哪一次座谈会上,方殷倡议:把每年农历五月五日民间纪念大诗人屈原的日子,订为'诗人节'。这个倡议立即得到一致热烈的支持,并决定由臧云远起草《诗人节宣言》,交郭老审阅后送各报发表了。"高兰在《回忆第一届诗人节》(《新文学史料》,1983 年第 3 期)中如此写道:"诗人节是在一九四一年,即抗日战争最艰苦的年代也是与反动派斗争最激烈最复杂的年代里诞生的。"

②　《黄河月刊》:1940 年 2 月 30 日在西安创刊的文艺刊物,谢冰莹主编,西安新中国文化出版社出版发行。1943 年 8 月 5 卷 2 期由厉厂樵接任主编,1944 年 4 期出至 5 卷 3—4 期合刊后休刊。该刊设有理论、报告、小说、诗歌、特写、文艺通讯、战地通讯、杂感、青年园地、读者园地等栏目,以文艺创作为主,兼顾理论批评,是西北地区影响较大的文艺刊物。在主要撰稿人有王亚平、碧野、姚雪垠、孙艺秋、叶鼎洛、谢冰莹、李朴园、梁实秋、丰子恺等。休刊前,该刊比较注重抗战现实问题,曾组织有实际生活经验的青年作者写战地通讯报告;提倡"生产文学",即"用艺术的手腕来描写后方一切生产建设"的作品。发表过一些抗战题材的小说,编有一期"日本反战同志文艺专号"等。同时也发表一些适应国民党所谓"抗战建国"需要的作品,刊登过宣扬"国家至上,民族至上"和"三民主义文艺"等观点的论文。

6月29日 作《七七诗》,发表在7月30日《黄河月刊》2卷5、6期合刊。为纪念七七而作,号召"能当兵的都到前线当兵去","一年内如获不到胜利,/这一年内枉为人"。

7月1日 "中华全国文艺界抗敌协会延安分会登出启事:本会自7月1日起改为独立工作团体,接收陕甘宁边区文化协会原有杨家岭会址、财产及一部分有关文艺工作,正式启用印章,开始办公。先后驻会作家有:林默涵、高长虹、马加、罗丹(程追)、石光、高原、方纪、于黑丁、曾克、周而复、柳青、庄启东、魏伯、雷加、高阳、舒群、罗烽、白朗、严辰、逯斐、鲁藜、李雷、韦明、张惊秋、师田手、董速、金肇野、崔璇、方紫、伊明、郑文、王琳、艾青、韦荧、高原、张仃、杨朔、草明、欧阳山、萧军、刘白羽等。"(艾克恩:《延安文艺运动纪盛》,文化艺术出版社,1987年,页262)

8月15日 《西北文化月刊》①刊载景克宁的《高长虹来陕》访问记。内云:

> 别了祖国数年的诗人高长虹由重庆到这来了。这消息,不但对我是可喜的,而目对西北文化界亦是可喜的呵!
>
> 当这可喜的消息送入我的耳内后,我冒着雨,以一个爱好文艺者去访问我素为敬仰的作家、诗人——长虹。
>
> 这位作家的个子矮矮,看起来很不展脱,走起来的步子是不匀整的,紫酱色的脸上,嵌着一双像对一切都惑疑的样子,鼻子上架着副度数不深的近视镜,在眼圈的周围罩着一种黑色的晕轮,这表示了他风尘劳碌的乏困。
>
> 披散在头上的发,已苍然灰白了,看去好像是标准的老人,但是他却才四十三岁呢!这又是他的历年对工作过度努力的成绩,可以说是值得赞扬荣耀的标记。他的态度很冷静,精神也不大好,说话的声音低

---

① 《西北文化月刊》:1941年5月15日创刊于西安。西北文化出版社编辑,中国文化服务社陕西分社发行。设有时论、论著、译文、专论、特载、文艺、西北作家小传等栏目。刊登政治、经济、教育论文和文学艺术作品,宣传国民党政府方针、政策。目前可见最后1期为1945年4卷2期。

低的,而且一贯是慢慢的,当他说完一句话后会紧闭着嘴。这种情形,会叫人想到他在狂飙时期,在无数的挨骂与恶意的批评中,他的倔强的态度与冷静的应付。他好像是不大健谈,我和他坐在一个狭隘的内屋。除了我问,他慢慢地回答外,这屋内的空气往往会陷入一种近乎难堪的沉默中。但是,我记得在他的作品中,他说过这样的话:"我呢,虽然是老气横秋,然而只要得其当并不是我不好说话的……"我想,这大概是我提的问题是"不得其当"吧? 实的,就我现在的情形说,与一位大作家谈话,连自己都觉得"不得其当"呵!

他说:"我始终对鲁迅最明白,而目最同情鲁迅的……"他继之说:"我与鲁迅在《莽原》时期是很好的朋友,《狂飙》周刊在上海出版后,曾有过一番争执,不过以后我们都忘了。一九三〇年后的鲁迅那光明的行动,我在国外也时常为之钦佩的,庆幸的。除此而外,人们造的谣言,都是没有用处的……"由此可见鲁迅一度和长虹的关系,就是他们俩老有过小的争执,但那决不是坏现象,我觉得那是一种促进文艺走入正当途径的伟大力量,并且长虹批评鲁迅,批评的比任何人都恰当。他说:"鲁迅是个很现实的人,他没有打算做的事,他没有做;他打算做的事做到了……。鲁迅写文章的时候,态度很倔强、同朋友谈话的时候,却很谦逊的……"虽然仅仅这几句话,但是赤裸裸的说出鲁迅生平的为人与作品的风格了。①

他到西北了,无疑的,这将对于我们是黑暗中发现了一丝灯光的愉快,而希冀有更大的希望。我们共同期望我们的作家,把他一九三〇年离开祖国到日本,继之到法国、德国、瑞典、比利士……等国家的见闻,送给对精神食粮久感饥饿的我们,做一顿饱满的大咀嚼。是的,他比过去更坚强了,更老练了,更……他到西北了,他之对我们是象征着"希望"! 他将观察西北每个角落的风俗、文化……他将在西北住一个长的时间。无疑的,他将对西北文化有所贡献。祝贺吧! 中国文坛上的明星,落到西北的原地上了。他将以他辉煌的光芒,普照四围……

---

① 高长虹所说的三段话以《对记者的谈话》为题收入《高长虹全集》第4卷,未收入文集。

最后，我再以一个爱好文艺者的资格，再说一次："我们希望久别的作家——文艺的老战士，给我们以美满的食粮，给我们以新的更坚强的指导……（宇新：《高长虹在西安》，《鲁迅研究月刊》2009 年第 12 期）

《高长虹来陕》的作者克宁即景梅九的孙辈景克宁，1997 年 12 月 13 日在给言行先生的信中曾如此回忆他与高长虹的交往情况：

我得以认识长虹先生，时在 1941 年春夏之交，我正在大学读书，偶返家中得有缘睹长虹先生丰采。先生身高中下，身着半旧西装，似乎不善言辞，唯与我先祖景梅九谈笑颇恰。先祖介绍长虹先生时对我笑道："这位即是'狂飙文人'长虹。"我当时虽攻读经济学，但因受家风影响，对文学、国学多关注，涉猎文史资料，对狂飙社在近代文学的地位亦有所知，所以在聆听他们交谈之余，也偶尔插话请教长虹先生对文｛章｝写作的精见。长虹先生语调平稳，而目光闪烁。献身文学，需要生命投入，指出文学，特别是诗歌，就是时代的暮鼓晨钟，也是诗之生命的呐喊；是时代的大旗，亦是灵魂的奉献。个人琐事与文学事业相比是微不足道的，无需计较的等等。当时我深为长虹先生对文学精进的见解所动，并为他的气度所感，并且也从他身上感受到一种诗歌的狂飙精神，这对当时是深有影响的：文学诗歌不是灵魂的保姆，而是时代的号角。这一认定已在我心中扎根。对此，是长虹先生对我的赠予。以后与先生也曾偶谈过两次，大体类似上述。总之，对长虹先生我是深怀敬意的。（言行：《造神的祭品——高长虹怨案探秘》，页 171）

夏秋　到达当时二战区司令部所在地陕西省宜川县秋林镇。在高长虹到达秋林之前，在重庆开会的阎锡山妹夫梁延武打来电话，叮咛二战区党政委员会总务处招待。高长虹到达秋林时的情况为："高长虹穿着一身蹩脚的西装，手提一只皮包，没有带行李，风尘仆仆地来到秋林河边的寨子上。"高长虹来时，皮包内藏着他写的一篇《为什么我们的抗战还未胜利》的草稿:"在这篇文章中,他直言不讳地揭露和指斥国民党当权派的腐化堕落与后方社会的混乱和黑暗。……高长虹的草稿我看过之后深为激动,后来陈楚樵、张季纯、任桂林等人都看了。当时在梁延武领导下的民革社工作的马皓同志,将草稿拿去油印了许多份,我们让二战区一部分进步同志传阅,也并未引起什么风波。虽然当时的同志会和三青团在二战区是无孔不入的,但此文并非出自共产党人之手,而是出自无政府主义者高长虹之手,他们也无可奈何,视而不见。我之所以敬佩高长虹,以此文为重要依据。我觉得他是一位现代的唐吉诃德先生,长矛瘦马,是一位热情而又可笑的战士!此稿未油印出来时,他曾告我说他想叫他的老友赵戴文替他印出来。我听了他的话,真不相信我的耳朵,高长虹真是太天真太幼稚了,他对二战区的情况和当时的现实生活了解得实在太少了。经我再三对他劝告之后,他才打消了他的那种不切实际的计划和幻想。"(青苗:《忆高长虹》)

在秋林期间,和青苗住在一个窑洞里,朝夕相处,谈话便慢慢多起来:"高长虹有很丰富的古典文学和历史知识,他对春秋时代的历史很有兴趣,常常大发议论。他几次和我谈到他由欧洲回国时经过香港看到茅盾的情况,并将他应茅盾之请所写的几篇文章的剪报拿出来让我看。其中印象最深的是他那篇记述他与许广平相识的经过,他说他和许广平相识很早,那时她与鲁迅还没有什么来往,后来他发现鲁迅和她通信,而且日渐密切,他便主动和许中断了关系,可是鲁迅后来反而写了《奔月》那篇文章来讽刺他。"(青苗:《忆高长虹》)关于高长虹对历史的看法,青苗在另一处的回忆中这样写道:"高长虹的古典文学和历史知识都很丰富,那时任桂林领导的歌剧队(京剧)演过几出历史剧,高每晚对我大谈春秋列国和战国时代的故事,我对郑庄公的暴虐很有反感,然而他对郑庄公却很景仰,从头顶到脚底,高长虹是充满着个人英雄主义的气概的。"(青苗:《高长虹片段》,《新文学史料》,1984年第2期)

与青苗之间发生的一件事,颇能说明高长虹对文学与生活之间关系的认识,现摘抄如下:

有一次,高长虹索要我已发表过的小说来看,我挑了《特鲁木旗的夜》给他看，当时的《读书月报》上推荐这篇小说为"边疆文学之翘首"。高长虹看了一半之后，便兴冲冲地说："你参加过游击队和收编土匪的生活吗？"我对他说我没有参加过土匪的生活，高长虹便怫然不悦，放下稿子不看了。那篇小说是我以第一人称来描写塞外的土匪生活的。高长虹此举不仅有伤我的自尊心，而且我和他对文学创作的见解有很大的差距，生活和经历对于一个作家来说，当然是很重要的，但小说和其他文学作品并不是都非写亲身的经历不可，难道作家写了一个妓女，非要自己去当妓女不可吗？（青苗：《高长虹片段》）

到秋林后的情况，马皓是这样回忆的：

> 高长虹到秋林大约是 1941 年夏秋，带着他写的文章想要出书找到梁延武，和我们住在一个小农村（张李村，离秋林约二里地），我们认识以后了解一些高的情况。交谈中得知我们还是些进步青年，我们畅所欲言，把他的许多见解都无保留地常常谈到。大概他对大后方国民党统治集团强烈不满，在大后方没有出路，无法发挥作用，因此跑到战区前方，想作些事，并找机会想去延安参加八路军到敌后去看看等等。
>
> 这时我就和办事处同志谈起此人，他们认为可以介绍去延安，反正那时愿意去参加革命都是欢迎的，其时高带着他写的长文想出版，民革社还有印刷条件，我们就给他印了几百本送人。这样他也很高兴，当得知我们可以帮助他前往延安时更为高兴。后来我们介绍了一位张李村的老乡给他带路。这时从秋林去延安只要走一二十里小路就进了边区地界，老乡是常有来往的，有的乡村之间亲友等往来非常方便。虽然其间有封锁沟，那完全是一个空洞的样子，除少数大路之外是无人看管的，老乡熟悉地方情况，到处都是空子，这样他就很安全地去了延安。（马皓：《关于高长虹同志从秋林赴延安的经过》，《高长虹研究文选》）

10月27日 "《新华日报》第 2 版发表了《中国诗歌界致苏联诗人及苏联人民书》，支持苏联人民'伸张人类正义，保卫人类幸福的伟大事业'，表示要'手携手的打击人类中的丑类——那东方西方的野兽'。老舍以及冯玉祥、郭沫若、田汉、冰心、冯乃超、长虹、穆木天、臧克家、方殷等150人签名。"(甘海岚:《老舍年谱》,页158)

10月30日　在《黄河月刊》2卷8期发表《青年王进的下落》。该叙事诗写重庆的王进生活安定却心神不宁,一天不辞而别,不知到了什么地方。

11月初　到延安,受到热烈欢迎:"文化界欢迎狂飙诗人高长虹在文化俱乐部凉亭开会。"(《延安文艺的光辉十三年》,华龄出版社,1993年,页21。该文字为该页照片说明词)后来成为柯仲平夫人的王琳与曾克散步时曾看见柯仲平在高长虹的小窑里聊天(王琳:《柯仲平纪念文集·评传卷》,云南人民出版社,2002年,页209)。

到延安后的情况为:

> 第二年11月,高长虹同志也到了延安,并且也住进了兰家坪延安文艺抗敌协会(简称文抗)的窑洞,成为住会作家,和我一个锅吃饭、一同学习和劳动。但,我们没有提起过他离开"旅社"的事。只听说他没经过党的帮助,是一个人,冲破国民党反动派的重重阻力和封锁,辗转晋、陕到达延安的。
>
> 他到延安后,受到中央领导和文化界的亲切接待,重逢了他思念的老战友柯仲平等,积极参加延安文艺界的各种社会活动;办杂志,到鲁迅艺术学院讲课,发表文章,朗诵诗,很活跃。但,和文抗的作家和同志们见面,接触不很多,在学习会上不多发言,也不很欢迎同志们去关心他的生活,显得有些孤独感。对我的创作还是关怀和鼓励的。他积极参加大生产运动,随时随地拣骨头,给西红柿提供最佳的肥料。(曾克:《长虹永灿》)

到延安后的情况,陈漱渝1981年4月22日采访过舒群,回忆如下:

> "你找我算是找对了。对于高长虹在延安和东北的情况,比我更

了解的人大约不多了。高长虹徒步进入延安之后,经有关方面酝酿,责成延安鲁艺代为照管,并给了他一个陕甘宁边区文协副主任的名义。当时文协主任是柯仲平,在狂飙社中柯在高之下,因此高对这种安排有所不满,跟柯的往来并不很多。高当时经常给延安《解放日报》第四版投稿,文、史、哲无不涉及,但由于缺乏马列主义基本理论的武装,思路不清。据我回忆,他的文章大约一篇也没有采用。我当时曾接替丁玲担任《解放日报》第四版的主编,出于对高的尊重,退稿时往往由我亲自出面,因此跟高接触的机会比较多。"(陈漱渝:《"狂飙文人"高长虹的下落如何》,《鲁迅研究百题》,湖南人民出版社,1981 年;另见《寻找高长虹》,《湖南人文科技学院学报》2007 年第 1 期)

言行 1988 年 9 月 3 日采访过舒群,回忆如下:

长虹是我的长辈了,我对他是非常尊重的。他向往光明,向往革命,只身徒步从重庆走到延安,这本身就很说明问题。他到延安那天,是我到住处迎接他的。他到了延安,但不能了解延安。他为《解放日报》写了不少东西,文史哲经法无不涉,但用得很少。边区政府委他为文协副主席,他不就,他说柯仲平不会工作。柯仲平是好人,但他确实不会工作,他不但不会做思想工作,连一般行政工作也不会做。狂飙社,柯仲平是晚辈,但人家入党早,到延安早,深得毛主席之信任,把长虹放到柯仲平的副手地位,从各方面都说得过去,但长虹接受不了。长虹和柯仲平的友谊也伤了。柯仲平很能喝酒,是喝酒有了名的。长虹不喝酒。柯仲平是诗人气质,像个半疯儿。

长虹到延安后,要求到中央研究院经济研究所工作,但未得到同意。组织上安排他为文协驻会作家。长虹写的文章博古、周扬都看过,很重视他,但他的文章缺乏政治内容,发表得很少。他写了一部书稿:《什么是德国法西斯蒂》,研究传统意识对法西斯形成的影响。但因与斯大林的某些观点不一致而不能发表。长虹有看法,给中央和斯大林提意见。长虹向往延安,但他不能理解延安,不能适应延安,碰到工作问题,写文章问题,整风问题,又碰到抢救运动。他住的窑洞高高在上,一批批干部被抓走,一声声逼供信的声音传来,他耳闻目睹,他失望了。没有一个共产党的知心人给他做做工作,他很孤独,很苦闷。他不与人交往,连吃饭都低头来去,闷闷而食。他是吃小灶的。延安时他的精神就不正常了。不过他没有吃苦头,是博古掩护了他,不然……长虹是大知识分子,他有代表性。他向往光明,像灯蛾一样扑向光明,然而却有被烧死的危险。王实味也是大知识分子,看看那下场。(言行:《造神的祭品——高长虹冤案探秘》,页169—170)

到延安后的情况,罗烽有如下回忆:

> 他的脾气很怪,没见他笑过。我们是两代人,没有什么共同语言,没交谈过。我写的一些诗作,自己觉得不错,请他过目,他往往不加可否。他身体不错,虽瘦小,但精神很好。他住在延安的山上,每天都要遛遛弯儿,还经常爬到山上去。
>
> 延安成立"文协"时,登记会员就有高老的大名。那时我是相当于总务科长的角色,摆上七八十个凳子,大家就坐下来开会。1941年8月后,我们又搬到蓝家坪,我们住在北山上,我住山腰,高老住山上,我们离的不远。当时我的孩子小,大的是男孩,只六七岁,小的是女孩,更小。他们经常到高老的门前玩闹,高老怕吵,常撵他们。(此时罗烽的女儿插话说:"刚才我妈还问我:'你们老上高伯伯的门口闹去,高伯伯发的制服帽子,帽徽老是别颠倒了,你们就笑,高伯伯就撵你们,记得吗?'我说:'我一点也记不得了!'")
>
> 延安时期,我们都是经过"抢救"的,我的爱人白朗就是因此得了精神分裂症。但高老未被"抢救",可能因为他是党外人士的关系。(言行:《造神的祭品——高长虹冤案探秘》,页173—174)

秋,高戈伍去看望到达延安的高长虹,情况为:

我第一次见长虹，是 1941 年秋天。那时我在延安鲁迅图书馆工作。鲁艺①图书馆的朱棠同志经常到我这儿来聊天，长虹到延安的消息，就是他告诉我的。他说："你们山西有一个作家高长虹，只身一人，一手拄文明棍，一手拎皮箱，徒步从重庆经第二战区到延安来了。"我听了非常激动，我说："高长虹我知道，我们是亲戚，他是我嫂嫂的娘家哥哥。听说他出国了，多年无音信，怎么忽然到了延安呢！"朱棠说："他一来就找了周扬，周扬很热情地接待了他，还请他到鲁艺做报告，但听的人不多，反映也不大。"我问明长虹的住地，第二天一早就急不可耐地去看望他。

长虹住在北门外的边区文协。我们的图书馆则在南门外，两地相距甚远，要经过已被日本飞机炸成一片废墟的延安城，再过文化沟、文化俱乐部、中央党校、马列学院、中央医院才能到达。我一边走一边回忆着少年时代就听说过的关于长虹的情况……

我知道长虹其人其事，是 1930 年的事。那时我 11 周岁，从盂县第一高小毕业后在老家乌玉村由父亲教授学古文。这年，我三哥阎师道和高长虹的四妹高舜英结了婚。三嫂为了鼓励我好好学习，常常给我讲高长虹的动人事迹，说他从小废寝忘食，刻苦读书，后到外边组织"狂飙社"，出版《狂飙》周刊，还写了很多诗和小说。还说他不为名，不为利，不为蒋介石的利诱所动，而一心为国为民。从那时起，高长虹的影子便深深地印在我的心中，成了我最敬仰的人。为了向他学习，1934年我中学毕业后曾特到他家翻过他的藏书，从中看到《申报》、《东方杂志》等书刊。为了学习他的著作，1934 年—1937 年我在同蒲铁路工作期间，曾在太原旧书摊上搜集了全套的《狂飙》周刊、《长虹周刊》及他的著作单行本。他那多方面的创作才能和成果，渊博的知识和刻苦的创作精神，都使我钦佩不已。当然，限于我的文化水平，他的作品有些

---

① 1938 年 4 月 10 日成立，全名为鲁迅艺术学院，发起人有毛泽东、周恩来、林伯渠、徐特立、成仿吾、艾思奇、周扬，设音乐、戏剧、美术三个系。1941 年 6 月 10 日，建立正规学制，成立文学、戏剧、音乐、美术四部。

地方读不懂。1937年"七七"事变后,我毅然参加八路军,参加了中国共产党,并到了延安。可以说,我的决然走上革命道路,很大程度上是受了长虹影响的,就是在延安改名时,我也用了他的姓。我虽没见过长虹,但长虹的形象早已印在我脑子里:个子高高的,脸长长的,眉毛浓浓的,一位英俊伟岸的男子汉……

想着想着,不知不觉已到了边区文协所在地。走上一个山坡,眼前是一排窑洞。我站在左手第二孔窑洞跟前,正好一位同志走过,我忙问高长虹的住处,他指指眼前的窑洞说:"就是这里。"真巧。我敲门进去,见桌旁坐着一位身材短小的长者,穿一身陈旧的深灰色西装,方型脸盘,脸色有些发黄,戴一副金属框架的眼镜,两鬓已经斑白了。我看他不像想象中的长虹,不敢贸然相认,便问:"请问长虹同志住在这儿吗?"

老者站起身来,带着微微的笑意看看我说:"我就是高长虹。"我赶紧自我介绍:"我是山西盂县乌玉村的,父亲叫阎凤藻,我原名阎师善,现改为高戈伍,是延安鲁迅图书馆主任。听说你到延安来了,特来看望你。"长虹连忙握住我的手笑着说:"啊,啊,知道,知道,快请坐。"我坐下来,注意看了看他的窑洞。延安人的窑洞都极简单,长虹的尤其简单:一张板床,一张条桌和三只小凳。此外就是床上的稻草和极简单的被褥以及一只破皮箱;壁洞里的一只碗和一双筷;条桌旁的一条文明棍。此外别无长物,连一般文化人都有的书架也没有。高长虹的形象完全出乎我的意料,而更出乎我意料的是他那双异乎寻常的眼睛。那是一双智者的眼睛,眼睛并不大,也并不漂亮,薄薄的双眼皮,乌黑的眼珠,与常人无异,而眼睛里放射出的却是炯炯有神的、不同常人的、睿智的光芒。那光芒似乎能穿透人的心。

我想高长虹离家近20年,一定很想知道家庭情况,便主动介绍了我知道的一切。我还担心他会问长问短,而我所知甚少,多遗憾。谁知他静静地听完了,别的什么也没有问,连他夫人也没问及,只提到他的爱子高曙。我说:"我和恩曙(高曙乳名)一起玩过,他学习成绩很好。"长虹说:"不知恩曙现在怎么样了,如果参加了八路军或游击队就好了。"接着他又自言自语说:"能不能给他写封信,叫他参加八路军!"我说:"延安和晋察冀边区不通邮。不过我想恩曙会参加抗日工作的。"
他无可奈何地摇摇头,转了话题,问我鲁迅图书馆在什么地方,藏书多
少,有没有关于德国法西斯政治经济方面的参考书? 我一一作了回答
后问他:"你不是写诗的吗,怎么又研究起政治学来了?"

他笑笑说:"我的专业是政治经济学,诗只不过是业余爱好。我最
近在写一本关于德国法西斯的著作,需要一些参考书。"我忽然想起:
"我那儿有一本希特勒的《我的奋斗》,不知你需要不?"他高兴的说:
"需要,需要,太需要了。德国法西斯,我亲眼目睹,不得了,把德国人
彻底动员起来了,武装到牙齿了,我们是必须认真对付的。我要以马克
思主义观点研究一下什么是德国法西斯主义!"我兴奋的说:"你也研
究过马克思主义!"他又微微笑笑:"很早以来我就站到马克思主义立
场上来了,我是相信马克思主义的。"我高兴已极,庆幸我们的革命队
伍中又多了一位同志,回去后立刻把书寄给他。过不久,就收到他还来
的书并附一信:"戈伍同志:书已用完,现奉上,谢谢! 长虹 X 月 X
日"①这是我第一次看到长虹的手迹。那是一笔非常漂亮的行草,字迹
圆润、清秀、流畅、老练,功力之深,一般人不容易达到。(高戈伍:《忆
长虹同志》,《鲁迅研究动态》,1989 年第 4 期,《高长虹研究文选》)

到延安后,曾到"星期文艺学园"②讲《对文学的认识》,为二十五讲中
的第一讲。(艾克恩:《延安文艺运动纪盛》,页 241)

到延安后不久,应周扬之邀到鲁艺演讲③:"男男女女同学,你拥我挤,

---

① 该信以《致高戈武》为题收入《高长虹全集》第 4 卷,未收入文集。
② 边区文协创办:"参加者丁玲、罗烽、雪苇、舒群、萧军。议定:起名星期文艺学园(每星期
日上课一次);园址设在文化俱乐部;宗旨是开展文艺运动和帮助文学青年等学习与写作;课程分基
本的与一般的,前者有顺序,即由中国新文学运动史讲到读书与写作,由专任教员刘雪苇、罗烽、艾
青分担。后者不拘,讲者自定题目、自定时间。"(《延安文艺运动纪盛》,页 240)
③ 侯唯动在《我所认识的高长虹同志》(《延安文艺研究》,1985 年第 2 期)中说高长虹这次
演讲的时间是 1942 年夏初,高戈伍认为是"1941 年秋天"到延安后不久(《忆长虹同志》)。根据高
长虹到延安后的情况可以推断,高戈伍的回忆是正确的,即这次演讲时间当是 1941 年秋、高长虹到
延安不久。

争先恐后,大家闪出一个走廊,但见我们的院长笑嘻嘻地陪着一位比他矮一头的慈祥的老汉来了。那老汉乍一看,像南极仙翁,敦敦实实的个儿,健步走来。"周扬介绍后,高长虹用纯正的普通话大声地说:"艺术就是暴动!艺术就是起义!""为配合他的语言,他举起了右手,就像要暴动前的宣誓,像起义开始时的表决心。他看看周扬,由看看大家,不言语了。"周扬请高长虹多讲,但高长虹"又把原话重复了一遍,又戛然而止。"高长虹因此获得了"高起义"的雅号。侯唯动曾就民族形式与欧洲形式的关系请教高长虹:"他笑笑,看我这个青年诗人,又是自由诗派有成就的陕西乡党,他慢慢地和蔼地说道:'你学了不少马列主义,怎么就没有懂得斯大林的名言:越是民族的,就越是国际的呢!'他说越是周游了列国,涉猎了世界各国的文化宝库,就越觉得全球各民族的大花园中香花千姿百色,中国的牡丹花顶鲜艳。"(侯唯动:《我所认识的高长虹同志——为〈高长虹评传〉作序》)

11月16日　在延安参加庆祝郭沫若50寿辰集会:"延安文化界为庆祝郭沫若先生五十寿辰,特于十六日下午二时,在文化俱乐部集会,到有凯丰、丁玲、陈伯达、周扬、艾思奇、萧三、草明、欧阳山、艾青、高长虹、吴奚如、柯伯年、李雷等十余人。"(《郭沫若先生五十寿辰延安文化界集会庆祝》,11月18日《解放日报》)该日出版的《解放日报》副刊《文艺》第40期《庆祝郭沫若先生五十寿辰》发表了周扬的《郭沫若和他的〈女神〉》。

11月18日　在《解放日报》①副刊《文艺》第41期发表《庆祝郭沫若先生五十寿辰》②。文章回忆郭沫若五十年的经历,对重庆时期的郭沫若给予崇高评价:"把重庆的文化界比做鸡,他是鸡头上的花冠。"在同一标题下发表文章的人还有:陈伯达、艾思奇、萧三、欧阳山、草明。

11月28日　重庆诗歌界致书苏联诗人和人民,"签名者冯玉祥、郭沫

---

①　《解放日报》:1941年5月在延安创刊,1947年3月在子长县终刊,是中国共产党中央委员会兼西北局的机关报。它跨越了抗日战争和解放战争两个时期,是这段时期中国共产党最重要的舆论工具。它反映了中国共产党在民族战争和国内战争中的路线、方针和政策;也反映了陕甘宁边区和各抗日根据地军民开展军事斗争、生产斗争和阶级斗争的情况。也刊登了不少文艺作品,体现了文艺为工农兵服务的方针。毛泽东经常为《解放日报》撰写社论。

②　后以《论郭沫若》为题收入《百家论郭沫若》(王锦厚、秦川、唐明中、肖斌如选编,成都出版社,1992年9月)。

若、田汉、冰心、老舍、冯乃超、长虹、穆木天、胡风、王统照、姚蓬子、戴望舒、安娥、艾青、臧克家、何其芳、常任侠、力扬等。"（艾克恩：《延安文艺运动纪盛》，页 296）

12 月 10 日　延安诗会成立大会于午后二时在文化俱乐部召开，新老诗人五十余人出席："艾青报告筹备经过后，即开始自由发言。艾思奇、高长虹、何其芳、柯仲平、萧三、艾青等相继发言，他们对中国诗坛与延安诗运，都发表了自己的意见。艾青特别说明新诗的政治价值与艺术价值，提倡诗歌创作态度的严肃性。座谈会开了将近四个小时，发言极为踊跃。最后通过简章与提案，选举艾青、高长虹、艾思奇、柯仲平、萧三、何其芳、天蓝七人为理事。计划出版会刊，并大量介绍外国诗歌理论与创作。"（《延安文艺丛书》编委会编：《延安文艺丛书·文艺史料卷》，湖南文艺出版社，1987 年，页459）

12 月 14 日　"延安文艺界在文化俱乐部举行追悼作家邱东平大会。参加者七十余人。有艾青、丁玲、欧阳山、高长虹、吴奚如、荒煤、刘白羽等。"（艾克恩：《延安文艺运动纪盛》，页 299）

冬　高戈伍为请教问题来到长虹处：

长虹已不着西装，换了延安的灰色兜儿棉制服。互致问候之后，我向他提第一个问题，我说："我喜欢读诗，常读些新诗，但总感到写的好的太少。"长虹问："你读过哪些人的诗？"我说："艾青、臧克家、田间等人的诗都读过。"他又问："你觉得谁的诗写得好些？"我说："我觉得艾青的诗写得不错，他的《火把》就比较有感染力。"长虹说："艾青一直是专业搞诗的，他在法国就是专门写诗的，他的诗造诣很高。"我们谈论了一阵诗后，我又转到第二个问题，我问他："听说《解放日报》需要新闻记者，我想申请去，不知好不好？"他问："你写过文章吗？"我说："写过几篇稿，但《解放日报》没发。只是从英文资料上翻译的一篇通伦堡的报告文学《解放日报》发了。"长虹说："报纸是党领导斗争的前沿阵地，如果能调到《解放日报》工作，那当然是好的。"

谈话近中午，我向长虹告辞。他站起来，顺手拿过桌旁的文明棍，送我走出窑洞。我请他留步,他也不理,一直送我走下山坡来到大道旁。我再次请他留步,他却把我领进一家小饭铺里,示意我坐下。这时我才明白,长虹要请我吃饭。他要了四碗肉丝面,我们便一起吃起来。1941 年,延安的生活是极其艰苦的,顿顿是带壳带霉味的小米饭,菜是盐煮的萝卜、土豆,不见一星油花。每月只有很少的一点津贴,根本下不起饭馆。吃上这样香喷喷的一顿面条,是我到延安来的第一次。吃罢我们分了手,我目送他上坡而去。我见他拄着文明棍爬坡时的那种吃力的样子,身体前倾,一步一蹭,走几步还要停下来休息一下,他的一条腿似乎还有一点跛,然而他还是奋力地攀登着……我突然心里一阵热,这样一位老者,为了追求光明,硬是从重庆徒步来到延安,不用说日本、国民党的重重封锁,只这千山万水,要消耗掉老人多少精力啊!

(高戈伍:《忆长虹同志》)

1942 年 民国三十一年 壬午 四十五岁

1月4日 "文化俱乐部举办诗歌晚会,到会数百人。由艾青、柯仲平、高长虹、公木、孙剑冰、李方立、朱子奇、侯魏动、肖三等朗诵中外新旧诗作"。(艾克恩:《延安文艺运动纪盛》,页 304)

1月10日 "留守兵团政治部文艺工作委员会,在文化俱乐部邀请延安文艺界人士举行新年联欢。到会有艾青、萧军、罗烽、白郎、高长虹、柯仲平、肖三、塞克、舒群、刘白羽、艾思奇、吴奚如、欧阳山、力群、草明、张季纯、曹葆华以及部队文艺工作者 80 余人……最后有肖三、高长虹、李雷、公木、艾青等诗歌朗诵"。(艾克恩:《延安文艺运动纪盛》,页 305)

1月29日 "边区文协在交际处召开第二次理事会,讨论关于筹备第三次代表大会事宜。到会有常务理事吴玉章、丁玲、艾思奇、肖三、陈康白,还有高长虹、柳湜、柯仲平、李卓然、白彦博、周文、舒群、庄启东等十余人。……推定柯仲平、高长虹为正副主任,统筹一切。"(艾克恩:《延安文艺运动纪盛》,页 310)但高长虹未接受这一任命。关于此事,高戈伍是这样回忆的:

　　1942年初,《解放日报》上刊登了边区文协召开筹备会的消息,主任柯仲平,副主任高长虹。长虹参与领导工作后,我很关心文协的情况,有文协同志来图书馆看书,我便要打听消息。一天柯仲平同志来了,他就住在宝塔山的窑洞里,经常来。他也知道我和长虹的关系,我们经常谈话。我问:"最近怎么不见文协活动消息了?"柯仲平说:"班子没有建起来。"我惊奇地问:"报上不是已经发表,你和长虹是正副主任吗?"柯仲平唉了一声说:"人家长虹才高能力强,不肯低就。"我也深为惋惜地啊了一声。

　　过了几天的一个上午,我正想整理书,长虹突然来了。我忙请他到办公室,给他倒水。长虹说:"我想看看你们的藏书。"我即领他到书库看书。鲁迅图书馆,是延安三个图书馆之一,规模很小,书库只有30平方米,藏书也只有5万册。长虹看书目,有时抽下一本书翻翻,只一个多钟头就浏览完了。他掸掸手,微微一笑说:"没有我一本书!"我抱歉地说:"书缺的很多。"我请他到阅览室看看报刊,他说不看了,那边(指鲁艺图书馆)都有。我请他到办公室休息一下,并趁机问他:"《解放日报》报导了你在任区协筹委会副主任的消息,现在情况如何?"他说:"我没有答应。"我问:"为什么?"他说:"柯仲平不会工作。"我送他到大门外的时候,我还在想,一个多么直率的老人啊!(高戈伍:《忆长虹同志》)①

　　为此,好友张稼夫曾劝过高长虹,"但也不很奏效"(张稼夫:《我和"狂

---

　　①　关于边区文协的情况,有这样介绍:"边区文协——即陕甘宁边区文化界救亡协会。1937年11月24日成立。它具有更广泛的群众性,含有社会科学研究会、国防教育研究会、国防科学社、战歌社、海燕社、音乐界救亡协会、世界语者协会、新文字研究会、民众娱乐改进会、抗战文艺工作团、文艺界抗战联合会、文艺突击社、诗歌总会、戏剧界抗战联合总会、文艺顾问委员会等多种文艺团体。该会为全国文协的一个分会。最初由艾思奇任主任,柯仲平任副主任;后由吴玉章任主任,艾思奇、柯仲平、丁玲任副主任。其间赵伯平也任过一段主任。1942年以后由柯仲平任主任,协会的任务'在于集中自己的一切力量,唤起我们伟大人民群众之民族的自觉,争取思想界的民主,扩大反帝反封建的文化运动'。"(艾克恩:《〈在延安文艺座谈会上的讲话〉与延安文艺运动》,艾克恩编:《延安文艺回忆录》,中国社会科学出版社,1992年,页396)

飙社"》)。高沐鸿认为,高长虹不当文协副主任是对其职位不满:"当时,柯仲平已经是党的领导干部了。在文联,职务在他之上。原来在上海办《狂飙》周刊时,柯仲平是高长虹手下的一个小兄弟,现在竟然要来领导他,这在一个无政府主义者看来,那是无论如何也消受不了的。"(曹平安:《高沐鸿忆长虹》)张磐石并不同意这种看法:"为此,我曾问过丁玲同志,丁说他们一起参加延安文抗,曾请长虹为她和舒群同志主编的《解放日报》文艺副刊写稿,接触不算很多,但感到大家尊重长虹这位老作家,长虹对不同意见默不表态是有的,但从不曾计较过职位高低。"(张磐石:《我与高长虹》)

1月30日 作《地的呼吁》,发表在2月18日《解放日报》,曾收入《延安集》。诗歌为延安未下雪而担忧来年的收成。

2月10日① 延安小说家、诗人在文化俱乐部举行纪念普希金逝世105周年大会,"参加者有萧军、艾青、肖三、柯仲平、高长虹等百余人。朗诵小说诗歌来代替纪念辞。曾克朗诵契诃夫的《靴子》,蕗薇朗诵鲁迅的《在酒楼上》,高长虹朗诵《救救英格兰》,李雷朗诵《荒凉的山谷》,公木朗诵《发现了母亲的名字》,刘白羽朗诵白郎的《四分钟》,艾青、肖三等亦相继朗诵新作及普希金作品。"(艾克恩:《延安文艺运动纪盛》,页315—316)

2月15日 "正值春节,应邀到张稼夫家作客。谈论时局,国民党是腐败,共产党是右。"(《高长虹年表》)

3月5日 "边区政府成立文化工作委员会,聘请林伯渠、李鼎铭、贺连城、吴玉章、徐特立、李丹生、丁玲、柯仲平、吕骥、艾青、塞克、高长虹、萧军、莫文骅、柳湜、李卓然、丁浩川、江丰、马济川、舒群、周扬、欧阳山、肖三、罗烽、何思敬、艾思奇、周文等为委员。"(艾克恩:《延安文艺运动纪盛》,页323)

3月22日 作《这样唱,这样做》,发表在4月5日《解放日报》,曾收入《延安集》。诗歌呼吁人们不要浪费人力、时间,多干工作、多学习。

4月10日 边区政府文化工作委员会在交际处召开第二次例会,决定四

---

① "在十五日文化俱乐部举行的纪念普希金大会上,延安诗会的高长虹、公木、艾青、萧三、柯仲平等踊跃参加,争相朗诵普希金的作品,盛况空前。"(《延安文艺丛书》编委会编:《延安文艺丛书·文艺史料卷》,页460)

件事情,其中第三项为:"请肖三、何思敬、艾思奇、高长虹、吴玉章等参加延安'国际报导社',进行国际宣传。"(艾克恩:《延安文艺运动纪盛》,页324)

4月12日 "延安诗人以新的姿态提前两天纪念玛雅柯夫斯基逝世十二周年。肖三等朗诵了玛氏的诗。高长虹等朗诵了自己的诗。"(艾克恩:《延安文艺运动纪盛》,页342)

5月 "延安文艺座谈会"①召开,"高长虹被邀请参加了,他因故未去"(黎辛:《关于"延安文艺座谈会"的召开、〈讲话〉的写作、发表和参加会议的人》,《新文学史料》1995年第2期)。关于此事,董大中先生在访问艾青时,"艾青一字一顿地说,高长虹是延安唯一没有参加文艺座谈会的文艺界人士"(董大中:《鲁迅与高长虹》,页24)。

6—10月 "文艺界各种活动大都未参加,无事时便到各地去捡骨头,准备送给农民肥田。"(《高长虹年表》)

7月27日 中国诗歌界150人在致苏联诗人及苏联人民书上签字,见刊42人,排在高长虹前面的有:冯玉祥、郭沫若、田汉、冰心、老舍、冯乃超。(《中国诗歌界致苏联诗人及苏联人民书》,12月15日《诗创作》第6期)

8月15日,《文艺月报》②第16期出版。该期是"延安星期文艺学园结

---

① 1942年春,毛泽东亲自找延安部分作家谈话,了解情况,听取意见。5月,毛泽东和凯丰联名邀请在延安的作家、艺术家举行座谈会,应邀出席者约百人。5月2日毛泽东在座谈会上讲了引言,5月23日讲了结论,此即著名的《在延安文艺座谈会上的讲话》。在《讲话》中,毛泽东不但明确提出文艺必须为工农兵服务,而且进一步论述了文艺如何为工农兵服务的问题。毛泽东还就文艺和政治、文艺和整个革命事业的关系、文艺界的统一战线、文艺批评问题等作了阐述。文艺座谈会后,毛泽东又向延安鲁迅艺术文学院师生发表讲话,号召大家走出"小鲁艺",到"大鲁艺"(指广阔的社会生活)中去。各根据地中央局和各级党委,相继传达了延安文艺座谈会的精神,部署文艺整风工作。各文艺团体和有关单位组织作家、艺术家认真学习文件,进行自我反省、自我批评。一些作家发表了这方面的心得和体会,如周立波的《后悔与前瞻》、舒群的《必须改造自己》、何其芳的《改造自己,改造艺术》等;鲁迅艺术文学院检查了文艺教育中的问题,如周扬的《艺术教育的改造》、张庚的《论边区剧运和戏剧的技术教育》、何其芳的《论文学教育》等。

② 《文艺月报》:1941年1月1日创刊,由延安文艺月会编辑出版,编辑事务主要由舒群、萧军负责,丁玲曾参与前两期的编辑。自第七期起,由萧军独自编辑。1942年9月1日出版至第17期时停刊,前后共出版17期。《文艺月报》是延安文艺月会的会刊,而延安文艺月会则是中华全国文艺界抗敌协会延安分会成立后由丁玲、舒群、萧军等人发起组织的文艺研究团体,旨在提高文艺创作的兴趣,展开文艺讨论的空气。作为会刊,《文艺月报》以该会会员、星期文艺学院的参加者、延安各文艺小组、各学校、机关、图书馆等为对象。所刊发的作品,有杂文、小说、诗歌、剧本,文艺批评、翻译作品等。部分作品曾在延安整风期间引起过争论。

束纪念特辑",登载了星期文艺学园名单和一年来讲课题目,其中有高长虹的《我对文学的认识》——为25讲中的第1讲。(艾克恩:《延安文艺运动纪盛》,页385)

10月22日 "边区文协、延安诗会、新诗歌会等团体,在文化俱乐部召开诗歌大众化座谈会。到会有胡采、肖三、天蓝、林沫、敏夫、郭小川、李雷、鲁藜等四十余人。推艾青、长虹、公木(张松如)为主席团……长虹主张我们要由创作'大众化的诗'到创作思想情感语言都同于工农兵的'大众的诗',以至启发大众诗人创作'大众自己的诗'。"(艾克恩:《延安文艺运动纪盛》,页402)

年底 马皓回到延安,直到日寇投降后离开延安去东北。期间多次见到高长虹,"得知他住在边区文联,但谈话间知道他没有什么具体工作做,看起来他的许多想法也不切实际,可能还是很感失望。他曾谈到想到美国去研究经济问题等等,当时我听了感到很奇怪,在那种环境和条件下,完全是空想,是完全不可能实现的,我大概也向他表过态,认为太不实际了,还是安心在延安呆下去吧,等等。"(马皓:《关于高长虹同志从秋林赴延安的经过》)

1943年 民国三十二年 癸未 四十六岁

春① 从"文协"来到"鲁艺":"狂飙社的高长虹老先生只身步行从山西来到鲁艺②找到周扬,他性情孤僻,周扬就安排他住在美术系③,嘱我在生活上照顾他。我记得他只偶尔和从苏联回来的美术史家胡蛮偶有来往,

---

① 《高长虹年表》说,高长虹到鲁艺的时间和情况为:"(1942年)六月,延安整风开始,同其他文艺界人士一道,从蓝家坪迁到'鲁艺'文学部所在地的桥儿沟的东山上,归文学部管理。此间,结实青年诗人侯唯动。"由于1942年底高长虹尚在"文协",故可推断该时间是错误的。侯唯动在《我所认识的高长虹同志》中如此写道:"大概是1943年春,高长虹同志被请到鲁艺来了,就住在东山上文学部的一孔窑洞内",华君武在《"鲁艺"漫忆》中说高长虹到鲁艺"约在1944年",结合具体情况,高长虹到"鲁艺"的时间当为1943年春。

② 此处有误:高长虹"只身步行"从山西来到延安后,先到"文协",后到"鲁艺"。

③ 侯唯动在《我所认识的高长虹同志——为〈高长虹评传〉作序》中也说:"高长虹同志又在延安鲁艺西山美术系窑洞居住"(言行:《一生落寞,一生辉煌——高长虹评传》)。

有时还夹有争吵的声音。"（华君武：《"鲁艺"漫忆》，1997 年 5 月 28 日《人民日报》）高长虹到"鲁艺"后的情况，孙犁有如此回忆："耕堂曰：一九四四年至一九四五年，我在延安，住桥儿沟东山。每值下山打饭，常望见西山远处，有一老人，踽踽而行，知为高长虹。时距离远，我亦无交游习惯，未能相识。"（《读〈高长虹传略〉》，《孙犁全集》第 9 卷，人民文学出版社，2004 年）

高长虹住在鲁艺的情况，舒群有如下回忆：

一九四三年年底至一九四四年八月，我改任鲁艺文学系系主任。高长虹住在鲁艺北面山头的一个窑洞里，我也住在鲁艺校外的窑洞，与高的住处相距不远。因为高由鲁艺照管，所以我常去看他。在我的印象中，高长虹个子很矮，头发半白，身体瘦弱，有点歇斯底里，不过还保持着一点童心。他待人比较真诚，对延安"抢救运动"中出现的扩大化现象十分不满，但运动并没有波及他。（陈漱渝：《"狂飙文人"高长虹的下落如何》）

5 月 15 日　在重庆《抗战文艺》8 卷 4 期发表论文《论民间文艺》。该文长达万余字，认为"农民是两千年中国历史运动中的活血"，但历史文献歪曲了农民形象，而民间文艺把农民"真正的历史留存在他们自己著作里"。论文将民间文艺内容归纳为四个方面并进行了详细论述："一，农民的政治理想，二，农民的生活写生，三，农民的现实讽刺，四，农民的精神反抗。"

夏秋　参加由艾青召集的一个诗歌座谈会，侯唯动朗诵完诗歌后，"突然一声暴雷，柯仲平同志激情满怀，以他特有的热情奔放的劲头，朗诵起来了，他面向高长虹同志，声泪俱下地挥动拳头：'我们对不起鲁迅！／我们对不起鲁迅！'一时高长虹也热泪盈眶。"（侯唯动：《我所认识的高长虹同志》）

11 月 10 日①　作《红色十月》，发表在"墙报"上，曾收入《延安集》。诗歌歌颂苏联十月革命。

---

①　《高长虹文集》下册的落款为"四三，一一，十"，《高长虹全集》第 4 卷的落款为"一九四三，一一"。

关于高长虹在墙报上发表文章的情况,侯唯动的回忆是:"毛主席号召搞大'鲁艺',河南大汉、诗人林沫在'鲁艺'所在地的桥儿沟大街上的十字路口,立起了一块木板,编出街头诗墙报。'鲁艺'的诗人多得很,我们分头催稿,大家都投入到这一高潮中来了。向高长虹索诗的任务,当然落到我的肩头。他是有求必应的,他的不少发表在延安报纸刊物上的诗篇,首发式常在街头举行。这是一条东西大路,车来马去,人至客往,都来在这搭,先睹为快,鼓舞了人民。头一篇总是高长虹同志的民歌体诗,人民欢迎。"(侯唯动:《我所认识的高长虹同志——为〈高长虹评传〉作序》,言行:《一生落寞,一生辉煌——高长虹评传》)

是年 "在延安开展的'抢救运动'①中,被康生诬为青年党,要挨整,在张闻天,秦邦宪的保护下,幸免于难。对'抢救运动'中出现的'左'的倾向颇为不满,经常直言不讳地给党中央提意见,提要求,甚至还给斯大林提意见。之后,情绪逐渐消沉,整日伏案写作,极少参与社会活动。"(《高长虹年表》)

1944 年② 民国三十三年 甲申 四十七岁

9 月 24 日 作《希特勒逃亡》③,发表在 11 月 7 日《解放日报》,曾收入

---

① 抢救运动又叫抢救失足者运动。1943 年 7 月,在陕北绥德中学发现了一个特务。由于受到"左"倾思想的干扰,错误地估计形势,夸大敌情,便认为延安党内、政府、军队里钻进了大量国民党特务、日本特务、托派分子,把凡是从陕甘宁边区以外来的干部、学生和许多白区来的党员都打成嫌疑犯,开展了一个所谓"抢救失足者"运动。特别是当时具体负责审干的社会部负责人、延安整风期间任中央总学习委员会副主任的康生,于 1943 年 7 月 15 日在中央直属机关大会上作了一个"抢救失足者"的报告,说许多人当了叛徒、特务,失足掉进水里去了,要抢救上来;散布"特务如麻"的思想。在这种思想鼓动下,把延安相当多的干部都打成日特、国特、托派、叛徒,一度发生了反特扩大化的严重错误,党中央及时发现并加以制止。8 月 15 日,中共中央通过《关于审查干部的决定》,提出了首长负责,自己动手,领导骨干和广大群众相结合,一般号召与个别指导相结合,调查研究,分清是非轻重,争取失足者等九条方针,这样才纠正了这个错误。毛泽东代表党中央主动承担责任,向大家表示道歉,并宣布错案、冤案一律平反,从而使审查干部、反对特务的运动得到健康发展。
② 是年,苏军对德军发起战略性总反攻并取得重大胜利。
③ 原题为《希特勒的逃走》,后以《希特勒的逃走》为题收入《中国解放区文学书系·诗歌编》(阮章竞主编,重庆出版社,1992 年 3 月)。

《延安集》。诗歌为苏联取得反法西斯战争胜利而欢呼,嘲笑德国军队"夹着尾巴跑"。

10 月 13 日　作《法西斯罪犯们》①,发表在 11 月 18 日《解放日报》,曾收入《延安集》。诗歌预言法西斯罪犯将咎由自取:"我们不会把罪犯们冷淡,/我们已经预备好犒劳,/他们自己所犯的罪恶,/便是他们的香甜的吃烤。"

11 月 6 日　在《解放日报》发表《边区是我们的家乡》②,曾收入《延安集》。歌颂"边区是我们的家乡",穷苦人们来到这儿是为了"创造新天地",并预言"我们先准备好总反攻,/我们先胜利"。

11 月 25 日　作《胜利的歌》③,发表在 12 月 10 日《解放日报》,经修改后以《为自由而斗争》为题收入《延安集》。诗歌呼吁人们团结起来,铲除汉奸,消灭日寇:"女的是姐妹,男的是兄弟,/民族是我们生身的母亲,/斩尽杀绝自由的害虫,/叫劳动的人民都成了神圣。"

12 月 4 日　作《解放歌》④,发表在 12 月 16 日《解放日报》,曾收入《延安集》。诗歌呼吁中国人民"抖擞精神一齐上,/胜利就在眼前"、日本的兄弟们"放下你的枪,/你们的官长是真正的罪犯"。

12 月 7 日　在《抗战日报》⑤发表《一点点军火》。将诗歌称作是送给前方将士的"一点点军火"。

---

① 后收入《中国解放区文学书系·诗歌编》(阮章竞主编,重庆出版社,1992 年 3 月)。

② 后收入《中国解放区文学书系·诗歌编》(阮章竞主编,重庆出版社,1992 年 3 月)、《红色诗歌集》(邓中夏等著,人民文学出版社,2001 年 6 月)、《红色诗抄》(人民文学出版社,2006 年 6 月)。

③ 后以《胜利的歌》为题收入《延安文艺作品精编·1·理论、诗歌卷》(徐纶、韦夷编,浙江文艺出版社,1992 年 4 月)。

④ 后收入《中国解放区文学书系·诗歌编》(阮章竞主编,重庆出版社,1992 年 3 月)、《延安文艺作品精编·1·理论、诗歌卷》(徐纶、韦夷编,浙江文艺出版社,1992 年 4 月)。

⑤ 《抗战日报》:1940 年 9 月 18 日创刊于山西省兴县。由原《五日时事报》、《新西北报》、《黄河日报》等合并而成。原系中共晋西北区党委机关报,1942 年 9 月成为中共中央晋绥分局机关报,赵石宾等人先后负责。

1945 年① 民国三十四年 乙酉 四十八岁

6月6日 作《我们要的是这样个社会》,发表在"墙报"上,曾收入《延安集》。诗歌希望出现一个"凡是劳动的都享有政权"和"不打内战也不扣军粮"的社会。

7月5日 作《渡荒年》,发表在"墙报"上,曾收入《延安集》。诗歌呼吁出现一个平等的社会:"要叫人人都过得去,/川田,山田要好分配。"

8月10日 抗战胜利的消息传到延安,高长虹知道后激动得彻夜未眠:

隔壁窑洞里住着的狂飙社诗人高长虹,是个沉默寡言的人,平时不轻易和人说话,我们也不轻易打扰他。

山坡下传来了异常的响声,我侧耳倾听着,快步跑到崖畔边。只见黑色的夜幕笼罩下,山坡上正蠕动着一股人流,星光微弱,看不清是些什么人。可他们似乎正在朝山下跑去,高长虹是不是也下去了?回头一看,他窑洞里还点着灯,我们的窑洞比较偏僻,外边发生了什么事也不知道,我只得好奇地站着仍然朝山下看……

从山谷的这儿那儿,忽然间响起了一片片喊声:

"日本投降了!"

"日——本——投——降——了!"

"日——本——投——降——了!!!……"

对面山上已出现了火把的火焰,人们举着火把在山路上一边跑一边喊着,顷刻之间,喊声交错,火把的光焰在山上山下到处滚动。啊,真

---

① 是年5月8日,德国正式签署无条件投降书,欧洲反法西斯战争胜利结束。7月26日,美、英、中三国首脑发表促令日本投降的《波茨坦公告》。8月14日,日本天皇在御前会议上决定接受《波茨坦公告》。8月15日中午,天皇向全体国民和全体军队广播,宣布接受《波茨坦公告》向盟军投降。8月28日,美军在日本登陆并占领日本。9月2日,在东京湾美国军舰苏里号上,举行了日本投降书的签字仪式。9月9日,日本代表、驻华日军派遣军总司令官、陆军大将冈村宁次在南京向国民党政府投降,在中国战区投降书上签字,远东和太平洋地区战争结束。至此,第二次世界大战胜利结束。

是惊天动地的消息,我欣喜若狂,也跟着大喊起来。过了好久,高长虹才摇摇颤颤冲出窑洞,惊奇地抬起头来看着我。我顾不上跟他说话,马上跑进窑洞,抱上女儿,一家三口朝山下奔去,朝人声锣鼓声和火把多的地方奔去……(按:原文如此)

…………

3岁的女儿清明,跟着大人也又跳又扭又笑。这时,我又突然看到了高长虹,他静静地站在我旁边微笑着,激动地搓着双手。他那笑容,那咧开的嘴巴和喜悦的神情是我从来没有见过的,欢乐的笑纹使他突然年青了。

整个夜晚,鲁艺的院子里一直没有安静下来,锣鼓声声,响彻云霄。延安的每个角落也没有安静下来,人们彻夜欢庆着胜利。当我们抱着女儿回到窑洞里时,儿子睡得正香。我们睡不多久,天就亮了。我发现,高长虹依然在他的窑洞外走来走去,想必是他激动得太厉害了,也许是他正在构思一首诗,以致彻夜不眠了。(韦婪:《诗的夜晚——延安生活回忆》,1987年12月6日《光明日报》)

8月中旬　和毛泽东的谈话"不欢而散":

天蓝说:"抗战胜利后,延安的文艺工作者要'下山'。①毛主席很尊重文艺工作者,亲自和艾青、萧军、塞克、高长虹等著名文艺家谈话,征求他们的意见。毛主席和高长虹谈话时,毛主席问他:'高长虹先

---

① 8月24日,"延安文化界百余人在交际处举行欢送会,欢送即将上前线的两个文艺工作团。由文抗发起与鲁艺联合组织的文艺工作团两个团,分赴东北、华北新解放区。第一团由舒群带领四十余人;第二团由艾青带领,五十余人。欢送会上,周恩来、彭真、边区政府林伯渠主席莅会讲话。边区文协副主席丁玲致开幕词,并代表文抗勉励去前方的同志坚持毛主席的文艺政策,为更广大的工农兵服务。在新环境中,尤其时刻和自己的小资产价级思想与习惯作斗争。林伯渠代表陕甘宁边区人民,对文艺工作者数年来的努力,表示感谢。中共中央组织都代理部长彭真指出,文艺工作者经过思想改造,使文艺普及工作有了很大的创造。以后还要把文艺普及到新解放区和全中国去。周恩来勉励大家要贯彻毛主席的文艺政策和鲁迅方向,坚持文化统一战线政策。号召大家在新时期中更须长期埋头苦干,不求急于出名,不怕默默无闻。到了新地区,尤其防止骄傲,不要装出是从延安来的,要比现在更虚心,这样才能顺利地开展工作。"(《延安文艺丛书》编委会编:《延安文艺丛书·文艺史料卷》,页237)

生，抗战胜利了，文艺工作者要下山了，你有什么想法，是留在延安，还是到哪个解放区去？'高长虹说：'我想到美国去考察经济！'听了高长虹这突如其来的话，毛主席大怒，立刻把他请出去了，使谈话闹了个不欢而散。据说这次谈话在党内高级干部中传达了。以后对高长虹就不再信任了，不再重用他了。"（言行：《高长虹晚年的"萎缩"》，《历史的沉重》，百花文艺出版社，1996 年）①

11 月　高戈伍在逛书摊时碰见高长虹：

---

①　言行先生在《高长虹研究琐谈》（1997 年 5 月 3 日《文汇读书周报》）中说，他曾将此事写进《一生落寞，一生辉煌——高长虹评传》中，但在审稿的两位老同志的"指责"和"规劝"下，他"在书中只提到'不欢而散'而砍掉谈话的内容"。"书稿出版后，我一直非常遗憾。这本残缺不全的书，将给长虹研究留下一个永远也解不开的谜。为了弥补这一缺憾，我决定再出一本书，专门写一篇文章收到书里来披露这一史实。书名定名为《历史的沉重》，文章就是《高长虹晚年的"萎缩"》。这书要自费出版，老伴就把她的'返聘'所得拿出来支持我。为了不给别人添麻烦，我没有请名人写序，序是老伴写的。她说：'为了实事求是，咱什么都能豁得出去，顶多不就是再挨一次整嘛，我陪着你！'在老伴的支持和鼓励下，《历史的沉重》终于出版了，我的遗憾终于得到了消解。"关于这则史料的来源和可信度，言行先生有如下说法："'不欢而散'这则史料，'文化大革命'前我就听中央党校的王名衡同志讲过。一个休息日，我到中央党校宿舍看望我叔父和婶母，想买点东西，不知党校的商店在哪里，就向一位同志打听，那位同志把商店的位置指给我后，就久久地注视我说：'你很像一个人！'我不解地问：'像谁？'那位同志说：'你很像高长虹。你知道高长虹吗？'我说：'知道，那是我舅舅。'那位同志惊奇地说：'难怪，难怪，你跟舅舅长得很相像，只是你舅舅比你瘦小。'之后他就跟我谈起高长虹的情况来，他说他在延安的时候就认识高长虹。他在介绍高长虹的情况时，给我留下最深刻印象的事就是'不欢而散'……我打听那位同志的姓名，他说叫王名衡，在中央党校工作。可惜的是，我当时没有研究高长虹的打算，因而就失去了一次深入采访'不欢而散'的机会。/1988 年下半年，我参与编辑《高长虹文集》过程中，产生了研究高长虹的念头，采访了一些高长虹的知情人。1988 年 9 月 10 日当我采访在延安时期曾与高长虹相处很长时间的著名诗人侯唯动时，侯老也谈到了'不欢而散'。侯老谈的内容和王名衡说的大体一样，说是听天蓝说的。侯老说，天蓝在延安时期，曾当过毛主席的英文翻译，知道的内情比较多。我觉得的'不欢而散'是长虹研究中的一个重要史料，又有两个见证人，可以说是'言之有据'了，应该把它披露出来。1989 年 1 月我就写了《高长虹到延安的前前后后》一文，把它'有闻必录'了。稿子写完后我才知道，天蓝就是王名衡。作为一个重要史料，这还是属于孤证。为了慎重起见，我从文章中删去了毛泽东和高长虹谈话的内容，只保留了这样一段话：'日本投降后……毛主席曾找文艺界各位知名人士谈话，征求意见，也包括高长虹。高长虹和毛主席谈话时，大约又'直言不讳'了，据说谈得很僵，致使谈话不欢而散。'/1990 年 4 月 25 日，我书面采访长虹在延安时期的老朋友马皓的文章寄来了。出乎意料的是，他的文章也提到了高长虹想到美国考察经济的事。他写道：'他（指高长虹）曾谈到想到美国研究经济问题等等，当时我听了感到很奇怪，在那种环境与条件下，完全是空想，是完全不可能实现的。我大概也向他表过态，认为他不实际了，还是在延安呆下去吧，等等。'"（言行：《造神的祭品——高长虹冤案探秘》，页 159—161）

1945 年 11 月,我又调回延安,住在西北局招待所等分配工作。无事我常常到南门外新市场的书摊上看书。这里书摊很多,因那时延安的干部大批调往各解放区,处理书的很多,书摊便兴盛起来。一次我正遛书摊,突然看见长虹也在看书。我忙过去同他见面,我说:"长虹同志,你也看书来了? 几年不见,身体可好?"他微微一笑说:"还好。"他问我别后情形,我简略地说了一下。我却没有好意思问他,因为经过延安的"抢救"运动的人,都不愿提及往事。我想,他白区来的,肯定被"抢救"过。我只是说:"我准备到东北工作。"他回答说:"那好。我也准备到东北工作。"讲完便匆匆分手了。没想到,这竟是我们最后一次会面。(高戈伍:《忆长虹同志》,《高长虹研究文选》)

是年　在太行文联工作的高沐鸿得知高长虹在延安不安心工作,曾去信一封,"劝他留在根据地一块为党工作,他却置之不理,连封信也没有回,坚持要离开延安到东北去。"(曹平安:《高沐鸿忆长虹》,《高长虹研究文选》)

1946 年①　民国三十五年　丙戌　四十九岁

春②　达到晋绥:

---

①　四平保卫战:解放战争时期,东北民主联军在吉林省四平地区抗击国民党军的防御作战。4 月上旬,蒋介石以新编第 1 军、第 71 军共 5 个师,向四平地区进攻。为配合国共两党和平淡判,争取东北问题和平解决,民主联军总司令林彪集中 8 个师(旅)进行抗击。8—16 日,在昌图、四平间歼国民党军 5000 余人。18 日起,国民党军向四平城发起攻击,民主联军顽强抗击,双方形成对峙。国民党军增调 5 个师加强进攻。5 月上旬,民主联军亦增加 6 个师防御四平。民主联军顽强抗击后于 18 日夜主动撤离四平城。是役历时月余,民主联军伤亡 8000 人,歼灭国民党军 1 万余人,迟滞了国民党军的北进,对巩固北满根据地起了重要作用。

②　张稼夫 1981 年在接受张谦采访时说见面时间是 1945 年底:"1945 年底他从延安到晋绥,在兴县我见了他,他说要去东北。他是山西人,不熟悉东北,我劝他留在山西工作,他执意要走,还说将来搞建设需要资金,所以要去东北开金矿。最后只好依了他,临走给带了二斤茶叶,一些花销钱和骑坐的马匹。他还在我们的报纸上发表过一些作品,有的不太合适,如在法国写的'咖啡店之夜'一类东西,没有使用。"(张谦:《我所了解的高长虹——几位老同志谈话纪要》,《高长虹研究文选》)

记得大约在 1946 年春,我在山西兴县又一次遇见了高长虹。这时,他非常消瘦,精力已远不及前了。当时我担任晋绥分局的副局长兼宣传部长。长虹告我说,他决意离开这里到东北解放区去,还说日本投降了,今后中国的主要任务是搞经济建设,并说他还计划到东北去开采金矿什么的,似乎从此要放弃文学创作,从事经济工作了。我耐心劝说他留在根据地一块工作,他却执意要走。实在挽留不住,我问他去东北有什么困难,他说只缺运输工具。于是,我便给他准备了一匹好马,送他踏上了赴东北的途程。谁知这便是我跟他的最后一别了。(张稼夫:《我和"狂飙社"》,《高长虹研究文选》)

5 月 6 日 在重庆《诗歌月刊》第 3、4 期合刊发表诗歌《什么是黑夜?》。这是目前知道的高长虹一生中最后发表的一篇作品。诗歌结尾两句为:"宁可斗争而死,不要糟蹋生命。"

夏 一生中最后一个集子《延安集》由张家口文协分会"和平野营"出版。为此事,言行先生曾采访康濯:

1946 年夏,长虹随舒群带领的赴东北文艺工作团来到张家口。因为纪律的关系,没有让他们进城,就住在城外。因为去东北的路被国民党堵住了,他们就在张家口等了一个多月。当时晋察冀有"文协",我是理事,我出城去看过长虹一次,长虹也进城来过,我们就见过一面。"和平野营"是张家口"文协"的一个业余出版单位,谁具体负责想不起来了,不只出文艺书籍,什么书都出,也没有什么编制与机构,也没有办公室,总的由萧三、萧军、丁玲负责。(言行:《造神的祭品——高长虹冤案探秘》,页 176—177)①

---

① 康濯在《〈高长虹文集〉出版有感》(《高长虹研究文选》)中如此写道:"1945 年秋天他从延安去东北时曾路过刚解放的张家口,当时我和晋察冀的几个文学青年曾慕名去看望他,并同时见到了舒群等同志。高长虹很少讲话,至今我都记不起具体印象,不象舒群等当时给我的印象那么具体。"

10月　到达东北局所在地哈尔滨。罗烽在接受言行采访时说：

1945年9月，我们一批人向东北进发，那是中宣部分配的，其中没有高老。1946年10月19日，成立东北"文协"分会，高老也是成员之一。他就住在"文协"后院，和塞克是邻居。1946年我在哈尔滨吉洪桥见过高老，那是一座小桥，长虹常去那儿，好像是去朗诵。他好像是不愿意见熟人，他到那里好像是躲避熟人。赶上他的一个纪念日，我们就在此桥上举行了最寒酸的纪念活动。这就是我们最后一次见面了，1947年我就到大连去了。（言行:《造神的祭品——高长虹冤案探秘》，页177）

舒群在接受陈漱渝采访时说：

一九四六年末，东北局迁到哈尔滨，高长虹也到了哈尔滨。他便安排高在东北局宣传部后院的一间房里住下，重新给高添置了衣服被褥，每月还多给高发几块钱津贴费。这时高长虹神智更加不清，到干部的小食堂吃饭时常目不斜视，一声不吭。领到津贴费，高就到旧书摊上去购买各种字典。他懂得好几种外文，表示从此放弃文学，要编一本中国最好的字典。但这时他实际上已失去了从事脑力劳动的能力。（陈漱渝:《"狂飙文人"高长虹的下落如何》）

1947年　民国三十六年　丁亥　五十岁

草明在接受言行先生采访时说：

我是1947年到1948年间在哈尔滨见到长虹的。那时东北局在南岗，宣传部给他找了一间房，他就住在里面。他一天到晚除了吃饭就是写作,不知他写的是什么样的东西。一天到晚不出来,不与人交往。我们还怕他憋出病来,但他也没有病。我去看过他一次,他是党外人士,又是狂飙运动的领袖人物,我觉得我应该到他的住处看望他。他的住处很乱,有不清洁的味道,大约是他独身一人,也不会料理自己的缘故,环境卫生搞得不好。他留得是花白的长发,山羊胡子,一个瘦小老头。一般人认为他是"怪人",但与他谈起来,觉得他很正常。1947 年或1948 年初,东北局宣传部委托刘芝明召开过一个会,搞写作的人都参加了,如白刃、西虹等,长虹也参加了。这次会上又见过长虹一次。后来在沈阳又见过一面,大约是在东北旅社开会时见到他的。那时长虹已经离开生活,一个人闭门写东西,也没有拿出什么成果,大家也就不注意他了。(言行:《造神的祭品——高长虹冤案探秘》,页 177—178)

1948 年 民国三十七年 戊子 五十一岁

11 月 2 日①,沈阳解放后,东北局由哈尔滨迁沈阳,高长虹随之到了沈阳,住在东北局宣传部招待所——东北旅社。当年东北旅社的服务员回忆道:

1948 年沈阳解放后,中共中央东北局从北满迁来沈阳,随之,一些调干陆续被安排住在东北旅社,高长虹何年何月住进旅社的,我们记不得了。崔运清于 1948 年 11 月 3 日到东北旅社参加工作,起初在五楼当服务员,1949 年调入旅社招待科,领导分配他为东北局代管调干发放供给制用品时,就知道有高长虹其人。1951 年从楼上服务班调入招

①   是日,历时近 3 个月、规模空前的辽沈战役宣告结束,东北及热河全境获得解放(锦西、葫芦岛和承德之国民党军相继撤走)。共歼灭国民党正规军 4 个兵团,11 个军部,32 个整师,3 个骑兵旅,4 个守备总队(相当于师),其他独立团及特种部队、直属部队、地方部队,共 47.2 万人;解放军伤亡 6.9213 人。

待科接替因病休假疗养的崔运清的闫振琦更是清楚地记得高长虹。李庆祥1950年来旅社当服务员,并于1953年1月调入招待科。

据我们集体回忆,高长虹住在2楼250号房,此房位于大楼正面东向临街,房内面积20多平方米,室内两张单人床,写字桌,椅子,木圆茶几,二把半圆沙发。卫生间约5平米,陶瓷洗脸盆、便池、日式蹲式浴缸,有自来水,但全楼热水管道年久锈蚀已不能供热水。屋内黄色油漆地板,6扇窗户分外敞亮。该房间距服务员值班室约十米距离。

高长虹中等身材,年龄60多岁,留一头几乎齐肩的花白头发,梳理得十分整齐。身穿布料中山装、布鞋,步履稳健,给人们印象既像八路军老干部,又像一位学者。他每天都上街散步,从来不愿与旅社服务人员沟通言谈。

高长虹生活很俭朴,享受着供给制县团级待遇,吃中灶。当年,餐厅的供给制饭票分四种颜色:小灶为红餐券,中灶为绿餐券,大灶为黄餐券,还有一种白票为大锅饭。老闫记得在为数不多的长住调干中,只有王茜(凯丰夫人)吃小灶,她住的房间也大一些。高长虹的餐券每次都发给二楼的服务员小李。高长虹的衣服全是发的,每月还有津贴费,但他从来不领取,只存在闫振琦那里。他经常写条子让服务员送给招待科,大多是要一些文具用品,如纸条上用毛笔小楷写着"毛笔一支、稿纸一本"等,闫振琦就及时给他买来。有一次纸条上写着:"秦皇岛火车票一张"。老闫没去买,事后他也不再催要。闫振琦每周为他代买几斤水果。

旅社二楼服务班有好几个男服务员,高长虹只乐意让一个姓李的比较诚实憨厚的服务员为他服务,每天给他清扫房间,经常换床单,送开水,一日三餐为他去餐厅打饭。他很少去一楼餐厅就餐,当他需要洗澡时自己不去旅社公共浴池,而是让小李为他去开水房拎热水,倒在房间浴缸内沐浴,他不愿意其他服务员进入他的房间。总之,他长住在东北旅社这几年生活比较安静、有规律。(崔运清、闫振琦、李庆祥:《高长虹是病逝在东北旅社的》,《鲁迅研究月刊》,2006年第2期)

是年　柯仲平曾谈起高长虹：

　　1948 年我参加周扬、柯仲平同志领导的《人民文艺丛书》编辑工作，"狂飙社"的主将之一柯仲平同志也和我谈起过高长虹，说这个人平日总不大讲话。但柯仲平同志接着又说，高长虹的思想和诗歌可又像狂飙一样地急进。这从他的作品中也可看到，他高唱着诗歌就像时代的暴风雨。他同意鲁迅把文学当作斗争武器的主张，也赞美鲁迅始终如一的战斗姿态。他同任何旧社会的知识分子一样思想上也有矛盾，曾和鲁迅长期密切交往，后来却发生意见分歧而不大往来了，但他在追忆鲁迅的文章中仍然对鲁迅深怀敬意。他庆贺郭沫若 50 寿辰的文章也对郭老的战斗精神倍加赞扬。他还歌颂延安，歌颂解放区的劳动和战斗。艺术上他重视民间文学，写诗也曾注意大体的格律和声韵。（康濯:《〈高长虹文集〉出版有感》，《高长虹研究文选》）

1949 年① 农历　乙丑　五十二岁

1 月 25 日　《胡风日记》提到高长虹：

　　长虹的情形——
　　提布包到延安
　　后来消沉——不赞成毛的文艺方向，对整风反感，不赞成通俗化，到东北后曾说要弄工业，现在不和任何人说话，低着头不看任何人……（《胡风全集》第 10 卷，湖北人民出版社，1999 年）

胡风在回忆录中如此写道：

---

① 是年 10 月 10 日，中华人民共和国成立。

一九四九年初我在沈阳,听说这个墨索里尼的崇拜者到延安后无所事事,时不时向中央写信提意见提要求,打扰中央,还提过对斯大林的意见。中央对他的一些狂妄之言,并没认真对待,只是置之不理。这时他住在什么地方的高级招待所里,不与任何人讲话,双眼望着地下,在食堂吃了饭就回到房里不出来了。我没去看他,后来听说他病故了。(《胡风回忆录》,页201)

舒群曾对陈漱渝如此说:

一九四九年初的一天,高长虹忽然疯疯癫癫地走进了我的办公室。这时他已由组织上安排到临时设在沈阳东北旅社楼上的一处精神病疗养院疗养。高要我给他安排工作,并说他经济有些困难。我劝他养好病再工作,送给他一百块钱,又请他吃饭喝酒。喝酒时,他掉了眼泪。饭后我送他回东北旅社,这就是我跟高长虹的最后一次会面。① (陈漱渝:《"狂飙文人"高长虹的下落如何》)

夏秋之交　　张恒寿在北京接到一封由平定赛鱼村一个商店转来的长虹信:"思想比较消沉,不知他从哪里知道我曾研究过庄子,信中问过此事,信后没有通讯地址,也没有说他在何处,所以也无从联系。"(张恒寿:《回忆长虹》,《高长虹研究文选》)

1951 年　农历辛卯　五十四岁

该年出版的《中国新文学史稿》(王瑶,上海文艺出版社,页54)对高长

---

① 言行先生的采访记录是:"最初见到他,是在哈尔滨。到沈阳后他就疯了,关在东北大旅社最高一层。不知怎么跑出来了,跑到我家里'避难'。我给了他钱,他买了各种各样的字典。后来我把情况汇报了凯丰,东北大旅社就来了两个人把他劝走了,又送进了东北大旅社疯人院去了。长虹疯的情况凯丰最了解,我就是听他说的。"(《造神的祭品——高长虹冤案探秘》,页170)

虹的评价是：

> 高长虹等在上海组织"狂飙社"，倡狂飙运动，以超人自居，攻击鲁迅，宣传尼采思想；但不久即无声无息了。

1953 年　农历癸巳　五十六岁

春① 深入生活的诗人侯唯动在潼关街东北旅社招待所遇到了高长虹。具体情况为：

> 正在我向他快步走去的当儿，忽听从四面八方袭来冰雹，一洼声吱哇喊叫。我抬头四顾，餐厅的服务员竟然怒目圆睁。见此情景，我被激怒，大声吆喝：
>
> "这是高长虹同志，我们在延安一道工作的老干部！咋来?!"
>
> 倏地，当下一天的乌云风吹散了，他们又笑脸点头。我问高长虹同志："你还认识我吗？"我的笑靥又是一朵圆圆的复瓣红牡丹花了。
>
> "侯唯动！"高老立即呼唤我的名字，像以往一样的亲热。
>
> 我问清了他住几楼几号，说我吃完饭去拜访他。
>
> 饭罢，我对刚才的一幕心中忿忿不平，就直向东北旅社一楼负责人的办公室去，就是说向他们讨要一个说法。我先自报家门，他们很和气，说读过你的大作。我开门见山，就问为啥服务员同志不让人接近高老？我要打破沙锅问到底。他们说的亮清，没啥，只是高老时常一个人

---

① 侯唯动在《我所认识的高长虹同志——为〈高长虹评传〉作序》说他在东北旅社遇到高长虹的时间是 1953 年春，在《我所认识的高长虹同志》（《延安文艺研究》，1985 年第 2 期，《高长虹研究文选》》中说遇到高长虹的时间是 1952 年，在这两篇文章中，都说到他当时正在写两万行长诗《日月撑不上给工人拾鞋带》。侯唯动在序言中说他的创作特点是："酝酿了腹稿（胸有成竹），就紧张地笔耕，一气呵成！"该长诗完稿时间是 1953 年，故推断在东北旅社遇到高长虹的时间是 1953 年。

在房子里高声朗诵,服务员侧耳细听,好比听天书一般,一满解不下。我赶紧告辞,迅速上楼,轻轻地叩门。高老拉开了房门,我举目看时,家徒四壁,那边角落里堆着一摞旧棉花套子,是一身棉袄棉裤的瓤子。他把棉装改成了夹衣,身上穿的便是啊!

我心中格撩一下,眉毛拧成了疙瘩,这是咋啦,东北当时,大家都丰衣足食了,军装是漂漂亮亮的细布啊!

怎么,他床上还是延安见过的被褥?他仍然过着艰苦朴素的日子!

再看那桌子上,却满满地堆着大部头的书籍。我顺手一翻,我一满两眼墨黑了,外文啊!

一摞摞的稿纸上,是高老的手迹,这是在延安见惯了的字体。

他见我疑惑的目光,请我坐下。

"咱们中国的文法不完美,我是参考各国的文法,正为咱们编一本书。"他拿起一叠稿子叫我看看。

他的心中仍然是念念不忘人民的文化素质的提高,胸怀中华民族精神的弘扬与振兴!我深情地注视着他那智慧宝库似的白发覆盖的头颅,和那一双炯炯闪耀着对革命事业忠诚的眼睛。这位老前辈啊,多么旺盛的精力,真是个"老牛不鞭自奋蹄"!我突然想起了孟德曹公的一首诗:

> 老骥伏枥,
> 志在千里。
> 烈士暮年,
> 壮心不已。

这首诗,是对长虹老人顶好的写照。

老人们有午睡的需要,这好比电池的充电,我不能久扰。

第二次,我送给他我出版的几部长篇叙事诗,这是他知道的当年在"鲁艺"东山上文学部窑洞中的精神产儿。如今印成铅字,我写上请教正和敬赠字样,双手递上。他每本都爱抚一下,眼睛溢出笑波,高兴地看着我。

高老说,我在东北报刊上发表的新诗他都及时看了,他说:"你的诗风变了，这好嘛！到底是民族形式占了统治地位了。中国诗人嘛，土生土长，就要带着黄土地的芳香嘛！"

好几载，头一遭又见面了。这情景就是诗情，就是画意！

我不好意思问他怎么不写诗了。这怪谁？他一直像一部线装书一样，被束之高阁，只有编文法，编字典，给后人们铺平道路，再不坑坑洼洼的硌脚。

还是敦敦实实的身体，多么刚强的老人！

只是精神上有点压抑，不像延安那么昂扬！

我时常在不妨碍他集中精力写书的空暇时间，去坐一会儿。我到底揭开了我心中搁着的"黑匣子"，我问他："高老，有人反映，说你日夜大声朗读什么，他们听来听去，不是中国各地的方言土语，说你精神上不正常了，这……"

没等我说完，他就笑了。他从抽屉里拿出一摞洋书，显然是诗集。那上边的人像我认得：歌德、席勒、雪莱、拜伦、雨果、但丁、荷马、普希金、莱蒙托夫、涅克拉索夫、马雅可夫斯基、惠特曼……只是一点，全是一颗颗黑蚂蚁在满纸乱爬……他说：

"我写书累了，就朗诵这些诗篇。当然是使用原文，这才能读出味道来，和他们面谈了。"

哦哦，原来如此！

不懂外国语言，当然是听天书了。这样必定要向上汇报，非是哈哈镜里反映的样子不可。"他精神病"，谜底就在这搭！我若不拿着银老镢头刨根根，那搭来的正确答案！

老子曰："玄之又玄，众妙之门。"我常说，人和人交往，是灵魂的探险。我又登上了珠穆朗玛峰，把绚荟的碧玉般绿绿的雪莲，捧在了头顶。

又一次，我问长虹："高老，你怎么不出来工作呢？"

他回答得很肯定："我给北京的郭沫若、何其芳都写了信，可是石沉大海，一直没有接到回信啊……"他的目光又暗淡了，显然心里有个疙瘩解不开。

郭沫若,是中国科学院院长;何其芳,是中国文学研究所所长。长虹是向主管单位按程序申请的。这两位长虹的熟人,也许有他们的苦衷……

恰恰在这当儿,端端地,不偏不倚,我又在沈阳大街上碰见了双城子地委书记,山东大汉,热情洋溢的诗人赵自评了。他就是那个在"鲁艺"文学部大声呼唤"阁下们,狂飙诗人高长虹来了"的正直的同志。两个人当下高兴得一满说不成了,各叙旧情,少不下谈谈近况。我就和他谈起了高长虹。他询问了高长虹的一切,问得详详细细,他还是分外的关心高长虹。我托他打听高长虹的情况。过了几天,他打电话约见了我,闪着他那深邃的眼光,脸上表情,像永冻的寒带的土地。他使唤非常坚定的口气,发出斩钢截铁的声音:"神经病!"这是他向东北局宣传部反映我所说的高长虹的正常情况后,得到的定而不移、无挪更改的说法。

赵自评又补充了一句:"以后生活上予以照顾!"他这眼光,我是熟悉的。那是铁面无情极了。"抢救失足者"的时候,他这支部书记,就是这副样子。还有什么可说的呢,眼睛是灵魂的窗子!(侯唯动:《我所认识的高长虹同志——为〈高长虹评传〉作序》,言行:《一生落寞,一生辉煌——高长虹评传》)

是年 "段复生同志当时在税务总局工作,他听说我将调到中央宣传部工作,便要我设法请求中央把长虹调回北京安置,我把复生的意见向乔木、周扬同志反映了,但没有说一定要调他回北京,因为我相信大家在党的统一领导和管理之下工作和生活,各地同样可适当安置,何况长虹也不一定愿意回北京,此后就再没有听到他的消息了。"(张磐石:《我与高长虹》,《高长虹研究文选》)

1954 年 农历 甲午 五十七岁

春 突发脑溢血去世:

记得1954年春季的一天早上,二楼服务员向招待科报告:高长虹房间没开门。人们都以为他在睡早觉。到了九点许,闫振琦见门还没开,赶忙跳到三楼外雨搭上,登高往窗内望,才大吃一惊地发现老人趴在床边地板上。闫设法打开房门,才知道老人已经死亡。于是,老闫立即给东北局组织部打电话,行政科侯科长让闫去做当面汇报,随后组织部派来两名医生一名护士,经检查确认高长虹夜里系突发脑溢血死亡。

旅社招待科根据组织部批示操办了丧葬事宜。闫振琦带着运输班工人坐大卡车,到大西街一家棺材铺,选了一具上乘的价格120万元东北币,板材厚度4寸和6寸黄花松木棺材,在联营百货公司购买了一套中山装、前进帽、布底鞋、袜子等,按照民俗还买了用于蒙面的二尺白布和入土前临时捆在四肢上的红头绳。并让修建组木工做了一块木牌,上写:"高长虹之墓",最后,闫振琦带领几名运输班工人,将高长虹的遗体安葬在当年塔湾的墓地地①。高去逝后,遗留的十几支用过的毛笔、稿纸和几件衣服一并烧了,还有一双已经残破缺跟的旧皮鞋给扔了,存在闫振琦那里的十几元津贴费上交组织了。(崔运清、闫振琦、李庆祥:《高长虹是病逝在东北旅社的》)

①　"墓地在沈阳塔湾,当年是一片公共墓地。半个世纪以来这个地方历经变迁,现在盖了一群高楼,地名叫塔湾地区太平庄小区。高长虹自离开老家之后,从不跟妻儿联系,所以他的墓属于无主孤坟,无人迁葬,目前自然就荡然无存了。"(陈漱渝:《寻找高长虹》)

附　录

关于"虹"的通信

廖久明　董大中

　　《高长虹全集》第 4 卷收录了 4 篇署名"虹"的作品:《展开沦陷区域的
文化工作》(1938 年 12 月 3 日《抗战文艺》3 卷 1 期)、《文艺作品的总检阅》
(1939 年 2 月 25 日《抗战文艺》3 卷 11 期)、《论历史剧》(1939 年 2 月 16 日
《新蜀报》副刊《文锋》)、《诗是苦力》(1939 年 3 月 24 日《新蜀报》副刊《文
锋》)。在编辑《高长虹全集》过程中,编者董大中和廖久明曾对这 4 篇文章
的作者是否是高长虹展开过讨论,最终决定收录。《高长虹全集》出版后,
廖久明在修订《高长虹年谱》以便结题出版过程中再次提出了该问题,结果
谁也没有说服谁。为了对读者负责,现将二人的讨论文字集中起来供读者
参考。为节省篇幅起见,只节录与该讨论有关的文字,同时删去抬头,只保
留作者姓名和写作时间。

　　这些文字虽然紧紧围绕 4 篇文章的作者是否是高长虹进行,但同时涉
及到现在研究极少的著名戏剧理论家、翻译家、戏剧史家、出版家葛一虹和
他翻译的《带枪的人》。为了说明自己的观点,两人不但旁征博引,并且发
表了自己对于佚文考证和文章收录等具有普遍意义的问题的看法。不管结
论是对是错,相信这样的讨论都能为大家提供一个关于佚文考证和文章收
录等问题的生动案例。

廖久明（2008 年 4 月 20 日）

这次，我同时将署名"虹"的几篇文章发来，是否算作高长虹的文章请定夺。

董大中（2008 年 4 月 22 日）

至于我未能打开的几篇，应是高长虹所作无疑。

廖久明（2008 年 4 月 22 日）

在〔从〕文章内容和风格看，署名"虹"的文章应为高长虹所写，但由于目前还没有找到非常有说服力的证据证明"虹"是高长虹笔名，我认为将它们作为附录收入《高长虹全集》会更保险一些。不知您的意见如何？

现将署名"虹"的 4 篇文章再发一次，请审读。

董大中（2008 年 4 月 24 日）

具体如何办，对作品再做研究后决定。据我看，《诗是苦力》是除高长虹外没有人能这样写的，特别是第一节。把诗比作"苦力"，说诗"在沙土中工作，就像苦力抬轿"。高长虹的思维跟他人不同，他所用的比喻，你很难想到。同时"苦力"这个用语，在高长虹其他作品中曾出现过。但那三篇文章，却又不太像了。"亲爱的同胞"，在《高长虹文集》中似未见过——不过这一点还得再细查一下，我的记忆力不行，究竟有没有？鉴别高长虹佚文，一要看思想，二要看特殊用语，三要看比喻一类修辞手法，四要看整篇文章的构思和句式。可以跟确定无疑的高作比较。如果能够确定，就不必放在附录里。但如确定不了，也只有放在附录里，或干脆排除。我现在的想法，是几首诗（包括《诗是苦力》）大致可以肯定，但因为同样署名"虹"的三篇文章放在别人集子里也完全可以，就难以决断了。再做研究吧。

董大中（2008 年 4 月 25 日）

昨天发出"回复"后，校《再讲一件小事》，颇觉有趣。这篇小文不仅给我们提供了一个寻找佚文的线索，而且也对我们鉴别用一个字署名的文章是否为高长虹所作,有很大帮助。

先看此文第二段:"以前在上海的时候,有一次给一个副刊寄了一篇稿子,好久没有发表出来,去信问也没有回信,只好自认晦气,把稿子当作遗失了。谁知几个月以后,竟会在那个副刊上看到那篇稿子,只是署的名字不是自己了。"现在所知,高长虹在上海期间所发表的文章,都在刊物上,未见在报纸副刊上发表过。而这一篇却是在报纸副刊上。不过要找到这一篇是很困难的。一,他没有说时间;二,他没有说题目;三,他没有说内容;四,他没有说那篇文章最后用什么署名。因此,我们只能说有这么一篇,却无法找到。不过,以后在翻阅那一时期上海出版的报纸副刊时,也许会偶尔碰到的。

再看第四段:"两个月前,随手写了几篇杂感文字,一时没有什么地方好寄,就给一个副刊寄去了。不料过了几天,就在那个副刊上忽略[然]看到一篇谩骂的文字。我当然没有答复的必要,只是可惜自己的稿子走到荒郊里去了。谁知过了些时,听一个少年朋友说,在那个副刊上曾看到过我的一篇稿子。当时也没有找来看,想着,由它去算了吧。不料昨天忽然又看到一篇,署名却只剩了一个字。这样继续下去待三篇发表时,大概连一个字都没有了。"

这段话比较重要。高长虹这篇文章是一九四〇年十一月十六日写的,所说他发表文章只用了一个字做笔名自当在此之前。我以为这是指一九三八年十二月和次年二月在《抗战文艺》上发表《展开沦陷区域的文化工作》和《文艺作品的总检阅》说的。这里有三个不合。一,高长虹说是"两个月前",这里却是一年以前;二,高长虹说是寄给"一个副刊",当指报纸,这里却是刊物;三,高长虹说在发表用一个字署名的文章之前先发表了他的"一篇稿子",这里却是先发表用一个字署名的杂感才发表署名"长虹"的诗(按,即《新中国是一个新天下》和《时代的全面》两首)。对此,我以为不必拘泥于他的说法。他这里既要批评人家对他不够尊重,又要利用人家那个阵地,不好直接、明显指出,只好采取"模糊政策",把事实扭曲,这样既发泄了自己的不满,又让人弄不清究竟指的是谁。高说,他寄去稿子以后,"就在那个副刊上忽然看到一篇谩骂的文字",这也并不是空穴来风,而是指在那之前该刊发表的《鲁迅纪念特辑》。该《特辑》先后两期共发表十二篇文章，其中有台静农的《鲁迅先生的一生》。其他文章我未读，台静农的文章读了，没有提到高长虹。但台静农这个名字，高长虹是连看也不想看的，他自然会不高兴。说"谩骂"，话重了，但这里正表现了高的一种情感。

高抱怨他的杂感发表时"署名却只剩了一个字"，是误解了那个刊物。在抗战期间，许多刊物都有杂感、短评一类小文章发表，地位大都在刊物开头，带有社评性质，而且署名都用一个字，这几乎成为通例。我看到的其他刊物，主要指太行区的刊物，像一九四一、二年的《抗战生活》和陈荒煤主编的《北方杂志》等，没有不是这样的。《抗战文艺》同样遵守这个通例。即以载有《展开沦陷区域的文化工作》一篇的第三卷第一期言，这期共发表杂感四篇，共用一个总题目，是《每周论坛》，这个总题目已经说明了这些小文章的性质。四篇都只署一个字为名，即"蕻"（端木蕻良）、"蓬"（姚蓬子）、"苏"（孔罗苏）和"虹"。此后，每期开头都有类似杂感发表，少则三篇，多则五篇，也都是用一个字做署名。即是说，即使你作者用了两个字的署名，编者也会改成一个字。这不是尊重不尊重作者的问题，这是杂志社执行一个不成文的规定。也许由于这一期是这个刊物第一次编发"每周论坛"，高长虹不了解国内刊物的编辑原则和方法，以致产生误解。

据此，这两篇署名"虹"的杂感，完全可以肯定为高长虹所作。

总之，高长虹这篇《再讲一件小事》，在搜集高长虹佚文上有重要作用，不可忽视。从这里还能不能牵出一些东西来呢？

廖久明（2008 年 4 月 26 日）

查找佚文时，《再讲一件小事》确实是一篇非常重要的文章，正因为如此，我才叫李丽娟注意那些只署名"虹"、"红"的文章。但由于《论历史剧》不太像是高长虹写的，所以我不敢肯定其他署名"虹"、"红"的文章是高长虹的。据我所知，"宁缺毋滥"是编全集的基本原则，所以我认为还是将它们作为附录收入全集中保险一些。

高长虹在上海时期的那篇文章是《寄小读者》，发表在 1928 年 6 月 25 日《申报·艺术界》，署名"佚"，高长虹后来加上一段跋语发表在《长虹周刊》第 8 期,已收入《高长虹文集》下卷。

董大中(2008 年 5 月 10 日)

《展开沦陷区域的文化工作》等几篇,我反复思考,认为应视为高长虹所作。现在所知,在《抗战文艺》上发表作品的人,名字中有"虹"者,只有高长虹一人。记得以前说过,这种政论性短文只署一个字做笔名,是那一时期各刊物的普遍做法,是刊物编辑硬性做的,作者不同意也没办法。编辑部掌握作者的情况比较全面,他们在这样做时必然会想到会不会跟其他人的署名相重合。既然编辑部给作者署了一个字,他们肯定这个字只能属于一个人,不至于造成混乱。同样只署一个"虹"字的,还有《苦力》一诗。这首诗,记得上次说过,是只有高长虹才可以写出的。因此上次所说疑惑可以取消。

廖久明(2008 年 5 月 11 日)

最近,我在清理资料时发现了您 1998 年写的《查阅高长虹佚文后记》的复印件,在这篇文章中,您对署名"虹"的文章都提出了自己的看法,在我看来,您在这篇文章中的观点更有说服力。所以我认为,署名"虹"的文章最好作为附录收入。

董大中(2008 年 5 月 12 日)

《后记》说到了"虹",是第四段的内容,共三条。第一条说《论语》上的"虹""不是"高长虹,第三条说《通俗文艺》上的一篇"不可能为高所写",第二条说到《抗战文艺》上的两篇,当时未见到作品,只是怀疑"高不在沦陷区",怎么会谈论"沦陷区域的文化工作"呢?说《总检阅》那篇"更像是写《展开沦陷区域的文化工作》的那位,不像高长虹。"现在见到了作品,就该分析一下,不在沦陷区的人能不能,或者说会不会写出这样的文章。我十日给你信上说:"《展开沦陷区域的文化工作》等几篇,我反复思考,认为应视为高长虹所作。现在所知,在《抗战文艺》上发表作品的人,名字中有'虹'者,只有高长虹一人。记得以前说过,这种政论性短文只署一个字做笔名,是那一时期各刊物的普遍做法,是刊物编辑硬性做的,作者不同意也没办法。编辑部掌握作者的情况比较全面,他们在这样做时必然会想到会不会跟其他人的署名相重合。既然编辑部给作者署了一个字,他们肯定这个字只能属于一个人,不至于造成混乱。同样只署一个"虹"字的,还有《苦力》一诗。这首诗,记得上次说过,是只有高长虹才可以写出的。因此上次所说疑惑可以取消。"

即我在读了那两篇文章以后形成了新的认识。或者说,不在沦陷区的人也可以写这样的文章,可以谈论这样的问题。原来没有见到文章有那样的怀疑,现在见到了文章,原来的怀疑不存在了。就是这么回事。你说那篇《后记》有"说服力",跟实际情况正好相反。第二条所谈这几篇署名"虹"的文章,我以为应该是高长虹的。

廖久明（2008 年 5 月 13 日）

1939 年署名虹的 4 篇文章,我只对《论历史剧》这篇文章有些怀疑,并进而怀疑到其他 3 篇文章。在我印象中,高长虹不喜欢在文章中直接使用外文——《政治的新生》尽管也用了外文,但那是人名和书名。不过,您若认为这 4 篇文章是高长虹的,我也同意。

廖久明（2009 年 8 月 7 日）

署名虹的 4 篇作品最好按"疑似高长虹的作品处理"。理由是:一、高长虹在 1940 年 11 月 16 日写的《再讲一件小事》中如此写道:"两个月前,随手写了几篇杂感文字,一时没有什么地方好寄,就给一个副刊寄去了。"由此可知,这些"署名却只剩了一个字"的文章应该发表在 1940 年 9、10 月出版的刊物上,与署名虹的 4 篇文章的发表时间不符。二、在我的印象中,高长虹从未在自己的作品中夹杂外语,而《论历史剧》中却有英语:"Truth of History"、"The man with gun"——在我看来,《论历史剧》更有可能是葛一虹的作品。

董大中（2009 年 8 月 29 日）

我近日想,附录中可以增加一项《尚不能肯定的作品》,把可能为高长虹所写、又不能确切判断的一些作品放在这里,特别说明,并要求研究者可以参考,但不能引用。我第一次编《赵树理全集》时就设了这么一项。这次编《高长虹全集》似可同样搞一下。除这篇外,以前有过再三斟酌的篇目,如《论历史剧》等,干脆也移到这里,免得发生麻烦。

董大中(2010 年 3 月 3 日)①

《抗战文艺》第三卷第一期(1938 年 12 月 3 日)有《展开沦陷区域的文化工作》,同卷第十一期(1939 年 2 月 25 日)有《文艺作品的总检阅》,《新蜀报·文锋》副刊一九三九年二月十六日有《论历史剧》,都署名"虹"。这几篇作品是不是高长虹所写? 我们反复比较、斟酌,最后确定出自高长虹之手。

从署名说起。高长虹跟这两家报刊关系密切,曾经发表过多篇作品。最早以"长虹"之名在《抗战文艺》发表作品,在第三卷第三期,为《新中国是一个新天下》的诗。以"虹"发表于《抗战文艺》的两篇,都是杂感,当时一般称为时评。抗战时期,许多刊物都有这一类文章发表,地位大都在刊物开头,带有社评性质,而且署名都用一个字。我看到的其他刊物,像四十年代初太行区的《抗战生活》、陈荒煤主编的《北方杂志》等,没有不是这样的。《抗战文艺》同样遵守这个通例。即以载有《展开沦陷区域的文化工作》一篇的第三卷第一期言,这期发表四篇,共用一个总题目,是《每周论坛》,这个总题目说明了这些小文章的性质。四篇都只署一个字,即"蕻"、"蓬"、"苏"、"虹",前三个署名显然是从端木蕻良、姚蓬子、孔罗苏名字中摘录的。此后,每期开头都有类似杂感发表,少则三篇,多则四或五篇,大都用一个字署名。即是说,即使你作者用了两个字的署名,编者也会改成一个字。这不是尊重不尊重作者的问题,这是杂志社执行一个不成文的规定。高长虹在此后不久写过一篇文章,抱怨一些报刊编辑把作者署名改为一个字,虽然他没有具体指哪一篇,哪个报刊编辑,但对这种现象表示不满,或者说不理解,

---

① 《高长虹全集》收录了署名"虹"的 4 篇文章,《编后记》说明了收录原因,可看作是对廖久明 2009 年 8 月 7 日来信的答复,故抄节录在此。

是显而易见的。第三卷第一期是这个刊物第一次编发《每周论坛》，高长虹回国不久，不了解国内刊物的编辑原则和方法，以致产生误解，发出怨言，在情理之中。此后高长虹编《大江日报·街头》副刊时，曾用过一个字的署名"红"，可见他已经接受了这个做法。（高在二十年代用单字署名，那是另一回事）

如果前述《每周论坛》文章署名系从作者常用名字中摘录而来（有的用同音字代替）的论断可以成立的话，那么，可以探讨一下，除高长虹以外还有没有人会用"虹"做笔名？当时在重庆的写作者名字上有"虹"的，还有一位是葛一虹。葛一虹，上海人，一九一三年生，主要从事左翼戏剧活动。一九三七年以后，他相继在上海、汉口、重庆，跟章泯主编《新演剧》，一九三九年起在重庆任《中苏文化》常务编委，他的许多文章即是在《中苏文化》和《抗战文艺》上发表的。从所写事实和谈论戏剧创作意见看，这几期文章由葛一虹写，似乎更为适宜，他在《中苏文化》杂志上发表的文章，大部分是有关戏剧的。然而《论历史剧》中有这样的话："我最近读了一个剧本，那是包戈廷在十月革命廿周年纪念所贡献出来的《带着枪的人》The man with gun，这个剧本在华克太哥夫剧场的上演，据说获得了极大的成功……"《带枪的人》的译者，不是别人，正是葛一虹。葛一虹会不会说这样的话？绝无可能。说"这个剧本在华克太哥夫剧场上演"，那个剧场似乎也不在重庆。《带枪的人》既是他翻译的，怎么能说"我最近读了"这个剧本呢？可见《论历史剧》不会出于葛一虹之手，"虹"不是葛一虹。

值得注意的是，在这同一时期，跟《论历史剧》同在《新蜀报·文锋》副刊发表的《诗是苦力》的诗，也用了"虹"的笔名，而这首诗无论从哪方面看，都只能认为高长虹所写，不会出自他人。把诗比作"苦力"，说诗"在沙土中工作，就像苦力抬轿"，是除高长虹以外没有人能这样写的。高长虹的思维跟他人不同，他所用的比喻，他所创造的意象，别人很难想到。同时"苦力"这个用语，在高长虹其他作品中出现不止一次，是他的常用语之一。此后不久，高长虹在他主编的《大江日报·街头》副刊上，以"红"为笔名发表了几首诗，跟《诗是苦力》有如姊妹篇。《有诗为你们开道》中"五一，/狂飙的生日，/都来庆祝吧，/来到街头！/生活在狂飙里去，/要为狂飙而生活……"

《新国家》中"它是生长在一起,/和我们的土地。/它像传统一样老,/小孩时候都知道,/可是它又很年轻……"《快乐的边沿》中"我们把生命记在账上……"《为国家效劳》中"我的诗,/是为热情效劳……"都有高长虹式的思维特点和写作特点。至于改"虹"为"红",这跟高长虹思想转变有关,那是一九三O初到日本以后的事,此处从略。既然在同一时期同一副刊上发表作品,不能认为"虹"是两个人,诗是高长虹,文章也只能是高长虹。再如前引"我最近读了一个剧本,那是包戈廷在十月革命廿周年纪念所贡献出来的《带着枪的人》……"中的"贡献出来",也是高长虹式的语言。《展开沦陷区域的文化工作》一文里"我亲爱的……"这样的句子,读过《心的探险》中《幻想与做梦》的人,应该是熟悉的。

据此,这几篇文章为高所作,可以肯定。

廖久明(2011年1月2日)

我最近在修订《高长虹年谱》以便结题出版,在看见《高长虹全集》第4卷中署名虹的《论历史剧》和《文艺作品的总检阅》时,由于这两篇文章都谈到戏剧问题,所以我仍然觉得这个"虹"应该是长期从事戏剧工作的葛一虹。

您在《后记》中如此写道:"《带枪的人》既是他翻译的,怎么能说'我最近读了'这个剧本呢?"我查了一下葛一虹翻译出版《带枪的人》的情况为:"《带枪的人》这个剧本,我是在1939年冬天翻译,1940年10月才在重庆出版的《中苏文化》杂志苏联戏剧电影专刊上发表的。它第一次以单行本形式出版,是在桂林,1942年;第二次在北京,1950年。"(葛一虹,《带枪的人·新版前记》,1957年)由此可知,"虹"在写作《论历史剧》时,《带枪的人》尚未翻译出版,那么,"我最近读了一个剧本"中的"剧本"很明显是外文剧本。由于《带枪的人》是由葛一虹翻译的,由此可知此处的"我"应该是葛一虹而不应该是高长虹:正因为葛一虹觉得《带枪的人》写得很好,所以才会在同年将它翻译出来。

我以上的看法不知是否正确,望指教!

董大中(2011 年 1 月 3 日)

你查到的这个资料对确定此"虹"是高是葛,是很重要的。你说"由此可知此处的'我'应该是葛一虹而不应该是高长虹:正因为葛一虹觉得《带枪的人》写得很好,所以才会在同年将它翻译出来。"却还需要认真思考。我初步思考的结果,跟你的看法恰恰相反,它只能进一步证明《全集》编后记的判断是正确的。

你说:"'虹'在写作《论历史剧》时,《带枪的人》尚未翻译出版,那么,'我最近读了一个剧本'中的'剧本'很明显是外文剧本。"这话对,"我"读的确实不是葛一虹翻译的那个剧本,那个剧本是《带枪的人》而不是《带着枪的人》。剧本的名字不同,所指显然不是同一个东西——《带着枪的人》指原来的文本,《带枪的人》指中文译本。更重要的还说明,"指者"也不是同一个人。从译者葛一虹的角度说,既然他把自己翻译的剧本称作《带枪的人》,为什么他要把自己读的剧本说成《带着枪的人》呢?那是外文剧本,它的中文名字还没有形成,正等着人们为它定一个中文名字。葛一虹在说到翻译之前那个剧本时称它为《带着枪的人》,翻译后改为《带枪的人》,这是不合情理的。这篇署名"虹"的文章通篇以《带着枪的人》称呼这个剧本,只能说明它的作者不是葛一虹。此其一。

其二,"我"不仅读的是外文剧本,而且还知道"这个剧本在华克太哥夫剧场的上演,据说获得了极大的成功"。这个华克太哥夫剧场在什么地方?我原来反复想,重庆会不会有这么个剧场,曾想请你查阅一下当时重庆的报纸,在报纸的广告栏看看有没有。又想,上海有电影院用外文名字,那是因为上海有租界,上海的外国人也多。重庆属于内地,用外文名字可能性不大,而且这个名字,俄文的口气太重,在战时的"陪都"、在以反苏反共为职志的蒋介石眼皮子底下重庆使用,更不可能。想到这里,我没有把这个要求向你提出来。当时我已经认定,这个剧场不在重庆。看了你这份电邮,更加确信了我的上述判断。如果在重庆,既然葛一虹还没有把它翻译成中文,那就只能用俄语演出,而这是根本不可能的,连万分之一的可能也不会有。这个剧场百分之九十的可能在莫斯科,百分之十的可能在别个地方。"我"也没有到华克太哥夫剧场去看《带着枪的人》的演出,而是在《带着枪的人》的外文剧本所附录的"泰尔夫的《〈带着枪的人〉的演出》"一文中知道的,因此在"获得了极大的成功"前加了"据说"两个字。这个外文剧本是什么文字呢?仍是有百分之九十的可能是俄文,如果译成其他外国文字,那个附录兴许会删去。不管什么文字,高长虹都可能"读"下来。据侯唯动《我所认识的高长虹同志》说,高住在沈阳的东北大旅社时,曾"用俄语高声吟咏高尔基的《海燕》和普式庚的名篇"(见《高长虹研究文选》第79页),可见高长虹是懂俄语的。

其三,据你查到的资料,葛一虹在《带枪的人·新版前记》中说:"《带枪的人》这个剧本,我是在1939年冬天翻译,1940年10月才在重庆出版的《中苏文化》杂志苏联戏剧电影专刊上发表的。它第一次以单行本形式出版,是在桂林,1942年;第二次在北京,1950年。"署名"虹"的《论历史剧》是葛一虹翻译《带枪的人》的同一年的年初(2月16日)发表的,那是前一年的冬天,时间提前了差不多一整年。现在提出一个问题:既然葛一虹"在1939年冬天"才翻译这个剧本,那他为什么在翻译这个剧本将近一年之前就急忙忙写文章介绍这个剧本,介绍了之后又不马上翻译呢?一般情况,译者是在翻译之后或演出之际,才写文章介绍他所翻译的剧本的。这一点,跟一般情况很不相符。

另外还有文章的思想和口气,还有用同一笔名发表的其他作品。这些,《高长虹全集·编后记》已经说过,不再重复。

我说你查到的这段话"是很重要的",其重要意义在什么地方呢?葛一虹为他的剧本所作《新版前记》前已引用。这个《前记》不仅不能说明"此处的'我'应该是葛一虹而不应该是高长虹",而且说明高长虹这篇文章是第一次把《带枪的人》介绍给中国人的。这个时间顺序表值得我们高度关注,值得我们深入研究。显然,先有《论历史剧》说《带着枪的人》是个好剧本,它是"写历史剧应该施用现实主义的创作方法"的一个榜样,这才激起了葛一虹先生翻译这个剧本的兴趣,这才会在"1939年冬天翻译"。也许,在《论历史剧》发表之前,葛一虹尚不知道此剧在华克太哥夫剧场演出情况,甚至没有看到俄文剧本,他是在读了署名"虹"的文章后才找到那个剧本的。既然葛一虹能在重庆找到俄文的《带枪的人》,"虹"先生为什么不能在重庆看到《带着枪的人》呢？

以上是我读了你的邮件后匆忙写出的,供研讨。只有能找到葛一虹明白无误地说这个笔名属于他、这篇文章是他写的文本,现有的结论才可以推翻。

廖久明(2011年1月4日)

我查阅了与《带枪的人》的相关资料,先简单介绍一下:

1.《论历史剧》首次提到"《带着枪的人》The man with gun",该文发表在1939年2月16日《新蜀报》副刊《文锋》,署名虹。

2.《中苏文化》1940年第4期发表《带枪的人》,署名葛一虹。

3. 1942年桂林华华书店出版《带枪的人》,署名葛一虹

4. 1950年北京天下图书公司出版《带枪的人》,署名葛一虹。

5. 1957年北京中国戏剧出版社出版《带枪的人》,署名葛一虹。该版本有"莫斯科瓦赫坦戈夫剧场演出'带枪的人'的剧照"。葛一虹在《新版前记》中如此写道:"《带枪的人》这个剧本,我是在1939年冬天翻译,1940年10月才在重庆出版的《中苏文化》杂志苏联戏剧电影专刊上发表的。它第一次以单行本形式出版,是在桂林,1942年;第二次在北京,1950年。现在的新版本,是由马华同志根据俄文新版本校订过的。"

6. 1960年北京中国戏剧出版社出版《带枪的人》,署名葛一虹。葛一虹在该版《后记》中如此写道:"我在1939年就根据了英文版《国际文学》译出了这个剧本而在一年之后始得在重庆出版的一个杂志的苏联电影戏剧专刊上发表。这个译本后来在1942年桂林和1950年北京两次出过单行本。1957年编入《包戈廷剧作集》一书的译本则曾请人根据俄文校订。现在作为列宁三部曲之一再一次出版,又曾由负责编辑的同志进行过校订。/在抗日战争时期,《带枪的人》在1941年底曾由延安鲁迅艺术学院演出,接着,还曾在几处敌后根据地上演过。中华人民共和国成立以后,1957年,为庆祝十月革命四十周年纪念,北京人民艺术剧院又将它在舞台上献演,和广大观众见面,并成为剧院的保留节目。/这便是近二十年来,《带枪的人》这个苏联名剧在我国翻译、出版和演出的概况。/感谢最初将翻译的材料提供给

我的苏联对外文化协会代表米克舍拉夫斯基同志,感谢曾经帮助我从事这个工作的同志和朋友们。"

然后再发表我的看法:

1.《带枪的人》与《带着枪的人》都是 The man with gun 的翻译,只不过前者比后者翻译得更简练罢了,两者的变化恰恰体现了译者的精炼过程,1939 年初"虹"在写作《论历史剧》时看的只能是 The man with gun 这个英文剧本。

2. 从 1957 年版的剧照可以知道,"华克太哥夫剧场"确实在俄国,1957 年版将其翻译成"瓦赫坦戈夫剧场"我认为是由于马华根据俄文新版本校订时这样翻译的。

3. 葛一虹 1939 年在看见英文版《国际文学》刊登的《带枪的人》后,于年初写作《论历史剧》,于年底将其翻译出来,于 1940 年发表,时间上也能衔接。

4. 1960 年版的《后记》告诉我们,"最初将翻译的材料"提供给葛一虹的是苏联对外文化协会代表米克舍拉夫斯基,由此可知,刊载于《国际文学》的《带枪的人》不是随便哪个人都能看见的,高长虹当时似乎不具备看见该剧本的条件。

鉴于以上原因,我还是认为写作《论历史剧》的"虹"是葛一虹。当然这只是我的一孔之见,是否如此还请董先生指教!

董大中(**2011 年 1 月 5 日**)

看了你新传来的材料,我真的不相信是你写的。你过去的一些文章考证很有功夫,怎么这封信里的话太缺少最起码的道理了呢?你把两个剧名的不同,说成"恰恰体现了译者的精炼过程",根据何在?是葛先生说他曾经把译名做了精炼?译者本人没有说,我们怎么能随便让人家去把译名"精炼"一下呢?你结论中的第三点,原话是:"葛一虹 1939 年在看见英文版《国际文学》刊登的《带枪的人》后,于年初写作《论历史剧》,于年底将其翻译出来,于 1940 年发表,时间上也能衔接。"葛一虹看到《带枪的人》是一九三九年,不是在"(一九三九)年初"之前的一九三八年或一九三七年,而一九三九年有十二个月，葛一虹是一九三九年看到这个剧本，他于这年"年初"写《论历史剧》介绍这个剧本，怎么能说成"时间上也能衔接"呢？如果不是一九三九年二月十五日以看到这个剧本，那不是"衔接"，那是倒退。你只有证明葛一虹是一九三九年二月十五日以前读到这个剧本的，才能够把它作为《论历史剧》为葛所作的一个——注意，仅仅是一个——小小的证据。

你这次传来的材料只有"感谢最初将翻译的材料提供给我的苏联对外文化协会代表米克舍拉夫斯基同志"是新的，这说明葛一虹据以翻译的《带枪的人》原本不是从书店买来的，而是有人提供的。你的结论的第四点倒是需要考虑，但这个理由并不太有力。你传来的材料说载有《带枪的人》的《国际文学》是英文版，那它就不是那个米克舍拉夫斯基所专有，必然会有很多，必然在许多地方可以看到，也许书店还有得卖。葛一虹可以从米克舍拉夫斯基那儿得到，高长虹为什么就不能从别的渠道得到呢。假定这本书是缺货，书店没有，美国驻重庆的文化机构也没有，就高长虹而言，至少还有两个渠道是畅通的。一，当时苏联文化协会跟中国人办的《中苏友好［文化］》杂志关系很好，而高长虹到重庆后发表的第一篇文章就是在《中苏友好［文化］》上发表的，这说明高长虹跟苏联文化协会并不完全隔绝，葛一虹能从"苏联对外文化协会代表米克舍拉夫斯基同志"得到，只能证明高长虹也可以从那儿得到。二，高长虹初到重庆，跟各方面有广泛接触，这从你找到的佚文的发表刊物之多就可以看出，有些刊物是以发表译文为主的，如《事实［时事］类编特辑》即是。这个刊物既是以发表译文为主，那它那里必然会有许多外文书刊，而英文刊物必然占主导地位。高在这个刊物发表文章，是在一九三九年初，发表《论历史剧》之前。这个渠道反而是葛一虹所缺的。你根据葛书"1960 年版的《后记》"中"最初将翻译的材料提供给葛一虹的是苏联对外文化协会代表米克舍拉夫斯基"说"由此可知，刊载于《国际文学》的《带枪的人》不是随便哪个人都能看见的，高长虹当时似乎不具备看见该剧本的条件"，不显得勉强吗？

你结论中的第二点，跟考证《论历史剧》是谁作的，毫无关系，不赘。

廖久明（**2011 年 1 月 6 日**）

重庆图书馆藏有 1942 年版《带枪的人》，据介绍，"书末附作者的《我怎样写〈带枪的人〉》，以及泰洛夫、葛一虹、黄钢等论述本剧本的文章"。我已将钱汇过去，他们收到后会将该书复印后寄我，等我看后再回答您的疑问。

廖久明（**2011 年 1 月 11 日**）

1942 年版《带枪的人》的复印件已得到，看了相关资料后，我仍然认为《论历史剧》的作者"虹"是葛一虹。

理由一、"虹"在《论历史剧》中将 The man with gun 翻译成《带着枪的人》当与瞿秋白的《赤都心史》有关。《赤都心史》中有这样的语句："'拿着军器的人'向来是劳动群众心目中一个可怕的东西；现在不但不觉他——赤军——可怕，而且还是自己的保护者。"葛一虹在引用了这句话后如此写道："淡淡数笔，便把当时热烈的神情透过纸面，传给读者了。在这里的'拿着军器的人'便是'带枪的人'的另一种说法。而这个概念的首先跑进我的脑中，也还是开始在这本《赤都心史》。"（《〈带枪的人〉及其他》，该文曾以《关于〈带枪的人〉及其他》发表在《中苏文化》1940 年第 6 期）

理由二、"虹"在《论历史剧》中如此写道："我最近读了一个剧本，那是包哥廷在十月革命廿周年纪念所贡献出来的《带着枪的人》The man with gun，这个剧本在华克太哥夫剧场的上演，据说获得了极大的成功。《带着枪的人》是一个历史剧，描写十月革命的红军及其领袖的英雄的革命行动。在包氏所写的《我怎样写〈带着枪的人〉》那篇文章中，我们可以想见他是怎样的从事艰难的历史剧的编制的。他收集了无数有关于十月革命的书籍，访问过不少参与那行动的领袖和其他人物，并且到那事件发生的地方作过细密的考察。譬如，在他的剧本中的革命领袖列宁便惟妙惟肖的，而扮演这个角色的演员，不仅外形上化装得逼真，演来也有声有色（见泰尔夫的《带着枪的人》的演出）。包哥廷获得了怎样伟大的成功呢，他把十月革命那段历史最真实地显示给了万千观众，他用了历史上真实事迹来显示出了历史的客观的社会意识。"葛一虹翻译的《关于〈带枪的人〉》（泰洛夫作）如此写道："在群众行动的背景中，在种种事件的背景中凸出来了列宁的巨人般的形象。观众和读者可以看到社会主义革命的领袖人物的各式各样的变化着的神态。在华克太哥夫剧场上，苏联人民艺术家舒契金担任了列宁的一角。他在传达足以特征化列宁的本质的和性格的事情上有着很大的成功。欧美的观众他们在《列宁在十月》的那部影片里对于扮饰列宁角色的舒契金的表演是熟悉的，而在剧本中的舒契金注意着以前人们对他工作的批评，更曾致力于他的表演技术的改进和深造。"比较这两段文字可以知道，"虹"在《论历史剧》对《带枪的人》的介绍很明显来自于泰洛夫的《关于〈带枪的人〉》

理由三、"虹"在《论历史剧》中如此写道："'历史的现实主义'是什么呢？纵然在这里尚未见有具体的说明，但写历史剧要发掘历史的真实 Truth of History 这句话却是一个有价值的启示。/史家写历史要求其真实，剧作家写历史剧自然也要真实的。我们要采用一节历史上的故事，我们当然不能任意的取用一节历史，任意的变更它，歪曲它，以使之完成主观上的需要。假使这样，失去了历史上的真实，便不能称为历史剧了。/当然，每一件历史事件在当时的社会上都有着它的客观的社会意识的，我们的剧作家应该在剧本中充分的把它客观的社会意识显露出来。我们的剧作家愈能把握着这一点，那么愈能显出历史的真实，而他的作品所达到的成功当愈为巨大，这是可以断言的。/但是我们要显示事件的客观社会意识是决不能违反事件的历史上的真实性的，具体地说，我们要传达出一个历史事件的客观社会意识，用以来讽喻或警惕今日的社会，或其他目的，我们必须要运用历史上的真实的事迹作为剧本的基础。缺少历史上的真实的事迹作为剧本的基本要求的历史剧，无论如何是不能称作最良好的历史剧的。"葛一虹在《〈带枪的人〉及其他》中如此写道："我们没有权利反对写作历史剧，即使在这样紧张的战争时代亦然。历史剧有着它的和现代剧同等的效果。历史剧和现代剧一样应该描写活的人。历史剧里的活的人虽然并不存在我们的周围，但却也不是所谓'描鬼容易描人难'中的鬼，全无根据与全无稽考的可以信笔纵横地乱涂的。无可抹煞的历史背境指导支配并且决定着人物的活动，剧作者也只有在这个条件下才能描写出历史的真实。不过可指摘的地方不是没有的，我们的剧作者应当受到批判的就在于他们的不能显示历史的真实，他们的英雄并不能作一定的阶段和倾向的代表。我们的历史剧作家往往喜欢主观地发挥他的想像方面的才能,而不是客观地从具体的史实中来显示一定的历史的真实。"比较这两段文字可以知道,"虹"和葛一虹历史剧的认识惊人地一致。

理由四、"虹"在《论历史剧》中如此写道:"其实,写作历史剧也并无什么特殊的创作方法。现实主义是我们惟一的最好的指南针。很简单,写作历史剧应该施用现实主义的创作方法的,用现实主义的创作方法来处理历史题材。自然,历史的真实是一个必要的条件,而这样写下来的剧本,无疑它的客观的社会意识一定会明白而又精确地表现出来的,而且它一定是成功作品的。"葛一虹在《〈带枪的人〉及其他》中如此写道:"不论题材的如何广大浩渺,如何的复杂'背驰',只有把握着现实主义的创作方法才能在千端万绪中间找出一条一定的线索,从而环绕着它,迫使它自然地辩证地发展。……/《带枪的人》描写的是十月的一个插曲。它简明而有力地在读者和观众前面展露了历史的真实。它的成功的秘密便在于站在正确的科学的认识论上来分析十月的事实,现实主义地写作了下来。"比较这两段文字可以知道,"虹"和葛一虹对现实主义与历史剧之间的关系的认识惊人地一致。

理由五、葛一虹在《〈带枪的人〉及其他》(1940年春作)中是这样叙述他是如何知道和翻译《带枪的人》的过程的:"距今两年之前,看到苏联的报纸知道《带枪的人》这个名辞已被采用作一个剧本的名称了。这个剧本据说是非常成功的。而剧作家却正也为我们熟悉的苏联著名剧作家尼古拉·包哥廷(他曾在第一次苏联作家代表大会上作过关于苏维埃戏剧学的报告人,他的作品如《斧之诗》,《我友》和《无后》,在苏联都被誉为超特的优秀作品)。这个消息带给我很大的喜悦。这样的喜悦使我生出了去寻觅这个剧本的企图。并且开始了对于这个作家的更大注意。不久,剧本竟然找得了,此外还得到了一篇关于这个剧本的泰洛夫所写的批评,和一篇最为宝贵的包哥廷作这个剧本的创作经验的自述。/无掩饰地来说,当我读着这些东西的时候,我是很被激动的。我的激动是两方面的,伟大的十月革命的一个插曲的场景固然紧紧地抓住了我的注意,而特别的,正如恩格斯给拉萨尔的信里所说的'因为目前优秀文学缺乏,我很少读到这样的作品,而且很久我没有读过一本书能于细密地思索一番后留下一个肯定稳固的意见的.’换句话说，那便是写剧的技术也使我读后大大地为之感动，它为我留下了不灭的印象。/于是，我在偶然的一个机会上，把《我怎样写〈带枪的人〉》译了出来。看到这篇译文的人，其中便有不少在我面前表示，说这样的创作经验对于我们的青年剧作界颇有益处的。自然，这种活的创作经验比起死板的教科书式的编剧论与编剧技术之类的东西对于读者是更多帮助的。而在这一番含有赞美的意思的说话中明白地含蓄着这样可感的情思，那就是鼓励我来把这个剧本翻译出来。/不用说，这样一个工作我是乐于做的，然而世态的变幻往往会出人意外的来临，正当我自己准备迎受新的生活的时候，却遭了意外的打击。接着，我携带了一种难堪的心情从南往北，越过了万重关山，渡过了滚滚的黄河水流，我在悬崖上策马飞驰，我在古刹寺中凝视庄严的神像，我怡然地置身于逼近敌骑的山岗旷野。这一个万里征程，虽或多或少地苏解了我的愁思苦虑，却也徒然增加了我无限怀旧的感触。生活的远景因为视程的扩大而展开在我面前。山中类如无忘我草的野花在在为我卷出了旧游的回忆。但是我终究回归来这雾似的山城了。/归来不久，在十月革命二十二周年纪念的盛会上看到了一部影片《革命先锋》的放映。这一部影片就是《带枪的人》的电影本。当它放映的时候，并未为观众准备下说明书。但在戏院中不断地爆裂出天真的笑声和热烈的掌声。即使在异邦，对于这个故事尚是生疏的人民之前，银幕上的映像也能唤起观众浓郁的兴趣。而在我呢，特别感到了一种亲切的情意。在诵读时所难免的一些模糊的感觉在此获得了清明的解释。我的对于这个剧本的认识和估价也由以增进了一层。/热情的语言和内在的欲求要求我继续向更坚实的道路上行走。我还很年青。我仍然觉得我有着无尽的生活力量。我应当尊重我下过的誓言。是我的想法对呢抑是真理在别人身边，这是尚有待我自己以事实来证明的。历史是残酷无情的，自信心不但没有夭折，且也随着时日而增进。这样，在工作与工作之后，我终于在一个极短促的时间内把《带枪的人》及其附件全部译了出来。”根据这段文字可以知道，“距今两年之前”即 1938 年葛一虹已从苏联报纸知道了《带枪的人》这个剧本，葛一虹在 1939 年 2 月16 日《新蜀报》副刊《文锋》发表《论历史剧》对其进行介绍至少时间衔接得起来。至于葛一虹为何要等到1939年冬才将其翻译出来,引文已有非常清楚的说明,不赘。

董大中(2011年1月12日)

十一日电邮需要认真看待,仔细分析。

此文最大的成就,是弄清了葛一虹最早"知道"有这个剧本的时间。问题在于仅仅"知道"了有这么个剧本,就可以写出《论历史剧》么? 你文中有好几条对两文内容的比较。且不说你所说的"惊人地一致"是否"惊人",只就把两文的相关内容拿来比较,就不是一个"知道"的问题了,而是要看到剧本,看到"一篇关于这个剧本的泰洛夫所写的批评,和一篇最为宝贵的包哥廷作这个剧本的创作经验的自述"。葛一虹说他是"不久"找到的。这个"不久"以什么为基点呢? 是"知道"有剧本那时候还是别的时候? 从葛一虹文章看,他从"知道"有这么个剧本到"不久"有一个过程。这个过程就是:"这个消息带给我很大的喜悦。这样的喜悦使我生出了去寻觅这个剧本的企图。并且开始了对于这个作家的更大注意。"一个是"带给我很大喜悦",一个是"生出了去寻觅这个剧本的企图",一个是"开始了对于这个作家的更大注意",还有一个寻的过程让那个。这几个过程有心理上的,有行动上的,很难估计究竟用多长时间。一九三八年到一九三九年,是最混乱的年代。那一段时间,葛一虹是跟章泯在一起主编《新演剧》,后来编《中苏文化》,地点是上海、汉口和重庆。从"生出了去寻觅这个剧本的企图"到找到剧本,绝不是短时间就可实现的。这个"不久",从"基点"算起,是弄不清楚的。那么,我们就从后边往前推。在得到剧本和"一篇关于这个剧本的泰洛夫所写的批评,和一篇最为宝贵的包哥廷作这个剧本的创作经验的自述"以后呢? 葛一虹说得清楚、明白,是立即阅读,读后,"在偶然的一个机会上,把《我怎样写〈带枪的人〉》译了出来",有朋友看了,建议把剧本也翻译出来。葛先生没有顾上翻译,而是因为"世态的变幻往往会出人意外的来临,正当我自己准备迎受新的生活的时候,却遭了意外的打击。接着,我携带了一种难堪的心情从南往北,越过了万重关山,渡过了滚滚的黄河水流……"说"准备迎受新的生活"是指翻译,就在这时候,一件新的事情"出人意外的来临"。这件事情是什么呢？葛一虹说是"世态的变幻"，其实是中华全国文艺界抗敌协会组织了两个作家战地访问团，分赴西北和中原两地访问。说是西北，实际是到华北，山西的中条山、太行山一带；去山西，当然要过黄河。赴华北的访问团共十三人，其中包括葛一虹，名单上他在第二位。团长王礼锡，副团长宋之的，六月十四日举行出发仪式，周恩来、郭沫若等人致欢送词。十八日离开重庆。这次访问半年，年底返回重庆。葛一虹是访问回来以后才翻译的，所以就到了一九四○年。葛一虹说他是在准备翻译的时候事态发生了"变幻"，可见两件事紧相连接。也许葛一虹"在偶然的一个机会上，把《我怎样写〈带枪的人〉》译了出来"距离访问团出发还有一段时间，比如十天二十天，甚或一月两月，但不会太长，太长，他就可以把剧本也译了出来。《论历史剧》是这年二月十六日发表的，在访问团出发之前四个半月。这说明什么呢？说明葛一虹得到剧本和那两篇有关这个剧本的外国人的文章，是在一九三九年四五月份之间，在《论历史剧》发表之后。如果他是在写《论历史剧》之前——比如一月——得到的，那他在参加作家战地访问团之前，至少有五个多月时间。那一段时间相对比较安定，日本的飞机扔炸弹也不像后来那样密集，他完全有时间、有精力去翻译。没有翻译，惟一的原因就是《论历史剧》发表之前他还没有得到，看到那个剧本和两篇文章的，是《论历史剧》的作者——另一个"虹"。——这还不明白吗？

你在文中列了好几条，比较葛一虹的文章和署名"虹"的《论历史剧》的有关内容，说两者"惊人地一致"。这有什么值得"惊人"的？那些观点，是谈历史剧都会有的，现实主义呀，历史的真实呀，上世纪五六十年代郭沫若和其他人（有个叫什么铁城的）讨论历史剧问题也就是这几个问题绕来绕去。你比较时，为什么不把两人的文字功夫和文风也比较一下呢？葛一虹的文字读起来磕磕绊绊，怎能跟"虹"的文字相比呢？

还有两个问题，需要认真考虑。

第一个问题，葛一虹自己有没有说到这篇文章？找葛一虹的文集之类查一查，或者像这样的文艺短论，他有没有编过集子，是否收了进来？如果葛一虹把这篇文章收在他的集子里，这肯定是葛一虹的。如果没有，那就说明作者本人不承认有这篇文章。这一条很重要。当然，也有可能，作者从来没有编过这类集子,那就麻烦得多。

第二个问题,葛一虹有没有说到他使用过"虹"的笔名。我查过好几种作家辞典,像四川文艺出版社出版的《中国文学家辞典》,凡作家使用过的笔名,都列入在内,可是葛一虹名下没有说到他用过什么笔名。该书的编委有我熟人,据我所知,该辞典的辞条,作者在世的,文稿大都由作者本人撰写,或由作者审改。葛一虹收在第二卷,该卷于一九八二年出版,到现在将近三十年,这个辞条应该是经过他本人的。文内没有说到他用过什么笔名,也许他就不用笔名。可以找几种现代作家笔名录一类工具书查一查。八十年代初,有个叫钦鸿的,专门搞作家笔名录,曾给我写信问赵树理的笔名,我都告他了。但此人的书我没有看到。

一个连带的问题是:署名"虹"的不是这一篇,还有别的文章,还有诗歌。如果硬把这一篇派给葛一虹,那么其他署名"虹"的文章和诗怎么办?也派给葛一虹吗?

廖久明(2011 年 1 月 12 日)

我查了一下中国国家图书馆、上海图书馆、重庆图书馆的书目,未查到《葛一虹文集》,除译著外,葛一虹身前出版的集子只有 4 种:《战时演剧论》(新演剧社,1938 年)、《战时演剧政策》(上海杂志公司,1939 年)、《苏联儿童戏剧》(上海杂志公司,1939 年)、《中国话剧通史》(文化艺术出版社,1990 年)。看来,通过葛一虹集子判断这 4 篇作品归属问题的可能性很小。

在我看来,不但 3 篇杂文不是高长虹的作品,就连《诗是苦力》是否是高长虹作品也值得怀疑:1939 年 3 月 15 日至 8 月 22 日,高长虹以"长虹"为笔名在《新蜀报·文锋》发表了 10 篇作品,如果 3 月 24 日发表在《新蜀报·文锋》的《诗是苦力》也是高长虹的作品,为何它要署名"虹"呢?由于我不知道葛一虹是否写过诗,所以不敢贸然断定这首诗的作者是葛一虹。

看来,我们谁也没有办法说服谁。我现在的打算是:将这 4 篇作品编入《高长虹年谱》,同时附录《关于"虹"的通信》。最近几天,我将我们围绕"虹"的通信整理了出来。在整理过程中发现,我们围绕该问题展开了非常广泛的讨论,不管结论谁对谁错,我们这种严肃认真的态度都是值得人们学习的。

现将整理出来的《关于"虹"的通信》通过附件发来,不知您是否同意我将其作为附录收入《高长虹年谱》? 望告知。

董大中(2011 年 1 月 13 日)

很好。你能找到发表的地方,就传给人家吧。能不能给《新文学史料》? 我还想,咱们过去讨论问题的通信像这样整理出来,也许是一本很有意思的书。字数也颇不少。顺便建议,以后写信,最后加上日期。

莽原社·狂飙社·未名社述考

对莽原社成员包括部分狂飙社成员,笔者至今未见异议;但对莽原社成员是否包括未名社成员却存在着很大争议。未名社成员李霁野在《记未名社》(1952 年 6 月 27 日写,1956 年 8 月 10 日修改)、《未名社出版的书籍和期刊》(1976 年 5 月 23 日)、《鲁迅先生谈未名社》(1976 年 6 月 12 日)、《鲁迅先生与"安徽帮"》(1981 年)等文章中都极力否认未名社成员与《莽原》周刊之间的关系:"未名社的几个成员确实同高长虹等'互不相识',他们只有一二人向《莽原》周刊编者鲁迅先生投寄过少数几篇短稿"[①]。董大中则坚持认为:"大家都是莽原社成员",只不过狂飙社作家群属"第一集团军",安徽作家群(未名社主要成员)属"第二集团军"[②]。那么,实际情况如何呢? 笔者在此谈谈自己的粗浅看法,希望有资格成为引玉之砖。

一、北京《狂飙》周刊的停刊与莽原社的成立

1924 年 9 月 1 日,太原《狂飙》月刊创刊;9 月底,高长虹将刊物交给高沐鸿、籍雨农等,独自赴京;11 月 1 日,《狂飙》月刊第 2、3 期合刊在太原出版后

---

① 李霁野:《未名社出版的书籍和期刊》,《鲁迅先生与未名社》,人民文学出版社,1984 年,第78 页。

② 董大中:《鲁迅与高长虹》,河北人民出版社,1999 年,第 76 页。

停刊。11 月 9 日,高长虹在北京创办《狂飙》周刊,附属于《国风日报》发行。

高长虹在北京听说鲁迅对《狂飙》的夸奖后,于 1924 年 12 月 10 日夜拜访鲁迅:"夜风。长虹来并赠《狂飙》及《世界语周刊》。"(《鲁迅日记》)为了支持《狂飙》周刊,鲁迅译了日本伊东干夫的《我独自远行》一诗发表在《狂飙》周刊第 16 期(1925 年 3 月 15 日)上,并且还"时常说想法给《狂飙》推广销路"。

由于以下原因,《狂飙》周刊出至第 17 期于 1925 年 3 月 22 日停刊:"这时,狂飙社内部发生问题。这时,《狂飙》的销路逐期递减。这时,办日报的老朋友也走了,印刷方面也发生问题。终于,《狂飙》周刊到十七期受了报馆的压迫便停刊了。"

在说到莽原社成立时,高长虹说:

> 当由兄弟周刊而变成朋友周刊的《狂飙》停刊之后,便是快入于《莽原》时期的时候了。但中间也还又有一点牵连,颇有一述的必要。当时有一个朋友愿意介绍《狂飙》到《京报》做一附属物,条件却是要他加入狂飙社。培良是偏于主张这样办的。听说那时鲁迅也赞成这样。我同高歌是反对这样办法。因为这个朋友,我们知道是不能合得来的,再则我们吃尽了附属的苦,而且连自己的朋友都隔膜太多。《狂飙》遂不得再出。过了几天,我便听说鲁迅要编辑一个周刊了。最先提议的,大概是鲁迅,有麟,培良吧。我也被邀入伙,又加了衣萍,这便组成了那一次五人的吃酒。这便是《莽原》的来历。①

据荆有麟回忆,《京报》的七种附刊是由他为邵飘萍"计划"的,出面约请鲁迅为《京报》编一种副刊的人也是他②。由此可推断,高长虹所说的"愿意介绍狂飙到《京报》做一附属物"的"朋友"很可能是荆有麟。荆有麟跟景梅九是同乡,且已有往来,而高长虹的《狂飙》周刊办在景梅九的《国风

① 《走到出版界·1925,北京出版界形势指掌图》,《高长虹全集》第 2 卷,中央编译出版社,2010 年,第 197—198 页。
② 荆有麟:《〈莽原〉时代》,《鲁迅先生二三事——前期弟子忆鲁迅》,河北教育出版社,2001 年,第 252 页。

日报》上。高长虹晚年回忆自己与鲁迅的交往时说,他最初是通过"一个在世界语学校里做了鲁迅的学生"了解鲁迅的①,而荆有麟是鲁迅在北京世界语专门学校教书时的学生。由此可推断,莽原社成立经过应当是这样的:邵飘萍请荆有麟为《京报》"计划"七种附刊,附属于《国风日报》的《狂飙》周刊已于3月22日停刊,荆有麟首先"愿意介绍《狂飙》到京报做一附属物",条件是自己要"加入狂飙社",由于高长虹和高歌反对,荆有麟便去找鲁迅,鲁迅"很赞成","第二天晚上,我们便聚集在鲁迅先生家里吃晚饭"②,于是莽原社成立。

二、《莽原》周刊时期的狂飙社成员

1925年4月11日,"夜买酒并邀长虹、培良、有麟共饮,大醉。"(《鲁迅日记》)此次吃酒,标志着莽原社的成立。高长虹加入莽原社后,"曾以生命赴莽原":"无论有何私事,无论大风泞雨,我没有一个礼拜不赶编辑前一日送稿子去。"③从1925年4月11日《莽原》筹办到11月6日高长虹拜访鲁迅后离京回太原这近7个月时间里,《鲁迅日记》记载高长虹到鲁迅寓次数多达52次。高长虹加入莽原社后,把自己的朋友也带入了莽原社,《莽原》周刊实际发表的244篇(目录列237篇)文章中,狂飙社成员"共发表88篇,除高长虹(按:27篇),计向培良5篇,常燕生6篇,尚钺21篇,高沐鸿15篇,黄鹏基11篇,鲁彦3篇。"④

高长虹的系列杂文《弦上》发表后,在受到一些人欢迎的同时,也引起一些人的"反感",并且影响到高的其他创作:"我的批评,无形之间惹来许多人对于我的敌意不算外,它并且自己造作出一种敌意,一种我对于自己的创作的敌意,它无形之间毁灭了我自己的创作!"⑤高长虹为《莽原》做了大

---

① 《一点回忆——关于鲁迅和我》,《高长虹全集》第4卷,中央编译出版社,2010年,第351页。
② 荆有麟:《〈莽原〉时代》,《鲁迅先生二三事——前期弟子忆鲁迅》,,河北教育出版社,2001年,第252页。
③ 《走向出版界·给鲁迅先生》,《高长虹全集》第2卷,中央编译出版社,2010年,第160页。
④ 董大中:《鲁迅与高长虹》,河北人民出版社,1999年,第71—74页。
⑤ 《时代的先驱·批评工作的开始》,《高长虹全集》第1卷,中央编译出版社,2010年,第501—502页。

量费力不讨好的工作,但在外人看来,《莽原》"只是鲁迅办的一个刊物,再不会认识其他"。并且,安徽作家群成员"在《莽原》初办时已在鲁迅前攻击过我同高歌"。在这种情况下,高长虹决定自办刊物:"到暑假中,我觉得《狂飙》月刊不可以不进行了。也已经约同鲁迅、徐旭生担任稿件,但后来却都没有做。"①高长虹计划中的《狂飙》月刊流产了。

就在高长虹为计划中的《狂飙》月刊奔忙的同时,开始了短诗《闪光》的创作。对此诗,鲁迅颇为欣赏:"当这些短诗交给鲁迅在报纸上发表的时候,鲁迅是很喜欢他们的。我时常试探着想叫他说出那几首不好来,可是他总是说很好。"②鲁迅本准备将《闪光》收在《心的探险》里出版,但由于"书局同我作了对",不能在"暑假中出版",高便自己"凑了几个臭钱",以北京贫民艺术团的名义于9月份"单行出版了"。③ 此书的出版,高长虹认为在他和鲁迅之间"造成了初次的裂痕"④。

高长虹计划中的《狂飙》月刊未能变成现实,便"想暂且停止了这个工作,退出北京的出版界,到上海游逛一次。我开始写《生的跃动》,预备写六七万字来上海卖稿。但又有朋友提议先出一期不定期刊,于是我把《生的跃动》写了五分之一的样子便收缩住留给不定期刊用了。培良,高歌也正在这时回到北京。培良写了一篇批评《现代评论》前二十六期的小说的文字,我本来想写一篇文字批评《现代评论》的思想,但又没有做起。到《狂飙不定期刊》中经颠连困顿出现到北京出版界的时候,我已不在北京了。"⑤高长虹在《反应》中说:"《狂飙》的广告登出去快有一个月了"⑥,这儿的"狂

---

① 《走到出版界·1925,北京出版界形势指掌图》,《高长虹全集》第2卷,中央编译出版社,2010年,第198—208页。

② 《一点回忆——关于鲁迅和我》,《高长虹全集》第4卷,中央编译出版社,2010年,第363页。

③ 《走到出版界·关于〈闪光〉的黑暗与光明》,《高长虹全集》第2卷,中央编译出版社,2010年,第177页。

④ 《一点回忆——关于鲁迅和我》,《高长虹全集》第4卷,中央编译出版社,2010年,第363页。

⑤ 《走到出版界·1925,北京出版界形势指掌图》,《高长虹全集》第2卷,中央编译出版社,2010年,第208页。

⑥ 《光与热·反应》,《高长虹全集》第1卷,中央编译出版社,2010年,第200页。

飙"即《狂飙不定期刊》，有这部分文字的《反应》发表在 11 月 3 日的《京报副刊》上。由此可知，《狂飙不定期刊》广告登出的时间是 10 月初，那时，《莽原》周刊尚未改为半月刊。

从上面分析可以看出，就是在高长虹自认为"以生命赴《莽原》"的时候，也并未忘怀他的狂飙运动，所以鲁迅在说到莽原社的"内部冲突"时说："但不久这莽原社内部冲突了，长虹一流，便在上海设立了狂飙社。所谓'狂飙运动'，那草案其实是早藏在长虹的衣袋里面的，常要乘机而出"①。

三、安徽作家群成员属莽原社吗

尽管安徽作家群没人参加标志着莽原社成立的"五人吃酒"，却在《莽原》周刊第 1 期发表了两篇文章，并且都很靠前，这 7 篇文章依次为：《马赛曲（译文）》（霁野）、《绵袍里的世界》（长虹）、《春末闲谈》（冥昭）、《门槛（译诗）》（素园）、《槟榔集》（培良）、《走向十字街头》（有麟）、《杂语》（鲁迅）。在这些人中，韦素园、李霁野是安徽作家群成员。安徽作家群由韦素园、韦丛芜、李霁野、台静农四人构成，他们都是安徽霍邱叶集人，不但是小学同班同学，而且韦氏兄弟的母亲与李霁野的母亲"往来频繁，亲如姊妹，经常在一起打牌"②，故高长虹在《给鲁迅先生》中称他们为"安徽帮"③。

先来看看狂飙社成员和安徽作家群成员之间的交往：莽原成立初期，安徽作家群就有成员在鲁迅面前"攻击"过高长虹和高歌；为了韦素园能成为《民报副刊》编辑，高长虹曾受鲁迅之托找过徐旭生；韦素园成为《民报副刊》编辑后，曾请高长虹为之写稿；《民报副刊》于 8 月 19 日停刊后，韦素园给高长虹送稿费，"且多送一元"④……再来看看《莽原》周刊上发表的文章：实际发表作品 244 篇，其中狂飙社作家群 88 篇，安徽作家群 22 篇。这

---

① 《且介亭杂文二集·〈中国新文学大系〉小说二集序》，《鲁迅全集》第 6 卷，人民文学出版社，2005 年，第 259 页。

② 吴腾凰：《叶集调查记》，《鲁迅研究》第 9 册，中国社会科学出版社，1985 年，第 344—352 页。

③ 《走到出版界·给鲁迅先生》，《高长虹全集》第 2 卷，中央编译出版社，2010 年，第 160 页。

④ 《走到出版界·给韦素园先生》，《高长虹全集》第 2 卷，中央编译出版社，2010 年，第 162 页。

一系列事实说明,李霁野的下列说法是站不住脚的:"未名社的几个成员确实同高长虹等'互不相识',他们只有一二人向《莽原》周刊编者鲁迅先生投寄过少数几篇短稿。"

我们再来分析一下安徽作家群为什么没人参加标志着莽原社成立的"五人吃酒"。因为荆有麟将邵飘萍请鲁迅为《京报》副刊编一周刊的消息告诉鲁迅后,"第二天晚上,我们便聚集在鲁迅先生家里吃晚饭"。这次吃饭,是鲁迅邀请的。该段时间,《鲁迅日记》上经常有高长虹、向培良到自己寓所的记载,所以邀请到高长虹、向培良是很正常的。查《鲁迅日记》,3、4月安徽作家群只分别拜访过鲁迅一次:3月22日,"目寒,霁野来";4月27日,"夜目寒、静衣来,即以钦文小说各一本赠之。"整个3、4月份,安徽作家群只拜访过鲁迅两次,鲁迅想邀请他们也来不及联系。李霁野、韦素园发表在《莽原》周刊创刊号上的两篇译文,当是在莽原社成立前交到鲁迅手上的。

所以,对安徽作家群成员是否属莽原社成员,笔者赞同朱金顺先生的观点:

> 鲁迅在其他文章和书信中,也说过类似的话。例如,在《忆韦素园君》中,说是"社内也发生了冲突",这个'社',当然是指莽原社。又说:"一个团体,虽是小小的文学社团罢,每当光景艰难时,内部是一定有人起来捣乱的,这也并不希罕。"所指就是高长虹"捣乱"一事,称为内部,足见是莽原内部冲突,与上边所引文字是一致的。……足见,鲁迅认为这是社内的矛盾冲突,诚想,如果韦素园、李霁野、韦丛芜、台静农四人,不是莽原社成员,那怎能称为内部问题呢![1]

需要说明的是,未名社的另一重要成员曹靖华当不属莽原社成员。曹靖华是河南卢氏人,未名社成立时,正在开封国民革命军第二军工作,因"从韦素园的信知道成立未名社"[2]的消息,便从开封寄来五十元作为入社

---

① 朱金顺:《新文学考据举隅》,中国文史出版社,1990年,第218页。
② 李霁野:《鲁迅先生对于文艺嫩苗的爱护与培育》,《鲁迅先生与未名社》,人民文学出版社,1984年,第8页。

基金。在周刊时期,曹靖华未在《莽原》上发表作品;莽原社解体前,只在半月刊第13期上发表过1篇译文:《两个朋友》。所以说,如果说未名社成员属于莽原社成员是不准确的,但如果说安徽作家群属莽原社成员则是符合事实的。

四、莽原社的内部矛盾

由于莽原社主要由狂飙社作家群和安徽作家群构成,而狂飙社作家群以创作为主,安徽作家群以翻译为主,就像当时的创作界与翻译界经常发生冲突一样,莽原社成立初期,安徽作家群成员就"已在鲁迅前攻击过我同高歌"。《莽原》创办不久,由于高长虹"无论有何私事,无论大风淬雨,我没有一个礼拜不赶编辑前一日送稿子去"①,加上高长虹没有生活来源,鲁迅决定每月给高"十元八元钱",为此,安徽作家群一段时间不再来稿。

"稿费问题"刚刚过去,更严重的"民副事件"又发生了:

> 现在我再一说《民副》事件,此关系较大,也是我视为最痛心的一事。内情鲁迅知道,素园知道,不足为外人道。是我当时看见静农态度不好,然我不愿意说出。静农去后,鲁迅也说出同样怀疑,我于是也说出。鲁迅托我次日到徐旭生处打听一下。我次日没有打听去,却又到了鲁迅家里。鲁迅又提起此事,又托我去打听。我再次日去打听时,则诚如我等所怀疑者。鲁迅当下同我商量,说要给徐旭生去说明真象。我说:"为思想计,则多一刊物总比少一刊物好,为刊物计则素园编辑总比孙伏园好,其他都可牺牲。"鲁迅说:"只是态度太不好——但那样又近于破坏了!"于是鲁迅没有写信,而《民副》产生。这些本来与我无关,无须多管闲事。但不料此后我再见徐旭生时,则看我为贼人矣!此真令我叹中国民族之心死也!不料不久以后则鲁迅亦以我为太好管闲事矣!此真令我叹中国民族之心死也!

① 《走到出版界·给鲁迅先生》,《高长虹全集》第2卷,中央编译出版社,2010年,第160页。

为韦素园做编辑事,高长虹出过力,并且受了委屈。韦素园担任《民报》副刊编辑后,却用这样的态度对待高长虹:

> 当《民副》定议出版前,素园来找我要稿,此素园之无伏园编辑臭架子也!素园又谓听鲁彦说,衣萍对鲁迅说他们用手段,事出误会,不知果否传闻之误。然我当时则以为素园之不坦白也,故未致一辞。又素园要我做稿,态度大似,"鲁迅做稿,周作人做稿,某某人做稿,所以你也可以做稿",这又是使我很不满意的。我以为既是来要我做稿,则只这要我做稿好了。然而萍水相逢,我留他吃饭,我对于朋友,也并不急慢!而且我也做稿。虽然他们把自己的稿子放在前面,拿我的稿子掉尾巴,然而我终还做稿,为所谓"联合战线"也!①

韦素园担任《民报》副刊编辑后,1925年8月5日在《京报》上登《〈民报〉十二大特色》,内云:

> 现本报自八月五日起增加副刊一张,专登载学术思想及文艺等,并特约中国思想界之权威者鲁迅、钱玄同、周作人、徐旭生、李玄伯诸先生随时为副刊撰著,实学术界大好消息也。②

看见广告后,高长虹"真觉'瘟臭',痛惋而且呕吐",并"不能不叹中国民族的心死"③,认为韦素园是在"以权威献人"④。为了"为韦素园开脱,并消除高长虹与韦素园之间的隔阂"⑤,鲁迅对高长虹说:"有人——,就说权威者一语,在外国其实是很平常的!"听说这话后,高长虹当时就"默然了",

---

① 《走到出版界·1925,北京出版界形势指掌图》,《高长虹全集》第2卷,中央编译出版社,2010年,第203—204页。
② 转引自董大中:《鲁迅与高长虹》,河北人民出版社,1999年,第98页。
③ 《走到出版界·1925,北京出版界形势指掌图》,《高长虹全集》第2卷,中央编译出版社,2010年,第204页。
④ 《走到出版界·给鲁迅先生》,《高长虹全集》第2卷,中央编译出版社,2010年,第159页。
⑤ 韩石山:《高长虹与鲁迅的反目》,《山西文学》,1993年第10期。

"此后,我们便再没有能坦白的话"。①

五、未名社的成立时间

未名社的成立时间,现在多说是 8 月:《中国大百科全书·中国文学》卷"未名社"条、2005 年版《鲁迅全集》第 15 卷第 626 页注[7]等②。董大中先生却根据韦丛芜《未名社始末记》的叙述说:"《鲁迅全集》第 11 卷第 493 页注[3]说'一九二五年秋成立于北京'是对的。"③那么,未名社成立的时间到底是什么时候呢?

李霁野在《忆素园》中说:

> 一九二五年夏季的一个晚上,素园、青君和我在鲁迅先生那里谈天,他说起日本的丸善书店,起始规模很小,全是几个大学生慢慢经营起来的。以后又谈起我们译稿的出版困难。慢慢我们觉得自己来尝试着出版一点期刊和书籍,也不是十分困难的事情,于是就开始计划起来了。我们当晚也就决定了先筹起能出四次半月刊和一本书籍的资本,估计约需六百元。我们三人和丛芜、靖华,决定各筹五十,其余的由他负责任。我们只说定了卖前书,印后稿,这样继续下去,既没有什么章程,也没什么名目,只在以后对外必得有名,这才以已出版的丛书来名社了。④

---

① 《走到出版界·1925,北京出版界形势指掌图》,《高长虹全集》第 2 卷,中央编译出版社,2010 年,第 204—205 页。
② 2005 年版《鲁迅全集》注释中未名社的成立时间不统一。另外还有两种说法:"1925 年成立于北京"——见第 2 卷 356 页注[6],"1925 年秋成立于北京"——见第 6 卷 70 页注[2]、第 11 卷 247 页注[3]、第 11 卷 594 页注[3]。
③ 董大中:《鲁迅与高长虹》,河北人民出版社,1999 年,第 83 页。董先生当时使用的是 1981 年版《鲁迅全集》。
④ 李霁野:《记未名社》,《鲁迅先生与未名社》,人民文学出版社,1984 年,第 212—213 页。此处的回忆当有误:李霁野在《鲁迅先生对于文艺嫩苗的爱护与培育》中说曹靖华"从韦素园的信知道成立未名社"的消息后,从开封寄来五十元作为入社基金。由于曹靖华当时在河南,所以,在商量未名社成立的人员中应当没有曹靖华。

8 月 30 日，"夜霁野、韦素园、丛芜、台静农、赵赤坪来"（《鲁迅日记》），李霁野所说的"一九二五年夏季的一个晚上"很可能就是这天晚上。8 月 19 日，韦素园编辑的《民报副刊》终刊，韦素园、李霁野等 8 月 30 日到鲁迅寓所时，"谈起我们译稿的出版困难"有很大可能。

鲁迅在《忆韦素园君》中说：

> 那时我正在编印两种小丛书，一种是《乌合丛书》，专收创作，一种是《未名丛刊》，专收翻译，都由北新书局出版。出版者和读者的不喜欢翻译书，那时和现在也并不两样，所以《未名丛刊》是特别冷落的。恰巧，素园他们愿意绍介外国文学到中国来，便和李小峰商量，要将《未名丛刊》移出，由几个同人自办。小峰一口答应了，于是这一种丛书便和北新书局脱离。稿子是我们自己的，另筹了一笔印费，就算开始。因这丛书的名目，连社名也就叫了"未名"——但并非"没有名目"的意思，是"还没有名目"的意思，恰如孩子的"还未成丁"似的。①

许钦文在说到他的小说集《故乡》的出版情况时说："这时北新书局已成立了些时候，鲁迅先生应得的《呐喊》版税暂不领用，叫北新书局用这笔钱印我的《故乡》，我这处女作这才与世见面了。"②北新书局出版《呐喊》的时间为"1925 年 10 月初"③。1925 年 9 月 26 日，鲁迅"午后访小峰"；28 日，"得钦文信并书画面一枚"；29 日，"寄钦文信"。鲁迅在 29 日给许钦文的信中说："现在我已与小峰分家，《乌合丛书》归他印（但仍加严重的监督），《未名丛刊》则分出自立门户；虽云自立，而仍交李霁野等经理。《乌合》中之《故乡》已交去；《未名》中之《出了象牙之塔》已付印，大约一月半可成。"④由此可推断，与李小峰"分家"的时间为 9 月 26 日。

---

① 《且介亭杂文·忆韦素园君》，《鲁迅全集》第 6 卷，人民文学出版社，2005 年，第 65—66 页。
② 许钦文：《〈鲁迅日记〉中的我》，《〈鲁迅日记〉中的我》，浙江人民出版社，1979 年，第 5 页。
③ 廖久明：《关于鲁迅书信的几则注释》，《鲁迅研究月刊》，2003 年第 4 期。
④ 《鲁迅全集》第 11 卷，人民文学出版社，2005 年，第 514—515 页。

另外,韦丛芜在《未名社始末记》中说:"七月十三日夜,青君和霁野去请先生写信给徐旭生先生,托介绍素园作《民报副刊》编辑,这时就开始酝酿组织出版社了。"①

归纳起来,未名社成立的经过当是:7 月 13 日,"酝酿组织出版社";8 月 30 日,"决定了先筹起能出四次半月刊和一本书籍的资本,估计约需六百元";9 月 26 日,《未名丛刊》和"北新书局脱离";10 月 18 日,"另筹了一笔印费,就算开始"。所以,未名社成立的时间,若以鲁迅的话为标准,当为 10 月 18 日:"夜素园、静农、霁野来,付以印费二百"(《鲁迅日记》);若说是其他三个时间,也都有各自的道理。

六、改组后的莽原社

1925 年 11 月 27 日,《莽原》周刊出至第 32 期。"《京报》要停止副刊以外的小幅了,便改为半月刊,由未名社出版"②。"《莽原》周刊停刊后,鲁迅想改用《莽原》半月刊交给未名社印行并想叫我担任编辑"③,高长虹却"畏难而退":"虽经你解释,然我终于不敢担任,盖不特无以应付外界,亦无以应付自己;不特无以应付素园诸君,亦无以应付日夕过从之好友钟吾","后来半月刊出现,发行归之霁野,编辑仍由你自任。"④

11 月初,高长虹陪同狂飙社的"小弟弟"阎宗临回到太原,为阎赴法勤工俭学筹集资金。1926 年 1 月底,高长虹回到北京,2 月 14 日,《弦上》周刊创刊。《弦上》周刊创刊后,高长虹的主要精力放在了《弦上》周刊上,一直到 1926 年 4 月 25 日出版的《莽原》半月刊第 7、8 期合刊,高长虹只在第 5 期发表一篇文章《诗人》。狂飙社其他成员共在半月刊上发表文章 6 篇:向培良 3 篇,黄鹏基、高成均(沐鸿)、柯仲平各 1 篇。

① 韦丛芜:《未名社始末记》,《编辑生涯忆鲁迅》,河北教育出版社,2001 年,第 229 页。

② 《且介亭杂文二集·〈中国新文学大系〉小说二集序》,《鲁迅全集》第 6 卷,人民文学出版社,2005 年,第 258 页。

③ 《一点回忆——关于鲁迅和我》,《高长虹全集》第 4 卷,中央编译出版社,2010 年,第 364 页。

④ 《走到出版界·给鲁迅先生》,《高长虹全集》第 2 卷,中央编译出版社,2010 年,第 160 页。

1926 年 4 月 16 日,高长虹偕郑效询赴上海,狂飙运动中心南移。"高长虹到上海以后,已经看到狂飙社的前途并不美妙。"①6 月 14 日,"晚得长虹信并稿,八日杭州发。"(《鲁迅日记》)很可能从这封信上,鲁迅知道高长虹的狂飙运动开展得并不理想,于是叫狂飙社成员将稿件拿到《莽原》半月刊上发表。5、6 月份,只收到狂飙社成员 1 篇稿子的鲁迅——6 月 14 日收到高长虹 1 篇稿子,7 月份突然收到狂飙社成员 10 篇稿件,用 5 篇,未用 3 篇,"因出《狂飙》,高歌取回了两篇"②。9 到 14 期,狂飙社成员在半月刊上还发表了 4 篇作品,这些作品当是莽原改组后、狂飙运动中心南移前交到鲁迅手中的。所以说,莽原改组后,"鲁迅,依然关怀着狂飙社作家群"③的说法是符合事实的。

"退稿事件"发生前,未名社成员在半月刊上发表作品 29 篇(不含鲁迅的 22 篇):韦丛芜 16 篇(40 首《君山》分 12 次发表,算 12 篇)、韦素园 8 篇、李霁野 2 篇、台静农 2 篇、从未在周刊上发表过作品的曹靖华也在第 13 期上发表了译文《两个朋友》。与只在半月刊上发表了 16 篇作品的狂飙社成员相比,这时的未名社成员很明显已成了莽原社中的"第一集团军"。

七、狂飙社成员退出莽原社后

1926 年 8 月 26 日,鲁迅离开北京前往厦门,"因丛芜生病,霁野回家",台静农又不在北京,鲁迅便将《莽原》半月刊交给"韦素园维持"④。9 月中旬,韦素园、韦丛芜与从老家回到北京的李霁野商量后决定,将高歌的《剃刀》、向培良的《冬天》退回。向培良"愤怒而凄苦"地将这一情况告诉了远在上海的高长虹,高长虹在 10 月 17 日出版的上海《狂飙》周刊上发表了《给鲁迅先生》和《给韦素园先生》,潜伏已久的矛盾由此爆发。狂飙社成员

① 姜德明:《关于〈弦上〉周刊》,《高长虹研究文选》,北岳文艺出版社,1991 年,第 158—159 页。

② 向培良:《为什么和鲁迅闹得这么凶》,《高长虹研究文选》,北岳文艺出版社,1991 年,第 354 页。

③ 董大中:《鲁迅与高长虹》,河北人民出版社,1999 年,第 131 页。

④ 《走到出版界·给鲁迅先生》,《高长虹全集》第 2 卷,中央编译出版社,2010 年,第 159 页。

退出了莽原社,再未在《莽原》半月刊上发表文章。

"退稿事件"发生后,面对高长虹的质问和韦素园、李霁野的不断催稿,鲁迅非常气愤,打算将《莽原》停刊:"稿子既然这样少,长虹又在捣乱见上海出版的《狂飙》,我想:不如至廿四期止,就停刊,未名社就专印书籍。……据长虹说,似乎《莽原》便是《狂飙》的化身,这事我却到他说后才知道。我并不希罕'莽原'这两个字,此后就废弃它。"①但在得到韦素园"叙述着详情"②的信后,鲁迅改变了注意:"我想《莽原》只要稿,款两样不缺,便管自己办下去。对于长虹,印一张夹在里面也好,索性置之不理也好,不成什么问题。"③

1927 年 10 月 17 日,鲁迅在给李霁野的信中说:

> 《莽原》这名称,先前因为赌气,没有改。据我的意思,从明年一月起,可以改称《未名》了,因为《狂飙》已销声匿迹。而且《莽原》开初,和长虹辈有关系,现在也犯不上再用。长虹辈此地有许多人尚称他们为"莽原小鬼",所以《莽原》之名也不甚有趣。但这是我个人的意思,请大家决定。④

1927 年 11 月 25 日出版的《莽原》半月刊第 2 卷第 21、22 期合刊上发表《关于莽原的结束与未名的开始》,莽原社彻底结束。

1929 年 6 月 21 日,鲁迅在给陈君涵的信中说:"上海出期刊的,有一种是一个团体包办,那自然就不收外稿。有一种是几个人发起的,并无界限。《奔流》即属于后一种。不过创刊时,没有稿子,必须豫约几个作者来做基础,这几个便自然而然,变做有些优先权的人。"⑤很明显,《莽原》与《奔流》

①　《鲁迅全集》第 11 卷,人民文学出版社,2005 年,第 594—595 页。
②　《且介亭杂文·忆韦素园君》,《鲁迅全集》第 6 卷,人民文学出版社,2005 年,第 67 页。
③　《鲁迅全集》第 11 卷,人民文学出版社,2005 年,第 610 页。
④　《鲁迅全集》第 12 卷,人民文学出版社,2005 年,第 79 页。
⑤　《鲁迅全集》第 12 卷,人民文学出版社,2005 年,第 188 页。

一样,是一个"并无界限"的期刊:单就改组前的《莽原》周刊而言,即使按董大中先生的算法,总数 244 篇,其中鲁迅 19 篇、狂飙社成员 88 篇、安徽作家群 22 篇,莽原社成员在上面发表的文章也只有 129 篇,只占总数的一半多一点。由此可知,莽原社是一个很松散的团体,就连高长虹自己也说:"《莽原》的结合也很散漫,丝毫不像一个团体"①。至于莽原社成员的构成变化,则可表述如下:周刊时期以狂飙社作家群和安徽作家群为主,以狂飙社作家群为"第一集团军",安徽作家群为"第二集团军";莽原改组后,"退稿事件"发生前,狂飙社成员仍属莽原社成员,只不过由"第一集团军"变成了"第二集团军",以安徽作家群为主的未名社成员则成了"第一集团军";"退稿事件"发生后,狂飙社成员再未在半月刊上发表作品,这时的莽原社已名存实亡,《莽原》半月刊成了未名社的机关刊物。

鲁迅文字摘抄②

1925 年

3 月 23 日　给许广平写信。内云:"这种漆黑的染缸不打破,中国即无希望,但正在准备毁坏者,目下也仿佛有人,只可惜数目太少。然而既然已有,即可望多起来,一多,就好玩了,——但是这自然还在将来;现在呢,就是准备。"

3 月 31 日　给许广平写信。内云:"我总还想对于根深蒂固的所谓旧文明,施行袭击,令其动摇,冀于将来有万一之希望。而且留心看看,居然也有几个不问成败而要战斗的人,虽然意见和我并不尽同,但这是前几年所没有遇到的。我所谓'正在准备破坏者目下也仿佛有人'的人,不过这么一回

---

① 《一点回忆——关于鲁迅和我》,《高长虹全集》第 4 卷,中央编译出版社,2010 年,第 363 页。

② 为节省篇幅起见,凡属字数较多的创作文章仅存目。

事。要成联合战线,还在将来。"

4月8日　给许广平写信。内云:"我现在还在寻有反抗和攻击的笔的人们,再多几个,就来'试他一试',但那效果,仍然还在不可知之数,恐怕也不过聊以自慰而已。"

4月28日　给许广平写信。内云:"长虹不是我,乃是我今年新认识的。意见也有一部分和我相合,而是安那其主义者。他很能做文章,但大约因为受了尼采的作品的影响之故罢,常有太晦涩难解处;第二期登出的署著C·H·的,也是他的作品。""中国现今文坛(?)的状态,实在不佳,但究竟做诗及小说者尚有人。最缺少的是'文明批评'和'社会批评',我之以《莽原》起哄,大半也就为得想引出些新的这样的批评者来,虽在割去敝舌之后,也还有人说话,继续撕去旧社会的假面。可惜现在所收的稿子,也还是小说多。"

1926 年

4月10日　作《一觉》。内云:"因为或一种原因,我开手编校那历来积压在我这里的青年作者的文稿①了;我要全部都给一个清理。我照作品的年月看下去,这些不肯涂脂抹粉的青年们的魂灵便依次屹立在我眼前。他们是绰约的,是纯真的,——阿,然而他们苦恼了,呻吟了,愤怒,而且终于粗暴了,我的可爱的青年们!"(《野草·一觉》)

9月16日　给韦素园写信。内云:"林先生太忙,我看不能做文章了。我自然想做,但二十开学,要忙起来,伏处孤岛,又无刺激,竟什么意思也没有,但或译或做,我总当寄。"

10月4日　给韦丛芜、韦素园、李霁野写信。内云:"我竟什么也做不出。一者这学校孤立海滨,和社会隔离,一点刺激也没有;二者我因为编讲义,天天看中国旧书,弄得什么思想都没有了,而且仍然没有整段的时间。"

---

① 李霁野在《鲁迅先生的爱与憎》(1949 年 10 月)、《鲁迅先生和青年》(1956 年 3 月)等文章中说到鲁迅深夜为高长虹校稿而吐血的"稿"当为此处提到的"青年作者的文稿"即《心的探险》。

10月4日　夜给许广平写信。内云："在此地似乎刺戟少些,所以我颇能睡,但也做不出文章来,北京来催,只好不理;这几天觉得心绪也平稳些,大约有些习惯了。开明书店想我有书给他印,我还没有。对于北新,则我还未将《华盖集续篇〔编〕》整理给他,因为没有工夫。长虹和这两店,闹起来了,因为要钱的事。"

10月15日　夜给韦素园写信。内云："《莽原》我也总想维持下去。但不知近来销路何如?这几天做了两篇,今寄上,可以用到十一月了,续稿缓几时再寄。"

10月23日　灯下给许广平写信。内云："长虹和韦素园又闹起来了,在上海出版的《狂飙》上大骂,又登了一封给我的信,要我说几句话。他们真是吃得闲空,然而我却不愿意陪着玩了,先前也陪得够苦了,所以拟置之不理。(闹的原因是因为《莽原》上不登向培良的一篇剧本。)我的生命,实在为少爷们耗去了好几年,现在躲在岛上,他们还不放。"在编《两地书》时,鲁迅将"拟置之不理"改为"决计置之不理"后加了这样一段话:"况且闹的原因,据说是为了《莽原》不登向培良的剧本,但培良和漱园在北京发生纠葛,而要在上海的长虹破口大骂,还要在厦门的我出来说话,办法真是离奇得很。我那里知道其中的底细曲折呢。"

10月28日　给许广平写信。内云："我这几年来,常想给别人出一点力,所以在北京时,拚命地做,不吃饭,不睡觉,吃了药校对,作文。谁料结出来的,都是苦果子。一群人将我做广告自利,不必说了;便是小小的《莽原》,我一走也就闹架。长虹因为他们压下(压下而已)了投稿,和我理论,而他们则时时来信,说没有稿子,催我作文。我才知道牺牲一部分给人,是不够的,总非将你磨消完结,不肯放手。我实在有些愤怒了,我想至二十四期止,便将《莽原》停刊,没有了刊物,看他们再争夺什么。"

10月29日　夜给李霁野写信。内云："为《莽原》,我本月中又寄了三篇稿子,想已收到。我在这里所担的事情太繁,而且编讲义和作文是不能并立的,所以作文时和作了以后,都觉无聊与苦痛。稿子既然这样少,长虹又在捣乱见上海出版的《狂飙》,我想:不如至廿四期止,就停刊,未名社就专印书籍。一点广告,大约《语丝》还不至于拒绝罢。据长虹说,似乎《莽原》便是

《狂飙》的化身，这事我却到他说后才知道。我并不希罕'莽原'这两个字，此后就废弃它。《坟》也不要称《莽原丛刊》之一了。至于期刊，则我以为有两法，一，从明年一月起，多约些做的人，改名另出，以免什么历史关系的牵扯，倘做的人少，就改为月刊，但稿须精选，至于名目，我想，'未名'就可以。二，索性暂时不出，待大家有兴致的时候再说。"

11月7日　给韦素园写信。内云："长虹的事，我想这个广告①也无聊，索性完全置之不理。/关于《莽原》封面，我想最好是请司徒君再画一个，或就近另设法，因为我刚寄陶元庆一信，托他画许多书面，实在难于再开口了。"

11月7日　灯下给许广平写信。内云："前回因莽原社来信说无人投稿，我写信叫停刊，现在回信说不停，因为投稿又有了好几篇。我为了别人，牺牲已不可谓不少，现在从许多事情观察起来，只觉得他们对于我凡可以使役时便竭力使役，可以诘责时便竭力诘责，将来可以攻击时便自然竭力攻击，因此我于进退去就，颇有戒心"。编入《两地书·六九》时改为："在这几年中，我很遇见了些文学青年，由经验的结果，觉他们之于我，大抵是可以使役时便竭力使役，可以诘责时便竭力诘责，可以攻击时自然是竭力攻击，因此我于进退去就，颇有戒心"。

11月9日　灯下给许广平写信。内云："长虹和素园的阁架还没有完，长虹迁怒于《未名丛刊》，连厨川白村的书也忽然不过是'灰色的勇气'了。"

11月9日　夜给韦素园写信。内云："昨才寄一信，下午即得廿九之信片。我想《莽原》只要稿，款两样不缺，便管自己办下去。对于长虹，印一张夹在里面也好，索性置之不理也好，不成什么问题。他的种种话，也不足与

① 1981年、2005年版《鲁迅全集》的注释为："广告，指《新女性》月刊第一卷第八期（1926年8月）所载的《狂飙社广告》。"张耀杰在《〈鲁迅全集〉的错误注解》（《山西文学》2004年第9期）中认为该"广告"当与鲁迅11月9日写给韦素园信中的下面这段话有关："对于长虹，印一张夹在里面也好，索性置之不理也好，不成什么问题。他的种种话，也不足与辩，《莽原》收不到，也不能算一种罪状的。"也就是说，此处的"广告"当指韦素园答复高长虹指责他退稿的文章。尽管对张先生文中的一些想当然的观点笔者不敢苟同，却赞同他对该"广告"的看法。也许是从"北京朋友来信"中知道韦素园决定不答复自己的质问，高长虹11月17日才写作了《呜呼，现代评论化的莽原半月刊的灰色的态度》。

辩,《莽原》收不到,也不能算一种罪状的。/要鸣不平,我比长虹可鸣的要多得多多;他说以'生命赴《莽原》'了,我也并没有从《莽原》延年益寿,现在之还在生存,乃是自己寿命未尽之故也。他们不知在玩什么圈套。今年夏天就有一件事,是尚钺的小说稿,原说要印入《乌合丛书》的。一天高歌忽而来取,说尚钺来信,要拿回去整理一番。我便交给他了。后来长虹从上海来信,说'高歌来信说你将尚钺的稿交还了他,不知何故?'我不复。一天,高歌来,抽出这封信来看,见了这话,问道:'那么,拿一半来,如何?'我答:'不必了。'你想,这奇怪不奇怪?然而我不但不写公开信,并且没有向人说过。/《狂飙》已经看到四期,逐渐单调起来了。较可注意的倒是《幻洲》《莽原》在上海减少百份,也许是受它的影响,因为学生的购买力只有这些,但第二期已不及第一期,未卜后来如何。《莽原》如作者多几个,大概是不足虑的,最后的决定究竟还是在实质上。"

11 月 11 日　作《写在〈坟〉后面》(存目)。高鲁冲突爆发后,鲁迅 12 月 12 日在给许广平的信中说到了写这篇文章的"动机":"当时著作的动机,一是愤慨于自己为生计起见,不能不戴假面;二是感得少爷们于我,见可利用则尽情利用,倘觉不能利用则便想一棒打杀,所以很有些哀怨之言。"

11 月 15 日　灯下给许广平写信。内云:"我先前为北京的少爷们当差,耗去生命不少,自己是知道的。……不过先前利用过我的人,知道现已不能再利用,开始攻击了。长虹在《狂飙》第五期已尽力攻击,自称见过我不下百回,知道得很清楚,并捏造了许多会话(如说我骂郭沫若之类)。其意盖在推倒《莽原》,一方面则推广《狂飙》消路,其实还是利用,不过方法不同。他们专想利用我,我是知道的,但不料他看出活着他不能吸血了,就要杀了煮吃,有如此恶毒。我现在拟置之不理,看看他伎俩发挥到如何。现在看来,山西人究竟是山西人,还是吸血的。"

11 月 18 日　夜给许广平写信。内云:"近来只做了几篇付印的书的序跋,虽多牢骚,却有不少真话。还想做一篇记事,将五年来少爷们利用我,给我吃苦的事,讲一个大略,不过究竟做否,现在还未决定。"

11 月 20 日　给许广平写信。内云:"从昨天起,我的心又平静了。一是因为决定赴粤,二是因为决定对长虹们给一打击。你的话并不错的;但我之所以愤慨,却并非因为他们以平常待我,而在他日日吮血,一觉到我不肯给他们吮了,便想一棒打杀,还将肉作罐头卖以获利。这回长虹笑我对章士钊的失败道'于是遂戴其纸糊的'思想界的权威者'之假冠,而入于身心交病之状态矣'。但他八月间在《新女性》登广告,却云'与思想界先驱者鲁迅合办《莽原》',自己加我'假冠',又因别人所加之'假冠'而骂我,真是不像人样。我之所以苦恼,是因我平生言动,即使青年来杀我,我总不愿意还手,而况是常常见面的人。因为太可恶,昨天竟决定了,虽是什么青年,我也不再留情面,于是作一启事(按:《所谓"思想界先驱者"鲁迅启事》),将他利用我的名字,而对于别人用我名字的事,则加笑骂等情状,揭露出来,比他的长文要刻毒些。且毫不客气,刀锋正对着他们的所谓'狂飙社',即送登《语丝》,《莽原》,《新女性》,《北新》四种刊物。我已决定不再彷徨,拳来拳对,所以心里也很舒服了。"

11 月 20 日　给韦素园写信。内云:"我到上海看见狂飙社广告后,便对人说:我编《莽原》,《未名》,《乌合》三种,俱与所谓什么狂飙运动无干,投稿者多互不相识,长虹作如此广告,未免过于利用别人了。此语他似乎今已知道,在《狂飙》上骂我。我作了一个启事,给开一个小玩笑。今附上,请登入《莽原》。又登《语丝》者一封,请即叫人送去为托。"

11 月 21 日　给韦素园写信。内云:"未名社的事,我以为有两途:(1)专印书,著书;(2)兼出期刊。《莽原》则停刊。/如出期刊,当名《未名》,系另出,而非《莽原》改名。"

11 月 23 日　给李霁野写信。内云:"倘不停,我想名目也不必改了,还是《莽原》。《莽原》究竟不是长虹家的。我看他《狂飙》第五期上的文章,已经堕入黑幕派了,已无须客气。我已作了一个启事,寄《北新》,《新女性》,《语丝》,《莽原》,和他开一个小玩笑。"

11 月 28 日　给韦素园写信。内云:"《狂飙》第五期已见过,但未细看,其中说诳挑拨之处似颇多,单是记我的谈话之处,就是改头换面的记述,当此文未出之前,我还想不到长虹至于如此下劣。这真是不足道了。关于我在京从五六年前起所遇的事,我或者也要做一篇记述发表,但未一定,因为实在没有工夫。/明年的半月刊,我恐怕一月只能有一篇,深望你们努力。我曾有信给季野,你大约也当看见罢。我觉得你,丛芜,霁野,均可于文艺界有所贡献,缺点只是疏懒一点,将此点改掉,一定可以有为。但我以为丛芜现在应该静养。/《莽原》改名,我本为息事宁人起见。现在既然破脸,也不必一定改掉了,《莽原》究竟不是长虹的。这一点请与霁野商定。"

12月2日　夜半给许广平写信。内云:"我现在对于做文章的青年,实在有些失望,我想有希望的青年似乎大抵打仗去了,至于弄弄笔墨的,却还未看见一个真有几分为社会的,他们多是挂新招牌的利己主义者。而他们却以为他们比我新一二十年,我真觉得他们无自知之明,这也就是他们之所以'小'的地方。"

12月3日　鲁迅作《〈阿Q正传〉的成因》(存目)。

12月5日　给韦素园写信。内云:"对于《莽原》的意见,已经回答霁野,但我想,如果大家有兴致,就办下去罢。当初我说改名,原为避免纠纷,现长虹既挑战,无须改了,陶君的画,或者可作别用。明年还是叫《莽原》,用旧画。退步须两面退,倘我退一步而他进一步,就只好拔出拳头来。但这仍请你与霁野酌定,我并不固执。至于内容,照来信所说就好。""我以为长虹是泼辣有余,可惜空虚。他除掉我译的《绥惠略夫》和郭译的尼采小半部而外,一无所有。所以偶然作一点格言式的小文,似乎还可观,一到长篇,便不行了,如那一篇《论杂交》,直是笑话。他说那利益,是可以没有家庭之累,竟不想到男人杂交后虽然毫无后患,而女人是要受孕的。""长虹的骂我,据上海来信,说是除投稿的纠葛之外,还因为他与开明书店商量,要出期刊,遭开明拒绝,疑我说了坏话之故。我以为这是不对的,由我看来,是别有两种原因。一,我曾在上海对人说,长虹不该擅登广告,将《乌合》《未名》都拉入什么'狂飙运动'去,我不能将这些作者都暗暗卖给他。大约后来传到他耳朵里去了。二,我推测得极奇怪,但未能决定,已在调查,将来当面再谈罢,我想,大约暑假时总要回一躺〔趟〕北京。"

12月8日　给韦素园写信。内云:"至于长虹,则我看了他近出的《狂飙》,才深知道他很卑劣,不但挑拨,而且于我的话也都改头换面,不像一个男子所为。他近来又在称赞周建人了,大约又是在京时来访我那时的故技。"

12月12日　给许广平写信。内云:"我时时觉得自己很渺小;但看少爷们著作,竟没有一个如我,敢自说是戴着假面和承认'党同伐异'的,他们说到底总必以'公平'自居。因此,我又觉得我或者并不渺小;现在故意要轻视我和骂倒我的人们的眼前,终于黑的妖魔似的站着 L·S·两个字,大概就是为此。"

12月14日　灯下给许广平写信。内云:"狂飙社中人,一面骂我,一面又要用我了。培良要我寻地方,尚钺要将小说印入《乌合丛书》。我想,我先前种种不客气,大抵施之于同辈及地位相同者,至于对少爷们,则照例退让,或者自甘牺牲一点。不料他们竟以为可欺,或纠缠,或责骂,反弄得不可开交。现在是方针要改变了,都置之不理。"

12月16日　下午给许广平写信。内云:"我先前何尝不出于自愿,在生活的路上,将血一滴一滴地滴过去,以饲别人,虽自觉渐渐瘦弱,也以为快活。而现在呢,人们笑我瘦了,除掉那一个人之外。连饮过我的血的人,也都在嘲笑我的瘦了,这实在使我愤怒。我并没有略存求得好报之心,不过觉得他们加以嘲笑,是太过的。我的渐渐倾向个人主义,就是为此;常常想到像我先前那样以为'自所甘愿即非牺牲'的人,也就是为此;常欲人要顾及自己,也是为此。"

12月22日　作《〈走到出版界〉的战略》(存目)。

12月24日　作《新的世故》(存目)。

12月29日　给韦素园写信。内云:"至于关于《给——》的传说,我先前倒没有料想到。《狂飙》也没有细看,今天才将那诗看了一回。我想原因不外三种:一,是别人神经过敏的推测,因为长虹的痛哭流涕的做《给——》的诗,似乎已很久了;二,是《狂飙》社中人故意附会宣传,作为攻击我的别一法;三,是他真疑心我破坏了他的梦,——其实我并没有注意到他做什么梦,何况破坏——因为景宋在京时,确是常来我寓,并替我校对,抄写过不少稿子《坟》的一部分,即她抄的,这回又同车离京,到沪后她回故乡,我来厦门,而长虹遂以为我带她到了厦门了。倘这推测是真的,则长虹大约在京时,对她有过各种计划,而不成功,因疑我从中作梗。其实是我虽然也许是'黑夜',但并没有吞没这'月儿'。/如果真属于末一说,则太可恶,使我愤怒。

我竟一向在闷胡卢中,以为骂我只因为《莽原》的事。我从此倒要细心研究他究竟是怎样的梦,或者简直动手撕碎它,给他更其痛哭流涕。只要我敢于捣乱,什么'太阳'之类都不行的。"

12月29日　灯下给许广平写信。内云:"我来厦门,本意是休息几时,及有些豫备,而有些人以为我放下兵刃了,不再有发表言论的便利,即翻脸攻击,自逞英雄;北京似乎也有流言,和在上海所闻者相似,且说长虹之攻击我,乃为此。用这样的手段,想来征服我,是不行的。我先前的不甚竞争,乃是退让,何尝是无力战斗。现在就偏出来做点事,而且索性在广州,住得更近点,看他们卑劣诸公其奈我何? 然而这也是将计就计,其实是即使并无他们的闲话,也还是到广州的。"

12月30日　作《奔月》(存目)。

12月31日　给李小峰写信。内云:"本地也有人要我做一点批评厦门的文字,然而至今一句也没有做,语言不通,又不知各种底细,从何说起。例如这里的报纸上,先前连日闹着'黄仲训霸占公地'的笔墨官司,我至今终于不知道黄仲训何人,曲折怎样,如果竟来批评,岂不要笑断真的批评家的肚肠。但别人批评,我是不妨害的。以为我不准别人批评者,诬也;我岂有这么大的权力。不过倘要我做编辑,那么,我以为不行的东西便不登,我委实不大愿意做一个莫名其妙的什么运动的傀儡。/前几天,卓治晔大着眼睛对我说,别人胡骂你,你要回骂。还有许多人要看你的东西,你不该默不作声,使他们迷惑。你现在不是你自己的了。我听了又打了一个寒噤,和先前听得有人说青年应该学我的多读古文时候相同。呜呼,一戴纸冠,遂成公物,负'帮忙'之义务,有回骂之必须,然则固不如从速坍台,还我自由之为得计也。质之高明,未识以为然否? /今天也遇到了一件要打寒噤的事。厦门大学的职务,我已经都称病辞去了。百无可为,溜之大吉。然而很有几个学生向我诉苦,说他们是看了厦门大学革新的消息而来的,现在不到半年,今天这个走,明天那个走,叫他们怎么办? 这实在使我夹脊梁发冷,哑口无言。不料'思想界权威者'或'思想界先驱者'这一顶'纸糊的假冠',竟又是如此误人子弟。几回广告(却并不是我登的),将他们从别的学校里骗来,而结果是自己倒跑掉了,真是万分抱歉。我很惋惜没有人在北京早做黑幕式的记事,将学生们拦住。'见面时一谈,不见时一战'哲学,似乎有时也很是误人子弟的。"(《华盖集续编·厦门通信(三)》)

1927 年

1 月 2 日　下午给许广平写信。内云:"至于长虹,则现在竭力攻击我,似乎非我死他便活不成,想起来真好笑。近来也很回敬了他几杯辣酒。我从前竭力帮忙,退让,现在躲在孤岛上,他们以为我精力都被他们用尽,不行了,翻脸就攻击。其实还太早了一些,以他们的一点破碎的思想的力量,还不能将我打死。不过使我此后见人更有戒心。"

1 月 5 日　午后给许广平写信。内云:"我不知何以忽然成为偶像,这里的几个学生力劝我回骂长虹,说道,你不是你自己的了,许多青年等着听你的话。我为之吃惊,我成了他们的公物,那是不得了的,我不愿意。我想,不得已,再硬做'名人'若干时之后,还不如倒下去,舒服得多。"

1 月 11 日　给许广平写信。内云:"这是你知道的,我这三四年来,怎样地为学生,为青年拚命,并无一点坏心思,只要可给与的便给与。然而男的呢,他们互相嫉妒,争起来了,一方面不满足,就想打杀我,给那方面也无所得。看见我有女生在坐,他们便造流言。这些流言,无论事之有无,他们是在所必造的,除非我和女人不见面。他们貌作新思想,其实都是暴君酷吏,侦探,小人。倘使顾忌他们,他们更要得步进步。我蔑视他们了。我有时自己惭愧,怕不配爱那一个人;但看看他们的言行思想,便觉得我也并不算坏人,我可以爱。/那流言,最初是韦潄园通知我的,说是沉钟社中人所说,《狂飙》上有一首诗,太阳是自比,我是夜,月是她。今天打听川岛,才知此种流言早已有之,传播的是品青,伏园,衣萍,小峰,二太太……。他们又说我将她带在厦门了,这大约伏园不在内,而送我上车的人们所流布的。黄坚从北京接家眷来此,又将这流言带到厦门,为攻击我起见,广布于人,说我之不肯留,乃为月亮不在之故。在送别会上,陈万里且故意说出,意图中伤。不料完全无效,风潮并不稍减。我则十分坦然,因为此次风潮,根株甚深,并非由我一人而起。况且如果是'夜',当然要有月亮,倘以此为错,是逆天而行也。"该信在收入《两地书·一一二》时,关于"流言"部分做了很大改动:"那流言,是直到去年十一月,从韦漱园的信里才知道的。他说,由沉钟社里听来,长虹的拚命攻击我是为了一个女性,《狂飙》上有一首诗,太阳是自比,我是夜,月是她。他还问我这事可是真的,要知道一点详细。我这才明白长虹原来在害'单相思病',以及川流不息的到我这里来的原因,他并不是为《莽原》,却在等月亮。但对我竟毫不表示一些敌对的态度,直待我到了厦门,才从背后骂得我一个莫名其妙,真是卑怯得可以。我是夜,则当然要有月亮的,还要做什么诗,也低能得很。那时就做了一篇小说,和他开了一些小玩笑,寄到未名社去了。/那时我又写信去打听孤灵,才知道这种流言,早已有之,传播的是品青,伏园,玄倩,微风,宴太。有些人又说我将她带到厦门去了,这大约伏园不在内,是送我上车的人们所流布的。白果从北京接家眷来此,又将这带到厦门,为攻击我起见,便和田千顷分头广布于人,说我之不肯留居厦门,乃为月亮不在之故。在送别会上,田千顷且故意当众发表,意图中伤。不料完全无效,风潮并不稍减,因为此次风潮,根柢甚深,并非由我一人而起,而他们还要玩些这样的小巧,真可谓'至死不悟'了。"

1月16日　夜给李小峰写信。内云:"至于《野草》,此后做不做很难说,大约是不见得再做了,省得人来谬托自己,舐皮论骨,什么是'人于心'的。""据我的意料,罪孽一定是日见其深重的,因为中国向来就是'当面输心背面笑',正不必'新的时代'的青年才这样。对面是'吾师'和'先生',背后是毒药和暗箭,领教了已经不只两三次了。""现在我没有到北京,'位置说'大概又要衰退了罢,新说如何,可惜我已在船上,不得而知。据我的意料,罪孽一定是日见其深重的,因为中国向来就是'当面输心背面笑',正不必'新的时代'的青年才这样。对面是'吾师'和'先生',背后是毒药和暗箭领教了已经不只两三次了。"(《华盖集续编·海上通信》)

4月3日　《铸剑》完稿。内云:"'唉,孩子,你再不要提这些受了污辱的名称。'他严冷地说,'仗义,同情,那些东西,先前曾经干净过,现在却都成了放鬼债的资本。'"(《故事新编·铸剑》)

4月9日　给李霁野写信。内云:"《狂飙》停刊了,他们说被我阴谋害死的,可笑。现在又要出一种不知什么。尚钺有信来,对于我的《奔月》,大不舒服,其实我那篇不过有时开一点小玩笑,而他们这么头痛,真是禁不起一点风波。"

5月15日　灯下给章廷谦(川岛)写信。内云:"转载《莽原》的文章,自然可以的,但以我的文字为限。至于别人的,我想应该也可以,但如我说可以,则他们将来或至于和我翻脸时,就成了我的一条罪状。罪状就罪状,本来也无所不可,不过近于无聊。"

8月1日　作《书苑折枝》。前有短序:"余颇懒,常卧阅杂书,或意有所会,虑其遗忘,亦惮于钞写,但偶夹一纸条以识之。流光电逝,情随事迁,检书偶逢昔日所留纸,辄自诧置此何意,且悼心境变化之速,有如是也。长夏索居,欲得消遣,则录其尚能省记者,略加案语,以贻同好云。十六年八月八日,楮冠病叟漫记。"(《集外集拾遗补编·书苑折枝》)①

9月3日　给李小峰写信。内云:"照那时的形势看来,实在也足令认明了我的'纸糊的假冠'的才子们生气。但那形势是另有缘故的,以非急切,姑且不谈。"(《而已集·通信》)

9月3日　作《辞"大义"》。内云:"'派'呀,'首领'呀,这种谥法实在有些可怕。不远就又会有人来诮骂。甲道:看哪! 鲁迅居然称为首领了。天下有这种首领的么? 乙道:他就专爱虚荣。人家称他首领,他就满脸高兴。我亲眼看见的。"(《而已集·辞"大义"》)

9月4日　给时有恒写信。内云:"我再斗下去,也许会'身心交病'。然而'身心交病',又会被人嘲笑的。"(《而已集·答有恒先生》)

9月4日　作《反"漫谈"》。内云:"像我似的'世故的老人'是已经不行,有时不敢说,有时不愿说,有时不肯说,有时以为无须说。"(《而已集·反"漫谈"》)

9月9日　作《革"首领"》。内云:"但终于交了好运了,升为'首领',而且据说是曾和现代评论派的'主将'在'北京文艺界'上交过战了。好不

---

① "楮冠,楮,纸也,俗楮墨常相连用。'《说文》:谷也,陆机《诗疏》,江南人绩其皮以为布,又捣以为纸。'一九二六年有所谓'狂飙运动',而狂飙社中人赐先生以'纸糊的假冠',故名。"(许广平:《欣慰的纪念·略谈鲁迅先生的笔名》,《许广平文集》第2卷,江苏文艺出版社,1998年)

堂哉皇哉。本来在房里面有喜色，默认不辞，倒也有些阔气的。但因为我近来被人随手抑扬，忽而'权威'，忽而不准做'权威'，只准做'前驱'；忽而又改为'青年指导者'；甲说是'青年叛徒的领袖'罢，乙又来冷笑道：'哼哼哼。'自己一动不动，故我依然，姓名却已经经历了几回升沉冷暖。人们随意说说，将我当作一种材料，倒也罢了，最可怕的是广告底恭维和广告底嘲骂。简直是膏药摊上挂着的死蛇皮一般。所以这回虽然蒙现代派追封，但对于这'首领'的荣名，还只得再来公开辞退。不过也不见得回回如此，因为我没有这许多闲功夫。（《而已集·革"首领"》）

9月10日　校完《〈唐宋传奇集〉序例》后写道："时大夜弥天，璧月澄照，饕蚊遥叹，余在广州。"①

9月11日　作《谈"激烈"》。内云："至于我呢，前年已经四十五岁了，而且早已'身心交病'，似乎无须这么宝贵生命，思患豫防。但这是别人的意见，若夫我自己，还是不愿意吃苦的。敢乞'新时代的青年'们鉴原为幸。"（《而已集·谈"激烈"》）

9月14日　作《新时代的放债法》（存目）。

9月19日　夜给翟永坤写信。内云："看看二十来篇作品的工夫，总可以有的。但近一年来，我全没给人选文章。有一个高长虹，先前叫我给他选了一本文章，后来他在报上说，我将他最好的几篇都选掉了，因为我妒贤嫉能，怕他出名，所以将好的故意压下。从此以后，我便不做选文的事，有暇便自己玩玩。你如不相信高长虹的话，可以寄来，我有暇时再看，但诗不必寄，因为我不懂这一门。"

10月14日　给台静农、李霁野写信。内云："狂飙社中人似乎很有许多在此，也想活动，而活动不起来，他们是自己弄得站不住的。"

10月17日　夜给李霁野写信。内云："《莽原》这名称，先前因为赌气，没有改。据我的意思，从明年一月起，可以改称《未名》了，因为《狂飙》已销

---

① 　"在《唐宋传奇集》序例的末行，有似'春秋'笔法的几句，为鲁迅先生自认是得意之作。"（许广平：《关于鲁迅的生活·因校对"三十年集"而引起的话旧》，《许广平文集》第2卷）；"那是我有意刺高长虹的。"（许杰：《回忆我和鲁迅先生的一次见面》）

声匿迹。而且《莽原》开初,和长虹辈有关系,现在也犯不上再用。长虹辈此地有许多人尚称他们为'莽原小鬼',所以《莽原》之名也不甚有趣。"

11 月 3 日 给李霁野写信。内云:"狂飙社的人们,似乎都变了曾经最时髦的党了。尚钺坏极,听说在河南,培良在湖南,高歌长虹似乎在上海。这一班人,除培良外,都是极坏的骗子。长虹前几天去访开明书店章君,听说没见他。"

1928 年

1 月 28 日   在《语丝》周刊 4 卷 7 期发表《拟预言》,署名"楮冠"。内云:"有中国的法斯德挑同情一担,访郭沫若,见郭穷极,失望而去。"(《而已集·拟预言》)

1 月 28 日   在《语丝》周刊 4 卷 7 期发表《〈禁止标点符号〉按语》,署名"楮冠"。

4 月 20 日   作《我的态度气量和年纪》。内云:"我'和西滢战'了以后,现代系的唐有壬曾说《语丝》的言论,是受了墨斯科的命令;'和长虹战'了以后,狂飙派的常燕生曾说《狂飙》的停版,也许因为我的阴谋。但除了我们两方以外,恐怕不大有人注意或记得了罢。""至于我是'老头子',却的确是我的不行。'和长虹战'的时候,他也曾指出我这一条大错处,此外还嘲笑我的生病。"(《三闲集·我的态度气量和年纪》)

1929 年

3 月 22 日   夜给韦素园写信。内云:"至于'新生活的事',我自己是川岛到厦门以后,才听见的。他见我一个人住在高楼上,很骇异,听他的口气,似乎是京沪都在传说,说我携了密斯许同住于厦门了。那时我很愤怒。但也随他们去罢。其实呢,异性,我是爱的,但我一向不敢,因为我自己明白各种缺点,深恐辱没了对手。然而一到爱起来,气起来,是什么都不管的。后来到广东,将这些事对密斯许说了,便请她住在一所房子里——但自然也还有别的人。前年来沪，我也劝她同来了，现就住在上海，帮我做点校对之类的事——你看怎样，先前大放流言的人们，也都在上海，却反而哑口无言了，这班孱头，真是没有骨力。/但是，说到这里为止，疑问之处尚多，恐怕大家都还是难于"十分肯定"的，不过我且说到这里为止罢，究竟如何，且听下回分解罢。"

　　5月25日　到北平探母的鲁迅给许广平写信。内云："傍晚往未名社闲谈，知道燕大学生又在运动我去教书，先令韦丛芜游说，我即拒绝。丛芜吞吞吐吐说，彼校国文系主任(幼渔之弟，但非马衡)①早疑我未必肯去，因为在南边有唔唔唔……。我答以原因并不在'因为在南边有唔唔唔'，那是也可以同到北边的，我之谢绝，只因为不愿意做教员。因即告以我在厦门时长虹之流言，及现在你之在上海，惟于那一小白象事，却尚秘而不宣。/丛芜因告诉我，长虹写给冰心情书，已阅三年，成一大捆。今年冰心结婚后，将该捆交给她的男人，他于旅行时，随看随抛入海中，数日而毕云。"

　　6月19日　夜给李霁野写信。内云："听说现在又有一些人在组织什么，骨子里是拥护五色旗的军阀之流。狂飙社人们之北上，我疑心和此事有关。长虹和培良大闹，争做首领，可见大概是有了一宗款子了(大约目下还不至于)。希留心他们的暗算。"

　　8月11日　为《奔流》第2卷第4期作《校后记》。内云："Lunacharski说过，文艺上的各种古怪主义，是发生于楼房顶上的文艺家，而旺盛于贩卖商人和好奇的富翁的。那些创作者，说得好，是自信很强的不遇的才人，说得坏，是骗子。但此说嵌在中国，却只能合得一半，因为我们能听到某人在提倡某主义——如成仿吾之大谈表现主义，高长虹之以未来派自居之类——而从未见某主义的一篇作品，大吹大擂地挂起招牌来，孪生了开张和倒闭，所以欧洲的文艺史潮，在中国毫未开演，而又像已经一一演过了。"(《集外集·〈奔流〉校后记(十一)》)

---

① 　鲁迅在1929年5月30日给许广平的信中如此写道："据丛芜说，关于我们的事，他闻之于马季铭(燕大国文系主任)，马则云周作人所说的。"

1930 年

3 月 27 日　夜给章廷谦写信。内云："廿五日来信,今天收到。梯子之论,是极确的,对于此一节,我也曾熟虑,倘使后起诸公,真能由此爬得较高,则我之被踏,又何足惜。中国之可作梯子者,其实除我之外,也无几了。所以我十年以来,帮未名社,帮狂飙社,帮朝花社,而无不或失败,或受欺,但愿有英俊出于中国之心,终于未死,所以此次又应青年之请,除自由同盟外,又加入左翼作家连盟,于会场中,一览了荟萃于上海的革命作家,然而以我看来,皆茄花色,于是不佞势又不得不有作梯子之险,但还怕他们尚未必能爬梯子也。哀哉!"

1931 年

2 月 2 日　给韦素园写信。内云："其实我自到上海以来,无时不被攻击,每年也总有几回谣言,不过这一回造得较大,这是有一些人,希望我如此的幻想。这些人大抵便是所谓'文学家',如长虹一样,以我为'绊脚石',以为将我除去,他们的文章便光焰万丈了。其实是并不然的。文学史上,我没有见过用阴谋除去了文学上的敌手,便成为文豪的人。"

1932 年

4 月 24 日　夜为《三闲集》作《序言》。内云："我一向是相信进化论的,总以为将来必胜于过去,青年必胜于老人,对于青年,我敬重之不暇,往往给我十刀,我只还他一箭。然而后来我明白我倒是错了。这并非唯物史观的理论或革命文艺的作品蛊惑我的,我在广东,就目睹了同是青年,而分成两大阵营,或则投书告密,或则助官捕人的事实! 我的思路因此轰毁,后来便时常用了怀疑的眼光去看青年,不再无条件的敬畏了。"(《三闲集·序言》)

4月29日　作《鲁迅译著书目》①(存目)。书目所列"所选定,校字者"的四种集子中有两种是狂飙社成员作品集:《心的探险》(高长虹)、《飘渺的梦》(向培良)。

11月22日　作《捣鬼心传》。内云:"'狂飙文豪'高长虹攻击我时,说道劣迹多端,倘一发表,便即身败名裂,而终于并不发表,是深得捣鬼正脉的;但也竟无大效者,则与广泛俱来的'模糊'之弊为之也。"(《南腔北调集·捣鬼心传》)

1934 年

7月16日　夜作《忆韦素园君》。内云:"同时社内也发生了冲突,高长虹从上海寄信来,说素园压下了向培良的稿子,叫我讲一句话。我一声也不响。于是在《狂飙》上骂起来了,先骂素园,后是我。素园在北京压下了培良的稿子,却由上海的高长虹来抱不平,要在厦门的我去下判断,我颇觉得是出色的滑稽,而且一个团体,虽是小小的文学团体罢,每当光景艰难时,内部是一定有人起来捣乱的,这也并不希罕。""事实不为轻薄阴险小儿留情,曾几何年,他们就都已烟消火灭,然而未名社的译作,在文苑里却至今没有枯死的。"(《且介亭杂文·忆韦素园君》)

1935 年

3月2日　《〈中国新文学大系〉小说二集序》完稿。不但全文抄录了《〈狂飙〉周刊的开始》,还对高长虹和狂飙社做了如此介绍:"一九二五年十月间,北京突然有莽原社出现,这其实不过是不满于《京报副刊》编辑者的一群,另设《莽原》周刊,却仍附《京报》发行,聊以快意的团体。奔走最力者为高长虹,中坚的小说作者也还是黄鹏基,尚钺,向培良三个;而鲁迅是被推为编辑的。""但不久这莽原社内部冲突了,长虹一流,便在上海设立了狂飙

---

① 需要说明的是,该文同时针对其他"只想以笔墨问世的青年"。

社。所谓'狂飙运动',那草案其实是早藏在长虹的衣袋里面的,常要乘机而出,先就印过几期周刊;那《宣言》,又曾在一九二五年三月间的《京报副刊》上发表,但尚未以"超人"自命,还带着并不自满的声音"。"不过后来却日见其自以为'超越'了。然而拟尼采样的彼此都不能解的格言式的文章,终于使周刊难以存在,可记的也仍然只是小说方面的黄鹏基,尚钺,——其实是向培良一个作者而已。"(《且介亭杂文二集·〈中国新文学大系〉小说二集序》)

1936 年

9 月 19 日—20 日　作《女吊》。内云:"当没有开场之前,就可看出这并非普通的社戏,为的是台两旁早已挂满了纸帽,就是高长虹之所谓'纸糊的假冠',是给神道和鬼魂戴的。"(《且介亭杂文末编·女吊》)

主要参考文献[*]

一、著 作

1. 艾克恩编:《延安文艺运动纪盛》,文化艺术出版社,1987 年。

2. 艾克恩编:《延安文艺回忆录》,中国社会科学出版社,1992 年。

3. 陈漱渝著:《鲁迅与女师大学生运动》,北京人民出版社,1978 年。

4. 陈漱渝著:《鲁迅史实新探》,湖南人民出版社,1982 年。

5. 陈子善著:《捞针集》,浙江人民出版社,1997 年。

6. 程中原编:《张闻天早年作品选》,人民文学出版社,1983 年。

7. 重庆市地方志编纂委员会编著:《重庆市志》第 10 卷,西南师范大学出版社,2005 年。

8. [美]戴尔·古德主编、徐奕春等编译:《康普顿百科全书·社会与社会科学卷》,商务印书馆,2006 年。

9. 丁守和、马勇、左玉河等主编:《抗战时期期刊介绍》,社会科学文献出版社,2009 年。

10. 董大中著:《赵树理年谱》,山西人民出版社,1982 年。

11. 董大中著:《孤云野鹤之恋——高长虹爱情诗集〈给——〉鉴赏》,北岳文艺出版社,1993 年。

12. 董大中、郭汾阳、王峻峰著:《鲁迅与山西》,北岳文艺出版社,1998 年。

13. 董大中著:《鲁迅与高长虹》,河北人民出版社,1999 年。

14. 董大中著:《狂飙盟主高长虹》,山西音像出版社,2004 年。

---

* 收录高长虹作品的合集都未列入。

15. 董大中著:《高鲁冲突——鲁迅与高长虹论争始末》,中国工人出版社,2007 年。

16. 董大中著:《鲁迅日记笺释(一九二五年)》,台北:秀威资讯科技股份有限公司,2007 年。

17. 甘海岚著:《老舍年谱》,书目文献出版社,1989 年。

18. 冈夫著:《冈夫文集》,山西人民出版社,2001 年。

19. 高沐鸿诗文集编委会编:《高沐鸿诗文集》(上、下),北岳文艺出版社,1992 年。

20. 葛懋春、蒋俊、李兴芝编:《无政府主义思想资料选》(上、下),北京大学出版社,1984 年。

21. 龚济民、方仁念编:《郭沫若年谱》,天津人民出版社,1982 年。

22. 郭沫若著:《郭沫若全集》文学编(20 卷本),人民文学出版社,1982—1992 年。

23. 韩信夫、姜克夫主编:《中华民国大事记》(共 5 册),中国文史出版社,1997 年。

24. 胡从经选编:《胡从经书话》,北京出版社,1998 年。

25. 胡风著:《胡风回忆录》,人民文学出版社,1993 年。

26. 胡风:《胡风全集》(10 卷本),湖北人民出版社,1999 年。

27. 胡绳著:《从鸦片战争到五四运动》,人民出版社,1981 年。

28. 柯兴著:《风流才女石评梅》,百花文艺出版社,1986 年。

29. 柯兴著:《高君宇与石评梅》,中国青年出版社,1995 年。

30. 柯仲平著:《柯仲平文集》(3 卷本),云南人民出版社,2002 年。

31. 黎舟、王昭编:《喉狮——塞克文集》,文化艺术出版社,1993 年。

32. 李霁野著:《鲁迅先生与未名社》,人民文学出版社,1984 年。

33. 李松林主编:《中国国民党史大辞典》,安徽人民出版社,1993 年。

34. 廖盖隆主编:《中国共产党历史大辞典·新民主主义革命时期》(增订本),中共中央党校出版社,2001 年。

35. 廖久明著:《高长虹与鲁迅及许广平(修订本)》,东方出版社,2009 年。

36. 廖久明著:《一群被惊醒的人——狂飙社研究》,武汉出版社,2011 年。

37. 刘纳著:《创造社与泰东书局》,广西教育出版社,1999 年。

38. 刘运峰编:《鲁迅全集补遗》,天津人民出版社,2006 年。

39. 卢剑波编:《恋爱破灭论》,泰东书局,1928 年。

40. 鲁迅著:《鲁迅全集》(18 卷本),人民文学出版社,2005 年。

41. 鲁迅、许广平著:《鲁迅景宋通信集》,湖南人民出版社,1984 年。

42. 鲁迅博物馆、鲁迅研究室、《鲁迅研究月刊》选编:《鲁迅回忆录》(专著三卷,散篇三卷),北京出版社,1999 年。

43. 鲁迅博物馆鲁迅研究室编:《鲁迅年谱》,人民文学出版社,2000 年。

44. 倪墨炎选编:《倪墨炎书话》,北京出版社,1998 年。

45. 任白涛译:《有岛武郎论文集》,神州国光社,1933 年。

46. 山西省史志研究院编:《高君宇文集》,山西古籍出版社,1996 年。

47. 山西省史志研究院编:《高君宇传》,山西古籍出版社,1996 年。

48. 山西盂县政协《高长虹文集》编辑委员会编:《高长虹文集》(上、中、下),中国社会科学出版社,1989 年。

49. 山西盂县政协编:《高长虹研究文选》,北岳文艺出版社,1991 年。

50. 山西省盂县《高长虹全集》编辑委员会编:《高长虹全集》(4 卷本),中央编译出版社,2010 年。

51. 石曙萍著:《知识分子的岗位与追求——文学研究会》,东方出版中心,2006 年。

52. 苏光文著:《抗战文艺纪程》,西南师范大学出版社,1986 年。

53. 孙伏园等著:《鲁迅先生二三事——前期弟子忆鲁迅》,河北教育出版社,2001 年。

54. 万平近、汪文顶著:《冰心评传》,重庆出版社,2000 年。

55. 王琳著:《柯仲平纪念文集·评传卷》,云南人民出版社,2002 年。

56. 王琳等著:《柯仲平纪念文集·研究卷》,云南人民出版社,2002 年。

57. 王瑶著:《中国新文学史稿》,上海文艺出版社,1951 年。

58. 王炳根著:《世纪情缘:冰心与吴文藻》,安徽人民出版社,2000 年。

59. 咸立强著:《寻找归宿的流浪者——创造社研究》,东方出版中心,2006 年。

60. 向培良著:《光明的戏剧》,南华图书局,1929 年。

61. 肖凤著:《冰心传》,北京十月文艺出版社,1987 年。

62. 许广平著:《许广平文集》(3 卷本),江苏文艺出版社,1998 年。

63. 许钦文著:《〈鲁迅日记〉中的我》,杭州:浙江人民出版社,1979 年。

64. 许钦文、孙伏园等著:《鲁迅先生二三事——前期弟子忆鲁迅》,河北教育出版社,2001 年。

65.《延安文艺丛书》编委会编:《延安文艺丛书·文艺史料卷》,湖南文艺出版社,1987 年。

66. 言行著:《历史的沉重》,百花文艺出版社,1996 年。

67. 言行著:《一生落寞,一生辉煌——高长虹评传》,百花文艺出版社,1996 年。

68. 言行著：《造神的祭品——高长虹冤案探秘》，中国文史出版社，2003 年。

69. 扬扬编：《石评梅作品集》（3 卷本），书目文献出版社，1983—1985 年。

70. 杨公素著：《中华民国外交简史》，商务印书馆，1997 年。

71. 曾龙著：《我的父亲袁殊》，接力出版社，1994 年。

72. 查国华著：《茅盾年谱》，长江文艺出版社，1985 年。

73. 《章克标文集》（上、下），上海社会科学院出版社，2003 年。

74. 张桂兴编撰：《老舍年谱》（上、下），上海文艺出版社，2005 年。

75. 张建瑞主编：《高歌作品集》（上、下），北岳文艺出版社，1993 年。

76. 张申府著：《张申府文集》（4 卷本），河北人民出版社，2005 年。

77. 张宪文、方庆秋等主编：《中华民国史大辞典》，江苏古籍出版社，2001 年。

78. 张允侯、殷叙彝、洪清祥、王云开编：《五四时期的社团》（4 卷本），生活·读书·新知三联书店，1979 年。

79. 张友渔著：《报人生涯三十年》，重庆出版社，1982 年。

80. 赵家璧等著：《编辑生涯忆鲁迅》，河北教育出版社，2001 年。

81. 中国延安精神研究会编：《延安文艺的光辉十三年》，华龄出版社，1993 年

82. 周作人著：《周作人日记》（上、中、下），大象出版社，1996 年。

83. 朱金顺著：《新文学考据举隅》，中国文史出版社，1990 年。

二、报　刊

（一）狂飙社刊物（以创刊时间为序）

1. 北京《狂飙》周刊（17 期），平民艺术团编，北京：国风日报狂飙周刊部，1924 年 11 月 9 日—1925 年 3 月 15 日。

2.《弦上》周刊（24 期），北京：狂飙社编辑，1926 年 2 月 14 日—1926 年 8 月 1 日。

3. 上海《狂飙》周刊（17 期），狂飙社编，上海：光华书局，1926 年 10 月 10 日—1927 年 1 月 30 日。

4.《世界》周刊（10 期），上海：世界周刊社，1928 年 1 月 1 日—1928 年 2 月 26 日。

5.《世界》月刊（1 期），上海：世界月刊社，1928 年 6 月。

6.《狂飙出版部》不定期刊（3 期），上海：狂飙出版部，1928 年 9 月—1929 年 11 月 13 日。

7.《长虹周刊》（22 期），长虹编辑，上海：狂飙出版部，1928 年 10 月 13 日—1929 年 8 月 24 日。

8.《狂飙运动》月刊(1 期),上海:狂飙出版部,1928 年 12 月。

(二)其他报刊(以创刊时间为序)

1.《小说月报》(影印本)(1921—1929 年),书目文献出版社,1981—1984 年。

2.《语丝》(影印本),上海文艺出版社,1982 年。

3.《现代评论》(影印本),岳麓书社,1999 年。

4.《京报副刊》,1924 年 12 月 5 日—1926 年 4 月 24 日。

5.《莽原》周刊(影印本),上海书店,1984 年。

6.《豫报副刊》,1925 年 5 月 4 日—1925 年 7 月 31 日。

7.《洪水》(影印本),上海书店,1985 年。

8.《国民新报副刊》乙刊,1925 年 10 月—1926 年 4 月 28 日。

9.《幻洲》,创造社出版,1926 年 10 月 1 日—1928 年 1 月 16 日。

10.《北新周刊》,北新书局出版,1926 年 8 月 21 日—1930 年 12 月 1 日

11.《莽原》半月刊(影印本),上海书店,1983 年。

12.《时事类编》(影印本),全国图书馆文献缩微复制中心,2007 年。

13.《中苏文化》,中苏文化杂志社,1938 年至 1949 年。

14.《抗战文艺》,中华全国文艺界抗敌协会主办(汉口、重庆),1938 年至 1946 年。

15.《国民公报·星期增刊》,1938 年 10 月—1941 年 12 月。

16.《蜀道》,《新蜀报》副刊,1940 年 1 月—1941 年 12 月。

17.《街头》,《大江日报》副刊,1940 年 4 月 1 日—6 月 28 日。

18.《汾水》:《汾水》编辑部编辑出版,1976 年—1981 年。

19.《新文学史料》:《新文学史料》编辑部编辑,人民文学出版社出版,1978—2010 年。

20.《山西大学学报·哲社版》:山西大学学报编辑出版,1978—2010 年。

21.《鲁迅研究动态》:鲁迅研究动态编辑部编辑发行,北京鲁迅博物馆出版,1980—1989 年。

22.《晋阳学刊》:《晋阳学刊》编辑出版,1981—2010 年。

23.《山西文学》:山西文学月刊社编辑出版,1982—2010 年。

24.《鲁迅研究月刊》:《鲁迅研究月刊》编辑部编辑发行,北京鲁迅博物馆出版,1990—2010 年。

后　记

本年谱有两点需要特别声明。

首先,本谱使用了高长虹自传小说中的材料。与鲁迅、郭沫若等不同,与高长虹有关的材料极端匮乏。高长虹的资料长期没人整理,散失极为严重。新时期以来,虽然张稼夫、张磐石、张恒寿、青苗、侯唯动、高戈伍、冈夫、马皓、沈静、尚钺等写过回忆高长虹的文章,但一则太简略,二则时间过去太久,难免有错误的地方。所以笔者不得不大量求助于高长虹自己的文章,有些甚至是他的自叙传小说。尽管高长虹多次声明小说是自传,并且吴福辉先生在《我读高长虹的小说》中认为高长虹的小说"一色是自叙传体",但高长虹在《每日评论·小说不是自传》中又如此写道:"在我的小说中,虽即是极像自传的描写,里边总有那最反自传的描写。"也许正因为如此,对高长虹深有研究的董大中先生宁愿写小说《高长虹》也不编《高长虹年谱》。但不信邪是我的个性之一:我不但要编年谱,还要将高长虹小说中的部分内容编进年谱。在我看来,材料的真实与否,不在于挂的是日记的招牌还是小说的招牌,得看具体内容,这便牵涉到材料真实性的考辨问题。为了对历史负责,我必须谨慎使用包括高长虹小说在内的所有材料,这不但要求我对高长虹的经历和作品都非常熟悉,还得具备去伪存真的功夫。是否已经具有这样的功夫我不知道,但我是朝这个方向努力的!

其次,本谱是在将高长虹制成标本而不是为其树碑立传。面对已有的材料,到底哪些该编进年谱,哪些该弃置不用,这也是一个颇费思量的问题:既怕将一些无关紧要的东西编进年谱浪费读者宝贵时间,又怕漏掉了重要材料使读者不能通过该年谱对谱主有较全面了解。我最后决定,凡是与生平事迹有关的材料尽量原封不动地编进年谱,作品在罗列全部文章题目基础上,只概括介绍重要内容。这样一来,问题便出现了:哪些作品是重要的,"概括"时如何取舍?这都属于见仁见智的问题。在研究高长虹过程中,我脑海里总有一个想法:不能让高长虹的悲剧重演!在我看来,造成高长虹悲剧的原因是双重的:一是社会,二是高长虹自己。这,便是我编撰该年谱的立足点,材料的取舍也以此为标准。但在这样做的时候,我有时候又感到非常为难。这样做也许对其他人有借鉴作用,但对高长虹和他后人来说难免有些残酷:将一具有特殊病灶的尸体制成标本供人观摩学习对他人是有好处的,但对强调入土为安的中国人来说没有多少人愿意这样。所以,该年谱也许会让希望给高长虹树碑立传的人感到失望。我有时也觉得自己在处理研究对象时常常表现出来的冷静几近冷漠,但同时又觉得"妇人之仁"未必可取,所以还望相关人士多多谅解。况且,换一个角度想,若能制成标本陈列起来永远留存在世界上,比起那些很快就从世界上消失的人来说未必不是一件幸事。章学诚在《文史通义·史德》中如此写道:"盖欲为良史者,当慎辨于天人之际,尽其天而不益以人也。"笔者虽不敢奢望成为"良史",但向往之心还是有的。拉拉杂杂写这么多是想同时告诉读者:该年谱罗列的文章题目及对"重要"作品的介绍只能作为线索使用,要想对高长虹作品有较全面了解,还得看他原作才行。

最后,我要对所有关心帮助过我的老师前辈、领导同事、亲朋好友等说一声"非常感谢"。2001年我开始研究高长虹,不知不觉已过去10年。在这10年里,我从硕士研究生变成了教授。我心里非常清楚,这点成绩的取得是与您们的无私帮助分不开的!在今后日子里我一定更加努力,一定不辜负您们的殷切期望!

责任编辑:陈寒节
装帧设计:安　卓
版式设计:陈　岩
责任校对:胡　催

图书在版编目(CIP)数据

高长虹年谱/廖久明 著. -北京:人民出版社,2011.8
ISBN 978－7－01－009928－6

Ⅰ.①高…　Ⅱ.①廖…　Ⅲ.①高长虹(1898～1949)-年谱　Ⅳ.①K825.6

中国版本图书馆 CIP 数据核字(2011)第 098396 号

高长虹年谱
GAO CHANGHONG NIANPU

廖久明　著

人 民 出 版 社 出版发行
(100706　北京朝阳门内大街 166 号)

北京瑞古冠中印刷厂印刷　新华书店经销

2011 年 8 月第 1 版　2011 年 8 月北京第 1 次印刷
开本:710 毫米×1000 毫米 1/16　印张:29.5
字数:456 千字　印数:0,001-3,000 册

ISBN 978－7－01－009928－6　定价:58.00 元

邮购地址 100706　北京朝阳门内大街 166 号
人民东方图书销售中心　电话 (010)65250042　65289539